Bayerisches Staatsministerium für
Arbeit und Sozialordnung, Familie und Frauen

Der Bayerische Bildungs- und Erziehungsplan
für Kinder in Tageseinrichtungen bis zur Einschulung

Bayerisches Staatsministerium für
Arbeit und Sozialordnung, Familie und Frauen

Staatsinstitut für Frühpädagogik, München

Der Bayerische Bildungs- und Erziehungsplan für Kinder in Tageseinrichtungen bis zur Einschulung

Entwurf für die Erprobung

Beltz Verlag · Weinheim, Basel, Berlin

Ihre Wünsche, Kritiken und Fragen richten Sie bitte an:
Verlagsgruppe Beltz, Fachverlag Soziale Arbeit, Erziehung und Pflege,
Werderstraße 10, 69469 Weinheim.

Herausgeber

Bayerisches Staatsministerium für Arbeit und Sozialordnung, Familie und Frauen
Winzererstraße 9, 80797 München
www.stmas.bayern.de

Staatsinstitut für Frühpädagogik
Prinzregentenstraße 24, 80538 München
www.ifp-bayern.de

Leitung und Gesamtverantwortung
Prof. Dr. Dr. Dr. Wassilios E. Fthenakis
Direktor des Staatsinstituts für Frühpädagogik

Federführung
Eva Reichert-Garschhammer
Abteilungsleiterin im Staatsinstitut für Frühpädagogik

Endredaktion
Dr. Hans Eirich
Wissenschaftlicher Mitarbeiter im Staatsinstitut für Frühpädagogik

Stand: 16. Oktober 2003

ISBN 3-407-56237-3

Alle Rechte vorbehalten

© 2003 Beltz Verlag · Weinheim, Basel, Berlin
1. Auflage 2003

04 05 06 07   5 4 3 2

Das Werk einschließlich aller seiner Teile ist urheberrechtlich geschützt.
Jede Verwertung außerhalb der engen Grenzen des Urheberrechtsgesetzes ist
ohne Zustimmung des Verlages unzulässig und strafbar. Das gilt insbesondere für Verviel-
fältigungen, Übersetzungen, Mikroverfilmungen und die Einspeicherung
und Verarbeitung in elektronischen Systemen.

Herstellung: Ulrike Bazlen; Ulrike Poppel, Weinheim
Satz: Markus Schmitz, Büro für typographische Dienstleistungen, Münster
Druck und Bindung: Druckhaus »Thomas Müntzer«, Bad Langensalza/Thüringen
Titelfotografie: Jochen Fiebig, Staatsinstitut für Frühpädagogik
Umschlaggestaltung: glas ag, Seeheim-Jugenheim
Printed in Germany

Weitere Informationen finden Sie im Internet unter http://www.beltz.de

Vorwort von Frau Staatsministerin Stewens　7
Vorwort von Herrn Prof. Dr. Dr. Dr. Wassilios Fthenakis　8

I Allgemeiner Teil

1. Notwendigkeit eines Bildungs- und Erziehungsplans für den Elementarbereich　12
2. Geltungsbereich dieses Plans　17
3. Zielsetzung, Aufbau und Verbindlichkeit dieses Plans　18
4. Menschenbild und Prinzipien, die dem Plan zugrunde liegen　21
5. Offener Prozess der Planentwicklung　25
    - 5.1 Breite Beteiligung und Abstimmung　25
    - 5.2 Praxiserprobung im Kindergartenjahr 2003/04 – Fortschreibung　26
    - 5.3 Landesweite Einführung – Evaluation und Weiterentwicklung als fortdauernde Aufgabe　28
6. Wichtige Hinweise zum Entwurf für die Erprobung　29

II Der Bildungs- und Erziehungsplan für Kinder von Geburt an bis zur Einschulung

1. Basiskompetenzen, die bei den Kindern zu fördern sind　32
    - 1.1 Individuumsbezogene Kompetenzen und Ressourcen　32
    - 1.2 Kompetenzen zum Handeln im sozialen Kontext　36
    - 1.3 Lernmethodische Kompetenz: Lernen, wie man lernt　40
2. Förderung der Lern- und Entwicklungsprozesse von Kindern – gezielte Förderung bestimmter Basiskompetenzen　43
    - 2.1 Förderung der Widerstandsfähigkeit (Resilienz)　43
    - 2.2 Förderung und Begleitung der Bewältigung von Übergängen (Transitionen)　53
    - 2.3 Förderung der lernmethodischen Kompetenz　62

3		Ganzheitliches Förderprogramm in Kindertageseinrichtungen	73
	3.1	Themenübergreifende Förderperspektiven	74
	3.1.1	Begleitung des Übergangs von der Familie in die Tageseinrichtung	74
	3.1.2	Beteiligung der Kinder: Lernfeld für gelebte Demokratie	86
	3.1.3	Interkulturelle Erziehung	97
	3.1.4	Geschlechtsbewusste Erziehung	105
	3.1.5	Kinder mit Entwicklungsrisiken und (drohender) Behinderung	113
	3.1.6	Förderung von Kindern mit Hochbegabung	128
	3.1.7	Vorbereitung und Begleitung des Übergangs in die Schule	135
	3.2	Themenbezogene Förderschwerpunkte	147
	3.2.1	Ethische und religiöse Bildung und Erziehung	147
	3.2.2	Sprachliche Bildung und Förderung	155
	3.2.3	Mathematische Bildung	168
	3.2.4	Naturwissenschaftliche und technische Bildung	177
	3.2.5	Umweltbildung und -erziehung	192
	3.2.6	Medienbildung und -erziehung, elementare informationstechnische Bildung	206
	3.2.7	Ästhetische, bildnerische und kulturelle Bildung und Erziehung	222
	3.2.8	Musikalische Bildung und Erziehung	233
	3.2.9	Bewegungserziehung und -förderung, Sport	246
	3.2.10	Gesundheitliche Bildung und Erziehung	261
4		Beobachtung, Kooperation, Vernetzung und Kindeswohl	273
	4.1	Beobachtung und Dokumentation der Lern- und Entwicklungsprozesse von Kindern	273
	4.2	Bildungs- und Erziehungspartnerschaft mit den Eltern	278
	4.3	Gemeinwesenorientierung – Kooperation und Vernetzung	291
	4.4	Abwendung von Gefährdungen des Kindeswohls	306

III Anhang

1	Mitglieder der Fachkommission	318
2	Verzeichnis der Autoren und Experten	320

Vorwort von Frau Staatsministerin Stewens

Der Bildungs- und Erziehungsplan für Kinder in Tageseinrichtungen bis zur Einschulung ist Teil der Qualitäts- und Bildungsoffensive Bayerns. Wegen der großen Bedeutung des frühen Lernens für den Einzelnen und die Gesellschaft müssen der heranwachsenden Generation schon in der frühen Kindheit optimale Bildungsvoraussetzungen geschaffen werden. Die zentralen Ziele des Plans sind die Stärkung der Kinder, der kindlichen Autonomie und der sozialen Mitverantwortung. Von besonderer Bedeutung ist dabei die Förderung grundlegender Kompetenzen und Ressourcen, die die Kräfte des Kindes mobilisieren und es befähigen, ein Leben lang zu lernen.

In dem Plan werden die für die pädagogische Arbeit im Elementarbereich wichtigen Themen umfassend und ausführlich dargestellt. Er will den pädagogischen Kräften in den Kindertageseinrichtungen Orientierung geben und ihre pädagogische Freiheit sichern. Er knüpft an Vertrautes an, stellt Bekanntes in einen neuen Zusammenhang und eröffnet neue Aufgabenbereiche.

Der Bildungs- und Erziehungsplan bringt zum Ausdruck, dass fachlich fundierte Bildung und Erziehung nicht an institutionellen Grenzen Halt macht. Dementsprechend bietet er die Chance zur Vernetzung von Kinderkrippe und Kindergarten ebenso wie von Kindergarten und Grundschule.

Kinderkrippen und Kindergärten sind und bleiben Bildungseinrichtungen eigener Art. Das Spiel ist weiterhin pädagogisches Grundprinzip. Im Bildungs- und Erziehungsplan aber wird mit Nachdruck darauf hingewiesen, dass pädagogische Fachkräfte in Tageseinrichtungen Lernprozesse begleiten. Die Lernziele betreffen die Persönlichkeitsbildung ebenso wie die übrigen Bildungsinhalte. Erziehung und Bildung gehören in diesem Plan untrennbar zusammen.

Der Bildungs- und Erziehungsplan geht jetzt in die Erprobung, die vom Staatsinstitut für Frühpädagogik wissenschaftlich begleitet wird. Er wird dann noch einmal überarbeitet. Wir alle werden mit und von dem Plan lernen.

An der Entstehung des Plans beteiligt waren neben dem Staatsinstitut für Frühpädagogik die Spitzenverbände der freien Wohlfahrtspflege, die kommunalen Spitzenverbände, Fach- bzw. Lehrkräfte aus Tageseinrichtungen und Grundschule, Vertreterinnen und Vertreter des Staatsinstituts für Schulpädagogik und Bildungsforschung, der Fachakademien für Sozialpädagogik und der Eltern sowie viele weitere Expertinnen und Experten. Ihnen allen möchte ich an dieser Stelle für ihre konstruktive Mitarbeit sehr herzlich danken.

München, im Oktober 2003

Christa Stewens

Christa Stewens
Bayerische Staatsministerin für Arbeit und Sozialordnung,
Familie und Frauen

Vorwort von Herrn Prof. Dr. Dr. Dr. Wassilios Fthenakis

Der Bayerische Bildungs- und Erziehungsplan liegt zur Erprobung vor. Es ist entstanden in Zusammenarbeit mit einer Kommission, an der sich Vertreter der Praxis, der Freien und Öffentlichen Wohlfahrtspflege, der Kommunen, der Fachberatung, der Ausbildungsstätten für Erzieherinnen, des Grundschulbereichs, der Wirtschaft, der Administration und der Eltern beteiligen, deren Kinder das Recht auf eine hohe Bildungs- und Erziehungsqualität haben.

Im Mittelpunkt steht nicht die Institution Tageseinrichtung, sondern das Kind als eine von Anfang an kompetente, seine eigene Erziehung und Bildung mitgestaltende Persönlichkeit. Mit seinem Verständnis von Bildung als ein sozialer Prozess, an dem sich Kinder, Fachkräfte und Eltern aktiv beteiligen, geht der Plan konform mit den internationalen Entwicklungen der letzten Jahre. Diesen liegt ein breiteres Bildungsverständnis zugrunde als dies bislang mit den sog. »Selbstbildungsprozessen« der Fall war. Bildung als ein Prozess der Ko-Konstruktion und der Sinnkonstruktion, die von Anfang an beginnt, ist das Fundament dieses Plans.

Die eingangs dargelegten Prinzipien und Grundsätze verdeutlichen die bildungstheoretische Grundlage und die bildungsphilosophische Orientierung dieses Plans: Spielen und Lernen sowie Entwicklung und Bildung stellen die zwei Seiten derselben Medaille dar. Die Entwicklungsangemessenheit der Bildungsangebote zählt ebenso zu diesen Prinzipien wie die bedingungslose Akzeptanz und Wertschätzung des Kindes, ein anderer Umgang mit individuellen Unterschieden und eine primäre Orientierung an den Stärken eines Kindes. Der Plan richtet sein Hauptaugenmerk auf die Vermittlung der lernmethodischen Kompetenz, die Stärkung der Widerstandsfähigkeit und die Förderung weiterer Basiskompetenzen. Die Stärkung der Autonomie und der sozialen Mitverantwortung sowie die Teilhabe des Kindes sind Förderziele von gleichem Rang. Hilfreich ist auch der Versuch, die Förderbereiche in themenübergreifenden Perspektiven und themenbezogenen Schwerpunkten zu konkretisieren und dabei jeweils eine Standortbestimmung vorzunehmen und die Ziele zu definieren und für deren Umsetzung konkrete Beispiele anzuführen.

Dieser Plan versteht sich als ein Orientierungsplan. Die Tageseinrichtung hat auf dessen Grundlage und unter Berücksichtigung der lokalen Bedingungen ihren eigenen Bildungs- und Erziehungsplan gemeinsam mit den Eltern und dem Träger zu entwickeln und diesen sodann transparent zu machen und verbindlich durchzuführen. Dabei sollte zwischen Eltern, Fachkräften und dem Träger eine Erziehungs- und Bildungspartnerschaft entstehen, die es gestattet, Eltern stärker als bisher an Entscheidungsprozessen der Tageseinrichtung zu beteiligen.

Vor uns steht ein spannendes Jahr, in dem der Plan an 100 Modelleinrichtungen in Bayern wissenschaftlich begleitet erprobt wird. Erst gegen Ende 2004 soll eine Fassung vorliegen, die landesweite Anwendung finden soll. Allen, die diesen Entwicklungs- und nunmehr Implementationsprozess mit ihrem fachlichen Beitrag und ihren konstruktiven Anregungen bislang begleitet haben und weiterhin begleiten werden. gilt mein aufrichtiger Dank. Mit ihnen teile ich die Hoffnung, dass es uns gelingen möge, einen zeitgemäßen Bildungs- und Erziehungsplan vorzulegen, um unsere Kinder besser auf eine Welt vorzubereiten, die kulturell divers, sozial komplex und voll von Diskontinuitäten geworden ist. Es gilt, Kindern und damit der nachwachsenden Generation die Chance zu eröffnen, nicht nur Verwalter, sondern vielmehr Gestalter ihrer eigenen Welt zu sein.

München, im Oktober 2003

Prof. Dr. Dr. Dr. Wassilios E. Fthenakis
Direktor des Staatsinstituts für Frühpädagogik

Allgemeiner Teil

1	Notwendigkeit eines Bildungs- und Erziehungsplans für den Elementarbereich	12
2	Geltungsbereich dieses Plans	17
3	Zielsetzung, Aufbau und Verbindlichkeit dieses Plans	18
4	Menschenbild und Prinzipien, die dem Plan zugrunde liegen	21

5	**Offener Prozess der Planentwicklung**	**25**
	5.1 Breite Beteiligung und Abstimmung	25
	5.2 Praxiserprobung im Kindergartenjahr 2003/04 – Fortschreibung	26
	5.3 Landesweite Einführung – Evaluation und Weiterentwicklung als fortdauernde Aufgabe	28
6	**Wichtige Hinweise zum Entwurf für die Erprobung**	**29**

I–1 Notwendigkeit eines Bildungs- und Erziehungsplans für den Elementarbereich

Kinder haben ein Recht auf Bildung. Die Verwirklichung dieses Rechts ist ein wichtiger Schritt hin zu mehr Chancengleichheit. Durch Bildung des Kindes sollen die Persönlichkeit, die Begabung und die geistigen und körperlichen Fähigkeiten des Kindes voll zur Entfaltung kommen (vgl. Art. 28 und 29 UN-Kinderrechtskonvention). **Dieses Recht wird** nicht erst mit Eintritt in die Schule **wirksam** sondern bereits **mit der Geburt des Kindes**, denn:

Kinder lernen von Geburt an. Auf ihrem Weg des »lebenslangen Lernens« ist nach der Familie der Elementarbereich die zweite Station:

- Schon **Comenius** (1592–1670) stellte in seiner Schrift »Informatorium der Mutterschul« die Bedeutung der frühkindlichen Bildung und Erziehung heraus. Für **Jean Paul** (1763–1825) waren die ersten drei Lebensjahre die für den Menschen entscheidenden; Vernachlässigung und andere Erziehungsfehler seien in dieser Lebensphase am gefährlichsten. **Pestalozzi** (1746–1827) betonte die allseitige Menschenbildung, die ihren Ursprung in der innigen Beziehung zwischen Mutter und Kleinkind habe. Von diesem Gedanken ausgehend sah **Fröbel** (1782–1852) den von ihm gegründeten Kindergarten als einen Ort intensiver Frauen- und Mutterbildung und nicht nur als Einrichtung für Kleinkinder, in denen sich diese im Spiel und anhand vorgegebener Lehr- und Beschäftigungsmittel selbst bilden. Auch **Montessori** (1870–1952) betonte die Bedeutung des frühkindlichen Lernens und die Fähigkeiten des Kleinkindes zum selbsttätigen Lernen, zu Konzentration und Selbstkontrolle.

- Heute belegen **neuere Befunde aus der Gehirnforschung und der Entwicklungspsychologie** die Erkenntnis der FrühpädagogInnen von der großen Erziehungsbedürftigkeit und Bildsamkeit des Kleinkindes – und damit auch die Erkenntnis, dass im Leben eines Menschen die frühe Kindheit die lernintensivste Zeit und damit die prägendste Phase ist. Versäumnisse in der frühen Bildung können durch spätere Bildungsinstanzen ungeachtet ihrer Qualität nur (begrenzt) unter hohem finanziellen und personellen Aufwand wettgemacht werden, weil für bestimmte Entwicklungs- und Lernschritte Zeitfenster existieren.

- Schließlich lehrt die **allgemeine Lebenserfahrung,** dass Kinder in hohem Maße lernbegierig sind und sich mit dem Einsatz der ganzen Person neues

Wissen über eine Welt aneignen wollen, in der es für sie noch so vieles zu entdecken gibt. Kinder sind fasziniert vom Umgang mit erwachsenen Experten, die ihnen reales Leben zeigen und ernsthaftes Tun und Wissen vermitteln. Kinder sind sehr empfänglich für Lernimpulse von Erwachsenen, aber auch von anderen Kindern. Kindern frühe Bildungserfahrungen zu ermöglichen ist deshalb eine Hauptaufgabe verantwortungsvoller Pädagogik.

Kinder haben ein Recht auf bestmögliche Bildung von Anfang an. Frühzeitiger Lernbeginn und Kompetenzerwerb sind im Interesse der Kinder, aber auch der Gesellschaft:

- Die **Delphi-Studien** und die **Empfehlungen des Forum Bildung** zeigen auf, dass im Zuge des Übergangs zur Wissensgesellschaft die Erwartungen an Bildung erheblich gestiegen sind. Kinder sind frühzeitig kompetent zu machen für eine sich rasch wandelnde, von kultureller Vielfalt geprägten und auf Wissen basierende Lebens- und Arbeitswelt, für eine unsichere Zukunft mit Übergängen und Brüchen und für lebenslanges Lernen.

- Die **Pisa-Studie** hat gezeigt, dass die Spitzenländer gerade auch dem Elementarbereich ein besonderes Gewicht einräumen.

- Nach der **OECD-Studie »Starting Strong«** sind nationale Bildungs- und Erziehungspläne die notwendige Voraussetzung für die Entwicklung und Sicherstellung von Bildungs- und Erziehungsqualität in Kindertageseinrichtungen. Curriculare Vorgaben können Kindern optimale und vergleichbare Bildungschancen bieten. Bereits mehrere Länder innerhalb und außerhalb Europas haben solche Pläne erstellt und eingeführt (z. B. Norwegen, Schweden, Finnland, England, Neuseeland) – es sind vor allem die Spitzenländer der Pisa-Studie. Die erfolgreiche Umsetzung der Pläne erfordert jedoch weitere Anstrengungen, so vor allem die entsprechende Professionalisierung des Fachpersonals.

Deutschland hat den Bildungsauftrag von Kindertageseinrichtungen – zusammen mit dem Erziehungs- und Betreuungsauftrag – **bundesgesetzlich normiert** (§ 22 Abs. 2 SGB VIII). Dessen Umsetzung wurde jedoch bislang eher vernachlässigt:

- Ein Vergleich der **Länderregelungen zum Kinderbetreuungswesen** (im Staatsinstitut für Frühpädagogik) ergab eine überwiegende Zurückhaltung der Länder, diesen Auftrag landesrechtlich zu konkretisieren. Folgen sind, dass Inhalte und Qualität der Bildungs- und Erziehungsarbeit in Tageseinrichtungen weitgehend der Beliebigkeit anheim gegeben und dadurch erhebliche Qualitätsunterschiede zwischen den Tageseinrichtungen zu registrieren sind – je nach Engagement der verantwortlichen Fachkräfte und des Trägers.

- Zu den wenigen Ländern, die den Auftrag zumindest für den Kindergarten schon bislang näher geregelt haben, zählen **Bayern** (»Verordnung über die Rahmenpläne für anerkannte Kindergärten – 4. DVBayKiG« von 1973, geändert 1979 und in ihrer Auslegung und Anwendung 1997 aktualisiert durch »Empfehlungen zur Umsetzung der Verordnung über die Rahmenpläne für anerkannte Kindergärten in der Praxis«) und das **Saarland** (»Rahmenrichtlinien für die vorschulische Erziehung« von 1973, überarbeitet 1996). Die Offenheit dieser Regelungen und die Unbestimmtheit ihrer Umsetzung haben jedoch z. B. auch in Bayern dazu geführt, dass Träger und Fachkräfte weitgehend frei in der Gestaltung der Bildungs- und Erziehungsarbeit in Kindergärten geblieben sind. Förderlich für die Qualität von Bildung und Erziehung in den bayerischen Kindergärten war und ist jedoch die Tätigkeit des **Staatsinstituts für Frühpädagogik**. Bayern betreibt als einziges Land seit über 30 Jahren ein Forschungsinstitut, das die Arbeit in Kindertageseinrichtungen wissenschaftlich begleitet und weiterentwickelt. Seine Einmaligkeit im Bundesgebiet begründet auch die Bedeutung, das Ansehen und das Engagement des IFP weit über die Landesgrenzen hinaus.

Seitens der Bildungs- und Jugendpolitik wird nun gefordert, die Möglichkeiten der Kindertageseinrichtungen zur Unterstützung früher Bildungsprozesse besser zu nutzen. So sollen bereits bei Kindern von Geburt an bis zur Einschulung gezielt Basiskompetenzen gefördert werden. Vor diesem Hintergrund hat das **Bayerische Staatsministerium für Arbeit und Sozialordnung, Familie und Frauen** bereits im Dezember 2001 das **Staatsinstitut für Frühpädagogik** beauftragt, einen **Bayerischen Bildungs- und Erziehungsplan für Kinder in Tageseinrichtungen bis zur Einschulung** – in enger Kooperation mit den Trägerverbänden und anderen wichtigen Organisationen – zu entwickeln und anschließend in der Praxis zu erproben und zu evaluieren.

Weiterführende Fachliteratur

Bildungsdiskussion im Elementarbereich

Arbeitsstab Forum Bildung der Geschäftsstelle der Bund-Länder-Kommission für Bildungsplanung und Forschungsförderung (2001). Empfehlungen des Forum Bildung – Ergebnisse des Forum Bildung I. *www.bildungsplus.forum-bildung.de*

Bundesministerium für Bildung und Forschung Wissenschaft (1998). Delphi-Befragung 1996/1998. Abschlussbericht zum »Bildungs-Delphi« – Potentiale und Dimensionen der Wissensgesellschaft – Auswirkungen auf Bildungsprozesse und Bildungsstrukturen. *www.bmbf.de/pub.delphi-befragung_1996_1998.pdf / www.bmf.de/download*

Deutsches PISA-Konsortium (Hrsg.). (2001). PISA 2000. Basiskompetenzen von Schülerinnen und Schülern im internationalen Vergleich. Opladen: Leske & Budrich.

Elschenbroich, D. (2001a). Weltwissen der Siebenjährigen. Wie Kinder die Welt entdecken. München: Kunstmann.

Elschenbroich, D. (2001b). Eia und Popeia ist nicht genug. Wie viel Bildung schulden wir den Kindern? Darf Bildung überhaupt sein in den ersten sieben Lebensjahren? *klein & groß. (5), 6–10.*

Fthenakis, W.E. (Hrsg.). (2003). Elementarpädagogik nach PISA. Wie aus Kindertagesstätten Bildungseinrichtungen werden können. Freiburg: Herder.

Fthenakis, W.E. (2002). Ein Bildungsplan für die Zukunft oder Orientierung als individuelle Herausforderung (Interview). *klein & groß, (4), 6–14.*

Fthenakis, W.E. (2000). Wohin mit Erziehung und Bildung unserer Kinder? (Interview). *klein & groß, (6), 6–14.*

Fthenakis, W.E. & Oberhuemer, P. (Hrsg.). (erscheint 2003). Frühpädagogik international. Bildungsqualität im Blickpunkt. Opladen: Leske & Budrich.

Jugendministerkonferenz (2002). Bildung fängt im frühen Kindesalter an. Umlaufbeschluss vom 18.04.2002. FORUM Jugendhilfe, (3), 19 ff. *www.mbjs.brandenburg.de/Jugend/Kita-Starseite*

Laewen, H.-J. & Andres, B. (Hrsg.). (2002a). Bildung und Erziehung in der frühen Kindheit. Bausteine zum Bildungsauftrag in Kindertageseinrichtungen. Weinheim: Beltz.

Laewen, H.-J., Andres, B. & Hédervári, É. (2002b). Forscher, Künstler, Konstrukteure – Werkstattbuch zum Bildungsauftrag in Kindertageseinrichtungen. Weinheim: Beltz.

Ministerium für Schule, Jugend und Kinder des Landes Nordrhein-Westfalen (2003). Vereinbarung zu den Grundsätzen über die Bildungsarbeit der Tageseinrichtungen für Kinder – Bildungsvereinbarung NRW . Inkrafttreten: 01.08.2003. *www.bildungsportal.nrw.de/BP/Jugend/KuJPolitik/Bildung*

Ministerium für Bildung, Frauen und Jugend Rheinland-Pfalz (2003). Bildungs- und Erziehungsempfehlungen für Kindertagesstätten in Rheinland-Pfalz. Diskussionsentwurf. Juli 2003 *www.mbjf.rlp.de/downloads*

Pesch, L. (2002). Entwurf eines normativen Rahmens für die Bildungsarbeit in Brandenburger Kindertageseinrichtungen. Teil 1: Grundlagen und Begründungen. Gutachten im Auftrag des Ministeriums für Bildung, Jugend und Sport des Landes Brandenburg. *www.mbjs.brandenburg.de/Jugend/Kita-Starseite*

Pesch, L., Völkel, P. & Wildt, C. (2003). 2. Entwurf. Grundsätze der Bildungsarbeit in Brandenburger Kindertageseinrichtungen. Teil 2: Bildungsbereiche. *www.mbjs.brandenburg.de/Jugend/Kita-Starseite*

Prognos AG / Infratest Burke Sozialforschung (1998). Delphi-Befragung 1996/1998. Potentiale und Dimensionen der Wissensgesellschaft – Auswirkungen auf Bildungsprozesse und Bildungsstrukturen. Integrierter Abschlussbericht. München: Selbstverlag.

Senatsverwaltung für Bildung, Jugend und Sport des Landes Berlin (Hrsg.). Internationale Akademie (INA) gemeinnützige Gesellschaft für innovative Pädagogik der freien Universität Berlin (2003). Das Berliner Bildungsprogramm für die Bildung, Erziehung und Betreuung von Kindern in Tageseinrichtungen bis zu ihrem Schuleintritt. Entwurf vom Juni 2003. *www.senbjs.berlin.de/bildung/bildungspolitik/berliner_bildungsprogramm.pdf*

Schäfer, G.E. (Hrsg.). (2003). Bildung beginnt mit der Geburt. Ein offener Bildungsplan für Kindertageseinrichtungen in Nordrhein-Westfalen. Weinheim: Beltz. (Dieses Buch ist die Handreichung zur Bildungsvereinbarung NRW)

Schäfer, G.E. (1995). Bildungsprozesse im Kindesalter. Weinheim: Beltz.

Welt des Kindes Nr. 3 (1999). Die Zukunft lernt im Kindergarten. Sonderausgabe zum KTK-Bundeskongress vom 31.5.–2.6.1999 in Stuttgart.

Qualitätsdiskussion zur Kindertagesbetreuung

Fthenakis, W.E. & Textor. M.R. (Hrsg.). (1998). Qualität von Kindertagesbetreuung. Weinheim: Beltz.

Kronberger Kreis für Qualitätsentwicklung in Kindertageseinrichtungen (1998). Qualität im Dialog entwickeln. Seelze-Velber: Kallmeyer.

Tietze, W. (Hrsg.). (1998). Wie gut sind unsere Kindergärten? Eine Untersuchung zur pädagogischen Qualität in deutschen Kindergärten. Neuwied: Luchterhand.

Tietze, W. & Viernickel, S. (2002). Pädagogische Qualität in Tageseinrichtungen für Kinder. Ein nationaler Qualitätskriterienkatalog. Weinheim: Beltz.

Tietze, W., Schuster, K.M. & Roßbach, H.-G. (1997). Kindergarten-Einschätz-Skala. Deutsche Fassung der Early Childhood Environment Rating Scale von Thelma Harm, Richard M. Clifford. Neuwied: Luchterhand.

Zimmer, J., Preissing, C., Thiel, T., Heck, A. & Krappmann, L. (1997). Kindergärten auf dem Prüfstand. Dem Situationsansatz auf der Spur. Seelze-Velber: Kallmeyer.

Hirnforschung

Kasten, H. (2003). Die Bedeutung der ersten Lebensjahre. Ein Blick über den entwicklungspsychologischen Tellerrand hinaus. *In W.E. Fthenakis. Elementarpädagogik nach PISA. (S. 57–66). Freiburg: Herder*

Singer, W. (2003). Was kann ein Mensch wann lernen. Ein Beitrag aus Sicht der Hirnforschung. *In W.E. Fthenakis. Elementarpädagogik nach PISA. (S. 67–75). Freiburg: Herder*

Ratey, J.R. (2003). Das menschliche Gehirn. Eine Gebrauchsanweisung. München: PIPER.

I-2 Geltungsbereich dieses Plans

Der Bayerische Bildungs- und Erziehungsplan gilt für **Regeltageseinrichtungen** im Sinne des § 22 Abs. 1 SGB VIII:

- Krippen
- Kindergärten
- Tageseinrichtungen mit breiterer Altersmischung (z. B. Netz für Kinder – Einrichtungen)
- Integrative Krippen, Kindergärten und altersgemischte Kindertageseinrichtungen.

Er gilt nicht für sonderpädagogische Tageseinrichtungen, in denen ausschließlich Kinder mit Behinderung (z. B. Schulvorbereitende Einrichtungen) oder Kinder mit Entwicklungsrisiken (z. B. Heilpädagogische Tageseinrichtungen für Kinder bis zur Einschulung) Aufnahme finden. Der Bayerische Bildungs- und Erziehungsplan geht in seinen Ausführungen davon aus, dass die soziale Ausgrenzung dieser Kinder in Zukunft nach Möglichkeit vermieden wird und Regeltageseinrichtungen allen Kindern offen stehen. Durch das Prinzip der inneren Differenzierung des pädagogischen Angebots wird eine solche Öffnung der Regeleinrichtungen möglich.

I–3 Zielsetzung, Aufbau und Verbindlichkeit dieses Plans

Zielsetzung des Bayerischen Bildungs- und Erziehungsplans ist es, den Fachkräften einen Orientierungsrahmen an die Hand zu geben, wie der gesetzliche Bildungs- und Erziehungsauftrag von Kindertageseinrichtungen und die Begleitung des Übergangs in die Grundschule bestmöglich erfüllt werden kann. Er ist der erste Versuch in Bayern, Bildungs- und Erziehungsprozesse für Kinder von Geburt an bis zur Einschulung umfassend und systematisch zu beschreiben und dadurch einen klaren Bezugsrahmen für die Arbeit in Kindertageseinrichtungen und für die Zusammenarbeit mit den Grundschulen zu schaffen. Er wendet sich gegen fachliche Beliebigkeit und tritt ein für Chancengerechtigkeit und Qualitätsstandards für alle Kinder.

Der Bayerische Bildungs- und Erziehungsplan beschreitet in seiner **Konzeption** neue Wege:

- Er konzipiert elementare Bildung und Erziehung im Kontext der **gesellschaftlichen Veränderungen**.

- Er greift die **aktuellen Entwicklungen in der Bildungsplanung** auf und zielt auf die Vermittlung von Basiskompetenzen und die Lernprozesse der Kinder ab. Er weist viele Unterschiede im Vergleich zu schulischen Lehrplänen auf. So ist er z. B. inhaltlich weiter gefasst und weniger ausdifferenziert. Es belässt einen großen pädagogischen Freiraum und setzt auf die Berücksichtigung individueller Unterschiede, auf spielerische Lernformen und ganzheitliches Lernen. Er verweist auf die zahlreichen Querverbindungen und Verknüpfungen, die sich zwischen den Förderschwerpunkten herstellen lassen, und zeigt dies beispielhaft auf.

- Er berücksichtigt die **Ergebnisse der Qualitätsdiskussion im Kinderbetreuungswesen**. Diese sind jedoch nicht der Ausgangspunkt der Beschreibungen, wie dies bei den Qualitätskriterienkatalogen für Tageseinrichtungen der Fall ist. Der Ausgangspunkt des Bayerischen Bildungs- und Erziehungsplans sind die Ziele, Methoden und Inhalte des Bildungs- und Erziehungsauftrags von Tageseinrichtungen, in deren Kontext die einschlägigen Qualitätskriterien dargelegt werden. Der Bayerische Bildungs- und Erziehungsplan beschreibt somit keine Mindeststandards, sondern **beste Fachpraxis** mit Leitbild-Charakter, die hohe Anforderungen an die pädagogischen Fachkräfte stellt.

- Er ist Richtschnur für Prozesse der **Selbst- und Fremdevaluation,** die für die Sicherung und Weiterentwicklung pädagogischer Qualität von Bedeutung sind. Der Bayerische Bildungs- und Erziehungsplan versucht zu diesem Zweck alle Anforderungen und Perspektiven miteinander in Einklang zu bringen, die auf das Bildungs- und Erziehungsgeschehen in Tageseinrichtungen einströmen.

Der Bayerische Bildungs- und Erziehungsplan ist in seiner **Grundstruktur** wie folgt aufgebaut:

(1) Er skizziert die **Prinzipien,** die für die Bildungs- und Erziehungsarbeit in Tageseinrichtungen handlungsleitend sind (➤ **I.3**).
(2) Er benennt und beschreibt die **Basiskompetenzen,** die nach wissenschaftlichen Erkenntnissen in der frühen Kindheit gefördert werden sollten (➤ **II.1**).
(3) Er gibt Hinweise zur **Förderung der kindlichen Lern- und Entwicklungsprozesse** und zur **gezielten Förderung bestimmter Basiskompetenzen** (➤ **II.2**).
(4) Er stellt in den Mittelpunkt die themenübergreifenden und themenbezogenen **Förderschwerpunkte,** in deren Rahmen die kindliche Bildung und Entwicklung und damit auch die Basiskompetenzen gefördert werden sollen. Bisherige Förderschwerpunkte in Tageseinrichtungen werden durch neue Bereiche ergänzt und erweitert. Dem **Übergang in die Grundschule** ist ein eigener Förderschwerpunkt gewidmet (➤ **II.3**).
(5) Er legt die **weiteren Aufgaben der Tageseinrichtungen** dar, die mit der Bildungs- und Erziehungsarbeit in unmittelbarem Zusammenhang stehen (➤ **II.4**).

Die Kapitel zu den unter (3) bis (5) genannten Punkten sind in der Regel nach folgendem **Binnenraster** untergliedert:

- **Zielformulierung, Leitgedanken**
- **Bildungs- und Erziehungsziele im Einzelnen** (formuliert aus der Sicht der Zielgruppe, vor allem der Kinder)
- **Anregungen und Beispiele zur pädagogischen Umsetzung** (formuliert aus Sicht der Fachkräfte in Tageseinrichtungen)
- **Weiterführende Hilfen zur Vertiefung**

Jede Tageseinrichtung hat die Aufgabe, den Bayerischen Bildungs- und Erziehungsplan auf Einrichtungsebene zu konkretisieren und dabei an die lokalen Bedingungen anzupassen. In diesen Entwicklungsprozess sind der **Träger,** das **Fachpersonal** und die **Eltern** gleichsam einbezogen und wirken dabei als gleichberechtigte Bildungs- und Erziehungspartner zusammen (Prinzip der Ko-Konstruktion). An dessen Ende steht die **Einrichtungskonzeption**, die sodann für alle transparent gemacht und verbindlich umgesetzt wird. Sie stützt und sichert die Bildungs- und Erziehungsarbeit in der Einrichtung ab. Sie wird jedes Jahr evaluiert und bei Bedarf fortgeschrieben.

Der **Gestaltungsspielraum** bei der pädagogischen und organisatorischen Umsetzung des Förderprogramms und der anderen Aufgaben ist groß. Der Bayerische Bildungs- und Erziehungsplan gibt nur eine Orientierung und schränkt die Kreativität vor Ort nicht ein; er befürwortet pädagogische Vielfalt und methodische Freiheit. Seine **Anregungen und Beispiele** vermitteln nur erste Vorstellungen von der pädagogischen Umsetzung und lassen sich verändern bzw. durch neue Beispiele ersetzen und erweitern. Auch ist weiterhin eine **inhaltliche Schwerpunktsetzung** möglich durch unterschiedliche Gewichtung der einzelnen Förderbereiche des Bayerischen Bildungs- und Erziehungsplans; ein Verzicht auf einzelne Förderbereiche hingegen scheidet aus. Der Bayerische Bildungs- und Erziehungsplan ist somit Orientierungshilfe, Bezugsrahmen und Verständigungsgrundlage für die Konzeptionsentwicklung und Richtschnur für die Selbstevaluation.

I–4 Menschenbild und Prinzipien, die dem Plan zugrunde liegen

Der Bayerische Bildungs- und Erziehungsplan versteht Erziehung und Bildung als ein auf Dialog ausgerichtetes Geschehen zwischen gleichwertigen Personen. Er ist vor dem Hintergrund eines Menschenbildes entworfen, das das Kind als ein Wesen ansieht, das auf Selbstbestimmung und Selbsttätigkeit hin angelegt ist. Mit Neugier und Kompetenzen ausgestattet erkundet und erforscht es – mit Unterstützung der erwachsenen Bezugspersonen – eigenaktiv sich selbst und die Welt um sich herum und eignet sich dabei Wissen an. **Der Bezugspunkt erzieherischen Denkens und Handelns ist daher das Kind als vollwertige Persönlichkeit,** das zu seiner Entfaltung auf vielfältige Anregungen von Seiten der Erwachsenen angewiesen ist:

- Ein solches Bild vom Kind verlangt von Erwachsenen bedingungslose **Akzeptanz und Respektierung des Kindes.** Seine Person ist uneingeschränkt wertzuschätzen und darf niemals beschämt werden.

- Die Rolle der Erwachsenen in Bezug auf das Kind ist gekennzeichnet durch **Impulse gebende und unterstützende Begleitung,** durch einfühlsame Zuwendung und reflektierende Beobachtung. Sie fördert im Rahmen eines prozessorientierten Vorgehens die Eigenaktivität und Selbstgestaltung des Kindes, achtet auf sein Wohlbefinden und stärkt sein Selbstwertgefühl in nachhaltiger Weise.

- Der dialogische Charakter des Erwachsenen-Kind-Verhältnisses kommt darin zum Ausdruck, dass die Erfahrungs-, Lern- und Kommunikationsprozesse gemeinsam getragen werden und **alle Beteiligten Lernende wie auch Lehrende** sein können. Obgleich die erzieherische Verantwortung bei der Fachkraft bleibt, nimmt sie nicht die alleinige Expertenrolle ein. Durch ein flexibles und zugleich personen- und kontextbezogenes Verhalten wird sie zugleich zum Vorbild für die Kinder.

- Mit den Kindern gemeinsam werden klare **Regeln und Grenzen** ausgehandelt und ihre Einhaltung vereinbart, um Wohlergehen, Schutz und Sicherheit aller Kinder zu gewährleisten.

Darauf aufbauend liegen dem Bayerischen Bildungs- und Erziehungsplan in Bezug auf den Bildungsauftrag von Kindertageseinrichtungen folgende Prinzipien zugrunde:

- Frühe Bildung wird als **Grundstein lebenslangen Lernens** verstanden.
- Bildung im frühkindlichen Alter wird als **sozialer Prozess** definiert. Lernen findet in der Regel in der konkreten sozialen Situation und in den Interaktionen des Kindes mit den Erwachsenen (Eltern und Fachkräfte) und den anderen Kindern statt.
  - **Kinder** sind **Akteure im Bildungsprozess** mit eigenen Gestaltungsmöglichkeiten. Sie gestalten von Anfang an ihre Bildung und Entwicklung mit und übernehmen dabei entwicklungsangemessen Verantwortung. Sie nehmen somit eine Subjektstellung im Bildungsgeschehen ein. Bildung in diesem Sinn verlangt deshalb eine aktive und angemessene Beteiligung der Kinder an den Entscheidungs- und Handlungsprozessen. Beteiligungsrechte bedingen Pflichten – so sollen Kinder ihrem Alter entsprechend auch Verantwortung für andere übernehmen.
  - Am konkreten Bildungsgeschehen sind zugleich die Fachkräfte und Eltern maßgeblich beteiligt. Es reicht nicht aus, den Kindern nur Lernarrangements bereit zu stellen und sie sodann mit deren Erkundung und Auseinandersetzung allein zu lassen. Damit Kinder ein Bewusstsein für ihre Lernprozesse entwickeln, Lernen als Wissenserwerb begreifen und erworbenes Wissen auf andere Situationen übertragen können, ist es erforderlich, dass die Erwachsenen die Lernprozesse der Kinder begleiten durch Gespräche und Beobachtung. Aufgrund der gemeinsamen Bildungs- und Erziehungsverantwortung muss die **Bildung der Kinder im partnerschaftlichen Zusammenwirken aller verantwortlichen Erwachsenen** stattfinden. Damit Fachkräfte und Eltern hierbei an einem Strang ziehen, sind regelmäßige Gespräche mit den Eltern über das einzelne Kind sowie Informations- und Bildungsangebote für Eltern von zentraler Bedeutung. Darüber hinaus sind bei Entscheidungen wichtiger Angelegenheiten, die die Tageseinrichtung betreffen (z. B. Entwicklung und Verabschiedung einer Einrichtungskonzeption), – entsprechend dem **Demokratieprinzip** – alle Bildungs- und Erziehungspartner, die in das Einrichtungsgeschehen eingebunden sind, angemessen zu beteiligen – die Eltern, das Einrichtungsteam und der Träger.
- **Bildung kann nicht unter Ausschluss der Gesellschaft erfolgen.** Zu einer umfassenden personalen und sozialen Entwicklungsförderung sind auch die gesellschaftlichen Gegebenheiten mit einzubeziehen und bei gemeinsamer Aufgabenverantwortung die Kooperation mit Schulen und anderen Stellen zu suchen und regelmäßig zu pflegen.

- Grundlagen der elementaren Bildung von Kindern bis zur Einschulung sind sinnliche Wahrnehmung, Bewegung und Spiel. Darauf beruht auch das **Prinzip der ganzheitlichen Förderung:**
  - Spielen und Lernen werden als zwei unterschiedliche Seiten derselben Medaille verstanden. Im Kleinkindalter herrschen spielerische bzw. informelle Lernformen vor, begleitet von den Erwachsenen. Formeller Unterricht und andere Formen schulischen Lernens sind nicht altersgemäß.
  - Bewegungs- und Sinneserfahrung prägen als pädagogisches Prinzip auch das Bildungsgeschehen in der Tageseinrichtung. Da sich Kinder über Bewegungserfahrungen Wissen über ihre Umwelt, aber auch über sich selbst, ihren Körper und ihre Fähigkeiten aneignen, ist ihnen ausreichend Gelegenheit zum Sichbewegen und zu Bewegungsspielen einzuräumen. Im Tagesverlauf sollen sich körperlich aktive Phasen mit Ruhephasen abwechseln.

- Angestrebt wird eine **Stärkung kindlicher Autonomie** und **sozialer Mitverantwortung**. Es gilt, jedem Kind die größtmöglichen Freiräume für seine Entwicklung zu bieten, aber auch gleichzeitig dafür zu sorgen, dass es lernt, in sozialer Verantwortung zu handeln – d. h. die Konsequenzen seiner eigenen Handlung für die anderen und sich selbst zu reflektieren. Daher kommt der Vermittlung christlicher und anderer verfassungskonformer Werte in der frühen Bildung ein zentraler Stellenwert zu.

- Es sind jene Basiskompetenzen und **Ressourcen zu fördern**, die das Kind befähigen, mit Belastungen, Veränderungen und Krisen so umzugehen, dass es darin Herausforderungen sieht und seine Kräfte mobilisiert bzw. jene personalen und sozialen Ressourcen nutzt, die ihm eine erfolgreiche Bewältigung ermöglichen.

- Im Mittelpunkt von Bildung im vorschulischen Alter steht nicht der Wissenserwerb, sondern die **Vermittlung lernmethodischer Kompetenz**. Schon das Kleinkind soll das Lernen lernen und so auf ein Leben vorbereitet werden, in dem lebenslanges Lernen unverzichtbar ist. Lernangebote sind so anregend und attraktiv zu gestalten, dass sie bei den Kindern die **Lust und Freude am Lernen wecken** und dass die Kinder Spaß haben und Gefallen daran finden, immer wieder neue Dinge zu lernen.

- **Individuelle Unterschiede** in Bezug auf Geschlecht, Herkunft, Religion, Lebensweise, Alter und Entwicklungsstand, Stärken und Schwächen sind

anzuerkennen sowie in organisatorischer und pädagogischer Hinsicht zu berücksichtigen:
- **Sozialer Ausgrenzung** ist angemessen zu **begegnen**. Elementare Bildungsangebote stehen allen Kindern offen und bieten ihnen faire, gleiche und gemeinsame Lern- und Entwicklungschancen.
- Das **Prinzip der inneren Differenzierung des pädagogischen Angebots** ermöglicht es, auf individuelle Unterschiede einzugehen und jedes einzelne Kind bestmöglich zu fördern. Wichtig hierbei ist, die Stärken der Kinder zu stärken und ihre Schwächen zu schwächen.
- **Soziale Vielfalt** ist zugleich **als Chance für das friedliches Miteinander** zu begreifen, denn Weltoffenheit, Toleranz und Menschlichkeit im sozialen Umgang werden das globale Zusammenleben in Zukunft sichern.

• Nach dem **Prinzip der Entwicklungsangemessenheit** sind Bildungsangebote so zu gestalten, dass sie der sozialen, kognitiven, emotionalen und körperlichen Entwicklung des Kindes entsprechen. Überforderung des Kindes ist ebenso fehl am Platz wie Unterforderung. Es gilt, dieses Prinzip nicht nur bei der **Gestaltung der einzelnen Lernarrangements** zu beachten, sondern auch bei der **Gestaltung des Tagesablaufs**. Den elementaren Bildungsauftrag stärken heißt, mit den Kindern täglich auch strukturierte Lernangebote durchzuführen. Wie dem organisatorisch entsprochen werden kann, orientiert sich an den Bedürfnissen der Kinder (z. B. begrenzte Aufmerksamkeitsspanne, freies Ausleben der Spiel- und Bewegungsbedürfnisse). Daher müssen sich im Tagesablauf moderierte Lernangebote mit Freispielphasen und anderen Tätigkeiten (z. B. gleitendes Frühstück, Aufräumen) abwechseln. Um täglich mehrere strukturierte Lernsituationen anbieten zu können, muss es möglich sein, über längere Zeit hinweg weitgehend ungestört pädagogisch zu arbeiten. Das Bringen und Abholen der Kinder erscheint in diesem Zeitabschnitt nicht angemessen. Wenn dies gewährleistet ist, können das Team und andere Personen, die in die pädagogische Arbeit eingebunden sind (z. B. Eltern, Honorarkräfte, Fachdienst), ihre volle Aufmerksamkeit den Kindern widmen.

I-5 Offener Prozess der Planentwicklung

I-5.1 Breite Beteiligung und Abstimmung

Unter der Federführung und Koordination des Staatsinstituts für Frühpädagogik (IFP) wurde der Bayerische Bildungs- und Erziehungsplan entwickelt. Diese Arbeiten wurden und werden auch im weiteren Planentwicklungsprozess durch eine **Fachkommission** begleitet, der neben dem IFP folgende Institutionen angehören:

- Staatsministerium für Arbeit und Sozialordnung, Familie und Frauen
- Staatsministerium für Unterricht und Kultus
- Staatsinstitut für Schulpädagogik und Bildungsforschung (ISB)
- Spitzenverbände der freien Wohlfahrtspflege
- Kommunale Spitzenverbände
- Fachberatung
- Fachkräfte aus Kinderkrippe, Kindergarten und Schule
- Elternverbände
- Fachakademien für Sozialpädagogik
- Wirtschaft
- Einzelpersonen aus Wissenschaft und Forschung, die das Erstellen eines Entwurfs einzelner Beiträge des Plans als externe Autoren übernommen haben.

Zu einzelnen Beiträgen des ersten, unveröffentlichten Planentwurfs wurden weitere 45 Experten um fachliche Beurteilung ersucht, um die fachliche Fundierung des Bayerischen Bildungs- und Erziehungsplans zu erweitern. Stellungnahmen von 27 Experten liegen vor und fanden Berücksichtigung. Der Bayerische Bildungs- und Erziehungsplan wurde ferner mit der Kommission, die den neuen Ausbildungsplan für die Fachakademien für Sozialpädagogik in Bayern verantwortet, abgestimmt und unter Beachtung des neuen Grundschul-Lehrplans erstellt. Eingang fanden darüber hinaus neben aktuellen Forschungsergebnissen in hohem Maß auch Modelle bester pädagogischer Fachpraxis aus dem In- und Ausland sowie internationale Entwicklungen.

Es ist das erste Mal, dass bei der Entwicklung eines Bildungsplans so viele Institutionen und Experten beteiligt und so viele unterschiedliche Perspektiven berücksichtigt werden. Er bündelt somit die fachlichen und rechtlichen Wissensbestände, die national und international zur frühen Bildung vorhanden sind. Er vereint somit alle Perspektiven, die es im System der

Kindertageseinrichtungen zu vereinen gibt. Der Plan weist keine Autoren und keine Zitate aus. Er listet im Anhang die Mitglieder der Fachkommission sowie jene Personen auf, die an der Erstellung dieses Plans als Autoren und Experten mitgewirkt haben.

Alle Arbeiten und Entscheidungen, die die Umsetzung des Bayerischen Bildungs- und Erziehungsplans in der Praxis betreffen, werden in einer **Implementationskommission** geleistet. In dieser sind vertreten:

- Staatsministerium für Arbeit und Sozialordnung, Familie und Frauen
- Staatsinstitut für Frühpädagogik
- Spitzenverbände der freien Wohlfahrtspflege
- Kommunale Spitzenverbände

I-5.2 Praxiserprobung im Kindergartenjahr 2003/04 – Fortschreibung

Der Bayerische Bildungs- und Erziehungsplan ist in seiner Erstfassung ein vorläufiger Plan. Vor seiner landesweiten Einführung ist eine Erprobung erforderlich. Der Plan wird in der Praxis der Tageseinrichtungen nur dann akzeptiert und angemessen umgesetzt, wenn er praxistauglich konzipiert, klar und verständlich abgefasst und die Praxis an seiner Entwicklung auf breiter Basis beteiligt worden ist. Nur durch eine Erprobung lässt sich feststellen, wie der Plan erfolgreich umgesetzt werden kann. **Eckpunkte der Erprobungsphase** sind:

- Die Erprobung wird im Kindergartenjahr 2003/04 durchgeführt.

- Für die durch das Staatsinstitut für Frühpädagogik wissenschaftlich begleitete Erprobung wurden landesweit 100 Modell-Einrichtungen ausgewählt. Darunter befinden sich 20 Kinderkrippen, 50 Regelkindergärten, 10 Integrationskindergärten, 10 Kindertageseinrichtungen mit breiterer Altersmischung sowie 10 Kindergärten in den Modellregionen Bayreuth und Landsberg am Lech, in denen zugleich das kindbezogene Förderkonzept erprobt wird. Alle anderen Kindertageseinrichtungen können davon unabhängig den Plan erproben; sie erhalten eine Begleitung durch die Fachberatung.

- Eine Fortbildung in der Erprobungsphase erhalten die Fachberatungskräfte der öffentlichen und freien Träger sowie das Fachpersonal der Modell-Einrichtungen.

- Aspekte, die in der Erprobung von Interesse sind, sind zum einen Praxismeinungen zu Konzeption und Verständlichkeit des Plans und zum anderen Praxiserfahrungen, die Aufschluss darüber geben, welche Strategien sich eignen und welche Rahmenbedingungen notwendig sind für eine erfolgreiche Umsetzung dieses Plans.

Die Arbeiten an der **Fortschreibung des Bayerischen Bildungs- und Erziehungsplans** werden ab Mitte 2004 aufgenommen. Grundlage sind die während der Erprobungsphase gewonnenen Erkenntnisse, insbesondere die Erfahrungsberichte und Verbesserungsvorschläge der Praxis. Die Fachkommission hat drei Aspekte herausgestellt, die in der weiteren Planentwicklung zu beachten sind:

- **Kinder im Alter von 0 bis 3 Jahren:** Obwohl sich der Bayerische Bildungs- und Erziehungsplan auch auf diese Altersgruppe bezieht, sind seine Ausführungen überwiegend auf die Kinder von 3 bis 6 Jahren zugeschnitten. Für die Bildungs- und Erziehungsarbeit mit Kindern unter 3 Jahren besteht deutschlandweit ein Nachholbedarf an konzeptionell ausgerichteten und wissenschaftlich untermauerten Begleitmaterialien für die Praxis.

- **Aufnahme von Beispielen, Auswahl der Beispiele:** Die Aufnahme von Beispielen in den Bayerischen Bildungs- und Erziehungsplan wird kontrovers diskutiert. Die ausgewählten Beispiele sind unterschiedlich im Anspruchsniveau und in der Beschreibung.

- **Fachkräfte, ErzieherInnen:** Im Bayerischen Bildungs- und Erziehungsplan sind beide Begriffe zu finden, stets sind jedoch alle Fachkräfte in Tageseinrichtungen damit gemeint. Den Begriff »Fachkräfte« generell zu verwenden ist ein Anliegen der Fachkommission, dem aus Zeitgründen erst in der Fortschreibung entsprochen werden kann.

I-5.3 Landesweite Einführung – Evaluation und Weiterentwicklung als fortdauernde Aufgabe

Die landesweite Einführung des Bayerischen Bildungs- und Erziehungsplans ist für das Kindergartenjahr 2005/06 vorgesehen. Im Rahmen seiner Einführung gilt es, den Plan zugleich in das geplante Bayerische Gesetz zur Förderung von Kindern in Tageseinrichtungen und in Tagespflege einzubetten und dabei die Rahmenbedingungen für seine erfolgreiche Umsetzung in der Praxis zu klären. **Auch nach seiner Einführung bleibt der Bayerische Bildungs- und Erziehungsplan offen für Anregungen und Veränderungen:**

- Die Weiterentwicklung des Bayerischen Bildungs- und Erziehungsplans endet nicht mit Abschluss der Erprobungsphase. Es gilt, den Plan in regelmäßigen Abständen zu evaluieren und bei Bedarf an neue Entwicklungen anzupassen. Die Regelung einer Laufzeit, nach deren Ablauf ein Evaluationsverfahren eingeleitet wird, wird geprüft.

- Vor diesem Hintergrund wird das Staatsinstitut für Frühpädagogik die Umsetzung des Plans in der Praxis auch nach der Erprobung begleiten. Es wird den Umsetzungsprozess wissenschaftlich begleiten und evaluieren sowie unterstützen durch Qualifizierungsmaßnahmen und die Entwicklung weitererführender Materialien.

Die Planentwicklung ist somit ein Prozess, der niemals abgeschlossen sein wird.

I–6 Wichtige Hinweise zum Entwurf für die Erprobung

Der Bayerische Bildungs- und Erziehungsplan ist ein erster Versuch, frühkindliche Bildung und Erziehung im Lichte der gesellschaftlichen Veränderungen systematisch zu beschreiben. Er erhebt nicht den Anspruch, in allen seinen Ausführungen vollständig zu sein und allen Anforderungen zu genügen.

Der Entwurf für die Erprobung ist mit der gleichen Sorgfalt zu lesen wie der 1. Entwurf des Plans, der im Internet veröffentlicht wurde und in Fachkreisen Verbreitung gefunden hat. Durch das Einarbeiten der vielen Anregungen, die in der Diskussion in der Fachkommission und in der Expertenanhörung zum 1. Entwurf zusammengekommen sind, hat sich der Plan in größerem Umfang verändert und weiterentwickelt.

Neue Beiträge	(Fast) Unveränderte Beiträge	Veränderte Beiträge
• II.2.2 Förderung der Bewältigung von Übergängen • II.3.1.1 Begleitung der Übergangs von der Familie in die Kindertageseinrichtung • *Folgeänderung* III.3.1.7 Vorbereitung und Begleitung des Übergangs in die Schule	• II.1 Basiskompetenzen • II.2.3 Förderung der lernmethodischen Kompetenz • II.3.2.2 Sprachliche Bildung und Förderung • II.3.2.3 Mathematische Bildung	**Alle anderen Beiträge** wurden mehr oder weniger stark überarbeitet, um den neuen Anregungen zu entsprechen. **Stark verändert** haben sich insbesondere • II.3.2.4 (Naturwissenschaftliche und technische Bildung) • II.3.2.7 (Musikalische Bildung und Erziehung) • II.3.2.9 (Bewegungserziehung und -förderung, Sport) • II.4.4 (Abwendung von Gefährdungen des Kindeswohls) In den Beiträgen zur Zusammenarbeit mit den Eltern **(II.4.2)** und anderen Stellen **(II.4.3)** wurden die rechtlichen Ausführungen ausgebaut.

Unterschiede zwischen aktuellem Bayerischen Bildungs- und Erziehungsplan und dem veröffentlichten Entwurf im Internet

Dieses Ausmaß an inhaltlicher Veränderung und Qualitätssteigerung innerhalb eines nur kurzen Zeitraums zeigt, wie dynamisch die Entwicklung des Bayerischen Bildungs- und Erziehungsplans verläuft. Diese hohe Dynamik wird sich mit Sicherheit auch in der Erprobungsphase fortsetzen, weil nun auf breiter Ebene die Praxis zu Wort kommen wird.

II Der Bildungs- und Erziehungsplan für Kinder von Geburt an bis zur Einschulung

1	**Basiskompetenzen, die bei den Kindern zu fördern sind**	**32**
1.1	Individuumsbezogene Kompetenzen und Ressourcen	32
1.2	Kompetenzen zum Handeln im sozialen Kontext	36
1.3	Lernmethodische Kompetenz: Lernen, wie man lernt	40
2	**Förderung der Lern- und Entwicklungsprozesse von Kindern – gezielte Förderung bestimmter Basiskompetenzen**	**43**
2.1	Förderung der Widerstandsfähigkeit (Resilienz)	43
2.2	Förderung und Begleitung der Bewältigung von Übergängen (Transitionen)	53
2.3	Förderung der lernmethodischen Kompetenz	62
3	**Ganzheitliches Förderprogramm in Kindertageseinrichtungen**	**73**
3.1	Themenübergreifende Förderperspektiven	74
3.1.1	Begleitung des Übergangs von der Familie in die Tageseinrichtung	74
3.1.2	Beteiligung der Kinder: Lernfeld für gelebte Demokratie	86
3.1.3	Interkulturelle Erziehung	97
3.1.4	Geschlechtsbewusste Erziehung	105
3.1.5	Kinder mit Entwicklungsrisiken und (drohender) Behinderung	113
3.1.6	Förderung von Kindern mit Hochbegabung	128

3.1.7	Vorbereitung und Begleitung des Übergangs in die Schule	135
3.2	Themenbezogene Förderschwerpunkte	147
3.2.1	Ethische und religiöse Bildung und Erziehung	147
3.2.2	Sprachliche Bildung und Förderung	155
3.2.3	Mathematische Bildung	168
3.2.4	Naturwissenschaftliche und technische Bildung	177
3.2.5	Umweltbildung und -erziehung	192
3.2.6	Medienbildung und -erziehung, elementare informationstechnische Bildung	206
3.2.7	Ästhetische, bildnerische und kulturelle Bildung und Erziehung	222
3.2.8	Musikalische Bildung und Erziehung	233
3.2.9	Bewegungserziehung und -förderung, Sport	246
3.2.10	Gesundheitliche Bildung und Erziehung	261

4 Beobachtung, Kooperation, Vernetzung und Kindeswohl   **273**
    4.1 Beobachtung und Dokumentation der Lern- und
          Entwicklungsprozesse von Kindern   273
    4.2 Bildungs- und Erziehungspartnerschaft mit den Eltern   278
    4.3 Gemeinwesenorientierung – Kooperation und
          Vernetzung   291
    4.4 Abwendung von Gefährdungen des Kindeswohls   306

II-1 Basiskompetenzen, die bei den Kindern zu fördern sind

Als **Basiskompetenzen** bzw. Schlüsselqualifikationen werden grundlegende Fähigkeiten, Fertigkeiten, Haltungen und Persönlichkeitscharakteristika bezeichnet. Sie sind Vorbedingungen für den Erfolg und die Zufriedenheit in Schule, Beruf, Familie und Gesellschaft. Deshalb werden sie im Folgenden **als frühpädagogische Ziele formuliert.**

II-1.1 Individuumsbezogene Kompetenzen und Ressourcen

Zu diesem Kompetenzbereich zählen die folgenden Basiskompetenzen und Ressourcen:

Personale Kompetenzen

- **Selbstwertgefühl:** Die Kindertageseinrichtung soll dazu beitragen, dass Kleinkinder sich für wertvoll halten, mit sich selbst zufrieden sind und sich attraktiv finden. Das Selbstwertgefühl ist vor allem durch die nicht an Bedingungen geknüpfte Wertschätzung seitens der erwachsenen Bezugspersonen sowie durch die Wertschätzung der anderen Kinder zu stärken; Kinder dürfen niemals beschämt werden. Den Kindern sind hinreichend Gelegenheiten anzubieten, die es ihnen ermöglichen, stolz auf ihre eigenen Leistungen und Fähigkeiten, ihre Kultur und Herkunft zu sein.

- **Positive Selbstkonzepte:** Das Kind soll ein positives Bild von sich selbst entwickeln und sich in verschiedenen Bereichen als lern- und leistungsfähig (*»akademisches« Selbstkonzept*) betrachten, als kompetent im Umgang mit Gleichaltrigen und Andersaltrigen und als liebenswert, geliebt und beliebt (*soziales Selbstkonzept*), als kompetent im Umgang mit seinen Gefühlen (*emotionales Selbstkonzept*) sowie als körperlich fit und als äußerlich attraktiv; es soll sich allerdings auch mit seinem Aussehen arrangieren, soweit es unveränderbar ist (*körperliches Selbstkonzept*). Positive Selbstkonzepte und die damit verbundenen Gefühle führen zu *Selbstbewusstsein*, einer wichtigen Voraussetzung für Leistungs- und Durchsetzungsvermögen.

- **Autonomieerleben:** Kinder sollen sich als Personen erleben, die mitentscheiden, was sie selbst bzw. in der Gruppe tun und wie sie es tun wollen. Das Autonomieerleben wird unterstützt, indem die ErzieherInnen den Kindern viele Freiräume und Mitbestimmungsmöglichkeiten zugestehen. Auf diese Weise lernen Kinder, einen altersgemäßen Entscheidungsspielraum zu nutzen, und erleben sich als Verursacher ihrer eigenen Handlungen.

- **Kompetenzerleben:** Kinder sollen sich als Personen erleben, die Probleme oder Aufgaben selbstständig meistern können. Dies wird durch ein Erzieherverhalten unterstützt, welches das Kind mit Aufgaben konfrontiert, die zwar eine Herausforderung darstellen, die das Kind aber aller Wahrscheinlichkeit nach lösen kann. Bei Erfolg stellt die Erzieherin lobend heraus, dass sich das Kind angestrengt hat. Bei Misserfolg verweist sie auf die zu hohe Aufgabenschwierigkeit und äußert Zuversicht, dass es beim nächsten Mal besser klappen wird.

- **Widerstandsfähigkeit (Resilienz):** Kinder sollen sich gesund und positiv entwickeln, auch wenn sie zeitweilig oder ständig Risikobedingungen ausgesetzt sind, und Stress bewältigen können. Die Tageseinrichtung hilft ihnen dabei, familiäre Belastungen oder eigene Krankheit bzw. Behinderung zu verarbeiten. Dazu tragen unmittelbare und mittelbare Maßnahmen bei. Unmittelbare Maßnahmen bestehen darin, dem Kind Kompetenzen zu vermitteln, die es ihm ermöglichen, mit Belastungen umzugehen (z. B. Problemlösetechniken, positives Denken, optimistisches Denken, soziale Kompetenzen). Mittelbare Maßnahmen wirken indirekt über die Erziehungsqualität, nämlich die emotional sichere Bindung zur Erzieherin sowie das wertschätzende, wenig lenkende Verhalten der Erzieherin. Außerdem soll die Situation in der Tageseinrichtung selbst stressfrei für die Kinder sein. Die ErzieherInnen können dazu beitragen, indem sie klare Regeln setzen, eine vertrauensvolle und tragfähige Beziehung zu den Kindern aufbauen und die Kinder unterstützen, wenn sie untereinander Konflikte austragen.

- **Kohärenzgefühl:** Kohärenzgefühl setzt sich zusammen aus den Komponenten Verständlichkeit, Sinnhaftigkeit sowie aus der Überzeugung, Situationen bewältigen zu können, zusammen. Letzteres ist dasselbe wie Selbstwirksamkeit (→ S. 30). Kinder sollen in der Tageseinrichtung verstehen, was tagtäglich passiert. Verständlich sind Ereignisse dann, wenn sie geordnet und nachvollziehbar sind. Kinder können ihren Tagesablauf z. B. besser verstehen, wenn bestimmte Routinen eingehalten werden. Sinnhaftigkeit bedeutet, dass das Kind Freude am Leben hat und dass es sein Leben für bedeutungsvoll hält. Zur Sinnhaftigkeit trägt die Wertschätzung der ErzieherInnen bei, ferner Gespräche über Religion oder philosophische Inhalte.

Motivationale Kompetenzen

- **Selbstwirksamkeit:** Erleben Kinder, dass sie ihre soziale und dingliche Umwelt beeinflussen können, entwickeln sie Vertrauen zu sich selbst – dass sie es schaffen, was sie sich vorgenommen haben, dass sie Aufgaben lösen und Probleme bewältigen können, dass sie andere Personen beeinflussen können und von anderen beeinflusst werden. Die Selbstwirksamkeit wird durch ein Erzieherverhalten gefördert, welches konsequent, d. h. immer in derselben Weise, auf ein bestimmtes kindliches Verhalten folgt.

- **Selbstregulation:** Das Kind lernt, sein eigenes Verhalten zu steuern. Es soll angefangene Beschäftigungen eine Weile durchhalten und sich darauf konzentrieren können sowie Ausdauer und Konzentration für wünschenswert halten. Selbstregulatives Verhalten z. B. wird gefördert, indem die Erzieherin Handlungsabläufe oder Problemlösungsprozesse kommentiert (eigene oder diejenigen des Kindes) und so dem Kind vermittelt, wie es sein Verhalten planen und steuern kann. Ferner sollte das Kind lernen, seine Emotionen – vor allem seine negativen (wie Wut, Angst und Ärger) – zu regulieren. Selbstregulation kann durch aktives Zuhören seitens der Erzieherin gefördert werden. ErzieherInnen sollen die Gefühle des Kindes – die positiven wie die negativen – als Chance nutzen, mit dem Kind darüber zu sprechen.

- **Neugier und individuelle Interessen:** Das Kind soll Neuem gegenüber aufgeschlossen sein und nicht nur zu Personen, sondern auch zu Dingen bedeutungsvolle Beziehungen aufbauen können. Das Kind soll Präferenzen beim Spielen und anderen Beschäftigungen entwickeln und realisieren, sofern dies nicht seine allseitige Entwicklung beeinträchtigt.

Kognitive Kompetenzen

- **Differenzierte Wahrnehmung:** Kleinkinder sollen lernen, alle ihre Sinne zu nutzen. Sie sollen üben, Tonhöhen und verschiedene Phoneme zu unterscheiden, sie sollen an Gegenständen z. B. folgende Merkmale unterscheiden und sie danach ordnen lernen: Größe, Gewicht, Temperatur, Farben, Helligkeit von Grautönen. ErzieherInnen können diese Kompetenzen fördern, indem sie Kinder auffordern zu beschreiben, was sie beobachtet, befühlt oder ertastet haben.

- **Denkfähigkeit:** In der frühen Kindheit müssen Kinder wichtige Schritte in ihrer kognitiven Entwicklung leisten. Hierzu benötigen sie die Unterstützung anderer Kinder und der Fachkräfte. Gefördert werden sollte z. B. die Begriffsbildung, indem Konzepte anhand konkreter Ereignisse, im Rahmen von Experimenten oder in Diskussionen vermittelt und geklärt werden. Die Kinder sollen motiviert werden, Vermutungen über das (voraussichtliche) Verhalten von Dingen oder Personen zu äußern, um so z. B. das Bilden von Hypothesen zu lernen. Logisches Denken ist zu fördern.

- **Wissensaneignung:** Die Kinder sollen sich altersgemäße Kenntnisse aneignen, z. B. die Zahlen lernen, wichtige Begriffe kennen, Farben benennen (→ lernmethodische Kompetenz II–1.3).

- **Gedächtnis:** Kinder sollen ihr Gedächtnis trainieren, indem sie z. B. Geschichten nacherzählen, über den Tagesablauf berichten, kleine Gedichte lernen oder die Inhalte des Gelernten wiederholen. Das Gedächtnis kann auch mit geeigneten Spielen (z. B. Memory) geübt werden.

- **Problemlösefähigkeit:** Die Kinder sollen lernen, Probleme unterschiedlicher Art (z. B. soziale Konflikte, Denkaufgaben, Fragestellungen im Rahmen von Experimenten) zu analysieren, Problemlösungsalternativen zu entwickeln, diese abzuwägen, sich für eine von ihnen zu entscheiden, diese angemessen umzusetzen und den Erfolg zu prüfen. Die ErzieherInnen unterstützen die Kinder dabei, indem sie ihnen Probleme nicht abnehmen, sondern die Kinder ermuntern, selbst nach Lösungen zu suchen. Zum Problemlösen gehört auch das Lernen aus Fehlern. Dafür soll in der Kindertageseinrichtung eine »Fehlerkultur« etabliert werden, die darin besteht, Fehler als wichtige Schritte bei der Problemlösung zu betrachten und nicht als Zeichen von Inkompetenz oder mangelnder Sorgfalt.

- **Kreativität:** Diese zeigt sich durch originellen Ausdruck im sprachlichen, musikalischen und künstlerischem Bereich. Die Erzieherin ermuntert das Kind, Reime zu erfinden, fantasievolle Geschichten zu erzählen, nach eigenen Vorstellungen zu malen, selbst erfundene Melodien zu singen, auf einem Musikinstrument zu spielen oder sich rhythmisch zu Musik zu bewegen. Auch Kreativität im kognitiven Bereich (z. B. bei der Hypothesenbildung oder Suche nach Problemlösungsalternativen) wird gefördert. Kreativität kann und soll in allen Bereichen gefördert werden.

Physische Kompetenzen

- **Übernahme von Verantwortung für Gesundheit und körperliches Wohlbefinden:** Das Kind soll in der Kindertageseinrichtung lernen, grundlegende Hygienemaßnahmen selbstständig auszuführen. Ferner wird es über den gesundheitlichen Wert einzelner Lebensmittel informiert und entwickelt eine positive Einstellung gesunder Ernährung gegenüber.

- **Grob- und feinmotorische Kompetenzen:** Das Kind erhält genügend Gelegenheit zur körperlichen Betätigung. Es kann seinen Bewegungsdrang ausleben, körperliche Fitness ausbilden, den Körper beherrschen lernen und Geschicklichkeit entwickeln.

- **Fähigkeit zur Regulierung von körperlicher Anspannung:** Das Kind soll in der Tageseinrichtung lernen, dass es sich für bestimmte Aufgaben körperlich und geistig anstrengen muss und danach aber wieder entspannen soll (z. B. durch ruhige Tätigkeiten wie Bilderbuch anschauen, durch Entspannungstechniken). So lernt es auch, Stress zu bewältigen.

II-1.2 Kompetenzen zum Handeln im sozialen Kontext

Die Kompetenzen zum Handeln im sozialen Kontext beinhalten insbesondere folgende Basiskompetenzen und Ressourcen:

Soziale Kompetenzen

- **Gute Beziehungen zu Erwachsenen und Kindern:** In der Tageseinrichtung haben die Kinder die Gelegenheit, Beziehungen aufzubauen, die durch Sympathie und gegenseitigen Respekt gekennzeichnet sind. Die ErzieherInnen helfen den Kindern dabei, indem sie sich offen und wertschätzend verhalten, neuen Gruppenmitgliedern bei der Kontaktaufnahme helfen und mit den Kindern über soziales Verhalten sprechen.

- **Empathie und Perspektivenübernahme:** In Kindertageseinrichtungen wird die Fähigkeit gefördert, sich in andere Personen hineinzuversetzen, sich ein Bild von ihren Motiven und Gefühlen zu machen und ihr Handeln zu verstehen. Zugleich lernen die Kinder aber auch, sich nicht auf ihre Gefühle zu verlassen, sondern ihre Eindrücke im Gespräch mit ihrem Gegenüber zu überprüfen. Konflikte bieten beispielsweise einen guten Anlass zum Erlernen von Empathie – insbesondere wenn außen stehende Kinder nach ihrer Meinung über die Ursachen, die Beweggründe der Konfliktbeteiligten und deren aktuelles Erleben befragt werden.

- **Fähigkeit, verschiedene Rollen einzunehmen:** Kinder im vorschulischen Alter nehmen gern spielerisch verschiedene Rollen ein. Dieses Verhalten soll von den ErzieherInnen unterstützt werden, denn die Kinder erfahren bei diesen Spielen, wie sich Menschen verhalten und wie sie fühlen. Sie lernen dabei, das Verhalten von anderen Kindern und von Erwachsenen besser zu verstehen.

- **Kommunikationsfähigkeit:** Kinder sollen in der Tageseinrichtung lernen, sich angemessen auszudrücken, also die richtigen Begriffe sowie eine angemessene Gestik und Mimik zu verwenden. Auch müssen sie lernen, andere Kinder ausreden zu lassen, ihnen zuzuhören und bei Unklarheiten nachzufragen. Da Kommunikationsfähigkeit eine der wichtigsten Kompetenzen für ein erfolgreiches Leben in unserer Gesellschaft ist, sollen Kindern viele Gelegenheiten für Gespräche geboten werden (z. B. Stuhlkreis, Bilderbuchbetrachtung, Besprechen von Experimenten, Kinderkonferenz).

- **Kooperationsfähigkeit:** Kinder sollen in der Tageseinrichtung lernen, mit anderen Kindern und Erwachsenen bei bestimmten Aktivitäten – vom Tischdecken über Spiele bis hin zu Projekten – zusammenzuarbeiten. Sie müssen z. B. lernen, sich mit anderen abzusprechen, gemeinsam etwas zu planen, dieses abgestimmt durchzuführen und danach über ihre Erfahrungen zu sprechen. Die ErzieherInnen eröffnen den Kindern Kooperationsmöglichkeiten (z. B. bei der Gestaltung der Räume, der Essensplanung, bei Vorbereitungen von Festen und bei der Planung täglicher Aktivitäten).

- **Konfliktmanagement:** Zwischenmenschliche Konflikte treten im Kleinkindalter gehäuft auf. Deshalb ist dies eine für das Erlernen von Konfliktlösetechniken besonders gut geeignete Zeit. Kinder sollen lernen, wie sie die Verschärfung von Konflikten verhindern, sie sich von durch andere hervorgerufene Gefühle distanzieren und Kompromisse finden können.

Wichtig ist für sie auch zu erfahren, wie sie als »Mediator« in Konflikte anderer Kinder vermittelnd eingreifen können.

Entwicklung von Werten und Orientierungskompetenz

- **Werthaltungen:** In der frühen Kindheit werden Werte und Normen verinnerlicht, die das ganze spätere Leben prägen können. ErzieherInnen sollen Kindern christliche und andere verfassungskonforme Werte vermitteln und mit ihnen prüfen, welche Bedeutung sie für das eigene Verhalten und Erleben haben. Auch sollen Kinder in der Tageseinrichtung lernen, Regeln zu befolgen, sie aber auch im Gespräch mit anderen ändern zu können, wenn gute Argumente vorliegen bzw. auf höhere Werte verwiesen werden kann.

- **Moralische Urteilsbildung:** Kinder sollen in der Tageseinrichtung in der Auseinandersetzung mit anderen Kindern und den ErzieherInnen lernen, ethische Dilemmata und grundlegende lebenspraktische Fragen im Alltag zu erkennen, zu reflektieren und dazu Stellung zu beziehen. Die ErzieherInnen unterstützen die Kinder dabei, indem sie passende Geschichten vorlesen oder erzählen und die Kinder ermuntern, ihre Gedanken dazu zu äußern. Die ErzieherInnen greifen Interessensgegensätze auf, um grundlegende ethische Fragen mit den Kindern zu besprechen.

- **Unvoreingenommenheit:** In einer welt- und wertoffenen Gesellschaft ist es unabdingbar, dass Kinder offen auf Personen mit anderen Werten, Einstellungen und Sitten zugehen, sofern diese nicht gegen die demokratische Grundordnung der Bundesrepublik verstoßen. Sie sollen sich für Menschen aus anderen Kulturkreisen interessieren und ihnen Wertschätzung entgegenbringen. Zugleich sollen sie sich der eigenen Kultur zugehörig fühlen. Die Kindertageseinrichtung vermittelt den Kindern Kenntnisse über die Geschichte und die Symbole ihrer eigenen Kultur und anderer Kulturen.

- **Sensibilität für und Achtung von Andersartigkeit und Anderssein:** Jedes Kind ist ein einzigartiges Individuum. Es hat ein Recht darauf, als solches anerkannt zu werden – unabhängig davon, ob es z. B. behindert oder nicht behindert, schwarz oder weiß, männlich oder weiblich ist. In Kindertageseinrichtungen, in denen die ganze Bandbreite der Bevölkerung anzutreffen ist, sollen Kinder lernen, dieses Recht für sich zu beanspruchen und anderen zu gewähren.

- **Solidarität:** Kinder sollen in der Gruppe zusammenhalten und sich füreinander einsetzen. Das bedeutet auch, dass ErzieherInnen und andere Erwachsene Verständnis haben, wenn Kinder ihre eigenen Bedürfnisse und Wünsche den Fachkräften gegenüber zum Ausdruck bringen – schließlich sind diese Kinder in der Regel die Schwächeren.

Fähigkeit und Bereitschaft zur Verantwortungsübernahme

- **Verantwortung für das eigene Handeln:** Kinder müssen lernen, dass sie selbst für ihr Verhalten und Erleben verantwortlich sind und dass sie ihre Reaktionen anderen gegenüber kontrollieren können.

- **Verantwortung anderen Menschen gegenüber:** Kinder sollen in der Tageseinrichtung lernen, sich für Schwächere, Benachteiligte, Unterdrückte einzusetzen – egal, ob es andere Kinder in ihrer Gruppe, andere ihnen bekannte Menschen oder Fremde sind.

- **Verantwortung für Umwelt und Natur:** Schon im Kleinkindalter werden Kinder mit der zunehmenden Umweltverschmutzung und ihren Erscheinungsformen (z. B. Wasserverschmutzung, belastete Nahrungsmitteln) konfrontiert. Es ist wichtig, dass die Kinder Sensibilität für alle Lebewesen und die natürlichen Lebensgrundlagen entwickeln und dabei lernen, ihr eigenes Verhalten zu überprüfen, inwieweit sie selbst etwas zum Schutz der Umwelt und zum schonenden Umgang mit ihren Ressourcen beitragen können.

Fähigkeit und Bereitschaft zur demokratischen Teilhabe

- **Erwerb von Grundkenntnissen über Staat und Gesellschaft:** Kinder sollen wissen, dass sie in einer Demokratie leben und was diese auszeichnet. Schon als Kleinkinder können sie mit Hilfe der ErzieherInnen Wissen über die staatlichen Instanzen (Legislative, Exekutive, Jurisdiktion) und Behörden erwerben.

- **Akzeptieren und Einhalten von Gesprächs- und Abstimmungsregeln:** Kinder sollen in der Tageseinrichtung auf das Leben in einer demokratischen Gesellschaft vorbereitet werden. Das bedeutet, dass sie z. B. Entscheidungsfindung und Konfliktlösung auf demokratischem Weg lernen – im

Gespräch, durch Konsensfindung und durch Abstimmungen, nicht aber durch Gewalt und Machtausübung.

- **Einbringen und Überdenken des eigenen Standpunkts:** Teilhabe an Demokratie bedeutet auch, dass Kinder in der Lage sind, eine eigene Position zu beziehen und nach außen vertreten zu können, dass sie andere Meinungen akzeptieren und Kompromisse auszuhandeln.

II-1.3 Lernmethodische Kompetenz: Lernen, wie man lernt

Zu den zentralen Aufgaben des Bildungswesens zählt die Vermittlung von Kompetenzen zur Erschließung und Aneignung von Wissen – Kernkompetenzen, die zur Nutzung verfügbarer Informationen qualifizieren. So sind ein **Repertoire an Vorwissen** und **lernmethodische Kompetenzen** unerlässlich für eine Aktualisierung des Wissens und das Ausfiltern des Unwichtigen oder Überflüssigen. Aktuelles Wissen ist nur in einem Prozess des lebenslangen Lernens zu erwerben. Ziel ist es deshalb, den Kindern Kompetenzen des Wissenserwerbs zu vermitteln, die sie zu lebenslangem Lernen befähigen.

Lernmethodische Kompetenz bündelt jene Kompetenzen, die den bewussten Erwerb von Wissen fördern:

- Ein bewusster Wissenserwerb verlangt beim Lernen den Einsatz von **Methoden der Selbststeuerung.** Diese versetzen den Einzelnen in die Lage, neue Informationen gezielt zu beschaffen und zu verarbeiten, neues Wissen aufzubereiten und zu organisieren und es zur Problemlösung angemessen und verantwortlich einzusetzen. Von besonderer Bedeutung ist hierbei der kompetente und kritische Umgang mit Medien.

- Wissen flexibel und kompetent nutzen zu können hängt nicht nur von den erworbenen Wissensinhalten ab, sondern vor allem von der Art und Weise, wie man Wissen erworben hat. Soll Wissen eine Grundlage für Problemlösungen in Alltagssituationen bereitstellen, so ist mitzulernen, in welchen Kontexten und Situationen das Wissen anwendbar ist. Andernfalls bleibt das erworbene Wissen »träge« und für **Transfer und Anwendung** wenig brauchbar; dem Kind würde sich die Bedeutung des Wissens nicht erschließen.

- Neben dem Erwerb von Vorwissen und Allgemeinbildung ist die **Fähigkeit zu lernen** oder das Lernen, wie man lernt, gezielt zu fördern. Es erfordert ein **Nachdenken über das eigene Denken**, z. B. wenn man sich seine eigenen Planungsschritte bewusst macht oder wie man eine vorgegebene Lernaufgabe angeht, wenn man überwacht, wie man einen Text oder eine Geschichte versteht oder wie sich dieses Verständnis entwickelt hat.

Das **Wissen über Lernvorgänge und deren Steuerung und Kontrolle** sind Kompetenzen, die für erfolgreiches Lernen unerlässlich und bereits im Elementarbereich zu fördern sind:

- Die **Fähigkeiten zur Beobachtung und zur Regulation des eigenen Verhaltens** können bereits kleinen Kindern effektiv vermittelt werden.

- **Voraussetzung** für eine effiziente und nachhaltige Vermittlung dieser Kompetenzen bei Kindern bis zum Alter von 6 Jahren ist, dass sie Wissen von Anfang an in lebensnahen, fachübergreifenden, sozialen und problemorientierten Kontexten erwerben und anwenden können. Der Gefahr von Defiziten an unmittelbarer Sinneserfahrung ist durch ganzheitliche Lernangebote entgegenzuwirken, die eine Entfaltung aller Sinne, physische Erfahrungen der Lebensumwelt und Selbsterfahrung in sozialen Bezügen ermöglichen.

Weiterführende Fachliteratur zu den Basiskompetenzen

Bischof-Köhler, D. (1998). Zusammenhänge zwischen kognitiver, motivationaler und emotionaler Entwicklung in der frühen Kindheit und im Vorschulalter. *In H. Keller (Hrsg.), Lehrbuch Entwicklungspsychologie (S. 319–376). Bern: Huber.*
Brunstein, J. C. & Spörer, N. (2001). Selbstgesteuertes Lernen. *In D. H. Rost (Hrsg.), Handwörterbuch Pädagogische Psychologie (S. 622–635). Weinheim: Beltz.*
Flammer, A. (1995). Kontrolle, Sicherheit und Selbstwert in der menschlichen Entwicklung. *In Edelstein, W. (Hrsg.), Entwicklungskrisen kompetent meistern. Der Beitrag der Selbstwirksamkeitstheorie von Albert Bandura zum pädagogischen Handeln (S. 35–42). Heidelberg: Asanger.*
Flammer, A. & Nakamura, Y. (2002). An den Grenzen der Kontrolle. *Zeitschrift für Pädagogik, 44. Beiheft, 48,* 83–113.
Fölling-Albers, M. (1995). Interessen von Grundschulkindern. *Grundschule, 27(6),* 24–26.
Heckhausen, H. & Rheinberg, F. (1980). Lernmotivation im Unterricht, erneut betrachtet. *Unterrichtswissenschaft, 8,* 7–47.
Helmke, A. (1997). Entwicklung lern- und leistungsbezogener Motive und Einstellungen: Ergebnisse aus dem SCHOLASTIK-Projekt. *In F. E. Weinert & A. Helmke (Hrsg.), Entwicklung im Grundschulalter (S. 59–76). Weinheim: Beltz.*

Hofer, M. (2002). Theoretische Ansätze in der Familienpsychologie. *In M. Hofer, E. Wild & P. Noack (Hrsg.), Familienbeziehungen. Eltern und Kinder in der Entwicklung (S. 28–49). Göttingen: Hogrefe.*
Kasten, H. & Krapp, A. (1986). Das Interessengenese-Projekt – eine Pilotstudie. *Zeitschrift für Pädagogik, 32,* 175–188.
Köller, O. & Schiefele, U. (1998). Zielorientierung. *In D.H. Rost (Hrsg.), Handwörterbuch Pädagogische Psychologie (S. 585–588). Weinheim: Beltz.*
Krapp, A. & Ryan, R.M. (2002). Selbstwirksamkeit und Lernmotivation. Eine kritische Betrachtung der Theorie von Bandura aus der Sicht der Selbstbestimmungstheorie und der pädagogisch-psychologischen Interessenstheorie. *Zeitschrift für Pädagogik, 44. Beiheft, 48,* 54–82.
Krapp, A. & Weidenmann, B. (Hrsg.). (2001). Pädagogische Psychologie. Weinheim: Beltz PVU.
Minsel, B. (1990). Beschäftigungspräferenzen von drei- bis sechsjährigen Kindern. *Bildung, Erziehung und Betreuung von Kindern in Bayern, IFP-Infodienst,* 6(1), 2–3.
Mittag, W., Kleine, D. & Jerusalem, M. (2002). Evaluation der schulbezogenen Selbstwirksamkeit von Sekundarschülern. *Zeitschrift für Pädagogik, 44. Beiheft, 48,* 145–173.
Neber, H. (2001). Kooperatives Lernen. *In D. H. Rost (Hrsg.), Handwörterbuch Pädagogische Psychologie (S. 361–366). Weinheim: Beltz.*
Pekrun, R. (2002). Psychologische Bildungsforschung. *In R. Tippelt (Hrsg.), Handbuch Bildungsforschung (S. 61–80). Opladen: Leske & Budrich.*
Prenzel, M., Lankes, E.-M. & Minsel, B. (2000). Interessenentwicklung in Kindergarten und Grundschule: Die ersten Jahre. *In U. Schiefele & K.-P. Wild (Hrsg.), Interesse und Lernmotivation. Untersuchungen zu Entwicklung, Förderung und Wirkung (S. 11–30). Münster: Waxmann.*
Rheinberg, F. (1997). Motivation. Stuttgart: Kohlhammer.
Rost, D.h. H. (2001). Handwörterbuch Pädagogische Psychologie. Weinheim: Beltz PVU.
Schwarzer, R. (1998 b). Self-Science: Das Trainingsprogramm zur Selbstführung von Lehrern. *Unterrichtswissenschaft, 26,* 158–172.
Schwarzer, R. (1987). Stress, Angst und Hilflosigkeit. Stuttgart: Kohlhammer.
Schwarzer, R. & Jerusalem, M. (2002). Das Konzept der Selbstwirksamkeit. *Zeitschrift für Pädagogik, 44. Beiheft, 48,* 28–53.
Thomas, A. & Chess, S. (1980). Temperament und Entwicklung. Stuttgart: Enke.

Lernmethodische Kompetenz

➧ Literaturangaben bei II–2.3

II–2 Förderung der Lern- und Entwicklungsprozesse von Kindern – gezielte Förderung bestimmter Basiskompetenzen

Die Förderung der kindlichen Lern- und Entwicklungsprozesse, insbesondere der genannten Basiskompetenzen, erfolgt grundsätzlich im Rahmen der unter II–3 beschriebenen Förderperspektiven und Förderschwerpunkte. Bei der Förderung der Widerstandsfähigkeit, der Bewältigungskompetenz für Übergänge sowie der lernmethodischen Kompetenz sind jedoch spezifische Aspekte zu beachten, die nachstehend dargelegt werden.

II–2.1 Förderung der Widerstandsfähigkeit (Resilienz)

(1) Zielformulierung, Leitgedanken

Trotz vieler Risiken, mit denen Kinder heute konfrontiert sind, wachsen viele zu erstaunlich kompetenten, leistungsfähigen und stabilen Persönlichkeiten heran. Was diese Kinder so stark macht, ist ihre Fähigkeit, mit Belastungs- und Stresssituationen erfolgreich umzugehen. Neuere Erkenntnisse zum **Phänomen der »Resilienz«** bei Kindern sind:

- Resilienz hat **zwei Dimensionen:** Zum einen müssen schwierige Lebensumstände vorliegen, die die gesunde Entwicklung des Kindes ernsthaft bedrohen, zum anderen muss es dem Kind gelingen, diesen zu trotzen und sie erfolgreich zu bewältigen.

- Das **Gegenstück** ist »**Vulnerabilität**«, d.h. die Verwundbarkeit, Verletzbarkeit oder Empfindlichkeit von Kindern gegenüber riskanten Lebensumständen und damit eine erhöhte Bereitschaft, psychische Erkrankungen zu entwickeln.

- Resilienz tritt in **drei Erscheinungsformen** auf, als
  – positive, gesunde Entwicklung trotz andauerndem, hohem Risikostatus (z.B. chronische Armut, elterliche psychische Erkrankung, sehr junge Elternschaft, Multiproblemmilieus);
  – beständige Kompetenz unter akuten Stressbedingungen bei kritischen Lebensereignissen (z.B. Trennung und Scheidung der Eltern, Wieder-

heirat eines Elternteils) oder Übergängen im Lebenslauf (z. B. Übergang vom Kindergarten in die Schule);
– positive bzw. schnelle Erholung von traumatischen Erlebnissen (z. B. Tod eines Elternteils, sexueller Missbrauch, Kriegserlebnisse).

- Resilienz ist kein angeborenes Persönlichkeitsmerkmal, sondern eine **Kompetenz, die im Verlauf der Entwicklung erworben wird und über Zeit und Situationen hinweg variieren kann.** Die Fähigkeit, schwierige Ereignisse und Risikobedingungen erfolgreich zu bewältigen, kann sich während der Entwicklung des Kindes verändern. So können sich neue Vulnerabilitäten, aber auch neue Schutzfaktoren im Entwicklungsverlauf und während akuter Stressbedingungen herausbilden.

- Die Ursache der günstigen Entwicklungsverläufe resilienter Kinder sind Schutzfaktoren in der Person des Kindes und seiner Lebensumwelt. Diese günstigen **personalen und sozialen Ressourcen** fördern die Anpassung des Kindes an seine Umwelt, erschweren die Verfestigung einer Störung; sie scheinen die Negativeffekte der Risikobelastung abschwächen bzw. aufheben zu können. Resilienz beruht hierbei auf einem komplexen Zusammenspiel, an dem genetische Anlagen und sozial vermittelte Kompetenzen des Kindes sowie soziale Unterstützungssysteme in der Lebensumwelt des Kindes beteiligt sind.

Personale Ressourcen	• Positive Temperamentseigenschaften, welche soziale Unterstützung und Aufmerksamkeit bei den Bezugspersonen hervorrufen (flexibel, aktiv, offen) • Intellektuelle Fähigkeiten / Problemlösefähigkeiten • Selbstwirksamkeitsüberzeugungen • Positives Selbstkonzept, Selbstvertrauen, hohes Selbstwertgefühl • Fähigkeit zur Selbstregulation • Internale Kontrollüberzeugung • Realistischer Attribuierungsstil (Ursachen-Zuschreibung) • Hohe Sozialkompetenz: Empathie und Aufgeschlossenheit gegenüber anderen Menschen, Kooperations- und Kontaktfähigkeit, soziale Perspektivenübernahme
Soziale Ressourcen	• Mindestens eine stabile Bezugsperson, die Vertrauen und Autonomie fördert • Offenes, wertschätzendes, unterstützendes Erziehungsklima • Positive Rollenmodelle, Vorbilder für aktives und konstruktives Problemlösen • Positive Peer-Beziehungen (Freundschaftsbeziehungen zu Gleichaltrigen) • Positive Erfahrungen und soziale Unterstützung in den Bildungseinrichtungen

Personale und soziale Ressourcen

Das wachsende Interesse an der gesunden Entwicklung von Kindern hat zu einer **Ausweitung** bisheriger **Perspektiven** und **pädagogischer Ansätze** geführt:

- Die traditionelle **Perspektive der Risiko-Faktoren**, die die Entwicklung der Kinder gefährden und die bei einzelnen Kindern in Form von Entwicklungsproblemen zum Vorschein kommen, tritt zurück hinter die **Perspektive der Schutz-Faktoren**, die die gesunde Entwicklung der Kinder auch bei ungünstigen Lebensumständen bedingen und die sie zugleich befähigen, Risikobedingungen und -situationen erfolgreich zu bewältigen.

- Bei der Förderung von Kindern sollen daher **ressourcenorientierte Ansätze**, die bei den Stärken des Kindes ansetzen und auf deren weitere Stärkung abzielen (*Empowerment-* bzw. *Kompetenz-Ansatz*), in ihrem Verhältnis zu **defizitorientierten Ansätzen**, die bei den Problemlagen des Kindes ansetzen und auf deren Behebung abzielen, in den Vordergrund treten. Die Frage, was Kinder »stärkt«, richtet den Blick auf eine positive und motivierende Perspektive. Mit ihr verbunden ist zugleich die Sichtweise vom Kind als aktivem »Bewältiger« und Mitgestalter seines eigenen Lebens, z. B. durch den effektiven Gebrauch seiner internen und externen Ressourcen.

- Der ressourcenorientierte Ansatz erfordert eine stärkere Betonung von **Primärprävention**, die auf zwei Ebenen geleistet werden muss:
  – Resilienzförderung auf individueller Ebene, d. h. direkt bzw. unmittelbar beim Kind, indem man es für den Umgang mit Belastungen stärkt und ihm wichtige Basiskompetenzen vermittelt.
  – Resilienzförderung auf der Beziehungsebene, d. h. indirekt über die Erziehungs- und Beziehungsqualität bzw. mittelbar über die Erziehungsperson, indem man die Erziehungskompetenz von Eltern bzw. ErzieherInnen stärkt.

Kinder sind frühzeitig an effektive Bewältigungsformen heranzuführen. Kindertageseinrichtungen können hierzu einen wesentlichen Beitrag leisten:

- Sie können frühzeitig und langfristig, intensiv und umfassend Kindern wichtige Basiskompetenzen vermitteln, mit zukünftigen Stress- und Risikosituationen angemessen umzugehen, bzw. sie bei der Bewältigung von aktuellen, schwierigen Lebensumständen unterstützen.

- Sie können sowohl im Sinn der Primärprävention alle Kinder als auch im Sinn der Sekundärprävention die Risikokinder (➤ II–3.1.5) erreichen. Sie verfügen somit über einen direkteren und systematischeren Zugang zu einer großen Zahl von Kindern als irgendeine andere soziale Institution.

- Sie haben nicht nur Zugang zum Kind, sondern auch Zugang zu den Eltern des Kindes. Sie können daher als Schnittstelle für die Förderung kindlicher Basiskompetenzen und die Förderung elterlicher Erziehungskompetenzen fungieren (z. B. pädagogische Fachkräfte als Vermittler für Elterntrainings).

- Sie bieten die Möglichkeit, positive Sozialbeziehungen zu Gleichaltrigen (*Peers*) und anderen Erwachsenen aufzubauen.

Resilienzförderung beim Kind zielt auf den Erwerb all jener Kompetenzen ab, die es in die Lage versetzen, seine altersspezifischen Entwicklungsaufgaben auch unter Risikobedingungen und in Risikosituationen effektiv zu bewältigen. **Die positive Bewältigung einer Entwicklungsaufgabe steigert die Wahrscheinlichkeit, dass das Kind seine nachfolgenden Entwicklungsaufgaben meistern wird.** Sie erleichtert die Bewältigung neuer, schwieriger Situationen und stabilisiert das lernende Kind in seiner Persönlichkeit, je mehr Entwicklungsaufgaben es gut bewältigt. Es lernt mit den steten Veränderungen und Brüchen, Belastungs- und Stresssituationen in seinem Leben kompetent umzugehen und diese als Herausforderung und nicht als Belastung zu begreifen. Dies setzt bestimmte Kenntnisse und Fertigkeiten und eine emotionale Basis voraus, die die Lernbereitschaft und Weltzugewandtheit des Kindes unterstützen.

(2) Bildungs- und Erziehungsziele im Einzelnen

Die Ziele, die bei der Förderung resilienten Verhaltens bei Kindern zu beachten sind, orientieren sich an den Schutzfaktoren, die den Entwicklungsverlauf der Kinder auch in Belastungs- und Stresssituationen begünstigen. Die personalen Ressourcen weisen darauf hin, welche Basiskompetenzen Kinder heute brauchen, um sich gesund und positiv zu entwickeln. Wesentliche Ziele bei der **Förderung von Resilienz** in frühkindlichen Bildungs- und Erziehungsprozessen sind daher:

- Förderung von Problemlösungsfertigkeiten und Konfliktlösungsstrategien
- Förderung von Eigenaktivität und persönlicher Verantwortungsübernahme (Schaffen von Möglichkeiten der Beteiligung von Kindern)

- Förderung von Selbstwirksamkeit und realistischen Kontrollüberzeugungen
- Förderung positiver Selbsteinschätzung des Kindes (Stärkung des Selbstwertgefühls)
- Förderung der kindlichen Selbstregulation
- Förderung sozialer Kompetenzen, vor allem Empathie und Perspektivenübernahme
- Stärkung positiver sozialer Beziehungen
- Förderung von Kompetenzen zur Stressbewältigung (➙ II–2.2, II–3.1.7)
- Förderung körperlicher Gesundheitsressourcen.

(3) Anregungen und Beispiele zur pädagogischen Umsetzung

Resilienzförderung zeichnet sich durch verschiedene pädagogische Ansatzpunkte aus, die es in ein **Gesamtkonzept zur Primärprävention** zu integrieren gilt.

Die Einrichtung als positiver Entwicklungsrahmen

Als Querschnittsaufgabe betrifft primärpräventives Handeln die gesamte pädagogische Arbeit in der Einrichtung. In diesem Sinn sind in Kindertageseinrichtungen Bedingungen zu realisieren, die der Entwicklung von Kindern förderlich sind; es sollen, auch bezogen Wohlbefinden und Gesundheit, positive Entwicklungsanreize gesetzt werden. Von besonderer Bedeutung sind dabei folgende Aspekte:

- **Individualisierung und innere Differenzierung des pädagogischen Angebots:** Das pädagogische Angebot soll ausreichend Freiraum für individuelle Lehr- und Lernprozesse bieten, um der breiten Altersspanne der Kinder und der teilweise erheblichen Unterschiede im Entwicklungsstand (Leistungsfähigkeit, Aufmerksamkeitsspanne), aber auch den Unterschiede in den Stärken und Schwächen, Interessen und Neigungen der Kinder Rechnung zu tragen. Bei allen pädagogischen Maßnahmen wird durch innere Differenzierung die Voraussetzung dafür geschaffen, dass Kinder sich entsprechend ihrem Entwicklungsstand in Lernprozesse einbringen können. Diese Konzept schließt nicht aus, bestimmte Angebote für alle Kinder gemeinsam zu machen (z. B. Stuhlkreis am Morgen) bzw. ein Lernarrangement zu einem bestimmten Thema altersdifferenziert zu gestalten, sodass alle Kinder einer Gruppe daran teilnehmen können. Für das Lernen und die Entwicklung des Kindes von großer Bedeutung sind intensive Fachkraft-Kind-Interaktionen in angeleiteten Kleingruppen. Dabei gilt es Situationen zu schaffen, in denen Fachkräfte und Kinder gemeinsam über etwas nachdenken, die Gedanken austauschen und diesen Prozess in einem entwicklungsangemessenen Zeitraum aufrecht erhalten.

- **Gestaltung der Lernumgebung:** Das Konzept der inneren Differenzierung ist gekoppelt an ein geeignetes Raumkonzept, das den Kindern ausreichend Platz für Bewegung, individuelle Lernprozesse, Rückzug und Geborgenheit zugleich bietet. Hierbei sind zwei Gestaltungsmöglichkeiten von Interesse, die sich auch miteinander kombinieren lassen:
  – Ein Raumkonzept, das offen und flexibel ist, bietet die Möglichkeit zur Veränderung. Unter Beteiligung der Kinder lassen sich die Räume und deren Ausstattung immer wieder umgestalten und neu arrangieren – vergleichbar wie Bühnen im Theater. Solche Szenen- und Kulissenwechsel machen die pädagogischen Angebote für die Kinder attraktiv, lebendig und spannungsreich, denn sie gestalten mit. Offene pädagogische Arrangements eröffnen einen Freiraum, der die Fantasie der Kinder anregt und beflügelt und immer wieder neue Dinge entstehen lässt. Er lässt sich mit allen Inhalten füllen, die der Bayerische Bildungs- und Erziehungsplan als Förderbereiche vorsieht.
  – Soweit Möglichkeiten bestehen, sollten Großraumsituationen zugunsten einer kleinteiligeren räumlichen Gliederung mit spezifischen Erfahrungs- und Lernangeboten reduziert werden. Dies eröffnet den Kindern die Möglichkeit, auch über längere Zeiträume ungestört ihren individuellen Interessen und Neigungen nachzugehen.

- **Steuerung der Gruppenzusammensetzung:** Das Leben in größeren Gruppen wirkt – abhängig u. a. vom Alter und von bestimmten Verhaltensmerkmalen – für manche Kinder als Belastungsfaktor. Dies ist bei der Zusammenstellung von Gruppen zu berücksichtigen: Um sozialen Ausgrenzungsprozessen zwischen den Kindern vorzubeugen, sollen Gruppen so zusammengestellt werden, dass die Kinder nach Wesen und Entwicklungsstand möglichst gut zu einander passen und Problemballungen vermieden werden.

- **Gestaltung der Beziehung zu den Kindern:** Pädagogische Haltungen, die der Widerstandfähigkeit und psychosozialen Gesundheit von Kindern zuträglich sind, beinhalten emotionale Wärme, Einfühlungsvermögen, Klarheit, Echtheit, Verlässlichkeit und Autonomieförderung. Die Fachkraft soll ihre Beziehung zu den Kindern in diesem Sinn gestalten und dabei mit den Kindern klare Regeln und Grenzen aushandeln, auf deren Einhaltung alle gemeinsam achten. Sie soll eine individuelle, persönliche Beziehung zu jedem Kind aufbauen.

Beim einzelnen Kind kann die Fachkraft resiliente Verhaltensweisen fördern, indem sie:
- das Kind ermutigt, seine Gefühle zu benennen und auszudrücken,
- dem Kind konstruktives Feedback gibt (d. h. das Kind konstruktiv lobt und kritisiert),
- dem Kind dabei hilft, eigene Stärken und Schwächen zu erkennen,
- dem Kind Verantwortung überträgt,
- dem Kind hilft, mit Veränderungen konstruktiv umzugehen, das Kind auf Veränderungen vorbereitet,
- vorschnelle Hilfeleistungen vermeidet,
- angemessenes Verhalten des Kindes positiv verstärkt,
- dem Kind eine sichere und konstante Betreuung gewährleistet,
- dem Kind fürsorglich, unterstützend und einfühlsam begegnet,
- das Kind bedingungslos wertschätzt,
- dem Kind aktiv zuhört,
- dem Kind zu Erfolgserlebnissen verhilft,
- das Kind ermutigt, positiv und konstruktiv zu denken,
- das Kind in Entscheidungsprozesse einbezieht,
- dem Kind hilft, Interessen und Hobbys zu entwickeln,
- dem Kind hilft, soziale Beziehungen aufzubauen,
- dem Kind hilft, sich erreichbare Ziele zu setzen,
- dem Kind Zukunftsglauben vermittelt,
- dem Kind hilft, effektive Bewältigungsstrategien zu entwickeln bzw. anzuwenden (z. B. Entspannungstechniken),
- realistische, angemessene Erwartungen aufstellt (d. h. das Kind mit Anforderungen konfrontiert, die es fordern, aber nicht überfordern),
- Routine und damit Vorhersehbarkeit in den Lebensalltag des Kindes bringt,
- ein »resilientes« Vorbild ist.

Anknüpfungspunkte zur Förderung dieser Aspekte im pädagogischen Alltag von Kindertageseinrichtungen sind:

- Wenn Kinder von früh an in wichtige Entscheidungsprozesse eingebunden werden, können sie ein Gefühl entwickeln, selbstwirksam zu sein und Kontrolle über ihr eigenes Leben zu haben (➙ **II–3.1.2**).

- Wenn Kindern realisierbare Verantwortlichkeiten übertragen werden, gewinnen sie Vertrauen in die eigenen Fähigkeiten und lernen, selbstbestimmt zu handeln (➤ II–3.1.2).

- Wenn Kinder frühzeitig vermittelt bekommen, dass sie sich mit Problemen an ihre Eltern oder an andere Personen aus ihrem Umfeld wenden können und bei ihnen Gehör finden, wird ihnen die Grundeinstellung vermittelt, sich bei Problemsituationen um soziale Unterstützung zu bemühen und dadurch Entlastung und Hilfe zu erfahren (➤ II–3.1.7).

- Wenn Kinder erleben bzw. durch bestimmte Übungen lernen, Bewegungsaktivitäten sowie Erholung, Entspannung und Ruhepausen als Maßnahmen einzusetzen, lernen sie zugleich, mit Anforderungen besser umgehen zu können (➤ II–3.1.7, II–3.2.9, II–3.2.10).

- Wenn Kinder frühzeitig lernen, sich auf ihre Stärken zu besinnen sowie das Positive an sich selbst und an belastenden Situationen zu sehen, werden sie sich von Problemen weniger verunsichern lassen und somit weniger Stress erleben – sie werden Probleme vielmehr als Herausforderung wahrnehmen und Kräfte für deren Bewältigung mobilisieren.

Primärpräventive Projekte und Programme in Kindertageseinrichtungen

Bei der Durchführung primärpräventiver Projekte und Programme in Kindertageseinrichtungen sind folgende Aspekte zu beachten:

- Diese richten sich unmittelbar an alle Kinder, aber auch an Eltern.

- Es wird, soweit möglich, mit Experten zusammengearbeitet, die eine besondere Fachkunde in diesem Bereich haben.

- Die Projekte und Programme genügen folgenden fachlichen Standards:
  – Sie haben klare Ziele.
  – Sie sind für die jeweiligen Zielgruppen leicht zugänglich.
  – Sie finden hohe Akzeptanz bei den Adressaten.
  – Sie sind theoretisch begründet.
  – Sie sind im Hinblick auf ihre Wirksamkeit empirisch überprüft.
  – Sie erzielen stabile Wirkungen.
  – Sie finden kontinuierlich und langfristig statt.

Für eine Umsetzung der einzelnen Förderaspekte in der pädagogischen Praxis können folgende **Präventionsprogramme** erste Anhaltspunkte liefern:

- **Trainingsprogramm zur Veränderung ungünstiger Attributionsmuster** *(Julius / Goetze)*: Im Vordergrund des Trainings steht die Entwicklung von realistischen Ursachenzuschreibungen (Attributionen) und Kontrollüberzeugungen sowie die Mobilisierung sozialer Unterstützung. Kinder lernen anhand von Bildtafeln und Identifikationsgeschichten, dass es internale (d. h. auf Fähigkeiten und Anstrengungen bezogene) und externale (d. h. auf Aufgabenschwierigkeit und Zufall bezogene) Attributionen gibt, dass Gedanken ursächlich für die Entstehung von Gefühlen sein können, dass Gefühle in einer Situation von der Bewertung dieser Situation abhängig sind und dass die günstigste Form der Bewältigung von schwierigen Situationen darin besteht, sich Hilfe und Unterstützung zu holen. Darüber hinaus basiert dieses Trainingsprogramm auf dem »Buddy-Prinzip«, d. h. Partnerarbeit bzw. Arbeit in Zweiergruppen von Kindern mit günstigen und ungünstigen Attributionsmustern (positive Modellwirkung).

- **Programm zur Verbesserung von Problemlösestrategien und sozialer Perspektivenübernahme** *(Shure / Spivack)*: Dieses Programm zielt u. a. darauf ab, die eigenen Gefühle und die Gefühle anderer Menschen wahrzunehmen, zu benennen bzw. mit verschiedenen Gefühlen angemessen umgehen zu können und Problemlösefertigkeiten zu erwerben (z. B. Ziele zu formulieren, Alternativlösungen zu konzeptualisieren, Kompromisse zu suchen).

- **Programme zum Stresspräventions- bzw. Anti-Stress-Training** *(Klein-Heßling / Lohaus, Hampel / Petermann):* Hauptziele dieser Programme sind die Verbesserung der Fähigkeit, Stressreaktionen bei sich zu erkennen, die Stärkung der Fähigkeit zur Wahrnehmung und Bewertung von Stress erzeugenden Situationen, die Erweiterung des Spektrums verfügbarer Stressbewältigungsstrategien, die Erhöhung der bei sich selbst wahrgenommenen Kompetenzen zur Problembewältigung und die Verbesserung des eigenen Selbstwertgefühls (→ auch **II–3.1.7**).

- **Erziehungsprogramm FAUSTLOS** *(Cierpka / Krannich):* Dieses Programm verfolgt das Ziel der Gewaltprävention über den Weg der Förderung von Empathie, sozialer Perspektivenübernahme, Impuls- bzw. Selbstkontrolle und Konfliktlösefähigkeit. Im Vordergrund steht dabei, mit Hilfe von Interaktionsübungen, Problemgeschichten und Rollenspielen einen angemessenen, reflektierten Umgang mit eigenen Gefühlen (wie Angst, Wut, Ärger) und äußeren Konflikten zu lernen sowie konstruktive, interpersonale Problem- und Konfliktlösestrategien anzuwenden (diplomatisches Streitverhalten).

(4) Weitere Hilfen zur Vertiefung

Resilienz allgemein

Biddulph, S. (1999). Das Geheimnis glücklicher Kinder. München: Beust.
Laucht, M., Schmidt, M. H. & Esser, G. (2000). Risiko- und Schutzfaktoren in der Entwicklung von Kindern und Jugendlichen. *Frühförderung interdisziplinär, 19(3),* 97–108.
Opp, G., Fingerle, M. & Freytag, A. (1999). Erziehung zwischen Risiko und Resilienz: Neue Perspektiven für die heilpädagogische Forschung und Praxis. In G. Opp, M. Fingerle & A. Freytag (Hrsg.). *Was Kinder stärkt: Erziehung zwischen Risiko und Resilienz* (S. 9–21). München: Ernst Reinhardt.
Ulich, M. (1988). Risiko- und Schutzfaktoren in der Entwicklung von Kindern und Jugendlichen. *Zeitschrift für Entwicklungspsychologie und Pädagogische Psychologie, 20,* 146–166.
Wustmann, C. (2003). Was Kinder stärkt: Ergebnisse der Resilienzforschung und ihre Bedeutung für die pädagogische Praxis. In W. E. Fthenakis (Hrsg.), *Elementarpädagogik nach PISA* (S. 106–135). Freiburg: Herder.
Zimmer, R. (2001). Was Kinder stark macht. Fähigkeiten wecken – Entwicklung fördern. Freiburg: Herder.

Primärpräventive Programme zur Resilienzförderung

Cierpka, M. (Hrsg.). (2001). FAUSTLOS – Ein Curriculum zur Prävention von aggressivem und gewaltbereitem Verhalten bei Kindern der Klassen 1 bis 3. Göttingen: Hogrefe.
Cierpka, M. (Hrsg.). (1999). Kinder mit aggressivem Verhalten. Ein Praxismanual für Schulen, Kindergärten und Beratungsstellen. Göttingen: Hogrefe.
Faustlos-Materialien für Kindergärten (Set). Information und Bezug: *www.faustlos.de* / Heidelberger Präventionszentrum – faustlos GmbH, Keplerstr. 1, 69120 Heidelberg, Tel.: 06221 – 914422
Hampel, P. & Petermann, F. (1998). Anti-Stress-Training für Kinder. Weinheim: Beltz.
Julius, H. & Goetze, H. (1998b). Resilienzförderung bei Risikokindern – Ein Trainingsprogramm zur Veränderung maladaptiver Attributionsmuster. Potsdamer Studientexte, Heft 15. Potsdam: AVZ-Druckerei.
Klein-Heßling, J. & Lohaus, A. (2000). Stresspräventionstraining für Kinder im Grundschulalter. Göttingen: Hogrefe.
Krannich, S. (1997). FAUSTLOS – Ein Curriculum zur Förderung sozialer Kompetenzen und zur Prävention von aggressivem und gewaltbereitem Verhalten bei Kindern. *Praxis Kinderpsychologie und Kinderpsychiatrie, 46,* 236–247.
Shure, M. & Spivack, G. (1981). Probleme lösen im Gespräch. Stuttgart: Klett-Cotta.

II-2.2 Förderung und Begleitung der Bewältigung von Übergängen (Transitionen)

(1) Zielformulierung, Leitgedanken

Kinder wachsen heute in einer sich ständig verändernden Gesellschaft auf. Sie müssen sich auf ein Leben einstellen, das immer wieder Veränderungen und Brüche mit sich bringt. Es verlangt vom Einzelnen ein hohes Maß an Selbstvertrauen, Selbstsicherheit, Entscheidungsfreude und Flexibilität, um solche Situationen gut zu bestehen. Die Kompetenz, Übergänge erfolgreich zu bewältigen, ist daher eine Basiskompetenz. Doch was versteht man unter **Übergängen** (*Transitionen*)? Was zeichnet sie aus?

- Übergänge sind **zeitlich begrenzte Lebensabschnitte**, in denen markante Veränderungen in der Entwicklung stattfinden. Sie werden ausgelöst durch innere oder äußere Faktoren. Beispiele sind:
  - Markante Veränderungen in der Familie (z. B. Heirat, Geburt eines Kindes, Trennung und Scheidung, Tod) und bei der eigenen Person (z. B. Pubertät und Adoleszenz, schwere Krankheiten)
  - Eintritte, Wechsel und Abgänge im Bildungssystem (z. B. Kindertageseinrichtung, Schule) und in der Arbeitswelt (z. B. Erwerbstätigkeit, Arbeitslosigkeit, Ruhestand)

- Übergänge sind **Phasen verdichteter Anforderungen** und damit **intensiver und beschleunigter Entwicklung**. Die Anpassung an die neue Situation muss in relativ kurzer Zeit in konzentrierten Lernprozessen geleistet und bewältigt werden. Sie ist daher als Entwicklungsaufgabe anzusehen.

- Übergänge sind **kritische Lebensereignisse**. Deren Bewältigung kann die Betroffenen in ihren Entwicklungsprozessen vorantreiben, aber auch zurückwerfen.

- Ausmaß und Intensität der Veränderungen bewirken für die Betroffenen, dass ihre Bewältigungsstrategien und Alltagsroutinen in der neuen Situation nicht mehr passen. Gefordert sind ein verstärkter Einsatz von Energie, neue Bewältigungsstrategien und neue Verhaltensweisen. Die Art, wie man sich selbst, aber auch wie man die Welt sieht, ist neu zu organisieren, eine neue Identität ist zu entwickeln (z. B. Status als Schulkind, Arbeitnehmer, Ehepartner, Elternteil). Gewohnte Rollenvorstellungen sind aufzugeben oder auszuweiten auf neue Rollen, Beziehungen innerhalb und außerhalb der Familie sind neu zu gestalten.

- Übergänge sind begleitet von starken Emotionen und innerem Aufruhr. Freude, Neugier und Stolz auf das Neue treten ebenso auf wie Verunsicherung, Anspannung, Belastung, Verlustgefühle, Frustration, Angst und Depression. Übersteigen die Anforderungen und Belastungen die Bewältigungsmöglichkeiten, entstehen Überforderung und Stress.

- Die Intensität des Übergangserlebens ist hoch, weil Übergänge Lebensereignisse betreffen, die erstmalig oder einmalig im Leben stattfinden. Beim Wiederholen von Lebensereignissen (z. B. Wechsel der Tageseinrichtung, der Schule, des Arbeitsplatzes) ist keine neue Identität mehr zu entwickeln, weil der Status gleich bleibt. Zugleich nehmen die Anforderungen in dem Maße ab, in dem man bereits auf Vorerfahrungen und Kompetenzen zurückgreifen kann. Die erfolgreiche Bewältigung eines Übergangs stärkt die Kompetenz für die Bewältigung der nachfolgenden Übergänge (z. B. Umgang mit Belastungen, Sicheinfinden in neue Situationen) und bereichert die Identität.

- Ob ein Übergang besser oder schlechter gelingt, ist abhängig von bestimmten **Schutz- und Risikofaktoren** (→ nachstehende Tabelle).

- Die Übergangsbewältigung ist ein prozesshaftes Geschehen. Die Anfangsphase ist geprägt von starken Gefühlen und emotionalem Aufruhr. Je nach Temperament, verfügbaren Ressourcen und Lebenserfahrung erleben Betroffene diese Phase als mehr oder weniger belastend. In der Folgezeit werden neue Verhaltensweisen erprobt, um sich in die neue Lebenssituation einzufinden und einzugewöhnen, sich und sein Leben neu zu ordnen. In der Endphase wird versucht, sein inneres Gleichgewicht wiederzufinden und die Routinen im Lebensalltag wieder herzustellen. Sie ist beendet, wenn man sich in seinem Leben wieder eingerichtet hat und wohl fühlt. Jeder braucht unterschiedlich lang.

Übergänge im Kindesalter erfolgen in der Familie und im Bildungssystem:

- Anders als Erwachsene blicken Kinder auf weniger Lebenserfahrung im eigenen Übergangserleben und Bewältigungsverhalten zurück, was sich auf Ausmaß und Intensität der Veränderungen auswirkt. Übergänge entziehen sich ihrer Entscheidung – sie werden ihnen von den Eltern bzw. der Gesellschaft (z. B. Schulpflicht) vorgegeben.

	Schutzfaktoren
Personale Ressourcen	Positiven Einfluss auf die Übergangsbewältigung haben • **Basiskompetenzen**, insbesondere Selbstverantwortung, Selbstregulation, Stressbewältigung, hohe Selbstwirksamkeit, Selbstvertrauen (z. B. eigene Belastbarkeit), stabiles Selbstwertgefühl, persönliche Flexibilität • **Inhaltliche Fähigkeiten und persönliche Fertigkeiten**, die die Aufgaben des jeweiligen Übergangs betreffen • **Erwünschtheit des Lebensereignisses** • **Lebenserfahrung**
Soziale Ressourcen	Die Bewältigung ist umso leichter, je mehr Rückhalt und Unterstützung aus der sozialen Umwelt erfahren wird auf verschiedenen Ebenen (Familie, Gleichaltrige, pädagogische Fachkräfte): • z. B. Zuneigung, Vertrauen, Wertschätzung, Akzeptanz • z. B. Information, Ratschläge, Hilfestellung, finanzieller Rückhalt • soziale Erwünschtheit des Ereignisses
	Risikofaktoren
Art und Anzahl der zu bewältigenden Anforderungen	Die Bewältigung ist umso schwerer, • je mehr Anforderungen zu meistern sind • je mehr neue Fertigkeiten gefordert sind • je geringer die verfügbaren personalen und sozialen Ressourcen sind • je mehr Hindernisse in der Umwelt gegeben sind • je geringer die Zeit ist, sich darauf einzustellen und sich vorzubereiten • je negativer die Bewertung des Lebensereignisses ist • je dichter mehrere zentrale Übergangssituationen zeitlich aufeinander folgen bzw. sich überschneiden (z. B. Trennung vom Partner und Wechsel des Arbeitsplatzes)

Faktoren, die Übergänge beeinflussen

- Von Übergängen gehen für Kinder wichtige Entwicklungsimpulse aus. Übergänge sind zugleich kritische Lebensereignisse, an denen Kinder wachsen können, die aber auch Risiken für sie bergen.

- Bei den Kindern Entwicklungsrisiken vorzubeugen und Wachstum zu fördern – hierfür tragen die Erwachsenen die Verantwortung. Sie begleiten und fördern das Kind, um den Mangel an Lebenserfahrung auszugleichen und zugleich die Kompetenzen des Kindes zur Entfaltung zu bringen und zu stärken. Dies verlangt, das Kind einerseits zu unterstützen und andererseits zur Selbstgestaltung und Eigenaktivität anzuregen. Den sozialen Ressourcen kommt im Kindesalter somit ein hoher Stellenwert zu.

Vor diesem Hintergrund bedürfen die **Übergänge im Bildungssystem** (z. B. Eintritt in die Tageseinrichtung, Übertritt in die Schule) einer besonderen pädagogischer Aufmerksamkeit, Planung und Begleitung:

- Bei diesen Übergängen sind **Anforderungen auf drei Ebenen** zu bewältigen. Ihr Anforderungsprofil ist komplex. Es gestaltet sich für jeden Übergang etwas anders (➙ II–3.2.1).

Individuelle Ebene	• Bewältigung starker Emotionen • Erwerb neuer Kompetenzen (Basiskompetenzen, inhaltliche Fähigkeiten und Fertigkeiten) • Veränderung der Identität durch neuen Status (z. B. Kindergarten-, Schulkind)
Soziale Ebene	• Veränderung bzw. Verlust bestehender Beziehungen • Aufnahme neuer Beziehungen • Veränderung der Rollen
Kontextuelle Ebene (= Lebensumwelten)	• Ineinklangbringen der bestehenden und neuen Lebensräume (z. B. Familie und Kindertageseinrichtung) • Auseinandersetzen mit den Unterschieden der Lebensräume (z. B. Bildungsinhalte, Lehrpläne) • ggf. Bewältigung weiterer Übergänge (z. B. Trennung der Eltern, Wiedereintritt der Mutter in das Erwerbsleben, Geburt eines Geschwisters)

Übergänge im Bildungssystem tangieren die individuelle, soziale und kontextuelle Ebene.

- Diese Übergänge betreffen nicht nur die Kinder, sondern auch die Eltern. Nicht nur das Kind muss ein Kinderkrippen-, Kindergarten- bzw. Schulkind werden, sondern auch die Eltern Kinderkrippen-, Kindergarten- bzw. Schuleltern. Eltern sind sogar doppelt gefordert. So haben sie ihr Kind beim Übergang zu begleiten und zu fördern und zugleich den eigenen Übergang zu bewältigen.

- Die Fachkräfte in Kindertageseinrichtungen und Schulen sind beteiligt an den Übergängen der Kinder und Eltern. In ihrer Aufgabe als professionelle Begleiter und Förderer kommt ihnen eine Schlüsselrolle zu. Beim Übergang in die Schule ist die Begleitung und Förderung eine gemeinsame Aufgabe von Tageseinrichtung und Schule, die eine enge Zusammenarbeit verlangt. Fachkräfte sind deshalb gefordert, sich auf das Thema »Übergang« umfassend vorzubereiten.

- **Übergänge im Bildungssystem sind normative Übergänge** mit rechtlichen Vorgaben und allgemeinen Erwartungen an das Kind:
  - Das statische Bild vom kindergarten- bzw. schulreifen oder -fähigen Kind verkennt den Bewältigungsprozess des Kindes beim Übergang: Die spezifischen Anforderungen, die das Kind mit Eintritt in die Tageseinrichtung bzw. Schule meistern muss, kommen in seinem Erfahrungsspektrum noch nicht vor. Die spezifischen Kompetenzen eines Kindergarten- oder Schulkindes kann es erst im Lauf der Kindergarten- bzw. Schulzeit erwerben.
  - Die Vorstellung, dass Kinder je älter desto reifer für den Übergang sind, verkennt, dass die für gelingende Übergänge benötigte Zeit nicht allein vom Alter der Kinder abhängt, sondern auch von der individuellen Begleitung und Förderung.

- Übergänge sind als gelungen und damit als beendet anzusehen, wenn lang anhaltende Probleme ausbleiben, Kinder ihr Wohlbefinden zum Ausdruck bringen, sozialen Anschluss gefunden und neue Kompetenzen erworben haben und die Bildungsanregungen der neuen Umgebung aktiv für sich nutzen:
  - Bei den meisten Kindern verlaufen die Übergänge im Bildungssystem ohne größere Probleme und damit erfolgreich.
  - Der Anteil der Kinder, die **Anpassungsstörungen** auf relativ hohem Niveau vor und nach dem Übergangsereignis zeigen, wird beim Eintritt in den Kindergarten auf 1/5 und beim Eintritt in die Schule auf knapp 1/3 geschätzt. Bei diesen Kindern verfestigen sich Probleme, die zuvor schon bestanden. Der Anteil der Kinder, bei denen sich bereits vorhandene Anpassungsstörungen im Übergangsverlauf verstärken (Übergangsverlierer), wird auf 1/6 der neuen Kindergarten- und Schulkinder geschätzt.

Durch Begleitung erfahren Kinder und Eltern Hilfestellung beim Bewältigen ihres Übergangs. Hierbei ist zu beachten, dass der Übergang bei jedem Kind anders gelagert ist und anders verläuft. Die Kinder dürfen bei seiner Bewältigung weder über- noch unterfordert werden:

- **Eine Begleitung braucht jedes Kind.** Um jene Kinder herauszufinden, die mehr Bewältigungsprobleme erwarten lassen als andere (z. B. Zusammentreffen mehrerer Übergänge, Überforderung der Eltern, ihr Kind angemessen zu begleiten), ist eine Überprüfung der Anforderungen (Anforderungsprofil) und der individuellen und sozialen Ressourcen stets erforderlich. Daraufhin kann die Begleitung auf gezielte Unterstützungsangebote hin ausgerichtet werden.

- Die Begleitung besteht darin, dass Kinder und Eltern über den Übergang zu informieren und im Weiteren bei ihrem **Bewältigungsprozess durch dessen gemeinsame Gestaltung zu unterstützen** sind. Die Information versetzt Kind und Eltern in die Lage, den eigenen Bewältigungsprozess und dessen Begleitung aktiv mitzugestalten und zu kontrollieren. Wenn sich Kinder und Eltern als Mitgestalter ihres Lebenslaufs und aktive Übergänger erleben, dann sind die Erfolgschancen groß – selbst unter schwierigen Bedingungen. Beim Übertritt in die Schule gestalten Schule und Tageseinrichtung mit den Kindern und Eltern gemeinsam diesen Übergang, *nicht* über deren Köpfe hinweg.

- **Erleichterung heißt, die Stressbelastungen abzumildern.** Dies ist zugleich ein wichtige Beitrag zur Unfallprävention, da Kinder in Übergangsphasen nachweislich häufiger Unfälle erleiden. Entlastend wirkt eine Haltung der Fachkräfte, die einfühlend, partnerschaftlich und wertschätzend ist, die den Kindern (und auch Eltern) Gefühlsreaktionen zugesteht und nicht sogleich problematisiert. Entlastend wirkt ein Angebot vielfältiger Einstiegshilfen, das den Kindern ermöglicht, den neuen Lebensbereich schon vor dem Eintritt kennenzulernen und nach dem Eintritt leichter Fuß zu fassen.

- **Erleichterung heißt weiter, die Lebensräume der Kinder** (Familie, Tageseinrichtung, Schule) **miteinander zu verbinden** und **Anschlüsse herzustellen:**
  – Da Bildungseinrichtungen aufeinander bezogen sind, fließen **Eintritts- und Übertrittsbegleitung** der Kinder ineinander. Die Begleitung des Eintritts in die Tageseinrichtung bzw. Schule berücksichtigt das prozesshafte Übergangsgeschehen. Sie beginnt frühzeitig vor Eintritt und wird danach solange aufrechterhalten, wie das Kind sie braucht. Die Begleitung des Übertritts in die nachfolgende Bildungseinrichtung (z. B. Schule) ist langfristig angelegt und umfasst deshalb auch die Vorbereitung auf diesen Übertritt. Das Aufeinanderbezogensein von Tageseinrichtung und Schule verlangt gegenseitig eine anschlussfähige Bildungs- und Erziehungskonzeption. Die Vorbereitung auf die Schule beginnt mit Eintritt der Kinder in die Tageseinrichtung, weil vieles von dem, was sie in der Tageseinrichtung neu lernen und erfahren, auch der Schule dient. Davon unberührt bleibt die Eigenständigkeit von Tageseinrichtung und Schule in der Konzeption und als Phase im Leben der Kinder. In der Bildungs- und Erziehungsarbeit ist der Blick vorrangig auf die Gegenwart und damit auf das Wohlbefinden der Kinder zu richten.

- **Unterschiede zwischen den Lebensräumen** sind wichtig. Kindern ist nicht gedient, wenn die Unterschiede zwischen ihren Lebensräumen verwischt oder gar eingeebnet werden, um sie weniger zu belasten und dadurch Entwicklungsrisiken vorzubeugen. Kinder zu unterfordern vermittelt keinen Entwicklungsimpuls. Daher sind Ansätze, die allein auf die **Kontinuität** der Strukturen in den Lebensräumen abstellen, durch ein Konzept zu erweitern, das die Lernforderungen, die sich aus der Bewältigung von Veränderungen (**Diskontinuität**) für das Kind ergeben, pädagogisch nutzbar macht. Es soll und muss klare Unterschiede geben, um Kinder herauszufordern und anzuspornen, sich den Anforderungen zu stellen und sie zu meistern und sie so in ihrer Entwicklung anzuregen.

- Bei Neuaufnahmen benötigen Bildungseinrichtungen viele Informationen über die Kinder und ihre Familien, um die Kinder bestmöglich fördern zu können. Sie sind vorrangig bei den Eltern zu erheben. Beim Übertritt in die Schule ist auch die Tageseinrichtung eine wichtige Informationsquelle über das Kind. Da hierbei in die Privat- und Intimsphäre der Eltern und Kinder eingegriffen wird, sind an die Gestaltung der Informationsflüsse und der Vordrucke, die hierbei einzusetzen sind, hohe Anforderungen gestellt, die nicht nur den Sozialdatenschutz betreffen.

(2) Bildungs- und Erziehungsziele im Einzelnen

Ziel ist es, die Kompetenz des Kindes durch geeignete Impulse zu stimulieren, zu aktivieren und zu stärken:

- Das Kind soll lernen, seine Übergänge selbstbestimmt und eigenaktiv zu bewältigen und dadurch seine Entwicklung selbstständig voranzutreiben. Die hierbei zu stärkenden Kompetenzen sind in nachstehender Tabelle zusammengefasst.

- Durch ein erfolgreiches Bewältigen seines Übergangs eignet sich das Kind jene Kompetenzen an, die es im Umgang mit immer wieder neuen Situationen in seinem Leben braucht, nämlich sich auf neue Situationen einzulassen, sich mit diesen auseinanderzusetzen und sich zu verändern. Es kann erfahren, dass Übergänge eine Herausforderung sind und keine Belastung. Dies ist auch der Grund, weswegen die Bewältigung von Übergängen als eine Basiskompetenz zu bewerten ist.

Selbstverantwortung + Selbstregulation
 	
übernehmen lernen im Prozess der Übergangsbewältigung
	Erfahren und lernen, dass jeder für sich und sein Leben selbst Verantwortung trägt
	
	Eigenaktive Lebens- und Stressbewältigung, Problemlösung und Anpassung und dabei den Sinn sozialer Unterstützung erfahren
	• Lernen, seine Gefühle wahrzunehmen, auszudrücken und zu regulieren
	• Lernen, neue Beziehungen einzugehen, bestehende Beziehungen aufrechtzuerhalten und zu verändern sowie Abschied für immer zu nehmen
	• Regeln für soziales Zusammenleben kennen, beachten und einhalten lernen
	• Erfahren, dass die Hilfe anderer einem nützlich ist, dass man sich der Hilfe anderer bedienen kann und soll, dass man über Kommunikation mit anderen im eigenen Bewältigungsverhalten weiterkommt
	   – Reden über die eigenen Gefühle mit anderen zur eigenen Entlastung und erfahren, wie es den anderen in der gleichen Situation ergeht bzw. ergangen ist
	   – Eigene Bewältigung im Denken und Handeln im Gespräch mit anderen reflektieren und dabei Erfahrungen anderer in der Bewältigung ähnlicher Situationen kennen lernen
	   – Bewältigungs- und Problemlösestrategien mit anderen diskutieren
	• Lernen, sich spezifisches Wissen gezielt zu beschaffen und anzueignen, das man für Bewältigungsverhalten (Stressabbau, Lernanforderungen) und Problemlösung einsetzen kann
	• Lernen, sich Strategien für eigenes Bewältigungs- und Problemlöseverhalten in Gedanken zu recht zu legen, bevor man handelt, und lernen, Entscheidungen zu treffen
	   – Mehrere Strategien gedanklich durchspielen
	   – Sich für sinnvolle Strategie entscheiden, die effizient und effektiv zugleich ist, d.h. mit minimalem Einsatz hohe Wirkung verspricht
	• Lernen, sich zu entspannen und sich Ruhe zu gönnen, um wieder Energie zu speichern, und sich dieser Bedeutung bewusst werden

Selbstwirksamkeit sich dieser bewusst werden nach erlebtem Übergang	Selbsterfahrung sammeln in den Übergangsprozessen • **Wissen um Steigerungsfähigkeit der eigenen Kompetenzen**, wenn man sie in neuen Situationen einsetzt und dadurch mehr Fertigkeiten und Fähigkeiten entwickelt und erlangt • **Wissen um die eigene Begrenztheit und um die Inanspruchnahme der Hilfe anderer Personen**, um sich nicht selbst zu überfordern, um im Dialog mit anderen das eigene Denken und Verhalten zu reflektieren, die eigenen Gefühle zu bereden und sich dadurch zu entlasten • **Identitätswandel als Bereicherung erfahren**
Selbstvertrauen + Selbstsicherheit gewinnen durch gelingende Übergänge	Lebenserfahrung bekommen und damit gelassener werden im Umgang mit neuen Situationen • Wissen um die eigene Belastbarkeit • Wissen um die eigene Bewältigungskompetenz (man kann auch schwierige Lebenslagen und -situationen in den Griff bekommen und zugleich daran wachsen) • Wissen um die Übertragbarkeit der Erfahrungen und Wiederverwertbarkeit der Kompetenzen in anderen Lebenszusammenhängen • Erleben von Übergängen als Herausforderungen und Impuls für die eigene Entwicklung

Kompetenzerwerb bei der Bewältigung von Übergängen

(3) Anregungen und Beispiele zur pädagogischen Unterstützung

Kinder in ihrer Kompetenz zu stärken verlangt eine Haltung, die das Kind als kompetentes Kind wahrnimmt, respektiert und wertschätzt und es entsprechend fördert. Die **pädagogische Begleitung und Förderung** orientiert sich an den Bedürfnissen der Kinder. Sie gibt dem Kind Unterstützung, um das Weitere selbstbestimmt zu gestalten und eigenaktiv zu tun. **Kinder brauchen**

- frühzeitig **Gelegenheiten,** die neue Umgebung kennenzulernen.

- ausreichende und altersangemessene **Informationen** über die neue Umgebung und darüber, was von ihnen erwartet wird.

- **Antwort auf ihre Fragen,** wobei auch die Fachkraft Lernende sein darf zusammen mit dem Kind, wenn sie nicht sogleich eine Antwort darauf geben kann – sie wird damit zugleich zum Vorbild für das Kind.

- **Symbole und Rituale,** die ihre neue Rolle, ihren neuen Status und ihre neue Identität für sie deutlicher werden lassen.

- **Anregungen und Impulse,** die sie unbekannte Seiten an sich und in der Interaktion mit anderen Kindern und Erwachsenen (in der neuen Situation) entdecken und erkunden lassen.

- moderierende **Gespräche,** um das Lernen lernen in der neuen Situation anzuregen, vor allem auch in der Gruppe mit anderen Kindern.

- mehr oder weniger **Hilfestellungen,** wenn sie in bestimmten Situationen über- oder unterfordert sind, z. B. das Einfinden in die neue Umgebung, sozialen Anschluss zu finden zu den anderen Kindern.

- einfühlsamen **Trost und Zuspruch,** wenn starke Gefühle hochkommen und sie überwältigen.

- **Aufmerksamkeit** und anschließende **Rückmeldung,** in dem angemessenes Verhalten positive Verstärkung erfährt.

Die pädagogische Umsetzung ist für jeden Übergang verschieden. Daher wird hierzu im Weiteren auf die Ausführungen verwiesen, die bei der Begleitung des Übergangs von der Familie in die Tageseinrichtung (➤ **II–3.1.1**) und bei der Vorbereitung und Begleitung des Übergangs in die Schule (➜ II–3.1.7) gemacht werden.

(4) Weitere Hilfen zur Vertiefung

Beelmann, W. (2000). Entwicklungsrisiken und -chancen bei der Bewältigung normativer sozialer Übergänge im Kindesalter. *In C. Leyendecker & T. Horstmann (Hrsg.). Große Pläne für kleine Leute (S.71–77). München: Ernst Reinhardt.*
Doyé, G. & Lipp-Peetz, C. (1998). Das soll einer verstehen. Wie Erwachsene und Kinder mit Veränderungen leben. Weinheim: Beltz.
Griebel, W. (2003). Theoretische Grundlagen der psychologischen Forschung zu Übergängen. *In E. Schumacher (Hrsg.) Übergänge in Bildung und Ausbildung – pädagogische, subjektive und gesellschaftliche Relevanz. Bad Heilbrunn: Klinkhardt.*
Griebel, W. (2002). Bewältigung von Übergängen. Diskontinuitäten und Brüchen – Familiale Übergänge. *In Bayerischer Landesverband Kath. Kindertageseinrichtungen e.V. (Hrsg.), Bildung für alle Kinder, Jahrbuch 2002/2003 (S. 155–162). München.*
Meiser, U. (2002). Kinder in Übergängen stärken. Transitionen als Chance wahrnehmen. *Kindergarten heute, (10), 6–14.*
Meiser, U (2001). Transitionen im frühen Kindesalter – Krise oder Chance der Persönlichkeitsentwicklung. *Bildung, Erziehung und Betreuung von Kindern in Bayern, IFP-Infodienst, 6(2), 13–16.*
Niesel, R. & Griebel, W. (2002). Übergangsbewältigung als Voraussetzung für erfolgreiche Bildungsprozesse. *Bildung, Erziehung und Betreuung von Kindern in Bayern, IFP-Infodienst, 6(1), 14–16.*
Schumacher, E. (Hrsg.) (2003). »Übergänge« in Bildung und Ausbildung – pädagogische, subjektive und gesellschaftliche Relevanz. Bad Heilbrunn: Klinkhardt.
Wicki, W. (1997). Übergänge im Leben der Familie. Bern: Huber.

II–2.3 Förderung der lernmethodischen Kompetenz

(1) Zielformulierung, Leitgedanken

Kinder sollen frühzeitig anfangen zu lernen, wie man lernt:

- **Lernmethodische Kompetenz ist die Grundlage für den Wissenserwerb.** Wissen ist mehr als Information. Wissen ist Information, die der Einzelne sich persönlich angeeignet hat und die er zur Problemlösung sachgemäß und kreativ einsetzen kann. Lernmethodische Kompetenz ist zugleich die Grundlage für späteres schulisches Lernen und damit für lebenslanges, selbst gesteuertes Lernen.

- **Kinder lernen von Geburt an.** Es ist nicht notwendig abzuwarten, bis ein Kind ein bestimmtes Entwicklungsniveau bzw. eine entsprechende Reife erreicht hat, damit es »sinnvoll« mit kulturellen Werkzeugen (Schriftsprache, Zahlen, Medien) umgehen kann. Die Kultur, in die ein Kind hineingeboren wird, und die von dieser Kultur hervorgebrachten Werkzeuge sind von Anfang an in die Entwicklung des Kindes einbezogen und treiben diese voran.

Vor diesem Hintergrund sind Tageseinrichtungen in verstärktem Maße angehalten, sich bei der Wahrnehmung ihres Bildungsauftrags auf die **Förderung der lernmethodischen Kompetenz** und den Wissenserwerb der Kinder zu konzentrieren. Auf die Kernfrage, wie jüngere Kinder gefördert werden können, ihr Denken zu verbessern, ihr Verhalten zu planen, ihre Fehler selbst zu entdecken und eigenständig zu korrigieren, sich selbst zu kontrollieren und zu steuern sowie letztlich auch ihre Leistungen zutreffend einzuschätzen, werden folgende Antworten gegeben:

- Erforderlich ist eine **zielorientierte Lernförderung.** ErzieherInnen sollen themenbezogene, entwicklungsangemessene Lernarrangements unter Beteiligung der Kinder gestalten sowie die kindlichen Lernprozesse begleiten durch Moderation (Versprachlichung). Kindern beizubringen, wie man lernt, setzt voraus, ihnen ihre Lernprozesse bewusst zu machen; dies geschieht in diesem Alter vor allem durch Gespräche über das Lernen und den Lernprozess, Gespräche, die die Fachkräfte mit Kindern sowie die Kinder untereinander führen. Lernen im Elementarbereich erfolgt auch weiterhin spielerisch und nicht formalisiert. Bei der pädagogischen Begleitung der Kinder ist darauf zu achten, ihnen möglichst viele Gelegenheiten für selbsttätiges und selbst entdeckendes Lernen zu bieten, um ihre Kompetenz zu selbst gesteuertem Lernen zu stärken.

- Lernmethodische Kompetenz wird durch die **Beschäftigung mit bestimmten Inhalten** erworben. Um für alle Kinder optimale und vergleichbare Bildungserfahrungen sicherzustellen, werden in diesem Plan inhaltliche Förderschwerpunkte für Tageseinrichtungen festgelegt. Bei der pädagogischen Umsetzung der einzelnen Förderschwerpunkte ist stets mit zu bedenken, inwieweit auch die lernmethodische Kompetenz gestärkt werden kann; die jeweils angeführten Beispiele geben hierfür eine Orientierungshilfe.

Der Ansatz zur Förderung lernmethodischer Kompetenz im Elementarbereich, der diesem Plan zugrunde liegt, wurde in der pädagogischen Arbeit mit 5- und 6-jährigen Kindern entwickelt und mit Erfolg erprobt. Seine Öffnung auch für jüngere Kinder wäre zu untersuchen. Dies gilt insbesondere für Kindergruppen mit einer breiten Altersmischung von 0 bis 6 Jahren, da hier die Kinder durch gemeinsame Lernprozesse gegenseitig voneinander profitieren.

(2) Bildungs- und Erziehungsziele im Einzelnen

Kernziel ist, das Bewusstsein der Kinder für ihre Lernprozesse zu schärfen. Lernen ist so zu organisieren, dass die Kinder bewusst erleben, dass sie lernen, was sie lernen und wie sie es gelernt haben. Dies stärkt ihre Fähigkeit, die eigenen Lernprozesse wahrzunehmen und selbst zu steuern, und bewirkt ein vertieftes Verständnis der Kinder für die jeweiligen Sachverhalte:

- Lernprozesse sind so zu gestalten, dass Kinder im Vorschulalter erkennen, dass **Lernen mehr ist als nur etwas tun**, dass es den **Erwerb von Wissen** bedeutet. Nur auf dieser Grundlage wird es für sie verständlich, dass es möglich und nötig ist, auf das eigene Lernen Einfluss zu nehmen, es zu steuern (z. B. durch inneres Sprechen) und wirksamer zu machen. Solange Kinder meinen, Lernen sei gleichbedeutend mit etwas tun, meinen sie häufig auch, Lernen stelle sich beiläufig als Nebenprodukt bestimmter Erfahrungen oder automatisch mit dem Älterwerden ein. Der Lernprozess als solcher gerät für sie nicht in den Blick. Den Sinn und Zweck von Lernübungen können sie erst dann nachvollziehen, wenn sie um ihren Einfluss auf die eigenen Leistungen bzw. Lernfortschritte wissen (z. B. eine Telefonnummer wiederholen, um sie im Gedächtnis zu behalten). Ohne gezielte Förderung erwerben Kinder diese Erkenntnis nicht vor dem Schuleintritt.

- Lernprozesse sind so zu gestalten, dass Kinder ein **Bewusstsein für Lernsituationen und deren Bedeutung** entwickeln. Ihre Aufmerksamkeit ist darauf zu lenken, dass sie beim Lernen Wissen erwerben. Wichtig dabei ist, dass Kinder
  – die Struktur von Lernprozessen erkennen bzw. Teilaspekte zu einem Ganzen zusammenfügen lernen (z. B. erkennen, dass verschiedene Aktivitäten das gleiche Projekt-Thema betreffen) und
  – ihre Lernprozesse in der Kindertageseinrichtung mit ihrer Welt außerhalb der Kindertageseinrichtung in Verbindung bringen können, d. h. kein »träges« Wissen erwerben, sondern das in der Kindertageseinrichtung erworbene Wissen auf andere Situationen übertragen können.

(3) Anregungen und Beispiele zur pädagogischen Umsetzung

Der Erwerb von lernmethodischer Kompetenz erfolgt über die Beschäftigung mit bestimmten Inhalten und erfordert somit die **gezielte Gestaltung von Lernarrangements**. Zunächst einige allgemeine Leitlinien für die Umsetzung:

- Ungeachtet dessen, ob die Beschäftigung mit bestimmten Lerninhalten von den ErzieherInnen oder Kindern angestoßen wird, sind bei jedem Lernarrangement folgende **Leitfragen** von Bedeutung, deren Beantwortung an den Beobachtungen der Kinder ansetzt:
  – Wo sind die Stärken jedes einzelnen Kindes und wie können diese weiter gestärkt werden?
  – Wo sind seine Schwächen und wie können sie abgebaut werden?
  – Wie können individuelle Unterschiede in gemeinsamen Lernprozessen fruchtbar gemacht werden?
  – Wie können die Kinder an der Gestaltung der Lernarrangements beteiligt werden?

- Es empfehlen sich **Lerninhalte**, die die Lebenswelt der Kinder betreffen und an ihren Interessen anknüpfen, sowie **Lernformen**, die selbst gesteuertes Lernen fördern, Gestaltungsspielräume eröffnen, Teamarbeit ermöglichen und es erlauben, Fehler zu machen, frei zu erkunden und auszuprobieren. Lernen sollte projektbezogen und ganzheitlich organisiert werden.

- Bei der Auswahl der Inhalte ist auf die **Anschlussfähigkeit des Gelernten** zu achten. Dies heißt nicht, die Lerninhalte der Schule in den Elementarbereich zu übernehmen. Vielmehr ist mit Blick auf den Übergang in die Schule eine an Sachgebieten orientierte Abgleichung der im Kindergarten vermittelten Inhalte mit den Inhalten geboten, die in den weiterführenden Bildungsinstanzen von Bedeutung sind. Umgekehrt hat die aufnehmende Bildungseinrichtung dafür Sorge zu tragen, dass ihre pädagogische Arbeit auf den im Elementarbereich gemachten Bildungserfahrungen des Kindes aufbaut.

- **Themen**, die sich für den Erwerb lernmethodischer Kompetenzen bei Kindern bis 6 Jahre gut eignen, sind insbesondere:
  – Gesellschaft / soziale Aspekte inkl. Emotionen und Perspektivenübernahme

Beispiel 1 Besuch der Feuerwehr: Was wissen wir über sie? Wie können wir etwas über sie erfahren? Können wir uns Sachverstand / Kompetenz von außen holen?
Beispiel 2 Wahrnehmung von Emotionen: Wie kann ich feststellen, dass ich die Emotion des anderen richtig wahrnehme? Wie kann ich feststellen, dass der andere richtig wahrnimmt, was ich fühle? Wenn ich an der Stelle des anderen wäre, wie würde ich mich fühlen? Wenn der andere an meiner Stelle wäre, was ginge in ihm vor?
– Buchstaben, Zeichen und Symbole
– Zahlen, Zählen und Rechnen
– Naturwissenschaften

Der in diesem Plan vorgestellte **Ansatz zur Förderung lernmethodischer Kompetenz** ist in der praktischen Durchführung dem Projektansatz insoweit vergleichbar, als auch hier bestimmte **Themen** durch verschiedene kindergartentypische Beschäftigungen **bearbeitet** werden (z. B. Spielen, Basteln, Malen und Singen). Darüber hinaus aber gibt es Phasen der geistigen Auseinandersetzung durch Gespräche, in denen die Kinder gemeinsam und mit Hilfe der ErzieherInnen ihre Lernprozesse reflektieren. Die in der Praxis gängige Projektarbeit wird dadurch angereichert:

• ErzieherInnen sollen die Kinder bei den Aktivitäten unterstützen, die von ihnen selbst ausgehen. Sie sollen die Kinder zur Selbsttätigkeit und zum Selbstentdecken animieren.

• Sie sollen die Kinder bei ihren Lernaufgaben zum Nachdenken anregen, ohne Lösungen vorwegzunehmen.

• Sie sollen die Denk- und Lernprozesse der Kinder erweitern, indem sie z. B. Problemstellungen vorgeben, Fragen stellen, Vorschläge unterbreiten, Aufgaben zunehmend schwieriger und komplexer gestalten, Informationen und Materialien zur Verfügung stellen oder die Kinder so unterstützen, dass sie ihre Lernprozesse festigen können und auf das nächste Entwicklungsniveau voranschreiten.

• Es versteht sich von selbst, die Kinder bei ihren Aktivitäten nicht bloßzustellen.

Leitprinzipien einer effizienten Förderung der Lernprozesse bei jüngeren Kindern sind:

- **In den Lernprozessen werden sowohl die Inhalte als auch das Lernen selbst betont.** Die Lerninhalte sind im Rahmen von Schwerpunktsetzungen in der Regel relativ frei gestaltbar und nicht in geschlossenen Lehrplänen wie in der Schule festgelegt. Unabhängig von Inhalten muss jede Lerneinheit inhalts- und lernbezogene Aspekte zugleich aufweisen, indem beide Aspekte mit den Kindern bearbeitet werden.

- **Der Schwerpunkt des Lernens richtet sich auf jene Aspekte der Lebenswelt, die die Kinder als selbstverständlich betrachten.** Kinder lernen nur dann etwas über die sie umgebende Welt, wenn sie sich der einzelnen Phänomene, über die sie etwas lernen sollen, bewusst sind und deren Sinn und Zweck begreifen. Verschiedene Phänomene in ihrem Lebensalltag nehmen die Kinder mehr oder weniger wahr; einige nehmen sie gar nicht wahr, solange die ErzieherInnen nicht bewusst die Aufmerksamkeit der Kinder auf sie lenken. So haben Kinder im Kindergartenalter bereits Zahlenkonzepte im Kopf, doch ist ihnen meist noch nicht bewusst, was Zählen konkret bedeutet und wofür es von Nutzen ist. Oder sie kennen zwar schon bereits einzelne Buchstaben, wissen aber nicht, warum es wichtig ist, lesen und schreiben zu können. Es gilt, den Kindern Funktion und Bedeutung der Lerngegenstände bewusst zu machen, indem sie zu der Einsicht geführt werden, dass man z. B. mit der Schriftsprache Sachverhalte symbolisch darstellen und Botschaften austauschen kann. Zudem sind die Lernprozesse der Kinder selbst Gegenstand des Bewusstwerdungsprozesses. So sprechen Kinder häufig von sich aus über die Dinge, die sie gelernt haben (z. B. wenn sie gelernt haben, Rad zu fahren oder sich die Schuhe zuzubinden).

- **Reflexion und Gespräch als Methode.** Kinder sollen darüber sprechen und nachdenken, was sie tun und was sie dabei lernen. Durch entsprechende Lernarrangements sollen die Kinder dazu angeregt werden (z. B.: Aktivitäten mit didaktischen Materialien und Spielen; Bearbeitung von Aufgaben; Ausein-andersetzung mit verschiedenen Situationen, denen die Kinder begegnen; Einsatz von Medien: z. B. die Tätigkeit der Kinder mit einer Digitalkamera festhalten und dann mit ihnen über die Fotos sprechen). Hilfreich oder anregend für die Fachkraft kann es sein, wenn sie selbst darüber nachdenkt, wie sie lernt.

- **Individuelle Unterschiede in den Denkweisen der Kinder werden bewusst eingesetzt.** Die Aufgabe von ErzieherInnen besteht darin, die Art und Weise, in der sich Kinder über bestimmte Lebensweltaspekte ein Bild in ihren Gedanken machen, darzulegen und in den Gesprächen mit den Kindern auch die individuellen Denkweisen zum Gegenstand zu machen. Die Tatsache, dass Kinder voneinander lernen können, ist pädagogisch dergestalt nutzbar zu machen, dass weniger die Gemeinsamkeiten und mehr die Unterschiede in den Denkweisen der Kinder herausgestellt werden. Um Kindern die individuellen Unterschiede im Denken bewusst zu machen, können in der Kindergruppe verschiedene Methoden angewandt werden (z. B. kleine Rollenspiele, Zeichnen und Malen, Spiele, Diskussionen).

- **Lernen wird als Bestandteil der gesamten Erfahrungswelt des Kindes aufgefasst.** Die Erfahrungswelt und die Inhalte des bereits Gelernten bestimmen mit, wie das Kind neue Erfahrungen aufnimmt. Seine bisherigen Lernerfahrungen können sich förderlich oder hemmend auf neue Lern- und Verstehensprozesse auswirken. Wenn Lernen als Bestandteil der gesamten Erfahrungswelt des Kindes aufgefasst und dem Kind dies bewusst gemacht wird, so stehen seinen weiteren Lernprozessen keine Hemmnisse im Wege. Lernen ist nicht etwas Zusätzliches im Leben der Kinder, sondern integraler Bestandteil.

Bei der **Planung und Durchführung von Projekten** zur Förderung lernmethodischer Kompetenz müssen ErzieherInnen drei Aspekte beachten: den Inhalt, die Struktur des Inhalts und den Lernprozess, die allesamt mit den Kindern reflektiert werden. Das Vorgehen wird an drei Projekt-Beispielen (Wetter, Geschäft / Laden, Berufe) veranschaulicht:

- **Der Inhalts-Aspekt**

Beispiel: *Wetter-Projekt*
Bei diesem Projekt erhält jedes Kind ein Blatt Papier mit dem Auftrag, es in der Mitte zu falten und dann auf der einen Seite gutes und auf der anderen Seite schlechtes Wetter zu zeichnen. Beim Vergleich ihrer fertigen Zeichnungen machen sie die Erfahrung, dass »gutes« und »schlechtes« Wetter relative Begriffe sind. So freut sich das eine Kind, wenn es regnet, weil es in den Pfützen plantschen kann, während sich ein Erwachsener vielleicht ärgert, weil er nass wird, und freut sich ein anderes Kind über Schnee, weil es einen Schneemann bauen kann, während ein weiteres Kind lieber Rad fahren möchte und den Schnee als störend empfindet. Bei einem solchen Vorgehen reflektieren die Kinder nicht nur den Inhalt »Wetter«, sondern es wird ihnen zugleich bewusst, wie unterschiedlich der Einzelne darüber denkt. Das Gespräch zum einen über den Inhalt – es regt das Denken und die Ausdrucksfähigkeit der Kinder an – und zum anderen die Beschäftigung mit den verschiedenen Aussagen und Meinungen der Kinder ist Kernstück dieses pädagogischen Ansatzes.

- **Der Struktur-Aspekt**
Das Sichtbarmachen von Strukturen ist erforderlich, um bei den Kindern ein vertieftes Verständnis des jeweils behandelten Themas zu erreichen. Ausgangspunkte können sein die Struktur eines Phänomens (Wetter-Projekt) oder verschiedene Perspektiven, die in ihrer Zusammenschau eine Struktur ergeben:

Beispiel: *Wetter-Projekt*
- Die Kinder erhalten den Auftrag, sich Schneeflocken genau anzusehen und sie dann zu zeichnen. Beim Vergleich ihrer Zeichnungen finden sie heraus, dass alle Schneeflocken sechseckig und ansonsten ebenso verschieden sind wie die Menschen.
- Die Erzieherin fragt weiter: »Wenn ihr daran denkt, wie wir im Herbst den Regen bekommen haben, was denkt ihr dann, wie bekommen wir im Winter den Schnee?« Ein Kind antwortet: »Die Wassertropfen gehen zusammen und werden zu Eiskristallen«, ein anderes Kind sagt: »Das ist genauso wie beim Regen«. Die Erzieherin kann an dieser Aussage anknüpfen und hinzufügen, dass es im Winter nur kälter ist und der Regen als Schnee fällt.
- Die Kinder betrachten sodann ein Wandbild über den Regenzyklus, das sie erstellt haben. Nun wird ihnen die Struktur des Themas deutlich: Der Regenzyklus repräsentiert ein Ganzes, aus dem die Kinder nun die Einzelphänomene sinnvoll ableiten können. Die Erzieherin stellt an die Kinder erneut die Frage, wie Schnee und Regen zustande kommen. Sie sollen die Aufgabe in Kleingruppen lösen. Beim Vergleich der erzielten Lösungen hebt die Erzieherin die Diskussion wiederum auf ein Niveau, auf dem die Kinder über die verschiedenen Strukturen, die sie aufgezeichnet haben, nachdenken.

Beispiel: *Projekte über komplexe soziale Konstrukte*
Bei diesen Projekten besuchen die Kinder mit der Erzieherin z. B. ein Theater oder ein Geschäft bzw. begleiten die Müllabfuhr bei der Arbeit.
- Soziale Konstrukte lassen sich aus verschiedenen Perspektiven darstellen, so z. B. das Geschäft aus der Sicht des Ladeninhabers, des Verkäufers, des Lieferanten und des Kunden. Vor oder nach dem Besuch im wirklichen Geschäft könnten die Kinder etwa ein Kindergarten-Geschäft eröffnen und solche Positionen einnehmen. Sie erhalten damit Einblicke in das Gesamtsystem, aus dem sie dann Einzelaspekte ableiten können.
- Eine typische Frage von Kindern ist – auch dann noch, wenn sie bereits in die Schule gehen –, was mit dem Geld in der Kasse geschieht. Wenn die Kinder neben der ihnen bekannten Perspektive des Einkäufers auch

die des Ladeninhabers und des Lieferanten kennen lernen, wird ihnen der Verwendungszweck des Geldes verständlich.

Beispiel: *Projekte über Berufe*
In diesen Projekten besuchen die Kinder mit der Erzieherin Mütter und Väter an deren Arbeitsplatz.
– Eine Perspektive könnte sich auf Gemeinsamkeiten und Unterschiede zwischen Berufen richten. Eine weitere Perspektive könnte sein, die Bedeutung und Funktion verschiedener Berufe für die Gesellschaft zu verstehen und sie in die Gesellschaft als Ganzes, so wie die Kinder sie verstehen können, einzuordnen. Auch können einzelne Berufe unter bestimmten Aspekten behandelt werden.
– Welcher Aspekt herausgegriffen wird, entscheidet die Erzieherin mit den Kindern gemeinsam. Wichtig ist stets, die einzelnen Aspekte in ein Ganzes einzuordnen, so dass sich ihre Bedeutung aus dem Ganzen ableiten lässt und sie nicht isoliert nebeneinander stehen.

- **Der Aspekt des Lernprozesses**
Indem die Kinder darüber nachdenken, wie man etwas herausfinden kann, was man noch nicht weiß, thematisieren sie ihren Lernprozess. Wie Kinder zum Nachdenken über das Lernen angeregt werden, könnte im Wetter-Projekt so aussehen:
– **Beispiel 1**: Die Kinder führen Experimente mit Wasserdampf durch. Sie werden angeregt, darüber nachzudenken, warum sie diese Experimente machen und welche anderen Möglichkeiten es gibt, um etwas über Wasser und Regen herauszubekommen.
– **Beispiel 2**: Die Erzieherin fordert die Kinder zu Wetter-Vorhersagen für den nächsten Tag auf. Nach Abgabe ihrer Schätzungen bekommen sie die Aufgabe, Möglichkeiten und Wege zu suchen, das Wetter zuverlässig vorherzusagen. Am Tag darauf geben die Kinder ihre Erklärungen ab, aus welchen Anzeichen in der Natur sich das Wetter vorhersagen lässt. Sodann fragt die Erzieherin die Kinder, wie sie das herausgefunden haben. Die Kinder nennen verschiedene Quellen (z. B. Fernsehen, Tageszeitung, Eltern, Nachbar), vielleicht sagt ein Kind auch, es habe es selbst herausgefunden. Die Erzieherin macht den Kindern die vielen Wege deutlich, sich über das Wetter zu informieren, und regt sie an, über weitere Möglichkeiten nachzudenken.

Bei der Projekt-Durchführung sind die drei Aspekte Inhalt, Struktur und Lernprozess ineinander verwoben. Übertragen auf das Wetter-Projekt heißt dies:

- Die Kinder präsentieren zunächst ihre Ideen und Gedanken über das Thema (**Inhalt**) und machen in diesem Zusammenhang kleine Experimente. Die Erzieherin hilft ihnen, ihre unterschiedlichen Sichtweisen deutlich werden zu lassen, indem sie z. B. mit den Kindern darüber spricht oder sie Zeichnungen anfertigen lässt.

- Sodann wird die Aufmerksamkeit der Kinder auf die **Struktur** in Form des Zyklus gelenkt, über den die Kinder ebenfalls nachdenken.

- uletzt wird reflektiert, wie und warum die Kinder ihre Experimente durchgeführt haben, was sie darüber denken und ob es weitere Wege gibt, etwas über ein Thema zu erfahren. Hier wird die Aufmerksamkeit der Kinder nun auf ihre eigenen **Lernprozesse** gelenkt.

(4) Weitere Hilfen zur Vertiefung

Gisbert, K. (2003). Wie Kinder das Lernen lernen: Vermittlung lernmethodischer Kompetenzen. In W. E. Fthenakis (Hrsg.). *Elementarpädagogik nach PISA (S. 78–105)*. Freiburg: Herder.

Gisbert, K., Ladwig, A. & Wörz, T. (2002). Das Lernen lernen schon im Kindergarten. *In TPS – Theorie und Praxis der Sozialpädagogik, (5), 43–47.*

Englischsprachige Literatur

Der Ansatz zur Förderung von lernmethodischer Kompetenz bei Kindern unter 6 Jahren wurde in Schweden von Frau Prof. Ingrid Pramling entwickelt und erprobt. Die Publikationen, die sie und ihre MitarbeiterInnen hierzu verfasst haben, sind bislang nur in englischer Sprache erschienen. Was die Forschung über Metakognition oder das Nachdenken über das eigene Denken anbelangt, haben John Flavell und Ann Brown Pionierarbeit geleistet.

Alvestad, M. & Pramling Samuelsson, I. (1999). A Comparison of the National Preschool Curricula in Norway and Sweden. *Early Childhood Research & Practice, 1(2), 1–22.*

Brown, A. L. (1987). Metacognition, executive control, self-regulation, and other more mysterious mechanisms. In F. E. Weinert & R. H. Kluwe (Hrsg.), *Metacognition, motivation and understanding (S. 65–116).* Hillsdale, NJ: Erlbaum.

Brown, A. L. (1978). Knowing when, where and how to remember: A problem of metacognition. In R. Glaser (Hrsg.), *Advances in instructional psychology (Vol. 1) (S. 77–165).* Hillsdale, NJ: Erlbaum.

Brown, A. L. & Kane, M. J. (1988). Preschool children can learn to transfer: Learning to learn and learning from example. *Cognitive Psychology, 20, 493–523.*

Brown, A. L. & DeLoache, J. S. (1978). Skills, plans, and self-regulation. In R. S. Siegler (Hrsg.), *Children›s thinking: What develops? (S. 3–36).* Hillsdale, NJ: Erlbaum.

Doverberg, E. & Pramling, I. (1996). Learning and development in early childhood education. Stockholm, Sweden: Liber.

Doverberg, E. & Pramling, I. (1993). To understand children›s thinking. Methods for interviewing children. Reports from Department of Methodology, No. 5. University of Göteborg, Göteborg, Sweden.

Flavell, J.H. (1976). Metacognitive Aspects of Problem Solving. In L.B. Resnick (Hrsg.), *The Nature of Intelligence (S. 231–235)*. New Yersey: Lawrence Erlbaum.

Pramling, I. (1996). Understanding and empowering the child as a learner. In D.R. Olson & N. Torrance (Hrsg.), *The handbook of education and human development (S. 565–592)*. Malden, MA: Blackwell.

Pramling, I. (1990). Learning to learn. A study of Swedish preschool children. New York: Springer.

Pramling, I. (1986). The origin of the child›s idea of learning through practice. *European Journal of Psychology of Education, 1(3), 31–46*.

II–3 Ganzheitliches Förderprogramm in Kindertageseinrichtungen

Das pädagogische Programm in Tageseinrichtungen für Kinder bis zur Einschulung wird durch das **Prinzip der ganzheitlichen Förderung** geprägt. Eine Disziplinorientierung wie in der Schule ist dem Elementarbereich fremd. Die **Förderperspektiven und -schwerpunkte** des Bayerischen Bildungs- und Erziehungsplans stehen nicht isoliert nebeneinander, sondern **durchdringen sich gegenseitig**. Durch ein Lernarrangement ist es möglich, mehrere Förderbereiche gleichzeitig umzusetzen. Auf Überschneidungen und Querverbindungen wird in den einzelnen Förderbereichen beispielhaft hingewiesen.

Die **Beschreibung der Förderbereiche** schlägt Brücken zu allen Teilen dieses Plans und stellt Verbindungen her:

(1) **Prinzipien, die dem Plan zugrunde liegen (I–3):** Die Prinzipien sind die Grundlage, auf der die Konzeption aller Förderbereiche beruht. Sie werden daher in der Regel nicht eigens wiederholt.

(2) **Basiskompetenzen (II–1):** Alle Förderbereiche nehmen auf diese Bezug und differenzieren sie zugleich inhalts- bzw. bereichsspezifisch aus.

(3) **Gezielte Förderung bestimmter Basiskompetenzen (II–2):** Was bei der Förderung der Widerstandsfähigkeit sowie der lernmethodischen Kompetenz zu beachten ist, findet in allen Förderbereichen, die in diesem Zusammenhang von Bedeutung sind, seinen Widerhall. Die übergreifenden Aspekte zum Thema Übergänge (in die Tageseinrichtung, in die Schule) werden in den grundlegenden Ausführungen zur Bewältigung von Übergängen dargestellt.

(4) **Beobachtung, Kooperation, Vernetzung und Kindeswohl (II–4):** Das gesamten Spektrum der Zusammenarbeit mit den Eltern und mit anderen Stellen wird unter II–4 behandelt. Die bereichsspezifische Ausgestaltung der Zusammenarbeit findet sich in den einzelnen Förderbereichen. Gleiches gilt für die Beobachtung der Kinder. Anknüpfungspunkt der Ausführungen zur Abwendung von Gefährdungen des Kindeswohls ist das Kapitel zur Förderung von Kindern mit Entwicklungsrisiken und (drohender) Behinderung.

Im Rahmen der Förderbereiche wird darüber hinaus immer wieder auf die für ihre erfolgreiche Umsetzung **notwendigen Ressourcen** hingewiesen (z. B.

räumliche Voraussetzungen, Sachausstattung, Qualifikation der Fachkräfte).

Die Reihenfolge der Förderperspektiven und -schwerpunkte ist keine Rangfolge. Alle Förderbereiche sind gleich in ihrer Wertigkeit und stehen zueinander in vielfältigen Wechselbeziehungen. So sind die z. B. die Förderschwerpunkte Sprache, Musik und Bewegung in der Weise gleichwertig, als sie im täglichen Lernangebot in Erscheinung treten.

II-3.1 Themenübergreifende Förderperspektiven

II-3.1.1 Begleitung des Übergangs von der Familie in die Tageseinrichtung

(1) Zielformulierung, Leitgedanken

Für Kinder und Eltern ist die **erste Zeit in der Kindertageseinrichtung** mit starken Gefühlen, nicht selten auch mit Stress verbunden. Häufig ist das erste Mal, dass sich das **Kind** von seiner Familie jeden Tag für einige Stunden lösen und seiner eigenen Wege in einer neuen Umgebung gehen muss. Für **Eltern,** deren erstes Kind in die Tageseinrichtung kommt, kann es eine neue Erfahrung sein, dass nun eine weitere Person an der Erziehung ihres Kindes beteiligt ist. Diese gemeinsame Verantwortung erfordert nicht nur Akzeptanz, sondern auch ein Verhalten, das auf gegenseitige Offenheit und Abstimmung hin ausgerichtet ist. Ängste, die Zuneigung ihres Kindes an eine der Fachkräfte zu verlieren, weil sie mehr (professionelle) Nähe zum Kind aufbauen kann, kommen vor:

- Das **Ausmaß an Anforderungen bzw. Entwicklungsaufgaben** für Kinder und Eltern (➜ nachstehende **Tabelle**) zeigt die Komplexität dieses Übergangs. Welche im Einzelfall zutreffen, hängt ab von den Vorerfahrungen (z. B. Geschwister, Betreuungserfahrungen außerhalb der Familie wie Tagesmutter), dem gleichzeitigen Bewältigen weiterer Übergänge in der Familie (z. B. Geburt eines Geschwisterkindes, Wiedereintritt der Mutter ins Erwerbsleben, Trennungs- und Scheidungsgeschehen der Eltern, Umzug der Familie) dem Temperament und von den verfügbaren sozialen Ressourcen. Die Belastungen sind für ein Kind größer, wenn es z. B. zeitnah mehrere Übergänge zu bewältigen hat.

Anforderungen	Kind	Eltern
Starke Emotionen und Stress in Anfangszeit bewältigen	• **Spannung aushalten:** Freude, Stolz, Neugier ⇔ Unsicherheit, Anspannung, vermindertes Selbstwertgefühl • Verlustängste und Trauer beim morgendlichem Weggang der Mutter bis Vertrauen zu Fachkraft als erwachsener Bezugsperson aufgebaut ist • Stress und Konflikte beim Neuarrangement der Rollen und Beziehungen • Stress durch gleichzeitiges Verarbeiten vieler neuer Eindrücke, Leisten vieler neuer Anpassungsleistungen in relativ kurzer Zeit	• Abschiednehmen von Lebensabschnitt, in dem die Eltern-Kind-Beziehung besonders intensiv erlebt wurde (Nest-Gefühl) • Evtl. Schuldgefühle bewältigen, nicht selber für ihr Kind zu sorgen, wenn das Kind noch unter 3 Jahren alt ist • Unbehagen, die Kontrolle über ihr Kind zeitweise aufgeben zu müssen • Unsicherheiten im Umgang mit den neuen Miterziehern bewältigen • Ängste, die Zuneigung des Kindes an eine Fachkraft als Bezugsperson zu verlieren
Neue Identität entwickeln	• Als Kinderkrippen-, Kindergarten-Kind	• Als Kinderkrippen-, Kindergarten-Eltern
Beziehungen und Rollenerwartungen in Familie neu klären	• Beziehung zu Eltern im Verhältnis zur Beziehung zur Fachkraft klären • Neue Rollenerwartungen der Eltern erfüllen, bedingt durch Vergleich mit anderen Kindern • Beziehung zu Geschwistern im Verhältnis zu Beziehungen mit anderen Kindern klären	• Kind mit seinen sich verändernden Bedürfnissen in der Kindergruppe wahrnehmen, die Welt ihres Kindergartenkindes im Lichte der neuen Erfahrungen sehen • Wachsende Selbstständigkeit des Kindes integrieren
Neue Beziehungen in Tageseinrichtung aufbauen	• Eine Bindung und Beziehung zu den zuständigen Fachkräften aufbauen • Kontakte zu einzelnen Kindern knüpfen, ausbauen und vertiefen • Sich in bestehende Gruppe eingliedern, eine Position in der Gruppe finden	• Offenes und partnerschaftliches Verhältnis zur Fachkraft aufbauen • Kontakt zu anderen Eltern aufnehmen, sich als Elterngruppe finden und definieren • Neue Beziehungen des Kindes unterstützen
Rollenerwartungen in Tageseinrichtung erfüllen	• Sich in neue Umgebung einfinden (Räume, Tagesablauf, Regeln, soziale Situation) • Anforderungen als Kindergartenkind und Gruppenmitglied erfüllen (z. B. Beherrschen von Körper und Gefühlen, mehr Disziplin, Selbstständigkeit, Kooperation mit anderen Kindern und Fachkräften)	• Begleitung ihres Kindes beim Übergang • Elternrolle neu definieren in Bezug auf Rolle der Fachkraft als weitere Bezugsperson • Akzeptieren, dass sie nicht mehr allein zuständig und kompetent für Erziehung des Kindes sind, dass ihr Kind nun eines unter anderen in der Kindergruppe ist • Positive Entwicklung des Kindes zum gemeinsamen Maßstab erheben • Mitgliedschaft in Gruppe der Miteltern akzeptieren und sich auf damit verbundene Erfahrungen einlassen
Familie (Beruf) und Tageseinrichtung koordinieren	• Soziales Netz erweitern und Beziehungen neu arrangieren • Unterschiede in den Bezugssystemen akzeptieren • Sich an den neuen Tages- und Jahresablauf gewöhnen	• Kind mehr Selbstständigkeit und Unabhängigkeit zugestehen, damit es in neue Rollenanforderungen hineinwachsen kann • Mit Gefühlsreaktionen in Bring- und Abholsituationen angemessen umgehen • Tages- und Jahresablauf anpassen • Aufgaben in Familie, Beruf und Tageseinrichtung abstimmen

Entwicklungsaufgaben beim Übergang

- Die **Übergangsbewältigung** in der Tageseinrichtung verläuft für Kinder in drei Phasen, nämlich **Orientierung** (die ersten Tage), **Eingliederungsbemühungen** (die ersten Wochen) und **Eingewöhnung** (die ersten Monate). Ein nicht unbeträchtlicher Anteil der Kinder zeigt auch noch nach mehreren Monaten Verhaltensweisen, die im Zusammenhang mit der Eingewöhnung stehen können, d. h., dass Kinder den Übergang in ihrem individuellen Tempo bewältigen.

- Wie der Übergang in die Tageseinrichtung verläuft, hat Konsequenzen für die weitere Entwicklung des Kindes. Gelingt er, lassen sich die Bewältigungskompetenzen in nachfolgenden Übergängen anwenden. Findet das Kind z. B. sozialen Anschluss in der Tageseinrichtung, fördert dies die Kompetenz zur Beziehungsaufnahme auch in anderen Umgebungen. Gerät das Kind z. B. in eine Außenseiterposition, besteht die Gefahr, dass es auch in anderen Umgebungen keinen Anschluss findet.

- Kommt es nach einer erfolgreichen Übergangsbewältigung zu einem **Wechsel der Tageseinrichtung,** kann das Kind auf seine gemachten Erfahrungen und erworbenen Kompetenzen zurückgreifen. Neu ist dann allerdings die Anforderung, von der Umgebung, die verlassen wird, Abschied nehmen zu müssen – weitgehend für immer.

Tageseinrichtungen messen der Übergangsbegleitung einen hohen Stellenwert zu. »Auf den Anfang kommt es an, weil hier Weichen gestellt werden« ist eine Erkenntnis, die eine pädagogische Begleitung erfordert, die frühzeitig (zwischen Anmeldung und Eintritt) einsetzt und so angelegt ist, dass der Übergang von allen Beteiligten gemeinsam aktiv gestaltet wird:

- Das **Thema »Übergang und Eingewöhnung«** ist nicht nur in der **Einrichtungskonzeption,** sondern auch im **Bildungs- und Erziehungsvertrag** zu verankern. Die individuellen Unterschiede bei der Bewältigung und Begleitung des Kindes erfordern gezielte Abfragen (z. B. Vorerfahrungen des Kindes, Stattfinden weiterer Übergänge in der Familie) und Absprachen (z. B. Elternbegleitung des Kindes zu Beginn) im Aufnahmegespräch mit den Eltern.

- Über eine Altersgrenze hinaus werden **Aufnahmebedingungen,** die das Kind betreffen, nur dann aufgestellt, wenn Kinder sie erfüllen können und der Einrichtungsbetrieb sie erfordert (z. B. Abschluss der Sauberkeitserziehung). Ferner ist darauf achten, dass nicht zu viele Kinder gleichen

Alters gleichzeitig neu aufgenommen werden. Größere Wechsel in der Gruppenzusammensetzung sind möglichst zu vermeiden.

- **Die Unterschiede zur Familie werden bewusst wahrgenommen.** Familienähnlich erscheinende Momente in der Tageseinrichtung im Sinn einer »erweiterten Familie« werden nicht überbetont. Beim Beziehungsaufbau zu neuen Kindern wahren die Fachkräfte den Unterschied zur Eltern-Kind-Beziehung und treten nicht in Konkurrenz zu den Eltern durch eine Haltung, die bessere Mutter bzw. der bessere Vater für das Kind sein zu wollen.

- Es wird der **offene und intensive Dialog mit den Eltern** von Anfang an gesucht. Er ist Türöffner und Wegbereiter für gelingende Zusammenarbeit zum Wohl des Kindes, die vertrauensvoll und partnerschaftlich sowie auf regelmäßigen, gegenseitigen Informations- und Erfahrungsaustausch ausgerichtet ist:
  – Er ermöglicht eine gezielte, gut vorbereitete **Übergangsbegleitung** des Kindes, wenn die Planung gemeinsam mit den Eltern erfolgt.
  – Er senkt die Hemmschwelle für die Eltern, Eingewöhnungsprobleme ihres Kindes und ihrer selbst zur Sprache zu bringen und ebenso für die Fachkraft.
  – Er schafft Zugang auch zu Eltern, die zurückhaltend sind. Eltern, die selten oder nie in Erscheinung treten, sind meist nicht desinteressiert, sondern unsicher und ängstlich. Sie brauchen Unterstützung, um Krippen- bzw. Kindergarteneltern zu werden.
  – Er sichert die **Anschlussfähigkeit zwischen Tageseinrichtung und Familie**, indem sich Fachkräfte und Eltern (gegen Ende der Eingewöhnungszeit) auf gemeinsame Grundrichtungen in der Bildung und Erziehung des Kindes verständigen.

- Die Eltern erhalten **ausführliche Information zum Übergang**. Ihr Bewusstsein ist zu schärfen für die heftigeren Reaktionen, die auf emotionaler Ebene auftreten können, weil sie diese oft nicht erwarten. Entlastend ist der Hinweis, dass anfängliche Eingewöhnungsprobleme des Kindes der Normalfall sind. Eltern sind darauf vorzubereiten, wie sie ihr Kind am besten unterstützen können.

- Kindern und Eltern werden vielfältige **Einstiegshilfen** angeboten: Gemeinsame Probebesuche vor Eintritt (»Schnuppertage«) und die Anwesenheit der Eltern während der ersten Tage helfen dem Kind, die neue Umgebung

kennen zu lernen, erstes Vertrauen zu fassen und erste Kontakte zu knüpfen:
- Im Vordergrund steht der **Beziehungsaufbau des Kindes zur Fachkraft als neuer Bezugsperson**, die es vorab schon kennen gelernt haben sollte. Für Kinder unter 3 Jahren kommt ihm eine zentrale Bedeutung zu. Wichtig für den erfolgreichen Aufbau – insbesondere bei erstmaligem Eintritt des Kindes – ist die Anwesenheit der Eltern. Das Kind hat eine »sichere Basis«, zu der es jederzeit zurückkehren kann. Es entscheidet selbst über Nähe und Distanz zur Fachkraft. Eltern bleiben in der Nähe, bis sich das Kind auch in schwierigen Situationen von der Fachkraft trösten lässt. Im Aufnahmegespräch sind Eltern über die Bedeutung der Elternbegleitung in der Eingewöhnungsphase für ihr Kind zu informieren und mit ihnen Absprachen zu treffen, ob und inwieweit sie ihr Kind begleiten können.
- Diese Einstiegshilfen lassen sich fortsetzen oder flankieren durch die Übernahme von **Patenschaften durch ältere Kinder** (➤ II–3.1.2). Zugleich ist dem Kind (bereits bei Probebesuchen) sein Identitätswandel erlebbar zu machen, z. B. durch **Rituale und Aufnahmespiele**, die ihm auch eine spielerische Bewältigung der komplexen Situation und den Beziehungsaufbau zu den anderen Kindern ermöglichen. Durch eine zeitlich gestaffelte Aufnahme und Kleingruppenarbeit können Fachkräfte neuen Kindern mehr Aufmerksamkeit widmen.

- In der **Beziehung zum Kind** verhalten sich die Fachkräfte (und Eltern) unterstützend, indem sie dem Kind helfen, Neues selbst herauszufinden und selbst zu tun. Das Kind kann sich bei seinem Übergang weitgehend selbstbestimmt und aktiv mitgestaltend erleben, wenn es **altersangemessene Informationen** über die neue Umgebung, seine neue Rolle und die daran geknüpften Erwartungen erhält. Temperamentsunterschiede erfordern ein differenziertes Eingehen auf das Kind. Bei der Bewältigung starker Gefühle erfährt das Kind einfühlsame Unterstützung. Die Signale des Kindes finden Beachtung und Reaktion.

- Gezielte **Beobachtung von Kind und Eltern** während der Probebesuche und der elternbegleiteten Eingewöhnungszeit liefert wichtige Information für die weitere Unterstützung: Wie geht das Kind mit der neuen Situation um? Was benötigt es, um sich für das Erkunden der neuen Umgebung öffnen zu können? Was leistet es von sich, welche Unterstützung können ihm Eltern und Fachkräfte geben? Die weitere Beobachtung des Kindes auch danach und deren Reflexion mit den Eltern finden statt; dies gilt besonders für Kinder, die mehrere Übergänge gleichzeitig zu bewältigen haben.

- Neue Eltern sind beim **Aufbau der Kontakte zu anderen Eltern** zu unterstützen (z. B. Eltern-Kontaktlisten). Miteltern sind eine wichtige Bezugsgruppe, gerade auch zu Beginn. Sie gibt Sicherheit, regt zur Familienselbsthilfe an, fördert Kompetenzen, z. B. durch die Gelegenheit, den eigenen Familienstil im Gespräch mit anderen zu reflektieren (z. B. Erziehung, Partnerschaft, Engagement in Tageseinrichtung).

- Verläuft die Eingewöhnung problematisch, entwickelt das Kind kein angemessenes Verhalten in der Tageseinrichtung, findet es keinen sozialen Anschluss, sind gemeinsam mit den Eltern weitergehende, intensivere Begleithilfen für das Kind zu suchen (→ auch II–3.1.5). Eine Zurückstellung vom Besuch der Tageseinrichtung oder ein Einrichtungswechsel stellen in der Regel keine angemessene Problemlösung für das Kind dar.

- Beim **Wechsel der Tageseinrichtung** (z. B. von der Krippe in den Kindergarten) ist der Gestaltung von Abschieden besonderes Augenmerk zu schenken, damit die aufgebauten Beziehungen kein abruptes Ende nehmen. Für einen fachlichen Austausch über das Kind zwischen abgebender und aufnehmender Tageseinrichtung ist die Einwilligung der Eltern erforderlich.

(2) Bildungs- und Erziehungsziele im Einzelnen

Merkmale, die ein **kompetentes Kindergartenkind** nach der abgeschlossenen Eingewöhnung auszeichnen, sind insbesondere:

- Dem Kind gelingen die Wechsel zwischen Familie und Kindergarten in den Abhol- und Bringsituationen, es nimmt leicht Abschied von der Mutter oder dem Vater, kann sich lösen und ist entspannt, wenn es wieder abgeholt wird.

- Es kennt die Regeln, die für den Tagesablauf und das soziale Miteinander gelten, und hält sie ein.

- Es nimmt am Gruppengeschehen teil, hat eine Position in der Gruppe gefunden und ist damit sozial integriert.

- Es entwickelt ein »Wir-Gefühl« für seine Kindergruppe und Vertrauen zu seiner Fachkraft.

- Es sucht zu vielen Kindern Kontakt, mit einigen Kindern hat es schon engere Freundschaften geschlossen.

- Es nutzt die neuen Beziehungen zu Kindern und der Fachkraft für seine Entwicklung.

- Es zeigt eine positive emotionale Befindlichkeit und ein ausgeprägtes Erkundungs- und Spielverhalten und es geht gern in den Kindergarten.

- Es entfaltet sich in der Aufeinandersetzung mit den Lernangeboten, es zeigt Eigeninitiative und Selbstständigkeit.

- Es berichtet zu Hause vom Geschehen in der Tageseinrichtung.

- Es hat seine neue Rolle angenommen, es fühlt sich »größer« und »älter« und verhält sich selbstbewusst als »kompetentes Kindergartenkind«.

Viele der Merkmale lassen sich auf Kinder unter 3 Jahren übertragen.

(3) Anregungen und Beispiele zur pädagogischen Unterstützung

Anregungen für die Zusammenarbeit mit den Eltern und deren Begleitung

Aufnahmegespräche

Ausführliche Gespräche empfehlen sich. Darin können übergangsrelevante Themen vertieft und die Gestaltung von Aufnahme und Eingewöhnung für das einzelne Kind besprochen und geplant werden. Im Vordergrund darf nicht das einseitige Vermitteln von Information stehen, sondern der wechselseitige Informations- und Erfahrungsaustausch mit den Eltern.

- Als **Grundlage und Leitfaden für das Gespräch** eignet sich der *Vordruck für den Bildungs- und Erziehungsvertrag* (➤ II–4.2). Ein ausreichendes Erheben von Information über das Kind und seinen familiären Hintergrund schafft Klarheit über die Anforderungen, die Kind und Eltern in der Übergangsphase erwarten. Wichtige Fragen sind z. B.:
  – Hat Ihr Kind Vorerfahrungen mit Betreuungsformen außerhalb seiner Familie?
  – Hat es in Ihrer Familie im letzten Jahr wichtige Ereignisse gegeben, von denen wir wissen sollten, um Ihr Kind in der Übergangsphase besser zu verstehen?

– Nehmen Sie mit dem Einrichtungsbesuch des Kindes wieder Ihre Berufstätigkeit auf?
– Hat Ihr Kind bereits die Trennung seiner Eltern erfahren? Wann war dies?

• Eltern sollten neben mündlicher Information auch **schriftliches Informationsmaterial** über den Übergang erhalten. Hier empfiehlt sich die Aushändigung des *Faltblatts »Etwas Neues beginnt. Kinder und Eltern kommen in den Kindergarten«*, herausgegeben vom Staatsinstitut für Frühpädagogik, das dem Bildungs- und Erziehungsvertrag als Anlage beigelegt werden kann.

Einführungselternabende

Einführungselternabende sind wichtig, um neue Eltern zu informieren und auf die neue Situation, die sie und ihr Kind erwartet, vorzubereiten. Es ist sinnvoll, sie **vor dem Eintritt der Kinder** abzuhalten. Bei der Gestaltung sind folgende Aspekte von Bedeutung:

• Es ist darauf zu achten, Eltern nicht mit zu vielen Informationen auf einmal zu überfrachten. Es empfiehlt sich, diese Elternabende von einrichtungsbezogenen Informationen zu entlasten (z. B. durch Ausgabe der Einrichtungskonzeption im Aufnahmegespräch) und in den Mittelpunkt das Thema »Bewältigung von Übergängen« zu stellen.

• Bei der **Information über die Übergangsbewältigung** ist zu bedenken: Die Eltern wissen noch nicht, wie es ihrem Kind und wie es ihnen selbst ergehen wird. Daher können sie Informationen in Bezug auf ihre eigene Familiensituation noch nicht gewichten, sodass viele wertvolle Informationen untergehen. **Einführungselternabende ersetzen daher nicht das Gespräch über die individuelle Situation**

• Durch die **Begegnung mit bereits erfahrenen Kinderkrippen- bzw. Kindergarten-Eltern** lassen sich Erfahrungen aus erster Hand vermitteln, wie es Eltern bei diesem Übergang ergeht, und Gelegenheit schaffen, erste Kontakte zu knüpfen. Eltern kann das Bewältigungsverhalten von Kindern in der Einrichtung und zu Hause geschildert werden. Das Aufzeigen von Ähnlichkeiten bei anderen Übergängen im Familiensystem (z. B. Elternwerden, Trennung der Eltern, Pubertät der Kinder) bahnt den Weg, dass sich alle Eltern einbringen und mitdiskutieren können.

Offenes Eltern-Cafe

Im Frühjahr (während der Einschreibung) richtet die Elternvertretung für vier Wochen ein »Eltern-Cafe« ein, zu dem die neuen Eltern eingeladen werden. Gelegentlich sind Fachkräfte der Tageseinrichtung anwesend.

Anregungen für die Begleitung der Kinder
Rituale bei Probebesuchen

Beim Gestalten von Ritualen können Fachkräfte ihrer Einrichtung eine persönliche Note verleihen. Die Rituale werden vermittelt durch den Einsatz von »Übergangsobjekten« wie z. B.:

- Neue Kinder erhalten **Geschenke** (Gebasteltes) der Kinder, die schon länger in der Einrichtung sind.

- Neue Kinder dürfen sich ein **Spielzeug** aussuchen und ausleihen, welches sie am Aufnahmetag wieder mitbringen und zurückgeben.

- Ein **Gruppensymbol** wird dem Kind schon bei der Anmeldung mitgegeben als Zeichen für die Zugehörigkeit zu einer bestimmten Gruppe, in die es kommen wird.

- Von den neuen Kindern werden die **Hand-, Fuß- oder Körperumrisse** auf einem Karton nachgezeichnet, farblich ausgefüllt, mit Namen versehen, ausgeschnitten und im Gruppenraum sichtbar angebracht, so dass das Kind am ersten Tag eine Spur von sich wieder findet.

»Das Spiegelbild« als Begleithilfe für Kinder unter 3 Jahren

Spiegel, in denen sich das Kind ganz sehen kann, können in der Arbeit mit sehr kleinen Kindern Hilfsmittel sein. Sie fördern die Wahrnehmung und tragen zur **Identitätsbildung** bei:

- Vom 3. bis 9. Monat ist das Interesse des Kindes am Spiegel eher zufällig. Es kann aber auch gezielt geweckt werden, z. B. mit Spiegeln an der Decke über dem Wickeltisch.

- Ab dem 10. Monat beginnt die absichtliche Hinwendung zum Spiegel. Erscheint eine vertraute Person ebenfalls im Spiegel, schaut das Kind zwischen realer Person und Spiegelbild hin- und her und überprüft seine Wahrnehmung. Durch Spiegel kommt es zu einer Bereicherung von Sichtweisen und Sinneseindrücken, zum Staunen, genauerem Hinsehen, Vergleichen und Ausprobieren.

Soziale Unterstützung durch breite Altersmischung

Tageseinrichtungen mit breiter Altersmischung reduzieren die Anzahl der Übergänge, was sich unter anderem in folgenden Vorteilen für die Kinder niederschlägt:

- Das Verhältnis der Kinder zur Fachkraft wird intensiver, da es zu einer kontinuierlichen Bildung, Erziehung und Betreuung über einen längeren Zeitraum kommt. Die Angebote der Fachkräfte sind vielfältiger, individuelles Eingehen auf die Kinder wird leichter. Aufgrund der natürlichen Entwicklungsunterschiede werden die Kinder nicht mehr so stark untereinander verglichen oder an »altersgemäßen« Entwicklungsniveaus gemessen. Kinder geraten dadurch weniger unter Konkurrenzdruck.

- Die Beziehungen der Kinder untereinander werden nicht durch häufigen Wechsel belastet. Auch die Beziehungen der Eltern untereinander profitieren.

- Hervorzuheben sind die sozialen Lernmöglichkeiten für die Kinder. Orientierung ist an Jüngeren und Ältern möglich, Kinder setzen sich hierbei ihre eigenen Entwicklungsschwerpunkte. Jüngere Kinder erhalten vielfältige Anregungen durch die älteren: sie beobachten sehr intensiv und versuchen, deren Fertigkeiten nachzuahmen. Kinder lernen leichter von Kindern als von Erwachsenen, da die Entwicklungsunterschiede nicht unüberwindbar groß erscheinen. Ältere Kinder erhalten vielfältige Anregungen von den jüngeren. Sie lernen viel durch »Lehren« und gewinnen so Sicherheit. Kinder gehen zärtlich miteinander um. Selbst Kinder, die unter Gleichaltrigen häufig durch aggressives Verhalten auffallen, sind mit Säuglingen und Kleinkindern meist behutsam und liebevoll.

(4) Weitere Hilfen zur Vertiefung

Übergang von der Familie in die Tageseinrichtung allgemein

Reichert-Garschhammer, E. (2001a). Qualitätsmanagement im Praxisfeld Kindertageseinrichtung (Bund) – Blickpunkt: Sozialdatenschutz. Staatsinstitut für Frühpädagogik (Hrsg.). Kronach: Carl Link.
Reichert-Garschhammer, E. (2001b). Qualitätsmanagement im Praxisfeld Kindertageseinrichtung (Bayern) – Blickpunkt: Sozialdatenschutz. Staatsinstitut für Frühpädagogik (Hrsg.). Kronach: Carl Link.
Reichert-Garschhammer, E. (2001c). Qualitätsmanagement im Praxisfeld Kindertageseinrichtung (Bayern) – Blickpunkt: Sozialdatenschutz. Bayerisches Staatsministerium für Arbeit und Sozialordnung, Familie und Frauen & Staatsinstitut für Frühpädagogik (Hrsg.). Bezug: IFP.
Die Aufnahme neuer Kinder in Tageseinrichtungen ist ein Schwerpunkt in diesem Buch. Das Aufnahmeverfahren wird in allen Einzelheiten und Verfahrensschritten unter besonderer Beachtung von Fragen des Sozialdatenschutzes beschrieben. Das Buch enthält im Anhang für alle Vordrucke, die im Aufnahmeverfahren zum Einsatz kommen, Mustervordrucke. Ihre Diskussion in vielen Qualifizierungsveranstaltungen hat viele Anregungen der Praxis hervorgebracht. Deren Einarbeitung hat zu einer internen Weiterentwicklung der Mustervordrucke geführt, die noch nicht abgeschlossen ist. Sie werden zu gegebener Zeit veröffentlicht.
Reinmann, B. (1993). Der Dialog von Anfang an. Neuwied: Luchterhand.

Übergang von der Familie in die Krippe

Ahnert, L. (Hrsg.). (1998). Tagesbetreuung für Kinder unter 3 Jahren. Theorien und Tatsachen. Bern, Göttingen: Hans Huber.
v. d. Beek, A. (2003). Kinderkrippen bilden. *Welt des Kindes, (3), 22–24.*
v. Dieken, C. (2002). So geht´s mit Krippenkindern. *Kindergarten heute spot.*
Dornes, M. (2000). Der kompetente Säugling. Frankfurt/M.: Fischer.
Grossmann, K. (1999). Merkmale einer guten Gruppenbetreuung für Kinder unter 3 Jahren im Sinne der Bindungstheorie und ihre Anwendung als berufsbegleitende Supervision. *In Deutscher Familienverband (Hrsg.), Handbuch Elternbildung, Band 2: Wissenswertes im zweiten bis vierten Lebensjahr des Kindes (S. 165–184).* Opladen: Leske & Budrich.
Landeshauptstadt München. Sozialreferat Stadtjugendamt. Abt. Kindertagesbetreuung (2002). Die pädagogische Rahmenkonzeption für Kinderkrippen der Landeshauptstadt München. Langfassung (2. überarb. Aufl.). (Bezug: Stankt Martin-Str. 34a, 81541 München, Tel. / Fax.: 089 / 233–20100 / –20191).
Laewen, H.-J., Andres, B. & Hédervári, É. (2000a). Die ersten Tage. Ein Modell zur Eingewöhnung in Krippe und Tagespflege. Weinheim: Beltz (4. erweiterte Aufl.).
Laewen, H.-J., Andres, B. & Hédervári, É. (2000a). Die ersten Tage in der Krippe. Ein Modell für die Gestaltung der Eingewöhnungssituation. Neuwied: Luchterhand (3. erweiterte Aufl.).
Laewen, H.-J., Andres, B. & Hédervári, É. (2000b). Ohne Eltern geht es nicht. Die Eingewöhnung von Kindern in Krippen und Tagespflegestellen. Neuwied: Luchterhand (3. erweiterte Aufl.).

Lamb, M.E. & Ahnert, L. (2003). Institutionelle Betreuungskontexte und ihre entwicklungspsychologische Relevanz für Kleinkinder. *In H. Keller (Hrsg.), Handbuch der Kleinkindforschung (S. 525–564). Bern, Göttingen: Hans Huber (3. überarbeite und erweiterte Aufl.)*.
Scheffler, A. (2003). Krippenkinder aufnehmen. (4) Praktische Übungen zur Krippenbetreuung. *Kindergarten heute, 33(5), 26–33*.
Stern, D. (1999). Die Lebenserfahrung des Säuglings. Stuttgart: Klett-Cotta.
Viernickel, S. & Sechtig, J. (2003a). Krippenkinder aufnehmen. (1) Aufbau und Entwicklung von Bindungen. *Kindergarten heute, 33(1), 14–20*.
Viernickel, S. & Sechtig, J. (2003b). Krippenkinder aufnehmen. (2) Entwicklung von Interaktions- und Kommunikationsfähigkeiten. *Kindergarten heute, 33(2),16.–21*.
Viernickel, S. & Sechtig, J. (2003c). Krippenkinder aufnehmen. (3) Identität – das Bewusstwerden der eigenen Persönlichkeit. *Kindergarten heute, 33(4), 24–32*.

Übergang von der Familie in den Kindergarten

Griebel, W. & Niesel, R. (1999). Der Eintritt des ersten Kindes in den Kindergarten. Ein Übergang für das Kind und seine Eltern. *In W.E. Fthenakis, M. Eckert & M.v. Block (Hrsg.), Handbuch Elternbildung, Band 2: Wissenswerter im zweiten bis vierten Lebensjahr des Kindes. Opladen: Leske & Budrich*.
Griebel, W. & Niesel, R. (1998). Das Kind wird ein Kindergartenkind: Ein Übergang für die ganz Familie. *In K. Schüttler-Janikulla (Hrsg.), Handbuch für ErzieherInnen in Krippe, Kindergarten und Hort (S. 1–14). München mvg (28. Lieferung)*.
Niesel, R. & Griebel, W. (2000). Start in den Kindergarten. Grundlagen und Hilfen zum Übergang von der Familie in die Kindertagesstätte. München: Don Bosco.
Staatsinstitut für Frühpädagogik (Hrsg.) (2002). Etwas Neues beginnt. Kinder und Eltern kommen in den Kindergarten. Bezug: IFP (2. überarbeitete Aufl.).
Staatsinstitut für Frühpädagogik (Hrsg.) (1998). Etwas Neues beginnt. Mein Kind kommt in den Kindergarten. Bezug: IFP (1. Aufl.).

Breite Altersmischung

Ehmke-Pfeifer, I. & Großmann, H. (1999). Altersmischung in der Kindertagesbetreuung – Chancen einer Organisationsform. Potsdamer Berichte. Potsdam: IFK.
Griebel, W. & Minsel, B. (2000). Breite Altersmischung – Forschungsergebnisse zusammengefasst. *Bildung, Erziehung und Betreuung von Kindern in Bayern, IFP-Infodienst, 5(2), 16–18*.
Griebel, W. & Minsel, B. (1998). Schulkinder / Hortkinder in Einrichtungen mit breiter Altersmischung – Ergebnisse aus dem Modellprojekt »Weiterentwicklung von Kindertageseinrichtungen«. *Bildung, Erziehung und Betreuung von Kindern in Bayern, IFP-Infodienst, (2), 16–21*.
Großmann, H., Griebel, W. & Minsel, B. (1998). Altersmischung in verschiedenen Bundesländern: Voraussetzungen und Erfahrungen. *In D. Sturzbecher, D. (Hrsg.). Kindertagesbetreuung in Deutschland – Bilanzen und Perspektiven. Ein Beitrag zur Qualitätsdiskussion (S.142–167). Freiburg: Lambertus*
Niesel, R. & Griebel, W. (2000). Breite Altermischung: Was tun Kinder miteinander, die im Alter deutlich auseinander liegen? *KiTa aktuell (BY), (6), 131–135*.

II–3.1.2 Beteiligung der Kinder: Lernfeld für gelebte Demokratie

(1) Zielformulierung, Leitgedanken

Kinder haben ein Recht, an allen sie betreffenden Entscheidungen entsprechend ihrem Entwicklungsstand beteiligt zu werden (vgl. Art. 12 UN-Kinderrechtskonvention, § 8 Abs. 1 Satz 1 SGB VIII):

- Beteiligung heißt, Kinder als Betroffene **in Entscheidungsprozesse mit einzubeziehen** und ihnen ernsthaft Einflussnahme zuzugestehen. Sie setzt voraus, Beteiligungsmöglichkeiten bereitzustellen sowie Kinder beim Erwerb von Beteiligungskompetenz zu unterstützen. Die Beteiligung erfordert eine Einbettung in Alltagssituationen, d. h., sie muss als alltägliches Selbstverständnis erlebt und eingeübt werden können. Es geht darum, Kindern Zeit und Raum zur Äußerung zuzugestehen und es ihnen zu ermöglichen, ihre Lebens- und sozialen Nahräume aktiv mitzugestalten. Die Kinder müssen es erleben und wahrnehmen können, dass sie Einfluss haben.

- Die Kompetenz, sich an der gemeinsamen Lebensführung zu beteiligen und daran mitzuwirken, bündelt alle Basiskompetenzen, die eine eigenverantwortliche und gemeinschaftsfähige Persönlichkeit auszeichnen (vgl. § 22 Abs. 1 Satz 1 SGB VIII):
  – Kinderbeteiligung ist die **Basis für den Bestand unserer Demokratie**. In der geschützten Öffentlichkeit der Tageseinrichtung ist sie für Kinder ein ideales Lern- und Übungsfeld für gemeinsames und gemeinschaftliches Handeln, für das Einüben demokratischer Kompetenzen. Eingebettet in Alltagsbezüge ist sie Demokratie-, Sozial- und Selbstständigkeitserziehung zugleich. Sie ist auch **politische Bildung** insofern, als Kinder erfahren, wie öffentliches Leben in einer Demokratie funktioniert. Sie ist zudem ein **Beitrag zur Verbesserung kindlicher Lebensräume**, indem Kinder als »Experten in eigener Sache« agieren.
  – Kinderbeteiligung ist auch **Mitverantwortung**, indem Kindern eigene Verantwortungsbereiche übertragen werden. Selbst **Peer-to-Peer-Ansätze** lassen sich bereits mit 5- bis 6-jährigen Kindern realisieren. Diese Ansätze, insbesondere in Form der Peer-Education, setzen auf die Multiplikatorenwirkung, die von Gleichaltrigen ausgeht, d. h. Kinder lernen von Kindern. Zugleich lernen ältere Kinder Verantwortung für andere, z. B. jüngere Kinder zu übernehmen, für die sie Unterstützer (»Tutoren«) sowie Vorbild in Einstellungen und Verhaltensweisen sind.
  – Kinderbeteiligung bezieht sich ferner auf **Mit- und Selbstbestimmung**. Es geht nicht nur darum, die gemeinsamen Bereiche, Vorhaben und Ak-

tivitäten der Kindergruppen für die Beteiligung zu öffnen, sondern auch darum, dem einzelnen Kind Möglichkeiten zur Gestaltung der eigenen Aktivitäten einzuräumen, soweit sich dies mit seinem eigenen und dem Wohl der anderen Kinder sowie der Fachkräfte vereinbaren lässt.

- Das Gebot, Kinder zu beteiligen, prägt die Haltung der Erwachsenen im Umgang mit Kindern:
  - **Kinderbeteiligung erfordert respektvollen Umgang mit Kindern**, d. h., Kinder sind als eigenständige Persönlichkeiten anzuerkennen und es sind ihre Äußerungen wahrzunehmen, ernst zu nehmen und zu beachten. Sie verlangt von den Erwachsenen vorrangig, nicht mehr (mit hergebrachter Selbstverständlichkeit) stellvertretend »für« Kinder, sondern gemeinsam »mit« Kindern zu planen und zu handeln, soweit dies möglich ist. Erwachsene müssen sich öffnen für Mitsprache und Mitwirkung seitens der Kinder und danach streben, im gemeinsamen Aushandlungs- und Abstimmungsprozess einen Konsens zu finden. Kinder erweisen sich als kompetente Partner, die immer wieder mit ihren Fähigkeiten überraschen. Sie sind auch kompetent, Verantwortung für sich und andere zu übernehmen, wobei ihr Entwicklungsstand angemessen zu berücksichtigen ist. Was Kinder tatsächlich können, zeigen sie jedoch nur, wenn Erwachsene sie dazu herausfordern, ihnen Zutrauen entgegenbringen, ihnen die abstrakten Planungs- und Entscheidungsschritte sinnlich begreifbar darlegen und sie dabei unterstützen, eine konstruktive Gesprächs- und Streitkultur zu entwickeln. Für den Beteiligungsprozess und dessen Transparenz tragen somit die Erwachsenen die Verantwortung.
  - **Kinderbeteiligung ist ein Balanceakt**, d. h. ein Austarieren, in welchem Ausmaß den Kindern Mit- und Selbstbestimmung sowie Verantwortung zugestanden und zugemutet werden kann und soll, ohne sie dabei weder zu über- noch zu unterfordern. Des Weiteren ist zu klären, inwieweit die Kinder noch der Begleitung, Unterstützung und Grenzziehung seitens der Erwachsenen bedürfen, ohne dass sie dabei bevormundet oder gar manipuliert werden. Kinderbeteiligung erfordert es, die Rechte der Kinder zu achten, und verbietet autoritäre Dominanz der Erwachsenen.
  - **Kinderbeteiligung verlangt Verbindlichkeit.** Entscheidungen, die Erwachsene gemeinsam mit Kindern treffen, müssen – zumindest zur Zeit der Entscheidungsfindung – reale Umsetzungschancen innerhalb eines für Kinder überschaubaren Zeitraums haben. Das Beteiligungsinteresse der Kinder schwindet in dem Maße, indem Kinderbeteiligungsprozesse folgenlos bleiben und ihnen die Gründe des Scheiterns nicht offen gelegt werden.

- **Beteiligung ist von klein auf möglich.** Das Kindesalter spielt für die Beteiligungsform eine Rolle, nicht hingegen für die Beteiligung als solche. Erfahrungen zeigen, dass Kinder (bei angemessener Unterstützung) fähig sind, ihren Lebensalltag bewusst und gezielt mitzugestalten. Sie können sehr genau sagen, was sie beschäftigt, äußern auf Nachfrage spontan ihre Beschwerden und Wünsche, sind in ihren Äußerungen konkret und handlungsorientiert. So haben sie z. B. recht konkrete Vorstellungen davon, was ihnen an ihrer Tageseinrichtung gefällt und was sie stört. Je jünger die Kinder sind, desto wichtiger ist die Beachtung der Signale, die sie aussenden.

Kindertageseinrichtungen stehen in der Pflicht, der **Kinderbeteiligung als »gelebter Alltagsdemokratie«** einen hohen Stellenwert und festen Platz einzuräumen. Sie ermöglicht, das gemeinsame Leben und Handeln in der Tageseinrichtung nach demokratischen Grundprinzipien und Regeln zu gestalten und damit Demokratie und Einflussnahme für die Kinder erfahrbar und begreifbar zu machen:

- Entscheidend ist, eine **beteiligungsfreundliche Atmosphäre** zu schaffen:
  – Eine **Partizipationskultur** mit den Kindern kann sich nur dann entwickeln, wenn in der Tageseinrichtung alle am Erziehungsgeschehen beteiligten Erwachsenen (Fachkräfte, Träger, Eltern) einander offen begegnen und partnerschaftlich zusammenarbeiten und damit Vorbild für die Kinder sind. Zugleich sind Eltern in die Prozesse der Kinderbeteiligung aktiv mit einzubeziehen. Kinderbeteiligung und Elternbeteiligung gehören zusammen.
  – Das gesamte Team muss Kinderbeteiligung als pädagogisches Handlungsprinzip kennen und begreifen lernen und bereit sein, die Meinungen der Kinder ernst zu nehmen und in seine Entscheidungsprozesse auch einfließen zu lassen. Auf dieser Basis kann sich eine Partizipationskultur im Umgang mit den Kindern entwickeln, die durch positive Erfahrungen der Einflussnahme die Mitwirkungsbereitschaft der Kinder stärkt und anspornt. Mit der Zeit können Entlastungseffekte für das Team eintreten – durch die wachsende Selbstständigkeit der Kinder, die Identifikation mit gemeinsam gefassten Beschlüssen, den Aufbau einer konstruktiven Gesprächs- und Streitkultur.

- In der Einrichtungskonzeption ist das **Beteiligungskonzept** (Beteiligungsformen, Entscheidungsinhalte, Art und Umfang der Mitwirkungsbefugnisse der Kinder und der Eltern) verankert, das in der jeweiligen Tageseinrichtung praktiziert wird. Die **Beteiligungspraxis** bedarf der kontinuierlichen

Reflexion und Weiterentwicklung, um den schwierigen Balanceakt nicht aus den Augen zu verlieren und neue Erkenntnisse zu berücksichtigen.

- **Kinderbeteiligung ist ein zentrales Element der Sprachförderung** in Tageseinrichtungen (→ II–3.2.2). Kinderbeteiligung gründet auf dem Dialog mit anderen, den Kinder benötigen, um zu sich selbst und zu anderen konstruktive Beziehungen aufzubauen, um sich in Aushandlungs- und Entscheidungsprozesse aktiv einzubringen. Damit dieser Dialog zustande kommt und nicht abreißt, bedürfen Kinder der Begleitung durch die Erwachsenen. Es gilt, mit den Kindern ins Gespräch zu kommen über Dinge, die den Kindern wichtig sind. Dadurch entsteht für alle Kinder ein enormer Anreiz zum Sprechen. Nicht nur in den sprachbezogenen, sondern auch in den handlungsorientierten Beteiligungsformen, die dem kreativen Potential, der Neugier und dem Bewegungsbedürfnis der Kinder mehr Raum geben, spielt die Sprache eine wichtige Rolle.

- Die Beteiligung der Kinder kann sich beziehen auf die Strukturen der Tageseinrichtung, die persönlichen Beziehungen, aber auch auf die Einmischung in das Gemeinwesen (z. B. Spielplatzgestaltung). Die ausgewählten Themen müssen die Kinder etwas angehen. Soweit sie abstraktere Themen betreffen, die für Kinder zwar bedeutsam, von denen sie aber nicht unmittelbar betroffen sind (z. B. viele Themen aus der Umweltbildung und -erziehung), müssen Anknüpfungspunkte bei den Erfahrungen der Kinder gefunden werden.

- Bei der Auswahl der **Inhalte und Methoden der Kinderbeteiligung** ist auf die unterschiedlichen Wünsche und Bedürfnisse, aber auch auf unterschiedliche Beteiligungsfähigkeiten Rücksicht zu nehmen, die jüngere und ältere Kinder, Jungen und Mädchen, Kinder unterschiedlicher ethnischer Herkunft sowie Kinder mit und ohne Behinderung mitbringen.

(2) Bildungs- und Erziehungsziele im Einzelnen

Gelebte Alltagsdemokratie bietet Kindern **weitreichende Entwicklungsmöglichkeiten** und ein **ideales Lern- und Übungsfeld** für die unter II–1 genannten *Basiskompetenzen:*

- Kinder lernen **Verantwortung** für sich und andere zu übernehmen, für andere ein Vorbild zu sein.

- Sie erhalten die Gelegenheit, ihre eigenen Sichtweisen (Gefühle, Bedürfnisse, Wünsche, Kritik, Meinungen) zu erkennen, zu äußern, zu begründen und zu vertreten; dies stärkt zugleich ihre Sprachkompetenz (➙ II–3.2.2).

- Sie lernen zugleich, ihre eigenen Interessen zu entdecken und zu formulieren und diese mit anderen Interessen in Einklang zu bringen. Kinder, die ihre Interessen erkennen und vertiefen, werden neugieriger. Sie lernen, ihren eigenen Fragen selbständig nachzugehen und sich dabei als selbstbewusste Forscher in die Welt zu begeben, sie lernen zu philosophieren.

- Sie erhalten zugleich die Gelegenheit, die Sichtweisen anderer wahrzunehmen, diese mit gleichem Respekt wie die eigenen zu behandeln, sich mit diesen auseinander zu setzen sowie bei ihrem Handeln auch auf die Bedürfnisse der anderen Rücksicht zu nehmen.

- Sie sammeln Erfahrungen und erleben Entlastung, anstehende Aufgaben und Entscheidungen gemeinsam zu lösen bzw. zu treffen. Dabei lernen sie Gesprächsregeln kennen und anzuwenden einschließlich der notwendigen Gesprächsdisziplin (Stillsitzen, Zuhörenkönnen, Ausredenlassen). Sie können Teamfähigkeit und Teamgeist entwickeln.

- Sie lernen bei inhaltlichen Meinungsverschiedenheiten und unterschiedlichen Interessenlagen aufeinander zuzugehen und Kompromisse einzugehen und damit eine gemeinsame Lösung auszuhandeln, die auf einen Interessenausgleich abzielt. Sie lernen zwischenmenschliche Konflikte über eine faire Auseinandersetzung auszutragen und einer Lösung zuzuführen. Auf diese Weise eignen sie sich Fähigkeiten und Techniken an, die für eine **konstruktive Gesprächs- und Streitkultur** und ein gutes Konfliktmanagement erforderlich sind. Sie lernen, sich damit abzufinden und es auszuhalten, wenn die eigenen Meinungen und Interessen nicht zum Zuge kommen (Frustrationstoleranz), und sich der Mehrheitsentscheidung zu fügen.

- Sie erfahren, dass man auf seine Umgebung einwirken, etwas erreichen und selbst etwas bewirken kann und dies dann hinterher auch verantworten muss. Nach und nach entwickeln sie die Fähigkeit, bewusst Entscheidungen zu treffen. Erfolgreiche Einflussnahme stärkt das Selbstwertgefühl, macht Mut und gibt Kraft für die nächste Herausforderung.

- Mit der Zeit entwickeln sie eine Haltung, sich zuständig zu fühlen für die eigenen Belange und die der Gemeinschaft. Sie erlangen Sicherheit im Umgang mit demokratischen Aushandlungsprozessen.

- Kinderbeteiligung ist ein wichtiges Lernfeld für die **Vorbereitung der Kinder auf die Schule** (➤ II–3.1.7) und auf das spätere praktische Leben.

(3) Anregungen und Beispiele zur pädagogischen Umsetzung

Verhalten der Fachkräfte in Prozessen der Kinderbeteiligung

Kinderbeteiligung ist überwiegend auf Dialog ausgerichtet:

- Kinder bis zu 6 Jahren benötigen bei der Ausübung ihrer Beteiligungsrechte noch sehr viel Begleitung und Unterstützung. Das Erkennen von Beteiligungsangeboten erfordert eine **gezielte Ansprache**. Damit diese Angebote von den Kindern aufgegriffen werden, sind eine **gezielte Animation und Moderation** vonnöten.

- Damit es gelingt, das Interesse der Kinder zu wecken und aufrechtzuerhalten, darf es **keine attraktiven Konkurrenzangebote** geben, müssen die Beteiligungsangebote selbst reizvoll ausgestaltet sein. Die Kinder müssen das Gefühl haben, dass sie die gestellten Aufgaben erfüllen können, was für sie zu einem spannenden Erlebnis werden kann.

- Bereits mit kleineren Kindern ist es möglich, **Gesprächs- und Streitkultur** in den Kindergruppen einzuüben, indem die ErzieherInnen die Diskussionsprozesse zwischen den Kindern unterstützen. Kinder fühlen sich in Beteiligungssituationen wohl, wenn sie merken und erfahren, dass die Fachkräfte sie ernst nehmen und ihre Meinungen anerkennen. Die Fachkräfte geben damit den Kindern zugleich ein gutes Beispiel für einen respektvollen Umgang mit anderen Menschen.

- Die einzelnen Aufgaben der Fachkraft sind in nachstehender Tabelle aufgeführt.

Bezugspunkte	Rolle und Aufgaben
Einzelnes Kind	• Die Bedürfnisse des Kindes wahrnehmen und verstehen • Dem Kind ermöglichen, seine Bedürfnisse und Interessen zu äußern • Das Kind bei der Äußerung seiner Bedürfnisse unterstützen • Bedürfnisse des Kindes, das sich noch nicht zureichend äußern kann, kompetent übersetzen • Dem Kind schrittweise Verantwortung für sich und für andere übertragen
Interaktion unter Kindern	**Kontaktherstellung** • Kindern helfen, den Kontakt zu anderen Kindern herzustellen, soweit nötig • Sozialer Ausgrenzung einzelner Kinder durch andere Kinder entgegenwirken **Konfliktmanagement** • Kinder in Konfliktsituationen gezielt beobachten • Kinder unterstützen, ihre Konflikte verbal und fair auszutragen • Kindern bewusst machen, was der Grund ihres Konflikts ist • Zusammen mit Kindern Grenzen ziehen, Sanktionen entwickeln
Kindergruppe	**Moderation und Unterstützung von Diskussionsprozessen zwischen Kindern** • Atmosphäre von Interesse und Sicherheit herstellen, in der Ängste, Schüchternheit und Unsicherheitsgefühle der Kinder Raum und Zeit haben dürfen • Gesprächsregeln mit den Kindern erarbeiten (Möglichkeiten und Grenzen) • Dialogfähigkeit der Kinder unterstützen und fördern (Kommunikation, Kooperation) • Eine produktive und faire Gesprächs- und Streitkultur aufbauen und auf deren Einhaltung achten (Erzieher/innen agieren als Beteiligte und als Beobachter der Gruppe) • Motivation der Kinder an Beteiligung fördern und aufrechterhalten • Meinungen und Vorschläge der Kinder aufgreifen, diese aufeinander beziehen und nutzen • Schüchterne Kinder direkt ansprechen und darin bestärken, ihre Meinung zu äußern (Sie sollen erfahren, dass nicht nur dominante Kinder eine Chance haben. Die Gruppe wird sensibilisiert, auch die leiseren Stimmen wahrzunehmen). • Spannungen in angemessenem Rahmen aushalten können und bei Bedarf als Konfliktschlichter eingreifen • Kindern vermitteln, gefundene Entscheidungen zu akzeptieren und sich diesen in angemessenem Rahmen unterzuordnen

Rolle und Aufgaben der Fachkräfte in Beteiligungsprozessen

Kindgerechte Beteiligungsformen in Tageseinrichtungen

Für Kinder bis zur Einschulung eignen sich vielfältige Beteiligungsformen mit der Maßgabe, dass sie konzeptionell auf die Bedürfnisse dieser Altersgruppe zugeschnitten sind. Selbst **repräsentative Beteiligungsmodelle** (*Kindersprecher, Kinderparlamente*) sind mit jungen Kindern möglich. Erfahrungen mit Kinderparlamenten zeigen, dass sich vor allem die Kinder im Alter von 5 und 6 Jahren aktiv einbringen. Wenn sich die großen Kinder beratschlagen, sind die kleineren Kinder gerne mit dabei. Sie hören zu und erwerben auf diese Weise passiv Beteiligungskompetenz, die sie später wie selbstverständlich anwenden.

Die folgenden Formen schließen sich nicht gegenseitig aus, sondern können einander ergänzen.

Sprachbezogene Formen der Kinderbeteiligung

Beteiligung der Kinder im Alltag

Anknüpfungspunkt sind **Gesprächssituationen** zwischen Erwachsenen und Kindern im Alltag, die auf einen ernst gemeinten Dialog ausgerichtet sind. In diesem Rahmen können mit den Kindern die im Alltag anliegenden Themen und individuellen Probleme besprochen, Erfahrungen ausgetauscht, soziale Konflikte bearbeitet oder gemeinsame Aktivitäten geplant und entschieden werden. Die Kinder können sich hier einbringen und auf sie betreffende Entscheidungsprozesse Einfluss nehmen. Als Gesprächssituationen kommen in Betracht der Dialog mit einzelnen Kindern, die Anbahnung und Moderation des Dialogs unter Kindern (z. B. Kontaktförderung, Streitschlichtung) sowie Gespräche mit der Kindergruppe, dem Fachpersonal und auch den Eltern. Kinder können an den meisten Entscheidungen, die den Einrichtungsalltag betreffen (z. B. Projekte, Ausflüge, Feste, Speiseplanung, Regelwerke), beteiligt werden.

Beispiel: *Stuhlkreis am Morgen*
Bei dieser in Tageseinrichtungen gängigen Beteiligungsform sitzen die Kinder einer Gruppe mit ihren ErzieherInnen zusammen. Sie erhalten die Gelegenheit, von ihren Erlebnissen zu erzählen, ihre Gefühle zu schildern und ihre Wünsche zu äußern sowie neue Dinge von den anderen zu erfahren. Auf Initiative der Erzieherin werden überschaubare Zeitabschnitte reflektiert, zukünftige Aktivitäten geplant, Gruppenregeln entwickelt und Stimmungsla-

gen in der Gruppe aufgegriffen. Sprache, Artikulation, freie Rede mit Mimik und Gestik werden eingeübt.

Beispiel: *Vorformen der Streitschlichtung und Konfliktbewältigung*
Dies können z. B. sein
- Gespräche über die Gefühle mit den sich streitenden Kindern oder
- Rollenspiele, die Streit über Mimik und Gestik simulieren und mögliche Lösungen aufzeigen (z. B. »So tun als ob«-Spiele).

Kinderversammlungen

Versammlungsformen stehen allen Kindern offen. Dort werden Dinge besprochen und ausgehandelt, die alle Kinder der Tageseinrichtung betreffen, aber auch die Erwachsenen.

Beispiel: *Kinderkonferenz der Tageseinrichtung*
Hier versammeln sich alle Kinder der Tageseinrichtung. Wesentliche Inhalte, die auf dieser Ebene erörtert werden können, sind:
- Regeln für das gemeinsame Leben, Spielen und Lernen im Haus, im Freigelände und auf Exkursionen
- Vorschläge zur Lösung von Konflikten, Gruppentraining für soziale Kompetenzen
- Grundsatzentscheidungen über Aktivitäten (z. B. Projekte, Ausflüge, Feste), Raumgestaltung und Sachausstattung (z. B. Spielzeugkauf, wobei Firmenvertreter z. B. ihre Produkte auch den Kindern vor einer Entscheidungsfindung vorstellen)
- Einstellung pädagogischer Fachkräfte.

Kinderbefragungen

Befragungen / Interviews der Kinder über ein Thema (z. B. Ausflug, Projekt).

Handlungsorientierte Formen der Kinderbeteiligung

Punktuelle Beteiligungsformen

Beispiel: *Zeichen- und Malprojekte*
Kinder erhalten die Gelegenheiten, ihr Innenleben (Gefühle, Einstellungen), ihre Meinungen und Ansichten oder ihre Ideen zu einem bestimmten Thema gestalterisch zum Ausdruck zu bringen. Themen können auch anspruchsvol-

lere Bereiche behandeln wie z. B. Umweltverschmutzung, Straßenverkehr oder »Unsere Stadt soll kinderfreundlicher werden«. Die entstandenen Bilder, Zeichnungen, Collagen usw. werden danach in der Tageseinrichtung ausgestellt, aber auch in öffentlichen Gebäuden (z. B. Schulen, Fachkongressen).

Beispiel: *Wunsch- und Mecker-Kasten*
Kinder können ihre Wünsche und Anregungen, Beschwerden und Beanstandungen oder auch Fragen in Bildern, Zeichnungen oder Symbolen zum Ausdruck bringen und diese »Botschaften« an die ErzieherInnen sodann in einen (auf kindgerechter Höhe angebrachten) Kasten werfen.

Beteiligungsprojekte zur Gestaltung kindlicher Lebensräume

Beispiel: *Bauliche und räumliche Gestaltungsvorhaben in der Tageseinrichtung*
In Tageseinrichtungen bietet sich immer wieder die Gelegenheit, Innenräume und Außenanlagen (z. B. Garten, Spielplatz) neu- bzw. umzugestalten. Solche Vorhaben sind geradezu ideal, Kinder, auch jüngere Kinder, bei der Neu- und Umgestaltung ihres Lebensraums aktiv zu beteiligen und sie zu dessen Mitgestaltern werden zu lassen. Kinder können in allen Projektphasen kontinuierlich oder punktuell eingebunden sein. In diesen Projekten kann Kindern auch jenseits von Sprache über kreativ-gestalterische Elemente eine aktive Beteiligung an der Gestaltung ihres Lebensraums eröffnet und ermöglicht werden:
- *Planungsphase* (z. B. Ideensammlung über Malwettbewerb, Modellbau, Kinderumfragen)
- *Entscheidungsphase* (z. B. Erörtern der Pläne in der Kinderkonferenz, Punkte vergeben)
- *Realisierungsphase* (z. B. Wände bunt bemalen, Möbel umstellen, Garten neu bepflanzen)

Diese Projekte eignen sich zudem, die Eltern aktiv einzubeziehen und zu beteiligen, wobei darauf zu achten ist, dass die Kindermeinungen noch ausreichend Berücksichtigung finden. Weitere, vertiefende Beispiele hierzu enthält dieser Plan bei
- **II–3.1.4** Geschlechtsbewusste Erziehung (Beteiligung der Mädchen und Jungen an der Raumgestaltung)
- **II–3.2.5** Umweltbildung und -erziehung (Projekt zur Gartenneugestaltung)
- **II–3.2.7** Ästhetische Erziehung (»Eine Wand verfärbt sich!«)

Übertragung von Verantwortungsbereichen

Beispiel: *Dienstleistungen für die Kindergruppe*
In Tageseinrichtungen fallen tagtäglich viele Dienste an: vom Tischdecken, Blumengießen, Telefondienst bis hin zur Aufsicht im Garderobenbereich und der Verantwortung, bei kurzer Abwesenheit der Erzieherin im Gruppenraum für Ruhe und Ordnung zu sorgen. Soweit Kinder eingebunden werden, kleinere Dienste dieser Art zu übernehmen, die sie nicht überfordern, lernen sie, wie wichtig es für die Kindergemeinschaft ist, die übertragene Aufgabe kontinuierlich, verlässlich, verantwortungsvoll und pflichtbewusst zu erfüllen. Sie erfahren bewusst die Bedeutung und den Gewinn einer klaren Aufgabenorganisation und Arbeitsteilung.

Beispiel: *Patenschaft für neue Kinder – Ein Peer-to-Peer-Ansatz*
Für neue Kinder ist es anfangs oft schwer, sich in die neue Umgebung einzufinden. Das bezieht sich auf die räumliche Orientierung (Wo ist mein Gruppenraum, wo die Toilette?), die Eingliederung in das Freispiel der Kinder und die Beachtung bestehender Regeln. Um den Einstieg zu erleichtern, haben sich Patenschaften bewährt, die Kinder übernehmen, die schon längere Zeit die Tageseinrichtung besuchen:

- **Gewinnung von Paten:** Indem die Kinder in der Gruppe darüber reden, wie es ihnen in diesen Anfangsphase selbst ergangen ist, werden sie für die Situation der neuen Kinder sensibilisiert. Auf Frage der ErzieherInnen melden sich jene Kinder, die bereit sind, eine Patenschaft für ein neues Kind zu übernehmen.
- **Übernahme der Patenschaft:** Durch diese Aufgabe lernt das ältere Kind, Mitverantwortung für ein anderes Kind zu übernehmen; es wird in seiner Selbstständigkeit gefördert und erfährt positive Wertschätzung auch in der Gruppe. Das neue Kind wird auf der Gleichaltrigen-Ebene in die neue Umgebung eingeführt; es hat sofort einen Ansprechpartner und vertrauten Begleiter.

Beispiel: *Überwachen der Regel-Einhaltung durch Kinder in Angebotszonen*
Angebotszonen in Tageseinrichtungen (Funktionsecken, -räume) sind je nach Themenschwerpunkt mit spezifischen Materialien und Gegenständen ausgestattet. Kinder, die sich in diesen Zonen bestimmten Aufgabe widmen, müssen meist spezifische Regeln einhalten, die in der Gruppe vorab besprochen wurden und in den Zonen zumeist bildlich dargestellt sind (z. B. Sicherheits- und Verhaltensregeln beim Umgang mit Materialien). In wechselnder Folge können mehrere Kinder bestimmt werden, die als »Aufsicht« das Einhalten dieser Regeln überwachen. Dieser Aufgabenbereich fordert von den Kindern

ein hohes Maß an Sachkunde, Sozialkompetenz, Durchsetzungsvermögen und Disziplin.

(4) Weitere Hilfen zur Vertiefung

Bruner, C.F., Winklhofer, U. & Zinser C. (2001). Partizipation ein Kinderspiel? Beteiligungsmodell in Kindertagesstätten, Schulen, Kommunen und Verbänden. Bundesministerium für Familie, Senioren, Frauen und Jugend & Deutsches Jugendinstitut (Hrsg.). Bezug: BMFSFJ und DJI.
Büttner, C. & Meyer, B. (Hrsg.). (2000). Lernprogramm Demokratie. Möglichkeiten und Grenzen politischer Erziehung von Kindern und Jugendlichen. Weinheim: Beltz.
Colberg-Schrader, H., Krug, M. & Pelzer, S. (1991). Soziales Lernen im Kindergarten – Ein Praxisbuch des Deutschen Jugendinstituts (DJI). München: DJI.
Götz, D. & Lipp-Peetz, C. (1998). Wer ist denn hier der Bestimmer: das Demokratiebuch für die Kita. Reihe: Praxisreihe Situationsansatz. Ravensburg: Ravensburger.
Kazemi-Veisari, E. (1998). Partizipation – hier entscheiden Kinder mit. Reihe: Konzeptbuch Kita. Freiburg: Herder.
Klein, L. (2000). Mit Kindern Regeln finden. Freiburg: Herder.
Knauer, R. & Brandt, P. (1998): Kinder können mitentscheiden – Beteiligung von Kindern und Jugendlichen in Kindergarten, Schule und Jugendarbeit. Neuwied: Luchterhand.
Meyer, B. & Büttner, C. (2000). Lernprogramm Demokratie. Weinheim: Juventa.
Ministerium für Justiz, Frauen, Jugend und Familie des Landes Schleswig-Holstein (Hrsg.). (2003). Die Kinderstube der Demokratie. *Videofilm*: M. Müller & T. Plöger. *Begleitheft*: H. Rüdiger. Bezug über Hrsg. (Ansprechperson: K. Meeder Tel. / Fax: 0431 / 988–7479 / –7488, Klaus.Meeder @frmi.landsh.de).
TPS Nr. 2 (2001). Kinder beteiligen. Seelze-Velber: Kallmeyer.

II–3.1.3 Interkulturelle Erziehung

(1) Zielformulierung, Leitgedanken

- **Interkulturelle Erziehung hat eine individuelle und eine gesellschaftliche Dimension.** Im Zuge von wachsender internationaler Mobilität und zunehmend mehrsprachigen und multikulturellen Gesellschaften ist interkulturelle Kompetenz in zweifacher Hinsicht ein wichtiges Bildungsziel:
  – Sie eröffnet individuelle Lebens- und Berufschancen.
  – Sie ist eine grundlegende Kompetenz für das konstruktive und friedliche Miteinander von Individuen, Gruppen und Regionen mit unterschiedlichen kulturellen und sprachlichen Traditionen.

- **Die Entwicklung interkultureller Kompetenz betrifft Kinder und Erwachsene.** Interkulturelle Kompetenz ist ein Bildungsziel und eine Entwick-

lungsaufgabe, die Kinder und Erwachsene (Eltern, pädagogische Fachkräfte), Inländer und Migranten oder ethnische Minderheiten gleichermaßen betrifft. Es handelt sich um einen komplexen Entwicklungsprozess, der auf verschiedenen Ebenen angesiedelt ist: Einstellungen, Wissen, Emotionen und Handlungen. Für Fachkräfte in Kindertageseinrichtungen wichtig sind folgende Zielsetzungen:
– Fachkräfte reflektieren und thematisieren fortlaufend ihre eigenen Einstellungen, Konzepte und Handlungen im Bereich der interkulturellen Erziehung (z. B. im kollegialen Gespräch, Teamsitzungen, Fortbildungen). Wichtig ist ein kritisches Bewusstsein für »gewohnheitsmäßige« und gängige Verallgemeinerungen über bestimmte Sprach- und Kulturgruppen – mit den entsprechenden negativen oder positiven Zuschreibungen – und die Fähigkeit, sich neuen Erfahrungen zu »öffnen«. Wesentlich ist immer die Frage: wie ist die individuelle Situation und Biographie dieses Kindes, dieser Familie?
– Mehrsprachigkeit und Multikulturalität wird als etwas Selbstverständliches und als Chance gesehen – und nicht als Ausnahme, Belastung und Risiko. Dann können auch Kinder diese Lebensformen als Chance begreifen und entsprechende interkulturelle und mehrsprachige Kompetenzen entwickeln.
– Fachkräfte entwickeln ein »erweitertes« Konzept von kultureller Identität – ein Konzept, das Widersprüche zulässt und sich nicht auf »Kulturkonflikte« fixiert. Dies bedeutet u. a., dass eine Fachkraft akzeptiert, dass es in der Begegnung mit anderen Kulturen auch Lebensformen und Normen geben kann, die sie selbst nicht »verstehen« kann. Es bedeutet auch, dass Fachkräfte Kinder, die in unterschiedlich geprägten kulturellen Umwelten leben, bei der Entwicklung entsprechender Kompetenzen unterstützen: mit Widersprüchen leben lernen, mit verschiedenen Erwartungen und Normen konstruktiv und souverän umzugehen.

- **Interkulturelle Erziehung in Kindertageseinrichtungen** ist weder ein besonderes »Thema« noch ein neuer »Förderschwerpunkt«, sondern ein **durchgängiges Prinzip** mit praktischen Konsequenzen für den pädagogischen Alltag:
  – Interkulturelle Erziehung hat mittlerweile den Status einer sozial erwünschten Zielvorstellung. Umso wichtiger ist es, genauer zu fragen, wie bestimmte Zielvorstellungen in der Praxis von Kindertageseinrichtungen im Alltag konkret umgesetzt werden.
  – Die pädagogische Fachkraft hat für Kinder eine Vorbildfunktion – Kinder sehen z. B., wie die Fachkraft mit den Eltern oder mit anderen Sprachen umgeht.

- Die Entwicklung von Sprache und kultureller Identität gehören zusammen. Für viele Kinder aus Familien mit Migrationshintergrund ist Mehrsprachigkeit zudem eine Lebensform und eine Notwendigkeit und nicht – wie z. B. beim Fremdsprachenerwerb – eine bewusste Entscheidung der Eltern oder der Bildungseinrichtung.
- Eine mehrsprachige Orientierung in Bildungseinrichtungen ist ein Kernaspekt von interkultureller Erziehung. Diese bedeutet immer auch Wertschätzung und Förderung von Mehrsprachigkeit im pädagogischen Alltag. Zweisprachige Fachkräfte können für Kinder ein Vorbild sein für gelebte Bikulturalität und Zweisprachigkeit.

(2) Bildungs- und Erziehungsziele im Einzelnen

Die **Entwicklung von interkultureller Kompetenz** ist ein fortlaufender Lernprozess, der im Einzelnen folgende Bildungs- und Erziehungsziele umfasst:

Förderung kultureller Aufgeschlossenheit und Neugierde

Distanz, Abgrenzungstendenzen und soziale Hierarchie-Bildung sollen abgebaut und Kontakte zwischen den Kultur- und Sprachgruppen gefördert werden. Präsenz und Wertschätzung verschiedener Sprachen und Kulturen innerhalb der Einrichtung sowie im näheren und weiteren Umkreis werden den Kindern als Selbstverständlichkeiten vermittelt und zugleich als Chance für vielfältige Erfahrungen.

Kindern vermitteln, dass Zwei- und Mehrsprachigkeit eine gängige Lebensform und eine Chance ist

Kindern wird vermittelt, dass zweisprachiges und mehrsprachiges Aufwachsen etwas ganz »Normales« ist, zumal mehr als die Hälfte der Weltbevölkerung zwei- und mehrsprachig aufwächst. Pädagogische Fachkräfte benötigen ein Konzept von Sprachförderung, das sich nicht nur auf Sprachdefizite von Migrantenkindern fixiert, sondern
- Mehrsprachigkeit als Lebensform akzeptiert,
- die spezifischen Kompetenzen von mehrsprachig aufwachsenden Kindern fördert und
- die Kompetenzen als Chance für die ganze Kindergruppe nutzt.

Sprachlich-kulturelles Selbstbewusstsein und Flexibilität stärken

Kinder sollen bei der Entwicklung von mehrsprachigen und multikulturellen Kompetenzen gefördert werden. Dazu gehört u. a.
- die Fähigkeit, sich in verschiedenen Sprachen und sprachlichen Ausdrucksweisen zu bewegen,
- das Bewusstsein, dass Sprachen und sprachliche Ausdrucksweisen situativ und kulturell geprägt sind und
- die Fähigkeit zum situativ angemessenen Wechsel von Sprache und Ausdruckweise.

Fremdsprachliche Neugierde und Offenheit fördern

Neugierde und Offenheit gegenüber fremden Sprachen sind wesentliche Merkmale von interkultureller Kompetenz. Sprache ist eine konkrete interkulturelle Erfahrung. Hier können Kinder (und Erwachsene) »Fremdartiges« hören und entsprechend abweisend oder neugierig darauf reagieren. Sie haben die Chance, eine unbeschwerte und »ausprobierende« Haltung zu anderen Sprachen einzuüben, eine Einstellung, die auch das Fremdsprachenlernen erleichtert.

Den flexiblen Umgang mit unterschiedlichen kulturellen Erwartungen unterstützen

Kinder werden unterstützt, das Leben in und mit verschiedenen, z. T. auch widersprüchlichen kulturellen Normen und Lebensgewohnheiten nicht prinzipiell als Belastung zu sehen, sondern einen flexiblen und souveränen Umgang mit verschiedenen Erwartungen zu lernen.

»Fremdheitskompetenz« vermitteln

Zur »Fremdheitskompetenz« gehört:
- Kinder lernen, die eigene Sichtweise als eine Perspektive unter vielen verschiedenen Perspektiven zu sehen.
- Kinder entwickeln ein Bewusstsein für unterschiedliche Lebensformen, für das selbstverständliche Zusammenleben verschiedener Kulturen.
- Kinder lernen, dass es in anderen Kulturen möglicherweise auch Traditionen und Lebensformen gibt, die sie nicht gänzlich verstehen können.

Erkennen und aktive Bekämpfung von Diskriminierung

Ein geschärftes Bewusstsein für Diskriminierung und dessen aktive Bekämpfung beziehen sich sowohl auf explizite Äußerungen von Rassismus oder Fremdenfeindlichkeit als auch auf subtilere Formen der Kränkung, des »Übersehens« oder der herabsetzenden Verallgemeinerung im Umgang mit sozialen Randgruppen, sprachlichen und ethnischen Minderheiten.

(3) Anregungen und Beispiele zur pädagogischen Umsetzung

Interkulturelle Erziehung ist ein durchgängiges Prinzip sowohl im pädagogischen Alltag als auch innerhalb der verschiedenen Förderschwerpunkte. Sie gehört z. B. in die musikalische, ästhetische sowie ethische und religiöse Bildung und Erziehung. Dort sind auch weitere Anregungen und Beispiele zur Umsetzung der interkulturellen Erziehung enthalten (→ z. B. II–3.2.8 Beispiel 4: Musikalische Bildung und Erziehung auf interkultureller Ebene).

Sie kommt in besonderem Maße auch zum Tragen in der sprachlichen Bildung und Förderung (→ II–3.2.2). Inwieweit interkulturelle Erziehung im Alltag tatsächlich gelebt wird, lässt sich sehr konkret an der Sprache festmachen. Die Erziehung zu einer mehrsprachigen Orientierung sowie zur Neugierde und Offenheit gegenüber anderen Sprachen ist eines der Hauptziele der interkulturellen Bildung und Erziehung.

- Eine **Leitfrage im Rahmen dieser mehrsprachigen Orientierung** lautet: Wie ist die Wertschätzung und Präsenz der Familiensprachen der Kinder im pädagogischen Alltag? Nicht nur für Migrantenkinder ist diese Wertschätzung im pädagogischen Alltag wichtig – auch für deutsche Kinder ist sie wesentlicher Bestandteil einer interkulturell orientierten sprachlichen Bildung.

- Einen **Leitfaden zur Umsetzung dieser Zielvorgabe** enthält II–3.2.2 Dort wird auch erläutert, wie sich der »frühe Fremdsprachen-Erwerb« als interkulturelle Begegnung gestalten lässt.

Da die interkulturelle Erziehung sich in den verschiedenen Förderschwerpunkten in jeweils fachspezifischer Ausprägung niederschlägt, werden im Folgenden nur beispielhaft einige zusätzlichen Aspekte von interkultureller Erziehung erläutert.

Beispiel 1: *Übersicht und Dokumentation: »Wer ist in meiner Kindergruppe«*

Nach § 22 Abs. 2 Satz 2 SGB VIII soll sich das Leistungsangebot in Tageseinrichtungen pädagogisch und organisatorisch an den Bedürfnissen der Kinder und ihrer Familien orientieren. Wichtig und notwendig für die Fachkräfte ist eine **Übersicht der in der Gruppe vertretenen Sprachen und Kulturen**. Eine Statistik, die Kinder nur nach ihrer aktuellen Staatsangehörigkeit führt, ist hierfür nicht ausreichend. Ebenso wichtig ist die **Kenntnis der individuellen Migrations-Biographien von Familien** – auch bei deutschen Kindern aus bilingualen Ehen oder bei Aussiedlerkindern. Ein differenziertes, familiengerechtes interkulturelles Angebot setzt eine übersichtliche Dokumentation der Familiensituation des Kindes voraus. Leitfragen eines solchen »Kinder-Bogens« sind:

- Seit wann sind die Eltern in Deutschland?
- Seit wann ist das Kind in Deutschland?
- Aus welcher Herkunftskultur stammt die Familie?
- Wie ist die Religionszugehörigkeit?
- Wie ist der politische Status (EU-Bürger, Asylbewerber, usw.)?
- Wie ist die Wanderungsgeschichte (z. B. Flucht vor Krieg)?
- Welche Sprache (oder Sprachen) spricht die Mutter / der Vater mit dem Kind? Welche Sprache(n) sprechen die Geschwister untereinander? Was ist die »Familiensprache«?
- Wie sind die sozialen Kontakte der Familie (innerhalb der eigenen ethnischen Gruppe, mit anderen Ethnien, mit deutschen Familien und Kindern)?

Diese Art von systematischer und schriftlich erfasster kind- und gruppenbezogener Übersicht ist bisher nicht selbstverständlich. Sie ist aber ein wichtiger Schritt, sich einen Überblick über alle Kinder in der Gruppe zu verschaffen und ein differenziertes Angebot vorzubereiten.

Beispiel 2: *Vorurteilsbewusste Pädagogik*

- Viele Fachkräfte nehmen an, dass gerade jüngere Kinder eher auf konkrete Situationen und Erfahrungen reagieren und eigentlich noch nicht zu Vorurteilen oder Verallgemeinerungen neigen. Diese Annahme ist nur mit Einschränkungen richtig. Im Vergleich zu älteren Kindern oder Erwachsenen reagieren jüngere Kinder tatsächlich unmittelbar auf die konkrete Situation, bilden aber gleichzeitig verallgemeinernde Konzepte von anderen Kulturen und Rassen. Sie hören und sehen in ihrem Umfeld abwertende und diskriminierende Bilder, Äußerungen und Handlungsmuster, die sie beeinflussen können – auch wenn Eltern und ErzieherInnen sich bemühen, keine diskriminierenden Einstellungen zu vermitteln. Umso wichtiger ist es für Fachkräfte, eine vorurteilsbewusste Pädagogik zu entwickeln.

- Dabei ist es wichtig, an den Alltagserfahrungen der Kinder anzusetzen und touristische oder folkloristische Formen der »Kultur-Vermittlung« zu vermeiden. Wichtige Schritte einer vorurteilsbewussten Pädagogik sind:
  - bei jedem Kind die Entwicklung seiner Ich-Identität und seiner Bezugsgruppen-Identität unterstützen;
  - Thematisieren von Unterschieden und Gemeinsamkeiten. Ein Beispiel hierfür sind sog. »*Familienecken*«:
  Jedes Kind bringt Fotos von seiner Familie mit, diese werden vergrößert und in Sichthöhe der Kinder an den Wänden angebracht. Wer zur Familie gehört, bestimmt das Kind. Und man sieht: Es gibt Familien mit heller und mit dunkler Haut, bei manchen sind Großeltern dabei, bei manchen hat ein Kind zwei Väter, bei manchen Familien gehören zwei Hunde und eine Katze dazu usw.
  - den ungezwungenen und einfühlsamen Umgang mit Menschen fördern, die unterschiedlichste Erfahrungshintergründe und Lebensformen haben;
  - das kritische Nachdenken über Vorurteile fördern;
  - bei Kindern die Fähigkeit fördern, angesichts von Diskriminierung für sich selbst und für andere einzutreten;
  - die Einsicht vermitteln, dass nicht alle deutschen Kinder gleich oder alle türkischen Kinder gleich sind, sondern dass es überall individuelle Unterschiede gibt, dass die Unterschiede innerhalb von Gruppen oft viel größer sind als die Unterschiede zwischen Gruppen.

- Es empfiehlt sich, in diesem Bereich viel mit Impulsen zu arbeiten und Belehrungen zu vermeiden. Mit Kindern – und auch mit Erwachsenen – direkt über ihre Vorurteile oder über die Geringschätzung anderer Kulturen zu sprechen ist oft schwierig, manchmal peinlich. Sinnvoller ist in der Regel die indirekte Methode, z. B. die Arbeit mit Geschichten und Bildern, ob als Foto, Film, Theater, Hörspiel oder Text.

Beispiel 3: *Zusammenarbeit mit Eltern*

- Die **Wertschätzung der Sprachen und kulturellen Gewohnheiten** von Familien aus anderen Sprach- und Kulturkreisen gehört zu den wichtigsten Dimensionen von interkultureller Erziehung. Konkrete Vorschläge dazu:
  ➞ II–3.2.2.

- Wesentlich ist die **Würdigung der Familiensprachen** als Bestandteil der Identität des Kindes und als Grundlage für den Spracherwerb des Kindes. In keinem Fall darf (verunsicherten) Eltern der Rat gegeben werden, dass sie mit ihrem Kind Deutsch sprechen sollen. Sie sollen die Sprache sprechen, die sie am besten sprechen, in der sie sich am wohlsten fühlen. Die aktive Einbeziehung der Eltern (und anderer Familienangehörigen) in den pädagogischen Alltag der Tageseinrichtung ist ein wesentliches Ziel. Um es zu erreichen, bieten sich u. a. folgende Möglichkeiten an:
  - Die Einrichtung ist 14 Tage lang offen für Familienangehörige (z. B. Eltern, Großeltern); sie dürfen kommen und dabei sein, wann immer sie können.
  - Eine Sammlung von Geschichten aus verschiedenen Ländern – zusammen mit den Eltern – wird erstellt und in der Tageseinrichtung allen präsentiert.
  - Es wird eine mehrsprachige Theatergruppe mit den pädagogischen Fachkräften, Kindern und ihrer Familienangehörigen gegründet.

(4) Weitere Hilfen zur Vertiefung

Interkulturelle Erziehung allgemein

Cohen, P. (1994). Verbotene Spiele. Theorie und Praxis antirassistischer Erziehung. Hamburg: Argument.
Hunfeld, H. (1997): Zur Normalität des Fremden: Voraussetzungen eines Lehrplans für interkulturelles Lernen. *In BMW AG (Hrsg.). LIFE. Ideen und Materialien für interkulturelles Lernen* (S. 1–10 Abschnitt 1.1.1). BMW AG: München.
Jakubeit, G. & Schattenhofer K. (1996). Fremdheitskompetenz. *Neue Praxis, (5),* 389–408.
KiTa Spezial Nr. 3 (2001). Perspektivenwandel anerkennen – Interkulturelle Erziehung in Kindertageseinrichtungen.
Oberhuemer, P., Ulich, M. & Soltendieck, M. (1999). Kulturenvielfalt in Kindertageseinrichtungen. Empfehlungen an Träger und Trägerorganisationen. *KiTa aktuell (BY), 11(4),* 89–91.
Ulich, M. (1994). Woher kommen die Bilder im Kopf? *Kindergarten heute, 24(1),* 3–9.
Ulich, M. & Mayr, T. (1999). Beobachtung und Professionalität. *In H. Colberg-Schrader., D. Engelhard, D. Höltershinken, K. Neumann. & T. Sprey-Wessing (Hrsg.), Kinder in Tageseinrichtungen. Ein Handbuch für Erzieherinnen* (S. 375–381). Seelze-Velber: Kallmeyer
Wagner, P. (2001). Kleine Kinder – keine Vorurteile? Vorurteilsbewusste Pädagogik in Kindertageseinrichtungen. *KiTa spezial, (3),* 13–17.

Interkulturelle Erziehung und Sprachförderung (➔ auch **II-3.2.2**)

Gogolin, I. & Neumann, U. (1998). Spracherwerb und Sprachentwicklung in einer zweisprachigen Lebenssituation bei monolingualer Grundorientierung der Gesellschaft. In Arbeitskreis Neue Erziehung (Hrsg.). *Erziehung – Sprache – Migration. Gutachten für den Arbeitskreis Neue Erziehung (S. 93–143)*. Berlin: Arbeitskreis Neue Erziehung.
List, Gudula (2001). Das Gehirn hat Platz für viele Sprachen. In *DJI-Projekt Kulturenvielfalt (Hrsg.): Duden. Treffpunkt deutsche Sprache (S. 11–17)*. München: Deutsches Jugendinstitut.
Röbe, E. (1999). Fremdsprache als Bildungsaufgabe. *Die Grundschulzeitschrift, 121(4)*, 4.
Ulich, M. (2000a). Mehrsprachigkeit in Kindertageseinrichtungen – Leitfragen für die Praxis. In H. Colberg-Schrader & P. Oberhuemer (Hrsg.). *Qualifizieren für Europa. Praxiskulturen, Ausbildungskonzepte, Initiativen (S. 106–116). Jahrbuch 5 des Pestalozzi-Fröbel-Verbandes*. Baltmannsweiler: Schneider.
Ulich, M. (2000b). Fremdsprache im Kindergarten? Plädoyer für eine bewusstere Sprachkultur. *Welt des Kindes, (5) und Unsere Kinder, (5)*.
Ulich, M. (1999). Sprachförderung in mehrsprachigen Kindergruppen – Fachkräfte zwischen Anspruch und Wirklichkeit. *Kita aktuell (BY), 11(4), 83–87 und BW, 8(7/8), 157–161.*
Ulich, M. & Oberhuemer, P. (2003). Interkulturelle Kompetenz und mehrsprachige Bildung. In W.E. Fthenakis (Hrsg.). *Elementarpädagogik nach PISA (S. 152–168)*. Freiburg: Herder.
Ulich, M., Oberhuemer, P. & Reidelhuber, A. (Hrsg.) (1995). *Der Fuchs geht um... auch anderswo. Ein multikulturelles Spiel- und Arbeitsbuch*. Weinheim: Beltz (5. überarb. Aufl).
Ulich, M. & Oberhuemer, P. (Hrsg.) unter Mitarbeit von Reidelhuber, A. (1994). *Es war einmal, es war keinmal... Ein multikulturelles Lese- und Arbeitsbuch*. Weinheim: Beltz (3. Aufl.).
Ulich, M., Oberhuemer, P. & Soltendieck, M. (2001). *Die Welt trifft sich im Kindergarten. Interkulturelle Arbeit und Sprachförderung*. Weinheim: Beltz.
Ulich, M, Oberhuemer, P. & Soltendieck, M. (2000). Interkulturelle Arbeit und Sprachförderung in Kindertageseinrichtungen. Bayerisches Staatsministerium für Arbeit und Sozialordnung, Familie, Frauen und Gesundheit (Hrsg.). München: StMAS.

II-3.1.4 Geschlechtsbewusste Erziehung

(1) Zielformulierung, Leitgedanken

Bei der Ausgestaltung der Leistungen und der Erfüllung der Aufgaben sind die unterschiedlichen Lebenslagen von Mädchen und Jungen zu berücksichtigen, Benachteiligungen abzubauen und die Gleichberechtigung von Mädchen und Jungen zu fördern (§ 9 Nr. 3 SGB VIII):

• Eine **geschlechtsbewusste Perspektive**, die auch »geschlechtergerecht« genannt wird, lässt sich als **pädagogische Grundhaltung** charakterisieren. Sie betrifft als **Querschnittsaufgabe** alle Förderbereiche. Sie beruht auf folgenden Prinzipien:

- Mädchen und Jungen sind gleichwertig.
- Jungen und Mädchen sind gleichberechtigt.
- Die Unterschiede zwischen den Geschlechtern werden mit Wertschätzung behandelt. Sie erfordern bildungs- und erziehungszielorientiert geschlechterdifferenzierende Ansätze.
- Im Vergleich der Geschlechter sind die Gemeinsamkeiten bei Intelligenz, Begabungen, Fähigkeiten und anderen Persönlichkeitsmerkmalen größer als die Unterschiede.
- Das soziale Geschlecht ist kein stabiles Persönlichkeitsmerkmal. Es ist das Ergebnis sozialer Interaktionen und somit flexibel und veränderbar.
- Beide Geschlechter werden durch Stereotypisierungen und pädagogische Praktiken, die ihnen nicht gerecht werden, benachteiligt. Es besteht die Gefahr, dass Entwicklungspotentiale eingeschränkt werden.

- Für ErzieherInnen stellt sich die Aufgabe, Kinder bei der Entwicklung ihrer individuellen **Geschlechtsidentität als Mädchen oder Junge** durch die Schaffung eines ein möglichst breiten Erfahrungsspektrums zu unterstützen:
  - Kindertageseinrichtungen sind koedukative Einrichtungen. Zugleich ist geschlechtsbewusste Pädagogik kein fertiges Konzept mit Standardmethoden.
  - Die pädagogische Arbeit soll daher genutzt werden, situationsbezogen geschlechtstypisches Verhalten zu hinterfragen und alternative Verhaltensmuster in gleich- und gemischtgeschlechtlichen Gruppen spielerisch zu erproben. Zu beachten ist, dass Verhaltensunterschiede zwischen Jungen und Mädchen in Gruppensituationen, die von Erwachsenen pädagogisch angeleitet und begleitet werden, weniger auffällig sind als in von den Kindern selbst gewählten Spielsituationen.

Voraussetzungen für die Entwicklung einer geschlechtsbewussten Grundhaltung und für ihre pädagogische Umsetzung sind:

- **Fachwissen** über entwicklungspsychologische Konzepte zur Geschlechtsidentität, das Konzept der sozialkognitiven Geschlechterentwicklung, das Geschlecht als soziale Kategorie. Hinzu kommen die Erkenntnisse der Biologie und der Hirnforschung, die insbesondere für Lernprozesse bedeutsam sein können.

- **Selbstreflexion und kollegiale Fachgespräche:** Eine Auseinandersetzung mit der Geschlechtsthematik bei den Kindern bedeutet immer auch eine Auseinandersetzung mit sich selbst:
  - **Auseinandersetzung mit dem eigenen Berufsbild,** den damit verbundenen Stereotypen, seinem Wandel von der (Ersatz-)Mütterlichkeit zur pädagogischen Fachkraft in einer Bildungseinrichtung sowie mit den Konsequenzen, die aus der Tatsache entstehen, dass die frühe Kindheit für Mädchen und Jungen vor allem von Frauen begleitet wird;
  - **Hinterfragen geschlechtsbezogener Normen und Werte, Traditionen und Ideologien** (z. B. *»Mädchen interessieren sich weniger für Technik als Jungen«* oder *»Richtige Jungen müssen raufen«*), wobei Rückblicke auf Frauen- und Männerrollen in unserer Gesellschaft zeigen, dass Geschlechterverhältnisse veränderbar sind: In Abhängigkeit von sozialen, wirtschaftlichen und kulturellen Veränderungen werden sie immer wieder neu konstruiert.
  - **Reflexion der Bedeutung des erwachsenen Vorbildes in der Kindertageseinrichtung:** In der Diskussion um geschlechtergerechte Pädagogik wird immer wieder die Wichtigkeit von männlichen Pädagogen für Jungen und Mädchen betont. Die Forderung nach mehr Männern in den Kindertageseinrichtungen muss realistischerweise als Fernziel gesehen werden.

- **Elternarbeit,** die langfristig angelegt ist und die Situation von Müttern und Vätern berücksichtigt. Mütter und Väter von Töchtern bzw. Söhnen, allein erziehende Eltern sowie Eltern aus anderen Kulturkreisen haben ein unterschiedliches Verständnis der Geschlechterverhältnisse und dementsprechend andere Erziehungsvorstellungen.

(2) Erziehungsziele im Einzelnen

Eine der zentralen **Entwicklungsaufgaben** von Kindern ist es, die eigene **Geschlechtsidentität** zu entwickeln. Sie sind dabei aktive Gestalter ihrer Entwicklung:

- Wenn Kinder in die Tageseinrichtung kommen, befindet sich (außer bei sehr jungen Kindern) in ihrem Gedächtnis bereits das Ordnungssystem »Mädchen / Junge« (**Geschlechtsschema**), in dem erste Informationen gespeichert sind. Im Alter von drei bis fünf Jahren wird Kindern allmählich klar, dass sie ihr Geschlecht nicht verändern können. Am Ende der

Kindergartenzeit haben Jungen und Mädchen verstanden, dass sie immer Junge oder Mädchen bleiben werden (**Geschlechterkonstanz**).

- Kinder orientieren sich bei dieser Entwicklungsaufgabe nicht nur an ihren eigenen Bedürfnissen und Fähigkeiten, sondern auch an den Anforderungen ihrer Umwelt sowie an Vorbildern bzw. Modellen, die ihnen Eltern, Geschwister, ErzieherInnen und Lehrkräfte, aber auch Darstellungen der Geschlechter in den Medien bieten. Da junge Kinder sich ihrer Identität als Mädchen bzw. Junge noch nicht völlig sicher sind, orientieren sie sich an besonders stereotyp erscheinenden Merkmalen (Kleidung, Spielzeug, Verhaltensweisen). Gleichzeitig demonstrieren sie so auch ihre soziale Kompetenz: Sie wissen, wie sich »richtige Mädchen« und »richtige Jungen« verhalten und grenzen sich so gegen Babys und Kleinkinder ab, die diese Unterscheidung noch nicht treffen.

In den Jahren bis zum Abschluss der Entwicklung ihrer Geschlechtsidentität verbringen Kinder einen erheblichen Teil ihrer Wachzeit in der **Kindertageseinrichtung**, die somit zu einer wichtigen **Quelle für die Verarbeitung der Informationen** wird, was alles zu den Kategorien Mädchen / Junge bzw. Mann / Frau gehören kann:

- Im Hinblick auf ihre eigenen Wünsche, wie sie sein möchten, erhalten die Kinder hier die **Möglichkeit des Vergleichs** mit ihren bisherigen Erfahrungen sowie Gelegenheit zur Anpassung und Abgrenzung. Dabei lernen sie auch die Deckungsgleichheit bzw. Widersprüchlichkeit des Selbstbildes und des Spiegelbildes, vermittelt über das Verhalten der ErzieherInnen und der anderen Kinder, kennen.

- Mädchen und Jungen sollen in entsprechenden Erfahrungsräumen die **vielfältigen Möglichen des Frauseins und Mannseins** kennen lernen. So sollen Mädchen Gelegenheiten erhalten, z. B. nicht nur die »mütterliche« und »schwache«, sondern auch die »selbstbewusste« und »starke« Seite des Frauenbildes zu erfahren und einzuüben, und Jungen sollen Gelegenheiten erhalten, z. B. nicht nur die »starke«, »raumgreifende« und »dominante«, sondern auch die »emotionale«, »weiche « und »schwache« Seite des Männerbildes zu erfahren und einzuüben. Zu den vielfältigen Erfahrungen gehört aber auch das Experimentieren mit geschlechtstypischen Möglichkeiten.

- Jungen und Mädchen brauchen nicht nur erweiterte Erfahrungen mit Bildern ihres eigenen, sondern auch Erfahrungen mit dem jeweils anderen

Geschlecht: Jungen brauchen starke Frauen(-bilder), Mädchen emotionale Männer(-bilder).

(3) Anregungen und Beispiele zur pädagogischen Umsetzung

Leitziele einer geschlechtsbewussten Pädagogik sind:

- Der Blick für die Lebenswelten von Mädchen und Jungen ist geschärft und wird situativ eingesetzt. Berücksichtigung finden hierbei auch die unterschiedlichen Familienformen, die verschiedenen kulturellen Hintergründe und sozialen Unterschiede, unter denen Mädchen und Jungen heute aufwachsen.

- Für Mädchen und Jungen werden gleicher Zugang zu und gleiche Teilhabe an allen Lerninhalten und Lernräumen sichergestellt. Sie erfahren eine zeitlich und qualitativ gleichwertige Zuwendung und Aufmerksamkeit der ErzieherInnen; sie werden sowohl als Mitglieder ihrer Geschlechtergruppe als auch als Individuen gesehen.

- Gruppenprozesse werden in unterschiedlichen Situationen beobachtet und geschlechtsbewusst analysiert. Sie werden pädagogisch so gestaltet, dass Mädchen und Jungen einerseits Gelegenheit haben, Sicherheit in ihrer gleichgeschlechtlichen Gruppe zu erleben und Neues zu erproben und andererseits in gemischten Spiel- und Lerngruppen wechselseitigen Respekt durch geschlechtergerechte Kommunikations- und Interaktionsmuster untereinander und mit Erwachsenen zu erlangen. Situationsabhängig werden sowohl koedukative als auch geschlechtertrennende pädagogische Ansätze gewählt. Die Teilnahmewünsche von Jungen bzw. Mädchen an »typischen« Mädchen- bzw. Jungenaktivitäten werden unterstützt. Es wird sichergestellt, dass Überschreitungen von Geschlechternormen und -stereotypien zu keiner Diskriminierung oder Ausgrenzung führen.

- Die Handlungs- und Bewältigungsstrategien der Jungen und Mädchen, die sie für die Entwicklung ihrer Geschlechtsidentität einsetzen, werden erkannt und in der pädagogischen Arbeit berücksichtigt. Das Handlungsspektrum und die sich daraus entwickelnden Selbstbilder werden möglichst wenig eingeengt. Sie werden frühzeitig angeleitet, mögliche Einschränkungen der Handlungsfreiheiten und Entwicklungsmöglichkeiten durch die Einteilung in »weiblich« bzw. »männlich« zu erkennen. Auf den Abbau von Statusunterschieden zwischen Jungen und Mädchen wird geachtet.

- Trotz des Mangels an männlichen Erziehern gibt es verschiedene Möglichkeiten, Männer in den Alltag einer Kindertageseinrichtung einzubeziehen, z. B. durch
  – eine Elternarbeit, die sich bewusst an Väter wendet (→ II–4.2),
  – die gezielte Suche nach männlichen Praktikanten.

Wenn Männer in einer Kindertageseinrichtung arbeiten oder vorübergehend anwesend sind, geraten sie schnell in eine besondere Position: Oft arbeiten sie bevorzugt mit den älteren Kindern, vielleicht sogar mit den älteren Jungen, initiieren überwiegend sportliche Aktivitäten und Spiele mit Wettbewerbscharakter, reparieren zerbrochenes Spielzeug oder bringen die Technik auf den neuesten Stand. Damit besteht die Gefahr, dass gerade die Anwesenheit von Männern den Kindern besonders geschlechtsstereotype Verhaltensweisen aufzeigt, nicht nur weil Männer sich »typisch männlich« verhalten, sondern auch weil Frauen (nicht nur ErzieherInnen) dazu neigen, in Gegenwart von Männern ihr Verhalten zu verändern – in Richtung »typisch weiblich«.

Beispiel 1: *Beteiligung von Mädchen und Jungen an der Raumgestaltung*

Ein Raum in der Tageseinrichtung, der allen Kindern zur Verfügung steht, soll neu gestaltet werden. Eine Befragung der Mädchen und Jungen über ihre Wünsche und Vorstellungen zur Raumgestaltung ergibt:

- Die **Mädchen** wünschen sich eine Kuschelecke mit vielen Kissen, Bilderbüchern und Platz für die Puppen und Stofftiere.

- Die **Jungen** wünschen sich eine Sprossenwand, ein Trampolin und Matratzen mit viel Platz zum Toben.

Trotz gleichberechtigter Beteiligung der Mädchen und Jungen zeigt dieses Ergebnis deutlich geschlechtsstereotyp eingeschränkte Handlungsstrategien der Kinder. Die Umsetzung ihrer Wünsche (»So sind sie halt: Jungen bleiben Jungen und Mädchen bleiben Mädchen!«) würde zu einer Verstärkung geschlechtsstereotypen Verhaltens führen. Sinnvoller ist es, das Befragungsergebnis dahingehend zu reflektieren, ob wegen der bisherigen Erfahrungen mit Raumnutzungen sowie der Trennung in Jungen- und Mädchengruppen in Freispiel-Situatio-nen die Kinder andere Bedürfnisse und Möglichkeiten noch gar nicht erkennen konnten. Erst wenn auch Mädchen z. B. ausreichend Gelegenheit hatten, die Befriedigung ihres Bewegungsbedürfnisses als lustvoll zu erleben (z. B. Projekte zum »bewegten Kindergarten«) und Jungen mit Entspannung als wichtiger Ergänzung zur Bewegung befriedigende Erfahrungen gemacht haben (z. B. Projekte zur Erfahrung von Ruhe und Stille), wird sich in den Vorschlägen der Kinder eine Raumnutzung abbilden, die sich vorrangig an ihren Bedürfnissen und weniger an geschlechtsspezifischen Mustern orientiert; sie wird dann wahrscheinlich auch kreative, handwerkliche, musische oder naturwissenschaftlich-experimentelle Aktivitäten berücksichtigen.

Beispiel 2: *Praxisübung als Einstieg in ein Teamgespräch*

Eingangsfragen bei dieser Übung sind:

- Stellen Sie sich der Reihe nach jeden Jungen in Ihrer Gruppe vor.
- Schreiben Sie zu jedem Jungen drei Dinge auf, die Ihnen einfallen (Eigenschaften; Auffälligkeiten; Typisches; was Sie mögen – was Sie nicht mögen)
- Zusatzfrage: Welcher Junge fiel Ihnen nicht oder nur schwer ein?

Die Eigenschaften werden auf einem **Plakat** gesammelt und durchdacht:

- Zeigt sich, dass sich die Wahrnehmung von Jungen zunächst auf wildes, aggressives Verhalten richtet oder auf die Jungen, die »zu wenig« typisch Junge sind?

- Warum ist das so? Weil ErzieherInnen mit diesen Seiten Probleme haben? Oder weil sie die anderen Seiten der Jungen weniger wahrnehmen? Was zeichnet die Jungen aus, die nicht sofort ins Gedächtnis kamen?

- Im Austausch darüber können sehr unterschiedliche Erfahrungen mit, Bewertungen von und Reaktionen auf Jungen deutlich werden.

Beispiel 3: *Gemeinsame Aktion mit Jungen und Mädchen – Tauziehen im Kindergarten*

Jungen und Mädchen erleben, dass sie mal körperlich unterlegen, mal körperlich überlegen sind. Statusunterschiede verwischen sich und am Ende ziehen Jungen und Mädchen an einem Strang:

- Eine gleiche Anzahl von Jungen und Mädchen (z. B. aus der Gruppe der Vorschulkinder) bilden eine **Jungen-Mannschaft** und eine **Mädchen-Mannschaft**. Alle anderen Kinder werden als Publikum zum Wetten und Anfeuern eingeladen.

- Zuerst werden die Jungen und Mädchen der beiden Mannschaften befragt (**Selbsteinschätzung**): Wer von euch fühlt sich stark? Sind Mädchen und Jungen gleich stark? Sind Jungen stärker als Mädchen?

- Die **Technik** des Seilziehens und die beste Körperhaltung werden demonstriert.

- Das **Publikum** wird gefragt: Wer wird gewinnen, die Jungen oder die Mädchen? (Die ErzieherInnen sagen ihre Meinung nicht laut). Dann geht es unter lebhafter Anteilnahme des Publikums los: Mädchen feuern die Mädchen, Jungen feuern die Jungen an.

- Den **Mädchen** mangelt es wahrscheinlich zunächst an Technik und Koordination untereinander, weil ihnen Erfahrungen in sportlichen Gruppenaktivitäten fehlen. Sehr schnell aber werden sie sich sicherer fühlen, entdecken den Spaß an der Körperkraft und am Gewinnen.

- Die **Jungen** machen schon nach wenigen Partien die Erfahrung, dass sie nicht automatisch gewinnen. Bei den Jungen sind in dieser Situation unterschiedliche Reaktionen möglich: Sie bleiben selbstbewusst, z. B. wenn das Tauziehen in immer neuen Konstellationen ausprobiert wird und schließlich jeder und jede oft genug gewonnen und verloren hat. Es kann aber auch sein, dass sie gekränkt und frustriert reagieren, weil sie nur schwer verkraften können, dass Mädchen stärker waren.

Fachkräfte in Kindertageseinrichtungen, die das Kräftemessen der Geschlechter wagen, sollten sich darauf vorbereiten.

(4) Weitere Hilfen zur Vertiefung

v. Dieken, C. & Rohrmann, T. (2003a). Richtig streiten lernen. Konfliktlösungsverhalten von Mädchen und Jungen in Kindertageseinrichtungen. Freiburg: Lambertus.
v. Dieken, C. & Rohrmann, T. (2003b). Raum und Räume für Mädchen und Jungen. Angebote und Raumnutzung und geschlechtspezifischen Aspekten. *Kindergarten heute*, (1) 26–33.
Faulstich-Wieland, H.(2001). Sozialisation von Jungen und Mädchen. *Kita spezial, Typisch Mädchen – Typisch Jungen?!*, (2), 5–9.

Focks, P. (2002). Starke Mädchen, starke Jungs – Leitfaden für eine geschlechtsbewusste Pädagogik. Freiburg: Herder.
Gilbert, S. (2001). Typisch Mädchen! Typisch Junge! Praxisbuch für eine geschlechtsgerechte Erziehung. Düsseldorf: Walter.
Hanifl, L. (1998). Mein Frauenbild – mein Männerbild. Selbstreflexion zur geschlechtsspezifischen Erziehung. *Unsere Kinder, (4),* 87–93.
KiTa spezial Nr. 2 (2001). Typisch Mädchen – Typisch Jungen?! Geschlechterbewusste Erziehung in Kindertageseinrichtungen.
Maccoby, E.M. (2000). Psychologie der Geschlechter. Stuttgart: Klett-Cotta.
Niesel, R. (2001): Geschlechterbewusste Erziehung im Kindergarten – warum eigentlich? *Kita spezial, Typisch Mädchen – Typisch Jungen?!, (2),* 13–17.
Nissen, U. (1998). Kindheit, Geschlecht und Raumaneignung. Zusammenhänge geschlechtsspezifischer Raumaneignung. München.
Oerter, R. (1998). Kindheit. Die Identifikation mit dem eigenen Geschlecht. *In R. Oerter. & L. Montada, Entwicklungspsychologie (S. 268–277). Weinheim: Beltz (4. Aufl.)*
Rohrmann, T. & Thoma, P. (1998). Jungen in Kindertagesstätten. Ein Handbuch zur geschlechterbezogenen Pädagogik. Freiburg: Lambertus.
Walter, M. (2000). Qualität für Kinder. Lebenswelten von Mädchen und Jungen in Kindertagesstätten. Pädagogisches Rahmenkonzept der geschlechterdifferenzierenden Pädagogik zur Weiterentwicklung der Kindergarten-, Hort und Tagesheimpädagogik. München: Schul- und Kultusreferat.

II–3.1.5 Kinder mit Entwicklungsrisiken und (drohender) Behinderung

(1) Zielformulierung, Leitgedanken

Begriffsdefinitionen

Ein Teil der Kinder in Tageseinrichtungen sind in ihrer Entwicklung auffällig, gefährdet oder beeinträchtigt. Unter Bezug auf die Gesetzeslage sind zwei Gruppen zu unterscheiden:

- »**Behinderte und von Behinderung bedrohte Kinder**«: Dies sind Kinder, die
  - in ihren körperlichen Funktionen, ihrer geistigen Fähigkeit oder ihrer seelischen Gesundheit längerfristig beeinträchtigt sind,
  - deutlich vom Entwicklungsstand, der für das Lebensalter typisch ist, abweichen und
  - an der Teilhabe am Leben in der Gesellschaft beeinträchtigt sind (vgl. § 2 Satz 1 SGB IX).

- **»Risikokinder«**: Hierunter fallen Kinder, die aus unterschiedlichen Gründen mit einem deutlich erhöhten Entwicklungsrisiko aufwachsen. Die Kinder werden in Kindertageseinrichtungen oft aufgrund von Verhaltensbesonderheiten und / oder Lern- und Leistungsproblemen auffällig und sind z. T. von besonderen Belastungen im sozialen bzw. familiären Umfeld (z. B. Armut, psychische Erkrankung eines Elternteils) betroffen; aufgrund ihres Entwicklungsrisikos sind sie in ihrer Teilhabe am Leben in der Gemeinschaft gefährdet.

Gesetzliche Hilfeleistungen

- Behinderte und von Behinderung bedrohte Kinder haben einen **Anspruch auf Eingliederungshilfe**, für deren Gewährung bei Kindern bis zu 6 Jahre in Bayern die **Sozialhilfe** zuständig ist (§ 10 Abs. 2 Satz 2 SGB VIII, Art. 53 BayKJHG, §§ 39, 40 BSHG).

- »Risikokinder« haben **keinen vergleichbar eindeutigen Hilfeanspruch**. Ungeachtet dessen haben auch sie spezifische Bedürfnisse, denen Kindertageseinrichtungen zu entsprechen haben.

Vom aussondernden zum integrativen Hilfeangebot

- Das Hilfeangebot für Kinder mit besonderen Bedürfnissen war lange Zeit mit deren Aussonderung verknüpft. Vorherrschend war die Ansicht, solche »Problemkinder« seien in Sondereinrichtungen besser aufgehoben. Es entstand ein ausdifferenziertes **System von Sondereinrichtungen** – zunächst für behinderte Kinder, später zunehmend auch für Risikokinder.

- In den letzten Jahren hat in der Sichtweise, wie diesen Kindern am besten geholfen werden kann, in der Fachwelt und im öffentlichen Bewusstsein ein tief greifender Wandel stattgefunden. Ausgehend von internationalen Entwicklungen setzte sich in Deutschland die **Idee der integrativen Erziehung** durch. Wesentliche Gründe für diese Neuausrichtung waren und sind:

    – Aussonderung begünstigt Stigmatisierung und soziale Ausgrenzung.
    – In Sondergruppen kommt es zu Problemballungen.
    – Hilfen für Kinder mit besonderen Bedürfnissen in integrativen Einrichtungen sind wirksam und lassen sich durch die Zusammenarbeit mit Fachdiensten auch sicherstellen.

- Die Kinder mit besonderen Bedürfnissen profitieren vom positiven Vorbild der anderen Kinder.
- Auch »normale« Kinder und ihre Eltern ziehen Gewinn aus der gemeinsamen Erziehung.
- Es ist wichtig, Hilfen dezentral und wohnortnah anzubieten (kurze Fahrwege, Einbeziehung der Eltern).

Gesetzlicher Rahmen

Diese fachlichen Entwicklungen fanden Eingang in mehrere **transnationale Abkommen und Deklarationen:** UN-Konvention über die Rechte des Kindes (1989), UN-Standards zur Gleichberechtigung Behinderter (1993), Erklärung der Weltkonferenz über die Erziehung von Kindern mit besonderen Bedürfnissen in Salamanca (1994) und OECD-Report über inklusive Erziehung Behinderter (1999). In der **deutschen Gesetzgebung** wurden sie im **SGB IX** (Rehabilitation und Teilhabe behinderter Menschen) aufgegriffen, das 2001 in Kraft trat:

- § 1 SGB IX betont das Recht von Menschen mit Behinderung auf gleichberechtigte Teilhabe am gesellschaftlichen Leben und auf Vermeidung von Benachteiligungen.

- Nach §§ 4, 19 SGB IX sind Leistungen für behinderte oder von Behinderung bedrohte Kinder so zu planen und zu gestalten, dass nach Möglichkeit Kinder nicht von ihrem sozialen Umfeld getrennt und gemeinsam mit nicht behinderten Kindern betreut werden.

Leitprinzipien

Leitend für die Neuorientierung bei der Bildung, Erziehung und Betreuung von Kindern, deren Entwicklung beeinträchtigt ist, sind insbesondere folgende Prinzipien:

- **Normalisierungsprinzip**, wonach spezifische Hilfen die betroffenen Kinder nicht mehr als unbedingt notwendig in ihren normalen Lebensvollzügen einschränken dürfen,

- **Prinzip der sozialen Inklusion**, wonach Kindern mit besonderen Bedürfnissen an allen Aktivitäten und Angeboten für Kinder, die sich »normal« entwickeln, voll partizipieren dürfen und sollen,

- **Prinzip des Vorrangs präventiver Maßnahmen,** wonach Hilfen nicht erst dann zur Verfügung gestellt werden sollen, wenn »das Kind in den Brunnen gefallen ist« – es gilt vielmehr darauf hinzuwirken, dass der Eintritt von Behinderungen, chronischen Erkrankungen oder Entwicklungsrisiken vermieden wird (vgl. § 3 SGB IX).

Diese Prinzipien sind maßgeblich für die Planung und Gestaltung des Angebots für Kinder mit besonderen Bedürfnissen in Kindertageseinrichtungen. Sie sind leitend für regionale und überregionale Planungsprozesse sowie für die konkrete Arbeit der Einrichtungen vor Ort.

Ebenen der Hilfe

Bei der Planung und Konzeption von Hilfen ist zu beachten, dass die Problemlagen von Kindern mit besonderen Bedürfnissen sehr unterschiedlich sind. Hilfeangebote in Kindertageseinrichtungen tragen dieser Situation Rechnung durch ein **abgestuftes Konzept von Unterstützung**, das auf drei Ebenen wirksam wird.

Hilfe-Ebenen		Zielsetzung	Zielgruppe
Ebene I	Primärprävention	Verhindern, dass Entwicklungsprobleme entstehen	Alle Kinder und deren Familien
Ebene II	Sekundärprävention	Frühzeitig eingreifen, wenn Entwicklungsrisiken erkennbar sind	»Risikokinder« und deren Familien
Ebene III	Rehabilitation – uneingeschränkte Teilhabe	Bei (drohender) Behinderung integrieren und angemessen unterstützen	Kinder mit (drohender) Behinderung und deren Familien

Abgestuftes Konzept der Unterstützung

Die Zusammenhänge und Wechselwirkungen zwischen diesen Ebenen sind bei der Suche nach angemessenen Lösungen zu berücksichtigen sowohl auf der Ebene der Jugendhilfeplanung als auch auf der Ebene der einzelnen Kindertageseinrichtung. Eine Einrichtung soll auf jeder dieser Ebenen funktionsfähig sein und die hier anstehenden Aufgaben abdecken. Aus dem Normalisierungsprinzip und dem Vorrang präventiven Handelns ergibt sich, dass vorgelagerte, weniger stark eingreifende Formen der Hilfe grundsätzlich Vorrang haben.

Was die **Umsetzung des abgestuften Konzeptes der Unterstützung** in Kindertageseinrichtungen anbetrifft, so wird

- die Ebene I im Rahmen der Resilienzförderung und der Bewältigung von Übergängen (→ II-2.1, II-2.2) sowie der gesundheitlichen Bildung und Erziehung (→ II-3.2.10) abgehandelt und

- die Ebenen II und III in den nachstehenden Ausführungen.

(2) »Sekundärprävention« in Kindertageseinrichtungen

Tageseinrichtungen haben die Aufgabe, »Risikokindern« im Rahmen ihrer Möglichkeiten frühzeitig und effektiv zu helfen – auch um einer weiteren Negativ-Entwicklung vorzubeugen. Dabei sind die folgenden Ansatzpunkte besonders zu beachten:

Früherkennung von Entwicklungsrisiken

Fachkräfte in Kindertageseinrichtungen sollen sich an der **Früherkennung von Entwicklungsrisiken** beteiligen:

- Sie informieren sich über Entwicklungsprobleme und -risiken, kennen die einschlägigen Erfassungsverfahren und sind in der Lage, diese praktisch anzuwenden.

- Es wird ein **systematisches Screening auf Entwicklungsauffälligkeiten** durchgeführt. Das Screening erfolgt abgestuft und umfasst zumindest zwei Stufen (→ nachfolgende Tabelle).

- Die Beobachtungen genügen fachlichen Standards und werden unter Einbeziehung **standardisierter Verfahren** dokumentiert.

- Beobachtungsergebnisse werden in Fallgesprächen in der Einrichtung reflektiert und bewertet. Auf der Basis dieser Reflexion wird entschieden, ob ein Problem im Gespräch mit den Eltern thematisiert wird und ob – wenn die Einwilligung der Eltern vorliegt – ggf. Kontakt zu einem Fachdienst oder Arzt hergestellt wird.

- Ziel von Früherkennungsmaßnahmen durch Fachkräfte in Kindertageseinrichtungen ist nicht, festzustellen oder zu »diagnostizieren«, ob eine

Stufe 1	Fall-Identifikation	Mehrmals pro Jahr wird systematisch reflektiert und dokumentiert, welche Kinder in der Entwicklung möglicherweise gefährdet sind.
Stufe 2	Vertiefte Beobachtung	Bei Verdacht auf Vorliegen einer Entwicklungsgefährdung erfolgt eine vertiefte Beobachtung, die breit angelegt ist und sich auf folgende Aspekte bezieht:
		• Entwicklungsrückstände in den Bereichen: Sprechen und Sprache / kognitive Entwicklung / Wahrnehmung / Motorik • Verhaltensauffälligkeiten • körperliche Gesundheit • familiäres und soziales Umfeld
		Eines der **Instrumente**, das sich für die vertiefte Beobachtung besonders eignet, ist der **BEK**, der **B**eobachtungsbogen zur **E**rfassung von Entwicklungsrückständen und Verhaltensauffälligkeiten bei **K**indergartenkinder.

Systematisches Screening auf Entwicklungsauffälligkeiten

Störung oder eine Erkrankung vorliegt, sondern zu klären und mit den Eltern abzustimmen, ob ein Kind von dafür zuständigen Experten genauer untersucht werden sollte.

- Die Zusammenarbeit mit Fachdiensten und anderen Stellen (z. B. mit dem Jugendamt bei der Aufstellung eines Hilfeplans) zeichnet sich durch eine Fülle **verschiedenartiger Kooperationsformen** aus. Da sich eine pauschale Einwilligung von Eltern sozialdatenschutzrechtlich verbietet (vgl. § 67 Abs. 2 SGB X), ist jede Kooperationsform einwilligungsbedürftig. Um Eltern nicht mit vielen **Einwilligungserklärungen** zu belasten, ist es sinnvoll, alle benötigten Einwilligungen in einem Vordruck zusammenzufassen. Der Vordruck sollte so gestaltet sein, dass er alle Kooperationspartner, alle Kooperationsformen mit diesen sowie den gesamten Ablauf des weiteren Diagnose- und Hilfeprozesses zugleich in den Blick nimmt. Zum Einsatz dieses Vordrucks ist zu bemerken: Wenn bei einem Kind Entwicklungsrisiken in der Tageseinrichtung bekannt werden, wird mit den Eltern anhand des Vordrucks das weitere, auf Kooperation angelegte Vorgehen im Gesamtablauf durchgespielt und abgestimmt. Dabei werden jene kooperativen Vorgehensweisen im Vordruck angekreuzt, mit denen sich Eltern dem Grunde nach einverstanden erklären. Die Eltern werden darauf hingewiesen, dass die Kooperationspartner sodann in der jeweiligen Situation entscheiden, von welchen der von den Eltern legitimierten Kooperationsweisen sie später tatsächlich Gebrauch machen. Durch ein solches Verfahren erlangen die Tageseinrichtung und der Fachdienst Spielraum, wie sie ihre Kooperation gestalten.

Kooperation mit Fachdiensten

Bei vielen Risikokindern besteht ein Bedarf nach Diagnostik, Beratung und Förderung, der von Kindertageseinrichtungen allein weder zeitlich noch fachlich abzudecken ist. Die Fachkräfte sollen deshalb eng mit **therapeutischen Fachdiensten** zusammenarbeiten. In der Kooperation sind vier größere Aufgabenfelder abzudecken:

- **Früherkennung:** Fachkräfte führen bereits im Vorfeld eine gezielte Beobachtung von Risikokindern durch (siehe oben). Sie unterstützen Fachdienste bei vertiefenden diagnostischen Untersuchungen und informieren sich über deren Ergebnisse.

- **Beratung und Anleitung:** Fachkräfte holen sich Beratung und Anleitung bei Fachdiensten (z.B. Einzelberatung – auch anonym, Vorbereitung schwieriger Elterngespräche, Beratungsgespräche gemeinsam mit Eltern und ErzieherInnen, Anleitung für die Durchführung von Fördermaßnahmen, gemeinsame Fallarbeit im Team).

- **Zusätzliche Fördermaßnahmen für Kinder:** Fachkräfte unterstützen Fachdienste im Rahmen ihrer Möglichkeiten bei spezifischen Fördermaßnahmen (z.B. Sprachbereich).

- **Weitervermittlung:** Wenn die Probleme auch durch Kooperation mit Fachdiensten nicht gelöst werden können, vermitteln ErzieherInnen und Fachdienst gemeinsam Kinder und Familien an andere, besser geeignete Hilfsangebote weiter.

Die Zusammenarbeit hat bestimmten **Qualitätskriterien** zu genügen:

- Jede Tageseinrichtung soll einen bestimmten Fachdienst als feste erste Anlaufstelle und Hauptkooperationspartner haben. Bevorzugte Kooperationspartner sind interdisziplinär arbeitende und sozialintegrativ orientierte Fachdienste, die ihre Leistungen vor Ort in der Einrichtung anbieten.

- Die Kooperation zwischen Kindertageseinrichtung und Fachdienst soll nicht nur anlassbezogen, sondern in einer gewissen Regelmäßigkeit erfolgen. In der Kooperation wird eine Kontinuität von Personen und Arbeitskonzepten angestrebt.

- Die Zusammenarbeit erfolgt auf der Basis von Gleichberechtigung und gemeinsamer Verantwortung. Maßgebliche inhaltliche Qualitätskriterien sind eine tragfähige Vertrauensbeziehung, eine gute fachlich-inhaltliche Zusammenarbeit, ein konstruktiver Umgang mit Meinungsunterschieden und eine faire Aufteilung von Aufgaben. Die Zusammenarbeit soll regelmäßig reflektiert und gemeinsam weiterentwickelt werden.

Pädagogische Arbeit mit »Risikokindern«

Die **Situation von Risikokindern** hat oft schon einen kritischen Zustand erreicht. Kindertageseinrichtungen haben der besonderen Situation dieser Kinder Rechnung zu tragen:

- Fachkräfte sollen sich fachlich kundig machen über einzelne Problemfelder. Sie sollen aktuelle Fachkenntnisse über bestimmte Störungsbilder (z. B. Hyperaktivität) im Kontakt mit den Kindern und bei der Gestaltung des pädagogischen Angebots berücksichtigen.

- Weil Risikokinder oft schon ein Störungsbewusstsein entwickelt haben und in ihrem Selbstwertgefühl beeinträchtigt sind, sollen im **Umgang** mit ihnen folgende **Grundsätze** besonders beachtet werden:
  – dem Kind nicht ständig vermitteln, wie es sein sollte, sondern es so annehmen, wie es ist;
  – die Stärken des Kindes zur Kenntnis nehmen, seine liebenswerten Seiten (wieder) sehen (lernen);
  – Misserfolge und Schwächen entdramatisieren, Kränkungen aufgreifen, Misstrauen und Misserfolgserwartungen überwinden;
  – das Kind bei Überforderung unterstützen, ohne ihm alle Schwierigkeiten abzunehmen;
  – aushalten, dass das Kind negative Konsequenzen erfährt, und sich auch davon abgrenzen können;
  – das Kind bei der Bewältigung von Schwierigkeiten ermutigen, d. h. nicht nur Leistung loben, sondern bereits den Versuch wahrnehmen und anerkennen, gleichgültig, wie er letztlich ausgeht;
  – Hilfen nicht aufdrängen, sondern geben, wenn sie gewünscht werden; darauf vertrauen, dass das Kind weiß, wo es unsicher ist, und abwarten, bis es von sich aus Hilfe sucht.

- Es sollen geeignete Maßnahmen ergriffen werden, um soziale Ausgrenzung und Zurückweisung von Risikokindern durch andere Kinder zu verhindern und ihre sozialen Beziehungen zu anderen Kindern zu stärken. Das Einbeziehen anderer Kinder in die therapeutische Arbeit mit Risikokindern ist den Eltern in der Einrichtungskonzeption transparent zu machen.

- Die Beziehung zwischen Fachkräften einerseits und den Kindern und ihren Eltern andererseits soll mit Blick auf eigene Haltungen und Gefühle vertieft reflektiert und bearbeitet werden.

- Es wird verstärkt der Kontakt zu und die Kooperation mit den Eltern gesucht.

- Übergangssituationen (insbesondere zur Schule) sind bei Risikokindern verstärkt zu beachten und zu unterstützen (→ II–3.1.7).

Durchführung »sekundärpräventiver« Programme

Es sollen sekundärpräventive Programme mit Risikokindern durchgeführt werden (z. B. Gewaltprävention, Vorbeugung aggressiv-dissozialer Störungen).

(3) »Rehabilitation und uneingeschränkte Teilhabe« in Kindertageseinrichtungen

Kinder mit (drohender) Behinderung sollen gemeinsam mit Kindern ohne Behinderung in Tageseinrichtungen gebildet, erzogen und betreut werden. Die gemeinsame Erziehung ist eingebettet in einen allgemeinen Prozess der Förderung einer vollen Teilhabe der behinderten Kinder und ihrer Familien am gesellschaftlichen Leben. Über die Zusammenarbeit der Tageseinrichtung mit Fachdiensten wird eine auf ihre individuellen Bedürfnisse abgestellte spezifische Förderung und Unterstützung sichergestellt. Im Einzelnen sind folgende Aspekte zu berücksichtigen:

Förderung einer gemeinsamen »Integrationsphilosophie« beim Personal

Zentral für das Gelingen integrativer Prozesse ist die Grundüberzeugung des Personals, dass Integration notwendig und sinnvoll ist. Wesentlich ist ferner die Wertschätzung einer engen Zusammenarbeit (im Team, mit anderen

Berufsgruppen) und einer Erziehungspartnerschaft mit den Eltern. Träger integrativer Tageseinrichtungen haben solche integrationsfördernden Haltungen bei den Fachkräften gezielt zu fördern, z. B. durch

- Hospitationen von Fachkräften und Eltern in integrativen Einrichtungen,
- gemeinsame Fortbildungen für Fachkräfte und Eltern zu diesem Thema und
- den regelmäßigen Austausch mit KollegInnen und Eltern mit Integrationserfahrung.

Pädagogische Arbeit in integrativen Einrichtungen

Grundlage der pädagogischen Arbeit ist eine Atmosphäre von gegenseitiger Akzeptanz und Zusammengehörigkeit. Unterschiedlichkeit soll nicht als Defizit gesehen werden, sondern als Chance, voneinander zu lernen und sich gegenseitig zu bereichern. Insbesondere die folgenden Punkte sind bei der Gestaltung der pädagogischen Arbeit zu beachten:

- **Zusammensetzung der Gruppe**
  Vor der Aufnahme von Kindern mit Behinderung soll eine sorgfältige Reflexion der Gruppenzusammensetzung erfolgen. Anzustreben ist eine gewisse Vielfalt der Kinder bezogen auf Geschlecht und Alter; es ist aber auch die Persönlichkeit der Kinder und die Eigenart der jeweiligen Behinderung zu berücksichtigen.

- **Gestaltung der Lernprozesse**
  Es soll ein gemeinsames pädagogisches Angebot für Kinder mit und ohne Behinderung geben. Alle Kinder sollen gleichermaßen an pädagogischen Angeboten, Projekten und Aktivitäten teilnehmen. Daraus folgt für die Gestaltung von Lehr-Lern-Prozessen:
  – **Individualisierung:** Der pädagogische Ansatz lässt ausreichend Raum für die Individualisierung von Lernprozessen. Jedes Kind kann sich entsprechend seinen individuellen Voraussetzungen und Neigungen in pädagogische Angebote einbringen und dabei auf seine Art auch Erfolg haben.
  – **Orientierung an Stärken und Fähigkeiten:** Kinder mit Behinderung werden, wie die anderen Kinder, dabei unterstützt, Autonomie, Selbständigkeit, Kompetenz, Zuversicht und Stolz in die eigene Leistung zu entwickeln. Ausgangspunkt sind die Stärken und Fähigkeiten der Kinder.

- »**Naturalistische« Lehrmethoden**: Anknüpfungspunkte für pädagogisches Handeln sind Initiativen von Kindern, gemeinsame Projekte, Alltagssituationen und Routinen der Einrichtung sowie die Lebenssituation der Familien.
- **Prozessorientierung**: Die Betonung bei der Förderung von Lernprozessen liegt auf dem »Hier und Jetzt«. Pädagogisches Ziel ist es, die Engagiertheit von Kindern mit unterschiedlichen Entwicklungsvoraussetzungen bei aktuellen Lernprozessen zu fördern. Besonderes Gewicht haben spielorientierte Formen des Lernens.
- **Geeignete Räumlichkeiten, Materialien und Ausstattung**: Räumlichkeiten und Ausstattung integrativer Einrichtungen geben den Kindern ein Gefühl von Sicherheit, Geborgenheit und Vorhersagbarkeit bzw. Überschaubarkeit. Die Materialien wecken Neugier, Phantasie und Interesse der Kinder, sie regen ihre Entwicklung an. Räume, Ausstattung und Materialien tragen den spezifischen Bedürfnissen von Kindern mit Behinderung Rechnung und begünstigen gemeinsame Spiel- und Arbeitsprozesse.

- **Individueller Erziehungsplan für jedes behinderte Kind**
Die Bildungs- und Erziehungsarbeit für Kinder mit Behinderung soll auf der Grundlage eines individuellen Erziehungsplans erfolgen. Darin werden konkrete Entwicklungsziele und Interventionen beschrieben sowie Erfahrungen und Ergebnisse festgehalten. Der Plan strukturiert und steuert die Arbeit mit den Kindern sowie die Kooperation mit den Eltern und Fachdiensten.

- **Förderung sozialer Integrationsprozesse**
Gemeinsames Lernen und soziale Interaktion zwischen Kindern mit und ohne Behinderung soll gezielt gefördert werden:
- Pädagogische Angebote werden so geplant und durchgeführt, dass Kinder mit und ohne Behinderung in Interaktion miteinander treten und voneinander lernen können.
- Es wird mit allen Kindern (entsprechend ihrem Entwicklungsstand) konkretes Wissen über die jeweiligen Behinderungen erarbeitet.
- Es wird bei den Kindern ohne Behinderung ein Grundverständnis gefördert, wonach Kinder mit Behinderung zwar in manchen Punkten »anders«, in den meisten Aspekten aber ihnen selbst doch sehr ähnlich sind.
- Es wird mit Kindern ohne Behinderung erarbeitet, wie sie mit behinderten Kindern angemessen umgehen können und was man unternehmen

kann, um die Bildung von Vorurteilen und soziale Ausgrenzungen zu vermeiden.
– Mit den behinderten Kindern wird erarbeitet, wie sie mit Stereotypisierungen und Diskriminierungen angemessen umgehen können.

- **Hilfe bei der Bewältigung von Übergängen**
Die spezifischen Bedürfnisse behinderter Kinder erfordern eine besonders sorgfältige Planung und Begleitung bei der Bewältigung von Übergängen, vor allem bei der Eingewöhnung in die Tageseinrichtung und beim Übergang in die Schule.

Die Zusammenarbeit mit Eltern

Die Einrichtungen arbeiten eng mit den Eltern behinderter Kinder zusammen. Die Unterstützung orientiert sich am Lebensstil, den Werten und den Prioritäten der einzelnen Familie. Die Zusammenarbeit erfolgt partnerschaftlich: Eltern werden als Experten für die Entwicklung und Erziehung ihres Kindes ernst genommen, sie sind gleichberechtigte Partner. Die Fachkräfte wissen um die spezifischen Probleme dieser Familien, haben Verständnis dafür und sind in der Lage, effektiv Hilfe zu leisten. Im Einzelnen sollten folgende Aspekte beachtet werden:

- Bei Abschluss des Bildungs- und Erziehungsvertrages mit den Eltern sind (nochmals) Abfragen von Interesse, ob bei ihrem Kind bereits eine (drohende) Behinderung festgestellt worden ist, ob ggf. eine entsprechendes Feststellungsverfahren im Gange ist und ob ein Fachdienst mit dem Kind zugleich befasst ist. Zugleich werden sie um Einwilligung in die Zusammenarbeit zwischen Tageseinrichtung und Fachdienst in Bezug auf ihr Kind ersucht.

- Es finden regelmäßige Einzelgespräche mit den Eltern statt, in denen die Entwicklung des Kindes zu Hause und in der Einrichtung systematisch reflektiert wird.

- Alle diagnostischen, erzieherischen und therapeutischen Zielsetzungen und Maßnahmen erfolgen in enger Absprache und Abstimmung mit den Eltern. Eltern erhalten auf Nachfrage Einsicht in alle ihr Kind betreffenden Dokumente und Unterlagen.

- Bei der Zusammenarbeit mit Eltern stimmen sich Tageseinrichtung und Fachdienst ab.

- Die Eltern werden in die Arbeit mit ihrem Kind eingebunden (z. B. Möglichkeit zur Mitarbeit bei Fördermaßnahmen).

- Die Einrichtung arbeitet mit Eltern gezielt an der Erschließung und Nutzung familiärer Ressourcen (Empowerment-Konzept); sie unterstützt im Rahmen ihrer Möglichkeiten Eltern bei der Bewältigung von spezifischen Belastungen.

- Die Einrichtung fördert Kontakte und Verständnis der Eltern untereinander. Die Eltern von Kindern ohne Behinderung werden aktiv in die Integrationsarbeit einbezogen (Elternbeirat, Elternaktionen, Informationsveranstaltungen).

Verschränkung von Heilpädagogik / Therapie und allgemeiner Pädagogik

- Kinder mit Behinderung erhalten (nach den Verwaltungsvorgaben der Bezirke als überörtlicher Sozialhilfe-Träger) eine spezifische **therapeutische Förderung**. Diese soll nach Möglichkeit nicht isoliert stattfinden, sondern eingebettet sein in das pädagogische Angebot der Kindertageseinrichtung; sie soll anknüpfen an individuellen Interessen und Vorlieben der behinderten Kinder und an ihren »normalen« Aktivitäten in der Einrichtung.

- Die therapeutische Förderung ist ganzheitlich anzulegen. Sie soll die Kinder anregen und unterstützen beim Erwerb breiter, auch im Alltag sinnvoll einsetzbarer Fähigkeiten. Erreicht werden kann dies z. B. durch die simultane Förderung verschiedener Entwicklungsbereiche im Rahmen bestimmter Projekte oder durch die Nutzung natürlicher Lerngelegenheiten. So lassen sich z. B. in einer typischen Alltagssituation, wie dem gemeinsamen Frühstück, Selbständigkeit, kommunikative Fähigkeiten und feinmotorische Fertigkeiten gleichzeitig fördern – eingebettet in einen für alle Kinder sinnvollen sozialen Kontext.

Teamarbeit und Zusammenarbeit mit Fachdiensten

Die Anforderungen bei der integrativen Bildung, Erziehung und Betreuung von behinderten Kindern sind vielfältig; sie lassen sich nicht von einer einzelnen Person oder Institution abdecken. Im Sinn einer **optimalen Entwicklungsförderung** sollen deshalb alle Beteiligten eng kooperieren:

- Leitend für die Zusammenarbeit ist das **Modell des »transdisziplinären« Teams**: Fachkräfte der Einrichtung, Familie und Spezialisten der Fachdienste planen gemeinsam die notwendigen diagnostischen Untersuchungen, das pädagogische Vorgehen in der Gruppe und die therapeutischen Leistungen. Entscheidungen werden für alle transparent vorbereitet und gemeinsam getroffen. Parallele und fragmentierte Angebote werden vermieden.

- Es gibt **keine starre Trennung der beruflichen Rollen.** Jede Berufsgruppe bringt ihr Wissen und ihre Kenntnisse ein, ist in ihrer Arbeit aber nicht auf ihr spezifisches Tätigkeitsfeld fixiert. Die Grenzen zwischen den Tätigkeitsfeldern sind durchlässig. Angehörige der verschiedenen Berufsgruppen arbeiten zusammen in Richtung auf ein gemeinsames Ziel: Sie lernen voneinander, es gibt ein kontinuierliches Geben und Nehmen. Der Austausch zwischen den Teammitgliedern erfolgt regelmäßig und in einer geplanten Form.

Qualifikationen, Qualifizierungsprozesse

Die Arbeit in integrativen Einrichtungen stellt erhöhte Anforderungen an die Qualifikation und die Qualifizierungsbereitschaft der Fachkräfte. Integrative Einrichtungen stellen einerseits entsprechende Anforderungen bei der Personalauswahl; sie sollen andererseits die Gelegenheit bieten, dass ihre Fachkräfte in einem laufenden Qualifizierungsprozess solche Qualifikationen erwerben und weiterentwickeln. Ein besonderes Gewicht kommt in diesem Zusammenhang einer systematischen Teamentwicklung und einrichtungsinternen Qualifizierungsmaßnahmen zu, bei denen alle Teammitglieder, d. h. auch die verschiedenen in integrativen Einrichtungen tätigen Professionen, in gemeinsame Lernprozesse einbezogen werden.

Öffentlichkeits- und Gemeinwesenarbeit

Integrative Tageseinrichtungen sollen das Umfeld berücksichtigen, in das sie eingebettet sind: andere Einrichtungen, Wohnumfeld und Gemeinde. Sie vertreten hierbei aktiv die Ziele integrativer Erziehung, informieren und sensibilisieren, nehmen Einfluss auf die Gestaltung guter Rahmenbedingungen und eines förderlichen Klimas. Konkrete Ansatzpunkte sind z. B.:

- Teilnahme an regionalen Arbeitskreisen
- Kontaktaufnahme zu Ärzten, Beratungseinrichtungen, Schulen, Behörden, Gremien und Vereinigungen
- Präsentation der eigenen Arbeit in Veranstaltungen und Präsenz in den Medien

(4) Weitere Hilfen zur Vertiefung

Frühauf, Th. (1999). Zur Situation der Integration von Kindern mit Behinderungen. *In Sachverständigenkommission Zehnter Kinder- und Jugendbericht (Hrsg.), Materialien zum Zehnten Kinder- und Jugendbericht, Band 4 (S. 63–162).* München: Deutsches Jugendinstitut.
Heinrichs, N., Saßmann, H., Hahlweg, K. & Perrez, M. (2002). Prävention kindlicher Verhaltensstörungen. *Psychologische Rundschau, (53), 170–183.*
Kaplan, K., Rückert, E., Garde, D. u. a. (1993). Gemeinsame Förderung behinderter und nichtbehinderter Kinder. Handbuch für den Kindergarten. Weinheim: Beltz.
Kobelt-Neuhaus, D. (2001). Qualität aus Elternsicht. Gemeinsame Erziehung von Kindern mit Behinderungen und Kindern ohne Behinderungen. Seelze-Velber: Kallmeyer.
Kühn, J. (1999). Kompetenzentwicklung und Prozessqualität in der integrativen Kindergartenarbeit. Bremen: Bremische Evangelische Kirche. Landesverband Evangelischer Tageseinrichtungen für Kinder.
Küspert, P. & Schneider, W. (2000). Hören, lauschen, lernen. Göttingen: Vandenhoeck & Ruprecht.
Kuschel, A. Miller, Y., Köppe, E., Lübke, A., Hahlweg, K. & Sanders, M. (2000). Prävention von oppositionellen und aggressiven Verhaltensstörungen bei Kindern: Triple-P – ein Programm zu einer positiven Erziehung. *Kindheit und Entwicklung, (9), 20–29.*
Mayr, T. (2003a). Kinder mit besonderen Bedürfnissen in Kindertageseinrichtungen. *In H. Rieder-Aigner (Hrsg.), Zukunfts-Handbuch Kindertageseinrichtungen, 34. Aktualisierung (S. 1–16).* Regensburg: Walhalla.
Mayr, T. (2003b). Früherkennung von Entwicklungsrisiken in Kindertageseinrichtungen. *KiTa spezial, (1), 32–38.*
Mayr, T. (2000a). Entwicklungsrisiken bei armen und sozial benachteiligten Kindern und die Wirksamkeit früher Hilfen. *In H. Weiß (Hrsg.), Frühförderung mit Kindern und Familien in Armutslagen (S. 142–163). München, Basel: Ernst Reinhardt.*
Mayr, T. (2000b). Frühförderung und Kindergarten – Qualitätskriterien für die Kooperation. *In Ch. Leyendecker & T. Horstmann (Hrsg.), Große Pläne für kleine Leute (S. 106–115). München: Ernst Reinhardt.*
Mayr, T. (1998a). BEK – Beobachtungsbogen zur Erfassung von Entwicklungsrückständen und Verhaltensauffälligkeiten bei Kindergartenkindern. München: Staatsinstitut für Frühpädagogik.
Mayr, T. (1998b). Problemkinder im Kindergarten – ein neues Aufgabengebiet für die Frühförderung. *Teil II: Ansatzpunkte und Perspektiven für die Kooperation. Frühförderung interdisziplinär, 17, 97–115.*
Mayr, T. (1997). Problemkinder im Kindergarten – ein neues Aufgabenfeld für die Frühförderung. *Teil I: Epidemiologische Grundlagen. Frühförderung interdisziplinär, (4),145–159.*
Myschker, N. & Ortmann, M. (1999). Gemeinsame Erziehung und Unterrichtung von Kindern mit und ohne Behinderungen – Ein Überblick. *In M. Ortmann & N. Myschker (Hrsg.), Integrative Schulpädagogik (S. 3–36). Stuttgart: Kohlhammer.*
Petermann, F., Niebank, K. & Scheithauer, H. (2000). Risiken in der frühkindlichen Entwicklung. Göttingen: Hogrefe.
Reichert-Garschhammer, E. (2001a). Qualitätsmanagement im Praxisfeld Kindertageseinrichtung (Bund) – Blickpunkt: Sozialdatenschutz. Staatsinstitut für Frühpädagogik (Hrsg.). Kronach: Carl Link.
Reichert-Garschhammer, E. (2001b). Qualitätsmanagement im Praxisfeld Kindertageseinrichtung (Bayern) – Blickpunkt: Sozialdatenschutz. Staatsinstitut für Frühpädagogik (Hrsg.). Kronach: Carl Link.

Reichert-Garschhammer, E. (2001c). Qualitätsmanagement im Praxisfeld Kindertageseinrichtung (Bayern) – Blickpunkt: Sozialdatenschutz. Bayerisches Staatsministerium für Arbeit und Sozialordnung, Familie und Frauen & Staatsinstitut für Frühpädagogik (Hrsg.). Bezug: IFP.
Welche Datenschutz-Fragen bei der Aufnahme von Kindern mit besonderen Bedürfnissen in Regeleinrichtungen, insbesondere von Kindern mit Entwicklungsrisiken und (drohender) Behinderung, zu beachten sind, wird unter 3.3 behandelt. Der Umgang mit Risikokindern (5.5) ist ein Schwerpunktthema in der Handreichung, weil die Zusammenarbeit mit anderen Stellen hierbei von zentraler Bedeutung ist und sehr viele Fragen des Sozialdatenschutzes zu lösen sind. Der Anhang enthält Mustervordrucke für den Bildungs- und Erziehungsvertrag und für die Einwilligung in die Zusammenarbeit mit anderen Stellen zum Zweck der Früherkennung und Prävention kindlicher Auffälligkeiten. In den Qualifizierungsveranstaltungen zu diesem Buch wurden zu beiden Vordrucken viele Anregungen eingebracht. Deren Einarbeitung hat zu einer internen Weiterentwicklung der Mustervordrucke geführt, die noch nicht abgeschlossen ist. Sie werden zu gegebener Zeit veröffentlicht.
Reichert-Garschhammer, E. (2000). Sozialdatenschutz im Umgang mit Risikokindern. In Bildung, Erziehung und Betreuung von Kindern in Bayern, IFP-Infodienst, 5(2), 11–13.
Schmidt, S. (Hrsg.). (2002). Miteinander spielen, voneinander lernen. Kinder mit und ohne Behinderung in Tageseinrichtungen. Freiburg: Herder.
Staatsinstitut für Frühpädagogik (Hrsg.). (1990). Handbuch der integrativen Erziehung. München: Reinhardt.

II–3.1.6 Förderung von Kindern mit Hochbegabung

(1) Zielformulierung, Leitgedanken

Bei Kindern zwischen 0 und 6 Jahren verläuft die Entwicklung ungleichmäßig:

- Zum einen können große Unterschiede zwischen gleichaltrigen Kindern bestehen.

- Zum anderen kann ein Kind in einem bestimmten Entwicklungsbereich besonders schnelle Fortschritte gemacht haben und in anderen einen »altersgemäßen« Stand erreicht oder sogar »zurückgeblieben« sein.

Es gehört zu den Aufgaben der Fachkräfte in Kindertageseinrichtungen, frühzeitig Anzeichen zu erkennen, die auf eine **generelle oder partielle Hochbegabung** schließen lassen. Aufgrund der großen Schwierigkeit, eine solche »Diagnose« im Kleinkindalter zu stellen, müssen sie aber mit dieser Bezeichnung sehr vorsichtig umgehen und sich mit einschlägigen Fachdiensten abstimmen – erst recht, wenn allein die Eltern der Auffassung sind, dass ihr Kind überdurchschnittlich begabt sei:

- Die Gefahr, dass Kleinkinder vorschnell generell oder in einem bestimmten Bereich als »hochbegabt« eingestuft werden, besteht – oft ist schon ein Jahr später die vermeintliche Hochbegabung nicht mehr festzustellen. Eine »Fehldiagnose« ist noch wahrscheinlicher, wenn Kleinkinder von ihren Eltern (in einem bestimmten Entwicklungsbereich) besonders intensiv gefördert wurden.

- Bei hochbegabten Kindern, die sehr angepasst sind, Eltern mit einem eher niedrigen Bildungsabschluss haben oder auf einem Gebiet besonders begabt sind, das in der Kindertageseinrichtung wenig gefördert wird (z. B. musikalische Begabung), besteht auch die Gefahr, dass die Hochbegabung nicht erkannt wird (und sie während der Kindergartenzeit unterfordert sind).

- Hochbegabung darf nicht auf kognitive Fähigkeiten reduziert werden. Sie kann sich z. B. auch in künstlerischen, musischen oder motorischen Entwicklungsbereichen manifestieren. **Relativ verlässliche Charakteristika hochbegabter Kleinkinder** sind:
  - Vielfach zeichnen sie sich aus durch ein **hohes Aktivitätsniveau und Lernbegierde**. Sie sind vielfach »Energiebündel«, die nicht müde werden, selbstständig ihre Umwelt zu erkunden oder eindringliche Fragen zu stellen. Sie können Informationen rasch aufnehmen und systematisieren, eignen sich schnell (viel) Wissen an, denken unabhängig und produktiv, sind neugierig und von sich aus motiviert, können sich gut und ausdauernd konzentrieren. Häufig haben sie ein großes Selbstvertrauen und ein realistisches Selbstbild.
  - Oft sind sie **besonders kreativ** und zugleich **perfektionistisch**. Sie engagieren sich stark für eine Sache oder Person und zeigen oft ein großes Einfühlungsvermögen. Hochbegabte Kinder machen in ihrer Entwicklung häufig schnellere Fortschritte als Gleichaltrige.
  - Hochbegabte Kinder können bisweilen »schwierige« Kinder sein: Sie werden z. B. **leicht ungeduldig**, wenn andere Kinder langsamer sind oder wenn sie etwas tun oder wiederholen müssen, was sie schon längst können. Manchmal **langweilen** sie **sich** in der Kindertageseinrichtung, weil ihnen sowohl die Angebote als auch die Spielkameraden nicht genügen. Zugleich haben aber manche ein **starkes Bedürfnis nach Anerkennung**. Ihre Ungeduld, ihr hoher Aktivitätsdrang und die fortwährende Suche nach neuen Anregungen können fälschlicherweise dazu führen, sie als

hyperaktiv einzustufen. Manchmal wird von problematischen Sozialbezügen und von Verhaltensauffälligkeiten berichtet; einige hochbegabten Kinder bleiben auch in einzelnen Entwicklungsbereichen (z. B. Grob- und Feinmotorik) hinter Gleichaltrigen zurück. **Die meisten Hochbegabten sind aber keine »Problemkinder«.**

Alle Kindertageseinrichtungen haben die Aufgabe, hochbegabte Kinder angemessen zu fördern. »Hochbegabtenkindergärten« sind deshalb abzulehnen:

- Eine Kindertageseinrichtung kann den Talenten, Interessen und Bedürfnissen *aller* Kinder gerecht werden. Gerade bei Hochbegabten ist die Integration in eine Regelgruppe wichtig. Bei einseitig hochbegabten Kindern ist eine ganzheitliche Förderung nötig, wie sie in Kindertageseinrichtungen die Regel ist. Hochbegabte Kinder profitieren nicht von einer Verschulung der Kindertageseinrichtung, sondern von vielen Gelegenheiten für eigenständiges, selbsttätiges, entdeckendes und spielerisches Lernen, sofern ein entsprechendes Anspruchsniveau gewährleistet wird.

- In hohem Maße ist es von dem Verhalten der Eltern und ErzieherInnen abhängig, ob sich z. B. ein musikalisch oder intellektuell hochbegabtes Kind so entwickelt, dass es entsprechende Leistungen zustande bringt. Die verantwortlichen Erwachsenen müssen nicht nur die Realisation der Hochbegabung fördernde Angebote zur Verfügung stellen sowie die Lern- und Leistungsmotivation aufrechterhalten, sondern auch eventuellen Verhaltensauffälligkeiten und zwischenmenschlichen Problemen angemessen begegnen.

(2) Bildungs- und Erziehungsziele im Einzelnen

Für hochbegabte Kinder gelten die gleichen Bildungs- und Erziehungsziele wie für andere Kinder auch. In einem stärkeren Maße als bei anderen Kindern gleichen Alters soll ihre Entwicklung durch anspruchsvollere Aufgabenstellungen gefördert werden.

(3) Anregungen zur pädagogischen Umsetzung

Früherkennung von Hochbegabung

- Die Fachkräfte sollten Kindern Zeit lassen, sie gut beobachten und ihnen zuhören, um frühe Indikatoren einer besonderen Begabung bzw. Hochbegabung zu entdecken.

- Ihre Beobachtungen sollen die Fachkräfte den Eltern mitteilen, damit diese – falls noch nicht erfolgt – sich ggf. von kompetenter Seite (einschlägig qualifizierten PsychologInnen oder ÄrztInnen) beraten und ihr Kind untersuchen lassen können.

Grundsätze zur Förderung hochbegabter Kinder in Tageseinrichtungen

Es ist ein Umfeld zu schaffen, in dem sich auch hochbegabte Kinder wohl fühlen und positiv entwickeln können. Die Fachkräfte orientieren sich hierbei an den Bedürfnissen, Interessen und Vorlieben der Kinder.

- Das **pädagogische Angebot** ist **abwechslungsreich**. Es bietet allen Kindern – auch den hochbegabten – viele Mitwirkungsmöglichkeiten und Gelegenheiten für eigenständige Aktivitäten. Für hochbegabte Kinder enthält es besondere »Anreicherungsmaßnahmen«. Im Rahmen der inneren Differenzierung machen die Fachkräfte hochbegabten Kindern besondere Angebote oder erteilen ihnen bestimmte Aufträge:
  - Fachkräfte sollten hochbegabte Kinder verstärkt an der **Planung von Aktivitäten** beteiligen, sofern dies deren Wunsch entspricht. Die Ideen hochbegabter Kinder sind häufig sehr anspruchsvoll und stellen eine größere Herausforderung dar als manche geplante Beschäftigung. Je mehr ihre Impulse aufgegriffen werden, desto zielsicherer fällt die Förderung aus – und umso mehr profitiert die gesamte Gruppe, da auch sie neue Anregungen erfährt.
  - Die **Projektarbeit** bietet hochbegabten Kindern viele Möglichkeiten, in der (Klein-)Gruppe die anspruchsvolleren Aufgaben zu übernehmen sowie ihre besonderen Fähigkeiten einzubringen und zu schulen.
  - Hochbegabte Kinder benötigen mehr **Freiräume,** um für sich oder in einer Kleingruppe versuchen zu können, ihre Ideen umzusetzen. So können sie sich einem Experiment widmen oder ein anspruchsvolles Projekt durchführen, das durchaus längerfristig angelegt sein kann.
  - Altersgemischte Gruppen ermöglichen jüngeren hoch begabten Kindern, mit älteren Kindern zu interagieren, die einen vergleichbaren Entwick-

lungsstand haben. Sie können auch als »Tutoren« wirken, was mit einer besonderen Herausforderung verbunden ist.

- Die Fragen hochbegabter Kinder werden nicht abgeblockt, sondern es wird versucht, sie zu beantworten – jedes Kind lernt durch Fragen. Reicht das Wissen der Fachkraft nicht aus, begibt sie sich mit dem Kind auf die Suche nach geeigneten Quellen, die Informationen zur Beantwortung der Frage enthalten. Dadurch wird sie zum Vorbild, wie man Wissen erwirbt, wie man es organisiert und dass man lebenslang lernt.

Beispiele zur Umsetzung dieser Fördergrundsätze

- Hochbegabte Kinder werden in Tageseinrichtungen angemessen gefördert, indem viele anregende **Projekte und Exkursionen** (z. B. Museumsbesuche, Betriebsbesichtigungen, Walderkundung) durchgeführt werden. Hierbei konfrontieren die Fachkräfte alle Kinder mit einer großen Vielfalt von Themen und Aktivitäten – aus Bereichen wie Naturwissenschaften und Technik, Kunst und Musik, Wirtschaft und Politik, Literatur und Medien. Den hochbegabten Kindern stellen sie Aufgaben mit hohem Anspruchsniveau.

- Hochbegabte Kinder benötigen eine Vielfalt frei zugänglicher und auch **»unüblicher« Materialien,** die sie untersuchen, zerlegen oder zusammenbauen, mit denen sie basteln, malen, musizieren, experimentieren, handwerken oder Kunstwerke erstellen können. Die Materialien sollten voller Möglichkeiten stecken und Kinder immer wieder aufs Neue inspirieren:
  – Hochbegabte Kinder finden anspruchsvolle Materialien vor, die ihrer Neugier und ihrem Forscherdrang entgegenkommen (z. B. Lupen, Mikroskope, Musikinstrumente, Waagen). Sie brauchen Freiheit bei der Auswahl und den sich daraus ergebenden Aktivitäten; es muss ihnen erlaubt sein (bzw. sie werden dazu angehalten), auch unübliche Nutzungsmöglichkeiten auszuprobieren und neue Wege zu gehen. Auch können sie selbstständig oder zusammen mit einer Fachkraft recherchieren, sodass z. B. auch Lexika, Sachbücher, Bildbände, Hobbyliteratur, Kunstbände, Kulturführer, Computer und Internetanschluss zur Grundausstattung der Tageseinrichtung gehören.
  – Hochbegabte Kinder nutzen aber auch die Materialien, die in Tageseinrichtungen gängig sind (z. B. Holzbausteine verschiedener Länge), um für sich besondere Lernerfahrungen zu machen. Bauen sie z. B. (mit einigen anderen Kindern) einen hohen Turm, so werden sie anschließend vielleicht entdecken, dass sie einzelne Bausteine herausziehen können,

ohne dass der Turm einfällt. Durch solche Experimente werden sie und die anderen Kinder mit Grundprinzipien der Statik vertraut und erlangen dadurch erste physikalische Kenntnisse.

Angemessener Umgang mit hochbegabten Kindern

- Wie andere Kinder auch dürfen Hochbegabte weder überfordert noch unterfordert werden. Sie benötigen ebenfalls eine ganzheitliche Förderung, die alle Entwicklungsbereiche anspricht und auf ihre Individualität Rücksicht nimmt – ohne dass Gleichförmigkeit in allen Entwicklungsbereichen angestrebt wird. Auch hochbegabte Kinder müssen motiviert werden (z.B. sich besonders anspruchsvolle Aktivitäten zu suchen oder Kompetenzen auf Gebieten zu erwerben, die sie wenig interessieren) und Anerkennung erfahren.

- Fachkräfte dürfen hochbegabte Kinder nicht als altklug, vorlaut oder besserwisserisch ansehen, deren viele Fragen ignorieren oder sie aufgrund ihres Verhaltens als »gestört« bzw. »hyperaktiv« beurteilen. Sie dürfen auch keine »Wunderkinder« erwarten, sondern sollten hochbegabten Kindern auch Schwächen zugestehen.

- Es muss vermieden werden, dass sich diese Kinder durch Nichtbeachtung ihrer Besonderheiten oder durch unüberlegte Forderungen nach Anpassung an den »Durchschnitt« zu Außenseitern entwickeln und ungewollt in Isolation geraten.

(4) Weitere Hilfen zur Vertiefung

Fachbücher

Feger, B. & Prado, T.M. (1998). Hochbegabung – die normalste Sache der Welt. Darmstadt: Primus.
Ein Vierjähriger liest bereits ganze Bücher und schreibt Geschichten – wie reagiert man als Eltern auf solche Fähigkeiten? Wie kann man solche Kinder angemessen fördern? Auf der Grundlage langjähriger Forschungs- und Beratungstätigkeiten setzen sich die Autorinnen mit diesen Problemstellungen und Fragen sachlich auseinander. Auch für ErzieherInnen empfehlenswert.
Heller, K.A. (Hrsg.). (2001). Hochbegabung im Kindes- und Jugendalter. Göttingen: Hogrefe (2. Aufl..).
Dieses Buch berichtet über eine der umfassendsten Hochbegabungsstudien der Gegenwart. In Teil I werden überblicksartig die wichtigsten Untersuchungsziele und -befunde sowie einige praktische Konsequenzen für die Erkennung und Förderung hochbegabter Kinder und

Jugendlicher vorgestellt. Eine detaillierte Methoden- und Befundbeschreibung erfolgt dann in den umfangreichen Teilen II und III–

Mönks, F.J. & Ypenburg, I.H. (2000). Unser Kind ist hochbegabt – ein Leitfaden für Eltern und Lehrer. München: Reinhardt (3. Aufl.).

Dieser Leitfaden entstand aus einem praktischen Bedürfnis: Immer wieder klagen Eltern und PädagogInnen darüber, dass oft erst nach langen und mühseligen Anstrengungen die richtige erzieherische und fördernde Hilfe gefunden wird, die das hochbegabt Kind so dringend braucht. Nicht selten bekommen Eltern zu hören: »Seien Sie doch froh, dass Sie ein so kluges Kind haben. Andere Eltern wären glücklich, wenn sie ein solches Kind hätten. Worüber machen Sie sich eigentlich Sorgen?« Ist Hochbegabung schon im frühen Kindesalter zu erkennen? Sind hochbegabte Kinder problematisch? Wie können Erziehungs- und Schulprobleme vermieden werden? Diese und andere Fragen beantwortet das Taschenbuch.

Rost, D.H. (2002). Notwendige Klarstellungen. Zur Diskussion um Hochbegabung und Hochbegabte. *Report Psychologie, 27,* 624–634.

Stapf, A. (2003). Hochbegabte Kinder. Persönlichkeit, Entwicklung, Förderung. München: Beck.

Diese Buch gibt einen umfassenden und differenzierten Einblick nicht nur in die gegenwärtige psychologische Erforschung der Hochbegabung und ihre Ergebnisse, sondern stellt darüber hinaus die zentralen diagnostischen und beratenden Schritte der konkreten Beratungspraxis vor. So wird auf die Persönlichkeit, Entwicklung und Lebensbedingungen hochbegabter Kinder ebenso eingegangen wie auf die Gemeinsamkeiten und Unterschiede zwischen hochbegabten Mädchen und Jungen. Wichtige Aspekte wie die Rolle der Familie, des Kindergartens und der Schule werden dabei ebenso ausführlich behandelt wie die Frage nach Inhalt und Zweck der psychologischen Beratung von Hochbegabten. Ein aktuelles und ausgewogenes Buch, das kompetent informiert und berät.

Winner, E. (1998). Hochbegabt. Mythen und Realitäten von außergewöhnlichen Kindern. Stuttgart: Klett-Cotta.

Anhand von neuesten biologischen und psychologischen Erkenntnissen entlarvt Winner die vielen falschen Vorstellungen, die das Phänomen Hochbegabung begleiten. In Fallbeispielen illustriert sie verschiedenste Formen außergewöhnlicher Begabung, sie zeigt, wie etwa ein Kind hochbegabt und lernbehindert gleichermaßen sein kann – entgegen dem weit verbreiteten Irrtum, dass Kinder mit hohem IQ in allen Fächern glänzen. Auch außerordentliche künstlerische und musikalische Begabungen müssen keineswegs mit herkömmlich definierter Intelligenz in Einklang stehen. Winner fragt nach dem emotionalen Leben dieser hochbegabten Kinder, nach ihrer Position in der Familie, nach der Bedeutung der Eltern für deren Entwicklung und nach den biologischen Faktoren für diese herausragenden Fähigkeiten. Schließlich thematisiert sie auch die Rolle der Schulen und mahnt entschieden zu einem anderen Umgang mit diesen besonderen Talenten.

Zeitschriften

journal für begabtenförderung, erscheint zweimal jährlich beim StudienVerlag, Amraser Straße 118, A–6020 Innsbruck, E-mail: *order@studienverlag.at*

Websites

Arbeitskreis Hochbegabung & Potenziale in der Sektion ABO im Berufsverband deutscher Psychologen (BDP), *http://www.die-hochbegabung.de*
Deutsche Gesellschaft für das hochbegabte Kind, *http://www.dghk.de*

II-3.1.7 Vorbereitung und Begleitung des Übergangs in die Schule

(1) Zielformulierung, Leitgedanken

- **Kinder freuen sich auf die Schule.** Sie verspricht mehr Nähe zur Welt der Erwachsenen und älteren Kinder, weil sie endlich richtig lesen, schreiben und rechnen lernen. Sie sind deshalb hoch motiviert, sich auf den neuen Lebensraum Schule einzulassen. Diese Freude darf nicht darüber hinwegtäuschen, dass der Schuleintritt ein Einschnitt, ein Übergang in ihrem Leben ist, der mit Unsicherheit einhergeht. Wenn Kinder auf vielfältige Erfahrungen und Kompetenzen zurückgreifen können aus ihrer Zeit in der Tageseinrichtung, sind die Chancen hoch, dass sie dem neuen Lebensabschnitt mit Stolz, Zuversicht und Gelassenheit entgegensehen – trotz der vielen Veränderungen im Vergleich zur Tageseinrichtung, deren Bewältigung sie nun erwartet:
  - Gruppenbildungsprozess in der neuen Klasse, an dem sie sich aktiv beteiligen müssen
  - geringere anteilige Aufmerksamkeit der Lehrkraft für ihre Person bedingt durch größere Klassen, was den Einsatz von Strategien erfordert, die Aufmerksamkeit auf sich zu lenken
  - neue Lern- und Leistungsanforderungen
  - wieder die Jüngsten zu sein, was selbstbewusstes Auftreten verlangt bei Konfrontation mit einschüchternden älteren Schulkindern

- **Eltern erstgeborener Kinder sind unsicher, wenn die Einschulung ansteht.** Häufig sind Ängste, dass ihr Kind für die Schule noch nicht »reif« ist, weil es ihnen noch so verspielt oder in der Entwicklung noch nicht so weit erscheint. Sie befürchten deshalb, dass ihr Kind den Anforderungen in der Schule noch nicht gewachsen ist und den Anschluss nicht schafft. Zurückstellung um ein Jahr wird von ihnen daher oft erwogen.

Die notwendige Anschlussfähigkeit zwischen den Systemen Tageseinrichtung und Grundschule kommt im **Begriff »Schulfähigkeit«** zum Ausdruck. Er definiert die Anforderungen bzw. normativen Erwartungen, die für Kinder beim Übergang in die Grundschule von Interesse sind. Durch dessen Auslegung und Anwendung wird das wechselseitige Aufeinanderbeziehen der beiden Systeme hergestellt und abgesichert. Hierbei vollzieht sich seit einiger Zeit ein **Perspektivenwandel:**

- Der Blick richtet sich nicht mehr auf einen bestimmten Zustand des Kindes in seinem Sozial- und Leistungsverhalten, den es zu der Zeit, in der seine Einschulung ansteht (Muss-Kind) bzw. für sinnvoll erachtet wird (Kann-Kind), erreicht haben muss. Von Schuleingangstests, die für die Aufnahmeentscheidung das Erreichen bestimmter kognitiver Leistungskriterien abprüfen, wird – aufgrund ihres geringen Prognosewertes – zunehmend Abstand genommen. Gleiches gilt für das gezielte Einüben schulnaher Vorläuferkompetenzen (nur) im letzten Jahr in der Tageseinrichtung.

- Der Blick richtet sich nun auf den Bewältigungsprozess des Kindes bei seinem Übergang zum Schulkind und dessen professionelle Begleitung (Transitionsansatz). Alles Bemühen ist darauf zu konzentrieren, dass dem Kind der Übergang gut gelingt. Jedes Kind kommt in die Schule, wenn es das Eintrittsalter erreicht hat. Es wird in der Schule dort abgeholt, wo es in seiner Entwicklung steht. Eine Zurückstellung von Kindern vom Schulbesuch soll es damit nur noch in wenigen Ausnahmefällen geben.

- In seiner Umsetzung hat der Perspektivenwandel weit reichende Folgen. Er fordert die pädagogischen Fachkräfte in den Tageseinrichtungen und Schulen auf zu einem Umdenken in ihrem professionellen, kooperativen Handeln bezogen auf das einzelne Kind. Er verlangt, die Anschlussfähigkeit der Bildungs- und Erziehungskonzeptionen beider Systeme auf inhaltlicher und struktureller Ebene zur Kernaufgabe im Zusammenwirken beider Systeme zu machen. Dies ist neu.

Die **Anschlussfähigkeit der Bildungs- und Erziehungskonzeptionen herzustellen** zielt darauf ab, die Kinder für die Schule aufnahmefähig zu machen und zugleich die Schule aufnahmefähig zu machen für die Kinder. Dies ist ein aufeinander bezogener Prozess und eine gemeinsame Aufgabe, die regelmäßigen Dialog und Abstimmung zwischen Tageseinrichtung und Schule erfordern:

- **Aufgabe der Tageseinrichtung** ist es, die Kinder langfristig und angemessen auf diesen Übergang vorzubereiten. Die Vorbereitung beginnt am Tag des Eintritts in die Tageseinrichtung. Sie bezieht sich sowohl auf die Förderung von Basiskompetenzen als auch auf die Förderung schulnaher Vorläuferkompetenzen, auf denen die Schule aufbauen kann (z. B. Sprachentwicklung, Begegnung mit der Schriftkultur). Die Kompetenzen, die hierbei von Interesse sind, sind die Förderschwerpunkte dieses Plans. Interesse, Vorfreude und damit Bereitschaft zu wecken, ein Schulkind zu werden, sind ein weiteres Ziel.

- **Aufgabe der Schule** ist es, Lehrplan und Unterrichtsangebot so differenziert auszugestalten, dass unter Berücksichtigung der individuellen Unterschiede jedem Kind die bestmögliche Förderung zuteil werden kann. Die Entwicklungsunterschiede der Kinder, die in diesem Alter zum Teil erheblich sind, bedürfen besonderer Beachtung, um die Schwächeren nicht zu überfordern und die Stärkeren nicht zu unterfordern. Klare Unterschiede zur Tageseinrichtung sind wichtig, um die Kinder in ihrem Lern- und Entwicklungsfortschritt zu stimulieren. Von einer undifferenzierten Aufnahme möglichst vieler Elemente aus dem System Kindertageseinrichtungen ist deshalb abzusehen.

- Die **Bestellung von Kooperationsbeauftragten** in Tageseinrichtungen und Schulen und die Förderung von deren Tätigkeit sind Voraussetzung, um auf lokaler Ebene Kooperationsformen zu entwickeln und deren Umsetzung sicherzustellen.

Die Kinder beim aktuell bevorstehenden Übergang zum Schulkind zu begleiten ist die weitere gemeinsame Aufgabe der Kindertageseinrichtungen und Schulen. Sie besteht in der Information der Kinder und Eltern zu diesem Übergang und in der **Unterstützung des aktiven Bewältigungsprozesses** durch dessen gemeinsame Gestaltung. Schulfähigkeit wird damit durch einen engeren Bezug von Kindertageseinrichtung und Schule und unter aktiver Beteiligung des Kindes und seiner Eltern hergestellt. Wichtige Aspekte hierbei sind:

- Den Kindern werden vielfältige **Einstiegshilfen** geboten, um den Lebensraum Schule sowie ihre künftigen Lehrkräfte kennen zu lernen. Dies soll möglichst frühzeitig erfolgen und nicht erst zeitnah vor dem Schuleintritt. Möglichkeiten, die sich hier bieten, sind z. B. Schulbesuche mit den Kindern, gemeinsame Unterrichtsstunden mit Tageseinrichtungs- und Schulkindern sowie der Besuch von Lehrkräften in Tageseinrichtungen. Wichtig bei alledem sind die ausführliche Information der Kinder und das Eingehen auf ihre Fragen. »Ausflüge in die Schule« bedürfen der Vor- und Nachbereitung mit den Kindern.

- Der **Dialog mit den Eltern** ist früh (vor der Schuleinschreibung) zu suchen. Als abgebende Bildungsinstanz sind Tageseinrichtungen zuerst gefordert, den Dialog im Einzelgespräch und in der Gemeinschaft herzustellen. Neben Information zum Übergang steht bei jedem Kind das Klären von zwei Fragen an: Gibt es Anhaltspunkte, die Probleme Ihres Kindes bei der Bewältigung dieses Übergangs erwarten lassen? Welche Erwartungen sind an die Schule zu richten, damit Ihr Kind die Förderung erhält, die es braucht? Im Gespräch bringen Eltern und Fachkraft ihre Sichtweisen ein, werden Fragen einfühlsam bearbeitet und gemeinsam Antworten gesucht. Als wichtiger Dialogpartner auch für die Schule holt die Tageseinrichtung bei den Eltern die Einwilligung für diesen Dialog ein (§ 65 Abs. 1 Nr. 1 SGB VIII). Sie überzeugt die Eltern von dessen Wichtigkeit für das Kind. Die Einwilligung berechtigt zugleich die Schule, Informationen über das Kind zu erfragen und sich auszutauschen mit der Tageseinrichtung; sie erhält eine Kopie. Mit der Schule gemeinsam Elternabende durchzuführen empfiehlt sich.

- Der **Dialog mit der Schule** über die Kinder ist vielfältig und mit Schuleintritt nicht beendet. Bei der Gestaltung des Vordrucks für die Einwilligung ist darauf zu achten, alle Dialogmöglichkeiten zugleich zu erfassen, um Eltern nicht mit Formularen nach und nach zu überfrachten. Dies verschafft zugleich Spielraum bei der Gestaltung des Dialogs. Wichtige **Dialogsituationen** sind:
  - Nicht über jedes Kind sind Einzelgespräche zu führen. Sie sind bei jenen Kindern wichtig, die Probleme erwarten lassen bzw. deren individuelle Förderung in der Schule eine Fortsetzung erfahren soll (z.B. auch Hochbegabung). Herausgestellt werden nicht nur Schwächen, sondern auch Stärken, um der Schule ein ausgewogenes Bild über ein Kind zu vermitteln. Den Dialog aufzunehmen, ist vorrangige Aufgabe der Tageseinrichtung. Nur sie ist in der Lage einzuschätzen, bei welchen Kindern Gespräche nötig sind. Bei Bedarf sind die Eltern mit einzubeziehen. Gespräche über mehrere Kinder zugleich zu führen und Beobachtungsbögen auszuhändigen, empfiehlt sich.
  - Der Schule eine Liste mit den einzuschulenden Kindern zu geben, hat Sinn für die Klassenbildung. Wenn sich Kinder aus der gemeinsamen Zeit in der Tageseinrichtung kennen, ist für sie der Gruppenbildungsprozess in der Schule leichter.
  - Der weitere Dialog nach Schuleintritt ist wichtig bei den Kindern, über die Einzelgespräche geführt worden sind. Schulen müssen nachfragen dürfen, wenn für sie die eine oder andere Frage noch auftaucht. Fach-

kräfte in Tageseinrichtungen sind interessiert an einer Rückmeldung, wie es den Kindern im ersten Schuljahr ergangen ist.

(2) Bildungs- und Erziehungsziele im Einzelnen

Ziel des Transitionsansatzes ist, den Übergang zum Schulkind auf drei Ebenen zu fördern:

Individuelle Ebene

Hier ist beim Kind die **Identität als Lernender** zu fördern. Das geschieht auch dadurch, dass sich die Fachkraft ebenfalls als Lernende und damit als Vorbild einbringt:

- Unterstützung ist zu leisten beim Wahrnehmen, Ausdrücken und Regulieren von Gefühlen. Dazu gehören Freude und Neugier in Hinsicht auf Neues, aber auch Angst und gelegentlich Trauer über Verluste.

- Es sind jene Basiskompetenzen zu stärken, die auch für die Bewältigung von Übergängen bedeutsam sind. Dazu gehören: Selbstvertrauen, Selbstverantwortung, soziale Kompetenz, Problemlösefähigkeiten, Stressbewältigung, Kommunikationsfertigkeiten.

- Hinzu kommt die Förderung schulnaher Vorläufer-Kompetenzen (z. B. Sprachentwicklung, Erfahrungen mit Schriftkultur), auf denen in der Schule aufgebaut werden kann.

Soziale Ebene

Hier sind die **Beziehungen aller beteiligten Personen untereinander** zu fördern.

- Aus Sicht des betroffenen Kindes sind folgende Beziehungsaspekte bedeutsam:
  - Vorstellungen der Kinder von Schule und Schulkind sowie Erwartungen der Lehrkräfte sollen thematisiert, geklärt und abgestimmt werden.
  - Im Hinblick auf die Beziehungen, die das Kind in der Tageseinrichtung aufgebaut hat, gehört das Vorbereiten auf Abschiede dazu.
  - Da soziale Beziehungen wichtige Quellen von Unterstützung bei eigener Überforderung sind, sind Kinder zu ermutigen, sich aktiv Hilfe bei Drit-

ten in Belastungssituationen zu suchen. In die Förderung solcher Stütz-Beziehungen unter Kindern können ältere Kinder einbezogen werden – wo möglich auch über Bildungsstufen hinweg (z. B. Schule, Hort).

- In der Zusammenarbeit mit Eltern ist der Aufbau von Eltern-Netzwerken anzuregen.

- Wichtig ist der Aufbau vertrauensvoller Beziehungen zwischen Fachkräften in Kindertageseinrichtungen und den Lehrkräften in Grundschulen durch persönliche Kontakte und gegenseitiges Kennenlernen.

Ebene der Lebensumwelten

Durch fortlaufenden Austausch sind die Bildungs- und Erziehungsarbeit in Kindertageseinrichtung und Schule unter Beteiligung der Kinder und Eltern aufeinander abzustimmen:

- Um die inhaltliche Anschlussfähigkeit zwischen Kindertageseinrichtungen und Schulen sicherzustellen, sind von der Einrichtung vor Ort geeignete Strukturen für Kommunikation und Zusammenarbeit zu schaffen. Bei diesem Abstimmungsprozess wirken Kindertageseinrichtung, Schule und Eltern zusammen.

Dass sich all diese Mühen lohnen, zeigt sich am Ende insbesondere an folgenden **Situationen des Wohlbefindens** der Kinder in der Schule:

- Sich am Aufbau einer neuen Gruppe zu beteiligen fällt ihnen leicht, wenn sie in der Tageseinrichtung sozialen Anschluss gefunden und Freundschaften geschlossen haben, wenn sich in der neuen Schulklasse bekannte Kinder befinden

- Die Aufmerksamkeit der Lehrkraft auf sich zu lenken gelingt ihnen, wenn sie gelernt haben, von sich aus ihre Bedürfnisse und Interessen, ihre Meinung und Kritik zu äußern

- Mit den neuen Lern- und Leistungsanforderungen in der Schule kommen sie gut zurecht, wenn sie an viele inhaltliche Lernerfahrungen in der Tageseinrichtung anknüpfen können und wissen, wie das Lernenlernen funktioniert. Sie haben somit Selbstvertrauen und greifen die neuen Lernanforderungen mit Neugier und hoher Motivation auf.

- Wieder zu den Jüngsten in der Schule zu gehören macht ihnen nichts aus, wenn sie in der Tageseinrichtung erfahren haben, dass jeder ungeachtet seines Alters mit Respekt behandelt wird. Sie treten dann auch den älteren Kindern gegenüber selbstbewusst auf.

(3) Anregungen und Beispiele zur pädagogischen Umsetzung

Individuelle Ebene

Basiskompetenz Stressbewältigung

Für die meisten Kinder ist festzustellen: Sie freuen sich auf die Schule; der Übergang in die Schule verläuft für sie relativ problemlos. Als Beispiel wurde die Stressbewältigung ausgewählt, weil sich diese Basiskompetenz für alle Übergänge als hilfreich erwiesen hat.

Die Kinder erhalten Anregungen und Hilfestellungen, um akute sowie auch künftige Stress- und Belastungssituationen erfolgreich zu bewältigen. Dazu gehört die Vermittlung von Kenntnissen darüber, wie Stress entsteht, Stressbedingungen erkannt und eigene Reaktionen wahrgenommen werden können und wie man Stresserfahrungen erfolgreich begegnen kann. Bereits in frühen Jahren ist es möglich, Kindern **Strategien zur Stressbewältigung** zu vermitteln, wobei folgende Aspekte bedeutsam sind:

- **Sich über eigenes Stresserleben mitteilen**: Wenn Kinder bereits früh vermittelt bekommen, dass sie sich mit Problemen jederzeit an ihre Eltern oder andere Personen aus ihrem vertrauten Umfeld wenden können und diese ihnen helfen, wird ihnen die Einstellung vermittelt, sich in Problemsituationen aktiv um soziale Unterstützung zu bemühen.

- **Entspannungsfähigkeit und das Wissen um die Bedeutung von Ruhepausen**: Den Kindern ist zu verdeutlichen, wie wichtig es ist, zwischen Phasen der Anspannung und Aktivität Ruhe- und Erholungspausen einzulegen:
  - Kinder können an Entspannungsverfahren herangeführt werden (z. B. Stille- und Atem-Übungen, Phantasiereisen, Meditationen).
  - Dazu zählen auch die Möglichkeiten, sich für eine Weile in vorbereitete Ruhezonen zurückzuziehen, mit Freunden zu spielen, sich körperlich zu betätigen.

- **Kognitive Strategien** der Stressbewältigung (z. B. positive Selbstinstruktion, Einsatz von Problemlöse-Strategien).

ErzieherInnen können Kindern sowohl direkt als auch indirekt über Elternarbeit verschiedene Hilfen geben, Stress aktiv zu bewältigen. Über beide Handlungsstränge können sie die Kinder unterstützen, entsprechende Basiskompetenzen zu entwickeln. Die hierfür erforderliche Kommunikation zwischen allen Beteiligten (auch Schule) macht den gemeinsamen Gestaltungscharakter dieses Lernprozesses deutlich. Die verschiedenen **Einwirkungs- und Fördermöglichkeiten** von ErzieherInnen und Eltern werden nachfolgend beispielhaft aufgeführt:

- Darüber nachdenken, wie Erwachsene selbst auf Stress reagieren: Kinder lernen am Modell und benötigen auch in dieser Hinsicht ein möglichst positives Vorbild.

- Sich erinnern, wie es einem selbst im Alter des Kindes ergangen ist, sich die Situation mit den Augen des Kindes vorstellen: Sorgen des Kindes ernst nehmen.

- Hilfestellungen, die Bezugspersonen dem Kind geben können
  - Zuneigung zeigen: Während spannungsreicher Zeiten braucht das Kind Zeichen und Signale, dass es geliebt wird und sich der Zuneigung der Bezugspersonen sicher sein kann.
  - Über Sorgen und Reaktionen des Kindes sprechen: Information, Trost und Sicherheit werden dem Kind vermittelt.
  - Klare Informationen geben und nichts verheimlichen: Damit kann beängstigenden Phantasien des Kindes vorgebeugt werden.
  - Das Kind an Entscheidungen und Problemlösungen angemessen beteiligen: Damit wird das Gefühl von Stärke und Kontrolle über eine Situation gefördert.
  - Gute Bücher zum Thema vorlesen: Diese stellen Lösungen vor, zeigen dem Kind, dass es mit einer Schwierigkeit, mit seinen Ängsten nicht alleine ist, und bieten eine Grundlage für das Gespräch mit dem Kind.
  - Mit Farbstiften, Puppen und anderen Materialien Gelegenheit geben, seine Gefühle und Gedanken auszudrücken. Mit Kreativität können Spannungen abgebaut werden.
  - Körperliche Betätigung anbieten: Innere Spannungen können auch über Aktivitäten abgebaut werden (z. B. Rennen, Schwimmen, Radfahren). Negative Spannungen werden durch positive Aktivitäten ausgeglichen. Ausreichende Ruhe und ausgeglichene Ernährung während stressreicher Phasen sind ebenfalls wichtig.

- Wenn Stressreaktionen zu stark sind und weder die Eltern noch die ErzieherInnen oder die Lehrkraft dem Kind helfen können, sollten sie professionelle Hilfe suchen.

Soziale Ebene

Begleitung der Kinder durch Schulkinder – ein Peer-to-Peer-Ansatz

Bei enger Kooperation zwischen Kindertageseinrichtung und Schule lässt sich folgendes Projekt durchführen, bei dem auch die Eltern zu beteiligen sind. **Schulkinder der 2. Grundschulklasse begleiten Kindergartenkinder**, deren Einschulung in naher Zukunft ansteht. Von dieser Begleitung profitieren nicht nur Kindergartenkinder, sondern auch die Schulkinder:

- Die Aufgabe der Schulkinder besteht darin, mit 2 bis 3 Kindern eines Kindergartens Kontakt aufzunehmen und diese über einen Monat hinweg wöchentlich etwa eine Stunde zu begleiten.

- Sie übernehmen für diese Schulanfänger die **Rolle eines Coach**. Sie führen die Kindergartenkinder in Übungen und Spiele ein, die in eine Rahmengeschichte eingebettet sein können. Die Übungen und Spiele zielen darauf ab, solche Inhalte einzuüben, die für sie als angehendes Schulkind nützlich sein können. Sie helfen ihnen, wenn sie etwas nicht richtig aufgefasst oder vergessen haben.

- Die Kinder einer Schulklasse werden im Unterricht auf die etwaige Übernahme dieser Aufgabe eingestimmt: Über das Ansprechen der eigenen Erfahrungen beim Übergang zum Schulkind werden sie für das Thema Übergang sensibilisiert und bei Interesse auf ihre Begleitaufgabe vorbereitet.

- Diese Begleitung von Kindergartenkindern durch Schulkinder kann als Projekt ausgearbeitet, mit Materialien angereichert und anschließend ausgewertet werden.

Frühe Kontakte der Kinder, deren Einschulung ansteht, mit Schulkindern fördern den sozialen und inhaltlichen Austausch:

- Die Begleitung und Unterstützung durch Schulkinder vermittelt den zukünftigen Schulanfängern Sicherheit. Sie erhalten die Möglichkeit, schon vor dem Schuleintritt Freundschaften zu entwickeln und erste Informationen über ihre neue Rolle als Schulkind in der Schulorganisation und in der Familie zu gewinnen. Sie lernen Umgangsweisen mit schulischen Lerninhalten kennen, die wichtig sind für den schulischen Erfolg.

- Für die Schulkinder haben Kontakte mit Kindergartenkindern positive Auswirkungen auf das soziale Klima in der Klasse und Schule, indem ihre Mitverantwortung und Mitarbeit gefördert und gestärkt wird. Zugleich wird im Rahmen der Übungen ihr Einblick in den Erwerb der Schriftsprache und nicht zuletzt auch lernmethodischer Kompetenzen vertieft.

Schulbesuch

Der **Schulbesuch** zählt zum Standardangebot von Tageseinrichtungen für die einzuschulenden Kinder. Damit es gelingt, den Kindern hierbei möglichst viel Wissen über die Schule zu vermitteln und ihre Vorfreude auf die Schule zu wecken, verdienen einige Aspekte Beachtung. Wichtig ist, die Lernprozesse der Kinder bei diesem Besuchangebot zu beobachten und das Geschehen mit den Kindern laufend gemeinsam zu reflektieren:

- Zusammen mit den Kindern werden die Lernziele für den Schulbesuch festgelegt. Während der Besuchssituation sammeln sie viele Erfahrungen über die Schule als Lebensraum und den Alltag der Schulkinder. Wieder in der Tageseinrichtung werden mit den Kindern eingehende Gespräche über diesen Besuch geführt. Jedes Kind wird aufgefordert, über seine hierbei gemachten Eindrücke, Erfahrungen und Aktivitäten nachzudenken und sie sodann durch Erzählen, Anfertigen von Zeichnungen oder andere Möglichkeiten zum Ausdruck zu bringen. Die entstandenen Produkte der Kinder und die auf Tonband aufgezeichneten Gespräche der Kinder werden am Ende gemeinsam betrachtet bzw. angehört und aufeinander bezogen. Verlauf und Ergebnisse des Schulbesuchs werden mit Eltern und Lehrkraft reflektiert.

- Bei den Kindern gefördert werden bei einem solchen Vorgehen: Selbstwirksamkeit, Kommunikationsfähigkeit, Kooperation mit den erwachsenen Übergangsbegleitpersonen, Übergangsbewältigung als gemeinsamer Gestaltungsakt.

Ebene der Lebensumwelt

Impulse für die Infrastruktur zur Bewältigung des Übergangs Kindergarten – Schule

Um die **Zusammenarbeit von Kindergärten und Grundschulen** in Bayern sowohl auf struktureller als auch auf inhaltlicher Ebene zu fördern, ist vorgesehen, ab dem Jahr 2004 ein **gezieltes Fortbildungsangebot** einzusetzen:

- In allen bayerischen Schulamtsbezirken werden Grundschul-Lehrkräfte, die die 1. und 2. Klasse unterrichten, ausgewählt und als **Multiplikatoren** fortgebildet, um auf örtlicher Ebene die Kooperation zwischen Grundschulen und Kindergärten voranzutreiben und zu intensivieren

- Zugleich werden die Grundschulen aufgefordert, **Kooperations-Beauftragte** für die Zusammenarbeit mit den Kindergärten zu bestellen. In den Kindergärten sind für die Kooperation mit der Schule die Leitungen oder besonders benannte Fachkräfte zuständig.

- **Aufgabe der MultiplikatorInnen** ist, in den Schulamtsbezirken Fortbildungen durchzuführen. Eingeladen werden hierzu die Kooperationsbeauftragten der Schulen, die für die Kooperation zuständigen Fachkräfte aus den Kindergärten sowie jene Fachkräfte, die bei den Trägern der Kindergärten die Aufgaben der Fachberatung und Fortbildung wahrnehmen. Im Rahmen dieser Fortbildungen werden die Inhalte einer Handreichung vermittelt, die das Staatsinstitut für Frühpädagogik und das Staatsinstitut für Schulpädagogik und Bildungsforschung in Zusammenarbeit mit der Akademie für Lehrerfortbildung und Personalentwicklung in Dillingen bis zum September 2004 erstellen wird. Weitere Ziele dieser Fortbildungsveranstaltungen sind:
  - Sie fördern den fachlichen Austausch zwischen Kindergärten und Grundschulen über ihre Bildungs- und Erziehungskonzepte und die gemeinsame Nutzung von Lernchancen (Bildungs- und Erziehungsplan für Kinder in Tageseinrichtungen bis zur Einschulung / Lehrplan für Grundschulen).
  - Sie stärken und erweitern die lokal bestehenden Strukturen für Kommunikation und Kooperation zwischen Kindergärten und Grundschulen unter Einbezug von Eltern. Wo noch geeignete Strukturen fehlen, regen sie deren Bildung an.

(4) Weitere Hilfen zur Vertiefung

Faust-Siehl, G. & Speck-Hamdan, A. (Hrsg.). (2001). Schulanfang ohne Umwege. Frankfurt/ M.: Grundschulverband – Arbeitskreis Grundschule e.V.
Griebel, W. (2003). Übergänge im Leben des Kindes – alles wird anders, aber wie? Wenn aus dem Kindergartenkind ein Schulkind wird. *TPS – Theorie und Praxis der Sozialen Arbeit, (4), 6–9.*
Griebel, W. & Niesel, R. (2003). Die Bewältigung des Übergangs vom Kindergarten in die Schule. *In W.E. Fthenakis (Hrsg.), Elementarpädagogik nach PISA. Freiburg: Herder.*
Griebel, W. & Niesel, R. (2002). Abschied vom Kindergarten, Start in die Schule. Grundlagen und Praxishilfen für Erzieherinnen, Lehrkräfte und Eltern. München: Don Bosco.
Griebel, W. & Niesel, R. (2001). Der Übergang zum Schulkind. Was sagen die Kinder selbst dazu? *Bildung, Erziehung, Betreuung von Kindern in Bayern, IFP-Infodienst, 6(2), 19–20.*
Griebel, W. & Niesel, R. (1999). Vom Kindergarten in die Schule: Ein Übergang für die ganze Familie. *Bildung, Erziehung, Betreuung von Kindern in Bayern, IFP-Infodienst, 4(2), 8–13.*
Griebel, W., Niesel, R. & Soltendieck, M. (2000). Der Übergang vom Kindergarten in die Schule. Bewältigung durch die ganze Familie. *KiTa aktuell (BY), (2), 36–39.*
Hense, M. & Buschmeier, G. (2002). Kindergarten und Grundschule Hand in Hand. Chancen, Aufgaben und Praxisbeispiele. München: Don Bosco.
Naumann, S (2003). Was heißt hier schulfähig? Übergang in Schule und Hort. Ravensburg: Ravensburger.
Niesel, R. (2002). Bewältigung von Übergängen. Diskontinuitäten und Brüchen – Der Übergang vom Kindergarten in die Grundschule. *In Bayerischer Landesverband Kath. Kindertageseinrichtungen e.V. (Hrsg.), Bildung für alle Kinder, Jahrbuch 2002/2003 (S. 163–170). München.*
Nickel, H. (1992). Die Einschulung als pädagogisch-psychologische Herausforderung – »Schulreife« aus ökosystemischer Sicht. *In D. Haarmann (Hrsg.). Handbuch Grundschule, Band 1 (S. 88–100). Weinheim: Beltz.*
Reichert-Garschhammer, E. (2002). Qualitätsmanagement im Praxisfeld Kindertageseinrichtung – Blickpunkt: Sozialdatenschutz. Teil 1: Einführung in die Thematik. *KiTa aktuell (BY), (10), 209–214.*
Fallbeispiel 1 betrifft die Zusammenarbeit zwischen Kindergarten und Grundschule bei der Einschulung und bezieht insbesondere Stellung zu allen Rechtsfragen, die hierbei zu beachten sind.
Reichert-Garschhammer, E. (2001a). Qualitätsmanagement im Praxisfeld Kindertageseinrichtung (Bund) – Blickpunkt: Sozialdatenschutz. Staatsinstitut für Frühpädagogik (Hrsg.). Kronach: Carl Link .
Reichert-Garschhammer, E. (2001b). Qualitätsmanagement im Praxisfeld Kindertageseinrichtung (Bayern) – Blickpunkt: Sozialdatenschutz. Staatsinstitut für Frühpädagogik (Hrsg.). Kronach: Carl Link.
Reichert-Garschhammer, E. (2001c). Qualitätsmanagement im Praxisfeld Kindertageseinrichtung (Bayern) – Blickpunkt: Sozialdatenschutz. Bayerisches Staatsministerium für Arbeit und Sozialordnung, Familie und Frauen & Staatsinstitut für Frühpädagogik (Hrsg.). Bezug: IFP.
Welche Fragen des Sozialdatenschutzes bei der Begleitung von Kindern beim Übergang vom Elementarbereich in die Schule zu beachten sind, wird in 5.4.1 behandelt. Im Anhang ist ein Mustervordruck für die Einwilligung in die Zusammenarbeit von Tageseinrichtung und Schule bei der Einschulung enthalten. Im Rahmen von dessen Diskussion in mehreren Qualifizierungsveranstaltungen wurde der Vordruck dergestalt weiterentwickelt, wie es in den

Leitgedanken dieses Beitrags beschrieben wird. Zu gegebener Zeit wird die fortgeschriebene Fassung des Einwilligungsvordrucks veröffentlicht.
TPS Nr. 4 (2003). Vom Kindergarten zur Schule.
Wolfram, W.-W. (1999). Einschulungspraxis und Schulerfolg. Was sollen Erzieherinnen Eltern bei der Einschulung raten. *KiTa aktuell (BW), (1), 4–8.*

II–3.2 Themenbezogene Förderschwerpunkte

II–3.2.1 Ethische und religiöse Bildung und Erziehung

(1) Zielformulierung, Leitgedanken

Ethische und religiöse Bildung und Erziehung haben ihre Grundlage in der **Bayerischen Verfassung** (BV):

- Art. 107 Abs. 1 und 2 BV garantiert die **Glaubens- und Gewissensfreiheit**, die sowohl die *positive Religionsfreiheit* (Freiheit zu bzw. für Religionsausübung) als auch die *negative Religionsfreiheit* (Freiheit von bzw. gegen Religionsausübung) umfasst.

- Art. 131 Abs. 2 BV legt **allgemeine Bildungs- und Erziehungsziele** fest. Er enthält religiöse Maximen (z. B. Ehrfurcht vor Gott) ebenso wie ethische Maximen (z. B. Achtung der Würde des Menschen, Verantwortungsfreudigkeit, Selbstbeherrschung).

Das Nebeneinander von positiver und negativer Religionsfreiheit sowie die zunehmende interkulturelle Zusammensetzung der Bevölkerung haben zur Folge, dass Kinder heute in einem gesellschaftlichem Umfeld aufwachsen, das sich durch eine Vielfalt von Religionszugehörigkeiten und religiösen Angeboten sowie durch eine wachsende Zahl von Menschen ohne religiöses Bekenntnis auszeichnet. Der Beitrag, den **ethische und religiöse Bildung und Erziehung** hierbei leisten kann, ist:

- Sie ermöglicht Kindern die Auseinandersetzung und Identifikation mit Sinn- und Wertesystemen, die über eine reine Nutzen-Kosten-Kalkulation weit hinausgehen.

- Sie fordert die ganze Persönlichkeit des Kindes heraus, damit sich Kinder in einem lebendigen Bezug zu dem, was nicht mehr mess-, wieg- oder zählbar ist und die Basis unserer Wirklichkeit ausmacht, selbst verstehen und positionieren lernen.

Der (Förder-)Schwerpunkt »ethische und religiöse Bildung und Erziehung« steht, was die Bedeutung für die Entwicklung des Kindes und die Verbindlichkeit zur Umsetzung angeht, in Kindertageseinrichtungen gleichwertig neben den anderen Förderschwerpunkten. Allerdings unterscheiden sich dessen Gewichtung und Umsetzung von Einrichtung zu Einrichtung. Gründe sind:
- Die Trägerschaften unterscheiden sich voneinander nicht unerheblich (z. B. kommunale Träger, kirchliche Träger, verbandlich organisierte Träger).
- Die Kinder, die diese Tageseinrichtungen besuchen, sind von ihrer religiösen Beheimatung her verschieden (z. B. christlich, muslimisch).
- Die Eltern der Kinder haben voneinander abweichende Vorstellungen über die Inhalte von religiöser Bildung und Erziehung.
- Die Einrichtungsteams setzen sich unterschiedlich zusammen (z. B. kirchlich eingebunden, religiös uninteressiert).

Ethische und religiöse Bildung und Erziehung hat den oben genannten unterschiedlichen Gegebenheiten in Kindertageseinrichtungen Rechnung zu tragen. Dies geschieht auf dreifache Weise:

- **Ethische und religiöse Bildung und Erziehung geht von den Bedürfnissen und Fähigkeiten der Kinder vor Ort aus:**
  – Kinder als Mitgestalter ihrer Weltaneignung erschaffen sich ihr eigenes Weltbild in der persönlichen Auseinandersetzung mit vorfindbaren religiösen Traditionen und Wertsystemen, denen sie tagtäglich begegnen können (z. B. Kirchen, Flurkreuze, Glockenläuten, gelebte Religiosität eines Freundes und seiner Eltern).
  – Kinder suchen nach Antworten auf die großen Lebensfragen, die sich aus ihrem Alltag (z. B. Wer hat die Erde gemacht? Was kommt nach dem Himmel? Was ist gerecht?) oder aus einschneidenden Lebenserfahrungen (z. B. Tod eines Angehörigen, Geburt eines Geschwisters) ergeben.
  – Kinder brauchen Erfahrungen und dazugehörige Orte, die ihnen ein Grundvertrauen in das Leben vermitteln, so dass sie sich selbst- und verantwortungsbewusst in ihrem Lebensumfeld entwickeln können.
  – Kinder versuchen sich in spielerischer Form in unterschiedlichen Handlungen. Sie wollen dabei unter anderem die Reaktionen von und die Auswirkungen auf andere Menschen beobachten sowie das entdecken, was für sie Bedeutung haben könnte. Sie erleben moralische Dilemmata, in denen sie nach Lösungen suchen.

- **Ethische und religiöse Bildung und Erziehung geschieht in unterschiedlichen Ausprägungen:**
  - Der Umgang mit bestimmten Wertvorstellungen und religiösen Traditionen kann vom bloßen Kennenlernen bis zur persönlichen Identifikation reichen, von der eher distanzierten Kenntnisnahme bis zum persönlichen Vollzug. Inwieweit ethische und religiöse Bildung und Erziehung sich auf ein bestimmtes Wertsystem bzw. eine bestimmte religiöse Tradition einlässt, hängt auch davon ab, welchen ethischen und religiösen Traditionen sich das Erziehungspersonal verpflichtet weiß, aus welchen die Kinder stammen, welchen sich die Eltern verpflichtet wissen.
  - Bei aller Unterschiedlichkeit der Wertvorstellungen und religiösen Traditionen gelten die Grundsätze des Grundgesetzes und der Bayerischen Verfassung. Sie verpflichten auf die im christlich-abendländischen Traditionszusammenhang entstandenen Grund- und Menschenrechte.
  - Unabhängig von unterschiedlichen Ausprägungen gilt der Grundsatz: »Ethische Bildung und Erziehung« sowie »religiöse Bildung und Erziehung« bilden eine untrennbare Einheit. Religionen beinhalten grundlegende Sinndeutungen menschlichen Lebens und Zusammenlebens. Daraus ergeben sich fundamentale Wertsetzungen für das konkrete Handeln und dessen ethischer Reflexion. Ethik thematisiert das Problem des rechten und angemessenen Handelns, indem darüber reflektiert wird, von welchen Grundwerten aus eine Handlung beurteilt werden kann. Religionen können dazu durch ihre Sinndeutungen des Weltganzen wichtige Anstöße geben. Religionen und Ethik sind daher wechselseitig aufeinander angewiesen.

- **Ethische und religiöse Bildung und Erziehung versteht sich als ein auszuhandelnder Bereich:**
  Das Angebot ethischer und religiöser Bildung und Erziehung wird im **Team**, mit **Eltern** (vgl. § 9 Nr. 1 SGB VIII) sowie mit dem **Träger** besprochen. Ziele, Inhalte und Methoden werden dabei offen gelegt und zur Diskussion gestellt. Ein besonderes Augenmerk wird dabei auf die Bedeutung dieses Bildungs- und Erziehungsbereichs für die aktuellen Entwicklungsaufgaben des Kindes gelegt. Darüber hinaus wird den Eltern damit eine Chance zur eigenen Auseinandersetzung mit und zur Neupositionierung in einem Feld kulturellen Lebens geboten, das für die eigene Lebensgestaltung bedeutsam sein kann.

Ethische und religiöse Bildung und Erziehung hat einen festen Platz in der Bildungs- und Erziehungsarbeit in Kindertageseinrichtungen. Sie ist weder »Anhängsel« und Verlegenheitsangebot in sonst nicht nutzbaren Restzeiten noch »Krönung« der pädagogischen Arbeitsbereiche. Sie sucht von sich aus die Vernetzung mit anderen Förderschwerpunkten und geht auf die Vernetzungsangebote von Seiten dieser Schwerpunkte ein. Dabei behält sie jedoch ihre Eigenart hinsichtlich der Inhalte und Arbeitsformen bei und löst sich nicht in einem der anderen Förderschwerpunkte auf (z. B. in der ästhetischen Bildung und Erziehung oder der Umweltbildung und -erziehung).

(2) Bildungs- und Erziehungsziele im Einzelnen

Ziele im Einzelnen sind:

Mit vorfindlicher Religiosität umgehen können

- Kinder begegnen unvoreingenommen den kulturell bzw. soziologisch gegebenen Formen von Religion, Religiosität und Glaube

- Kinder kennen sowohl einige zentrale Elemente der christlich-abendländischen Kultur als auch anderer Kulturkreise, in denen Kinder ihrer Kindertagesstätte verwurzelt sind.

- Kinder setzen sich mit den vorfindlichen Formen von Religion, Religiosität und Glaube auseinander, wobei sie Unterschiede wahrnehmen und mit der Zeit in der Lage sind, sich in der Vielzahl der Phänomene zu verorten. Verorten meint hier: sich seiner Herkunft bewusst sein und zu einer positiven Identifikation damit finden.

- Kinder werden sich klar über den Stellenwert und die Bedeutung von Religion, Religiosität und Glaube für sich selbst und andere Menschen in ihrem Lebensumfeld.

Fähig sein, eigene Sinn- und Bedeutungsfragen zu artikulieren und Antwortversuche zu erproben

- Kinder nehmen ihr Leben und das sie umgebende Leben nicht nur als pure Selbstverständlichkeit hin, sondern erfahren es aus den Grundhaltungen des Staunens, Dankens und Bittens grundsätzlich als Geschenk.

- Kinder bemerken den Unterschied zwischen einer rein naturwissenschaftlichen Sicht auf Lebens- bzw. Weltphänomene (mit Schwerpunkt auf Ursache-Wirkungs-Zusammen-hängen) und einer eher hinter diese Phänomene blickende Perspektive, die nach Sinn und Bedeutung, nach dem Woher, dem Wohin und dem Wozu fragt.

- Kinder haben ausreichend Selbstbewusstsein entwickelt, sich nicht mit Erklärungen zufrieden zu geben, die sie nicht verstehen, die ihnen nicht ausreichen oder ihrer eigenen Meinung widersprechen. Sie fragen und suchen nach weiterführenden Antworten.

- Kinder sind in der Lage, sich mit anderen über offene Fragen auszutauschen und eine Untersuchungsgemeinschaft zu bilden, wobei sie zuhören können und andere aussprechen lassen, sich ansatzweise Begründungen für ihre Meinung überlegen und auf Argumente anderer eingehen.

- In ersten Ansätzen ist es Kindern möglich, die von ihnen gefundenen Antworten auf Sinn- und Bedeutungsfragen auf ihr Leben zu beziehen. Damit ist gemeint: Ihre Lebenseinstellung zu sich und ihrer Umwelt, ihre Handlungsoptionen und Perspektiven sowie ihre Grundhaltungen korrespondieren im Lauf der Zeit immer enger mit ihren Antworten auf Sinn- und Bedeutungsfragen.

Sensibel sein für Sinn stiftende ganzheitliche Erfahrungszusammenhänge

- Kinder sind mit Ritualen vertraut, die das Leben strukturieren und zu ordnen versuchen.

- Kinder kennen die Wirkung sakraler Räume, die die Erfahrung von Geborgenheit, Gemeinschaft, Ruhe, Konzentration, Perspektivenwechsel und Horizonterweiterungen vermitteln.

- Kinder erleben religiöse Feste, die darauf bezogenen Erzählungen aus Heiligen Schriften, Geschichten und Legenden sowie dazugehörige liturgische Vollzüge. Über diese Erlebnisse werden für sie auch die Zusammenhänge mit ihrem eigenen Leben deutlich, kommen eigene Hoffnungen, Wünsche und Ängste zum Ausdruck.

- Kinder erkennen sich und ihre Lebenssituation ihrem Alter entsprechend in Weisheitserzählungen der Weltkulturen sowie in den verschiedenen Formen der darstellenden und bildenden religiösen Kunst. Sie sind offen für darin enthaltene Anregungen für die eigene Lebensgestaltung.

Sich in ersten Ansätzen unterschiedlicher Wertigkeiten im eigenen Handeln bewusst sein und Orientierungspunkte entdecken.

- Kinder sind sich im Klaren darüber, was ihnen wichtig ist und worauf sie verzichten können, was ihnen Spaß macht und was sie ärgert oder verletzt.

- Kinder haben ein ausgewogenes Verhältnis zwischen der Wertigkeit ihrer eigenen Person und der Wertigkeit anderer Menschen sowie ihrer Umwelt. In diesem Zusammenhang bringen sie Mitgefühl und Einfühlungsvermögen auf.

- Kinder wissen um unterschiedliche Handlungsmöglichkeiten hinsichtlich einer bestimmten Entscheidungssituation.

- Kinder sind mit Personen aus religiösen Traditionen sowie Figuren aus Erzählungen bekannt, die bestimmte Werteordnungen in und mit ihrem Leben darstellen.

- Kinder tragen bewusst Mitverantwortung, wenn es um die Gestaltung des gemeinsamen Lebensalltags in einer Kindertagesstätte geht.

- Kinder können untereinander Konflikte aushalten und austragen. Sie sind bereit, Kompromisse zu schließen, Nachsicht zu üben, können eigene Fehler eingestehen und haben die Kraft, Misslungenes neu anzupacken. Sie verzichten auf gewaltsame Auseinandersetzung zugunsten eines verbalen Aushandelns von strittigen Punkten.

Damit wird zugleich ein elementarer Beitrag zur **Friedenserziehung** geleistet, deren Anliegen sich auch im Förderschwerpunkt ethische und religiöse Bildung und Erziehung wieder finden.

(3) Anregungen und Beispiele zur pädagogischen Umsetzung

Mit vorfindlicher Religiosität umgehen können	• Mitbringen von »heiligen« Gegenständen aus den Familien (z.B. *Rosenkranz, Buddha-Figur, Namen-Gottes-Schnur*) • Eltern, Erzieherinnen, Gäste erzählen von ihrer Religion • Einrichtung einer Meditations- und Gebetsecke • Beschäftigung mit zentralen Symbolen der Religionen (*Kreuz, Davidstern, Halbmond*), die von Mitgliedern der Kindertagesstätte repräsentiert sind • »Gemälde-Galerie« Religion: Kinder malen ihre Erfahrungen mit Religion und Glauben • Suche nach Spuren von Religion, Glauben und Religiosität in der näheren Umgebung • Als Ausdruck gemeinschaftlicher Anliegen: interreligiöses Gebet um Frieden und Gerechtigkeit mit Vertretern unterschiedlicher Religionen • Zeichnung von Gottesbildern • Photos von Gottesdiensten bei Familienfeiern (z.B. *eigene Taufe der Kinder*) • Gebete aus den in der Kindertageseinrichtung repräsentierten Religionen, die zur aktuellen Lebenssituation der Kinder passen und diese zum Ausdruck bringen

Fähig sein, eigene Sinn- und Bedeutungsfragen zu artikulieren und Antwortversuche zu erproben	• Philosophieren mit Kindern
	• Einüben von Gesprächsregeln
	• »Frageminuten«: fest vereinbarte Zeiteinheit, in der Fragen thematisiert werden können, die sich im Laufe eines Tages ergeben haben
	• Erfahrungen des Werdens und Vergehens von Leben in der Natur
	• **Schöpfungsgeschichten der Religionen**
	  – Offene Geschichten: Kinder führen teilweise erzählte Geschichten in der eigenen Phantasie weiter
	  – Bilderbücher zum Thema Sterben und Tod

Sensibel sein für ganzheitliche Erfahrungszusammenhänge	• Besuch von Kirche, Moschee, Synagoge, Tempel • Meditation • Mandala malen • Den Festkreis der eigenen Religion sowie Festkreise anderer Religionen kennen lernen; gemeinsame Erstellung eines Festkreis-Kalenders • Bewusster Tagesbeginn und Abschluss mit Besinnung, Gebet • Segensfeiern als Ausdruck des Sich-gegenseitig-Gutes-Wünschens • Geschichten aus den heiligen Schriften der Religionen, in denen Gott als Wegbegleiter, Beschützer und Hoffnungsstifter zugänglich wird • Gestaltung kleinerer (liturgischer) Feiern anlässlich einschneidender Lebenserfahrungen von Kindern (z.B. Eintritt in eine Kindertagesstätte) • Bild-Betrachtungen mit dem Schwerpunkt vertieften emotionalen Erlebens des Dargestellten

In ersten Ansätzen sich unterschiedlicher Wertigkeiten im eigenen Handeln bewusst sein und Orientierungspunkte entdecken	• Kinderkonferenz • Beschäftigung mit Heiligen der Religionen • Helden- und Heldinnen-Figuren in Märchen und Geschichten • Ethische Überzeugungen und Taten der Religionsstifter • Versöhnungsfeiern • Übernahme von Diensten in einer Kindertageseinrichtung durch die Kinder • Bewusster Umgang mit Essen, mit Natur • Dilemma-Geschichten, d.h. Geschichten mit offenem Ausgang, die die Kinder in Entscheidungssituationen führen und dazu ermutigen, eigene unterschiedliche Handlungsmodelle zu entwerfen • Lebensbedingungen von Kindern in anderen Teilen der Erde • Solidaritätsaktionen für mittellose Kinder im näheren Lebensumfeld • Einladung an Kinder aus sozial benachteiligten Familien • Empathie-Übungen (Übungen zur Förderung der Fähigkeit, sich in andere Personen hineinzuversetzen) • Spiele zum Einüben von Regeln und Frustrationstoleranz

Anregungen und Beispiele für ethische und religiöse Bildung und Erziehung in Kindertageseinrichtungen

(4) Weitere Hilfen zur Vertiefung

Beer, P. (Hrsg.). (2003a). Reihe: Religion in der KITA. München: Don Bosco.
Beer, P. (2003b). Wozu brauchen Erzieherinnen Religion? München: Don Bosco.
Biesinger, A. (1994). Kinder nicht um Gott betrügen. Anstiftung für Mütter und Väter. Freiburg: Herder (4.Aufl.).
Harz, F. (2001). Ist Allah auch der liebe Gott? Interreligiöse Erziehung in der Kindertagesstätte. München: Don Bosco.
Harz, F. (1990). Biblische Geschichten. Eine Anleitung zum Erzählen. Landesverband evang. Kindertagesstätten in Bayern (Arbeitshilfe 1).Nürnberg.
Harz, F. & Goecke-Seischab, M. (2001). Komm, wir entdecken eine Kirche. Räume erspüren, Bilder verstehen, Symbole erleben. Tipps für Kindergarten, Grundschule, Familie. München: Kösel.
Hugoth, M. (2003). Fremde Religionen – fremde Kinder? Leitfaden für interreligiöse Erziehung. Freiburg: Herder.
Kaldhol, M. & Oyken, W. (1987). Abschied von Rune. München: Ellermann.
Kaufmann-Huber, G. (1995). Kinder brauchen Rituale. Freiburg: Herder.
Krenz, A. (2002.). Wie Kinder Werte erfahren. Wertvermittlung und Umgangskultur in der Elementarpädagogik. Freiburg: Herder.
Maschwitz, G. & R. (1997). Gemeinsam Stille entdecken. München: Kösel (2.Aufl.).
Olbrich, H. (1998). Abschied von Tante Sofia. Lahr: Ernst Kaufmann.
Scheilke, C. & Schweitzer, F. (Hrsg.). (1999). Kinder brauchen Hoffnung. Religion im Alltag des Kindergartens. Gütersloh.
Schindler, R. (1999). Zur Hoffnung erziehen. Gott im Kinderalltag. Lahr: Ernst Kaufmann.
Schweitzer, F. (2000). Das Recht des Kindes auf Religion. Ermutigungen für Eltern und Erzieher. Gütersloh.

Schwikart, G. (1996). Gott hat viele Namen. Kinder aus aller Welt erzählen von ihrem Glauben. Düsseldorf: Patmos.
Varley, S. (1984). Leb wohl, lieber Dachs. München: Annette Beltz.
Wagemann, G. (1996). Feste der Religionen – Begegnung der Kulturen. München: Kösel.
Weidinger, N. (1988). Meine schönsten Kindergebete. Kinder sprechen mit Gott. Augsburg: Weltbild (2.Aufl.).
Zink, H. & J. (1986). Wie Sonne und Mond einander rufen. Gespräche und Gebete mit Kindern. Stuttgart: Kreuz (5.Aufl.).
Zink, H. & J. (1985). Gebete für Kinder. Stuttgart: Kreuz.

II–3.2.2 Sprachliche Bildung und Förderung

(1) Zielformulierung, Leitgedanken

- **Sprachliche Bildung** beginnt bereits in den ersten Wochen und ist ein kontinuierlicher und langfristiger Prozess. Sprachförderungskonzepte benötigen langfristige Perspektiven und Strategien. Kurzfristige Programme, die schnelle Erfolge versprechen, können meist keine längerfristigen Veränderungen bewirken.

- **Kinder lernen die Sprache am besten im persönlichen Kontakt** mit einer ihnen zugewandten Bezugsperson. Das Gespräch gehört zu den wichtigsten Formen der Sprachförderung:
  – Kinder lernen Sprache in der Beziehung zu Personen, die ihnen wichtig sind, und im Versuch, die Umwelt zu verstehen. Sprachförderung im Elementarbereich muss diese Einbettung von Sprache in (a) persönliche Beziehungen und Kommunikation und (b) Handlungen, die für Kinder Sinn ergeben, berücksichtigen und nutzen.
  – Die pädagogische Fachkraft ist für Kinder ein Sprachvorbild, und zwar in mehrfacher Hinsicht: in ihrem Sprachgebrauch, in ihrer Haltung gegenüber sprachlicher Kommunikation und »Sprache« sowie in ihrer Einstellung gegenüber Dialekten und anderen Sprachen.
  – Non-verbale Aspekte von Kommunikation sind ein wesentliches Element von Kommunikation und Spracherwerb. Zu einer sprachfördernden »Atmosphäre« gehört die differenzierte Wahrnehmung und Förderung auch der non-verbalen Signale und Ausdrucksformen von Kindern.
  – Beim Spracherwerb ist das Kind selbst aktiv, es bildet aus der Fülle der Eindrücke langsam ein System von Regeln, ein »Wissen«, wie Sprache aufgebaut ist. Für die Sprachförderung bedeutet dies: Ein Kind braucht vielfältige sprachliche Anregungen im Dialog, in Situationen, die sein

Interesse wecken. Die Sprache darf nicht allzu »kindlich« und vereinfacht sein; das gezielte »Einüben« von »korrekten Sätzen«, die Kinder nachsprechen sollen, ist langfristig wenig förderlich.

- **»Literacy-Erziehung«** ist ein zentraler Bestandteil von sprachlicher Bildung. Es gibt hierfür keinen entsprechenden deutschen Begriff. Bezogen auf die frühe Kindheit sind damit vor allem kindliche Erfahrungen rund um Buch-, Erzähl- und Schriftkultur gemeint. Dieser Bereich muss im Elementarbereich stärker als bisher einen Schwerpunkt bilden. Literacy-Erziehung beginnt bereits in den ersten drei Lebensjahren:
  - Für die kindliche Sprachentwicklung sind die früh einsetzende dialogorientierte Bilderbuch-Betrachtung, das Vorlesen und Erzählen von besonderer Bedeutung. So steigert z. B. regelmäßiges Vorlesen das Sprachinteresse der Kinder. Es fördert nicht nur den Spracherwerb, sondern wirkt sich längerfristig auch auf das Lesenlernen und die Leselust, das Zuhörenkönnen und die Konzentrationsfähigkeit sowie auf das mathematische und naturwissenschaftliche Denken positiv aus.
  - Kinder sollen auch im Elementarbereich vielfältige spielerische Begegnungen mit Schrift und Schriftkultur haben.

- Die **Wertschätzung und Förderung von Zwei- und Mehrsprachigkeit** gehört wesentlich zur sprachlichen Bildung. Mehrsprachige Förderung und »Deutschlernen« sind kein Widerspruch, im Gegenteil: Es sind Zielsetzungen, die sich gegenseitig ergänzen. Kinder, die mehrsprachig aufwachsen, haben spezifische Fähigkeiten und Entwicklungsverläufe, die pädagogisch berücksichtigt und genutzt werden müssen. Zwei- oder mehrsprachige Fachkräfte sind besonders geeignet, eine mehrsprachige Orientierung bei Kindern zu fördern. Gegenüber den Eltern und Kindern muss die Wertschätzung der Familiensprachen deutlich werden – dies betrifft nicht nur »Hochsprachen« oder Amtssprachen, sondern auch die jeweiligen Dialekte:
  - Eine konsequente zweisprachige Erziehung der Kinder erfordert bestimmte Rahmenbedingungen, möglichst den Einsatz zweisprachiger Fachkräfte, und ein auf zwei Sprachen ausgerichtetes pädagogisches Konzept.

- Bei Kindergruppen mit hohem Anteil von sprachlich und sozial benachteiligten Kindern sowie nicht deutsch sprechenden Migrantenkindern bedarf es einer intensiveren und individuelleren sprachlichen Förderung. Erforderlich sind:

- Eine stärkere Betonung von Kleingruppenarbeit (3 bis 5 Kinder) möglichst täglich
- Mehr Einzelförderung
- Intensivere Literacy-Erziehung und Elternarbeit
- Eine stärkere Öffnung der Tageseinrichtung für semiprofessionelle Kräfte und ehrenamtliche Kräfte (z. B. Vorlese-Paten).

• Grundlage einer gezielten und differenzierten Sprachförderung ist die systematische **Begleitung der Sprachentwicklung** eines jeden Kindes durch regelmäßige Beobachtung und Dokumentation.

• Die **Familie ist für die Sprachentwicklung des Kindes ganz wesentlich.** Für die pädagogischen Fachkräfte wichtig sind:
- Eine Haltung des Interesses und der Wertschätzung gegenüber den Sprachen und Sprachgewohnheiten in der Familie des Kindes
- Die fortlaufende Information der Eltern über die Sprachentwicklung ihres Kindes und über das Sprachförderungskonzept der Einrichtung
- Eine aktive Zusammenarbeit mit und Einbeziehung der Familie in Prozesse und Aktivitäten im Bereich der sprachlichen Bildung.

(2) Bildungs- und Erziehungsziele im Einzelnen

Die Förderung der zuerst genannten Ziele beginnt im ersten und zum Teil im zweiten Lebensjahr und setzt sich kontinuierlich (mit entsprechender Ausdifferenzierung) bis zum Schulalter fort. Bei der **Sprachförderung der 4- bis 6-jährigen Kinder** sind weitere Ziele zu beachten:

Ziele für Kinder von 0 bis 6 Jahre

• Förderung der Fähigkeit, sich sprachlich mitzuteilen und mit anderen auszutauschen
- Entwicklung von Sprechfreude und Interesse am Dialog
- Entwicklung von Freude an Lautspielen
- Entwicklung vielfältiger non-verbaler Ausdrucksformen (Körpersprache, Mimik, usw.)
- Fähigkeit, aktiv zuzuhören
- kontinuierliche Erweiterung und Ausdifferenzierung von Wortschatz, Begriffsbildung, Lautbildung und Satzbau (im Verstehen und im Sprechen)

- Fähigkeit und Motivation, Gefühle und Bedürfnisse auch sprachlich auszudrücken
- Entwicklung der Fähigkeit zum Dialog (z. B. auf die Äußerungen von anderen eingehen, Gesprächszeiten von anderen respektieren)
- Entwicklung von »Verhandlungsstrategien« – das heißt u. a., dass Kinder lernen, Interessengegensätze und Konflikte zunehmend sprachlich auszuhandeln
- Entwicklung einer sprachlich-kulturellen (auch mehrsprachigen) Identität.

• Förderung von Interesse an »Sprache«
- Aufmerksamkeit und Interesse an sprachlichen Mitteilungen
- Neugierde und Lust auf »andere« Sprachen
- Interesse an Bilderbüchern und Geschichten
- Interesse an Wort- und Lautspielen, Reimen und Gedichten.

Zusätzliche Ziele für Kinder von 4 bis 6 Jahre

• Förderung der Fähigkeit zu sprachlicher Abstraktion und Gestaltung
- Verständnis und Gebrauch von nicht-situativ gebundener Sprache, d. h. sprachlicher Mitteilungen, die sich nicht auf die unmittelbare Situation beziehen oder auf etwas, das beiden Gesprächspartnern vertraut ist (z. B. Erzählungen vom Urlaub, Erklärungen von »abstrakteren« Zusammenhängen)
- Textverständnis und Erzählkompetenz – Kinder sollen lernen, einer längeren Darstellung oder Erzählung zu folgen und selbst eine Geschichte zusammenhängend zu erzählen. Hier geht es darum, mit Sprache Zusammenhänge und Abfolgen herzustellen und Bilder zu schaffen.

• Förderung von Sprachbewusstsein und sprachlichem Selbstbewusstsein
- Bewusstsein für Sprache als »Sprache« (z. B. Umschreibung, wenn »einem ein Wort nicht einfällt«; aus dem Zusammenhang die Bedeutung eines Wortes erschließen; überlegen »Was ist ein Satz?«; verschiedene Sprachen vergleichen)
- differenziertes Bewusstsein für Laute (z. B. Anfangslaute oder Endreim)
- Kenntnis verschiedener Sprachstile (Alltagsgespräch, Märchen, Höflichkeitsregeln)
- Aneignung und flexible Nutzung verschiedener Sprachstile oder auch verschiedener Sprachen; dies beinhaltet u. a. die Fähigkeit, zwischen

verschiedenen Sprachstilen und verschiedenen Sprachen situationsangemessen zu wechseln
– Respekt und Wertschätzung von anderen Sprachen und Sprachgewohnheiten.

- Förderung von Interesse an Schrift und an »spielerisch-entdeckendem« Schreiben
  – Interesse an Schrift als Bedeutungsträger, spielerische Entdeckung von Buchstaben
  – Interesse am »Schreiben«, das Erlebnis, den eigenen Namen zu schreiben, der spielerische, entdeckende Umgang mit Schrift und Schreiben.

(3) Anregungen und Beispiele zur pädagogischen Umsetzung

Systematische Begleitung der Sprachentwicklung von Kindern durch gezielte Beobachtung und Dokumentation

Eine wichtige Grundlage für eine differenzierte Sprachförderung ist die systematische **Begleitung kindlicher Entwicklung von Sprache und Literacy:**

- Von Anfang an soll die Sprachentwicklung gezielt beobachtet und dokumentiert werden (und nicht erst ein Jahr vor der Schule).

- Wichtig ist eine Perspektive, die fragt: »Wie läuft im Einzelnen die sprachliche Bildung dieses Kindes in der Einrichtung, wie ist das Sprachniveau dieses Kindes?« – im Unterschied zu einer Perspektive, die nur fragt: »Hat das Kind vielleicht eine Sprachstörung?«.

- Die Beobachtungen sollten das Sprachverhalten des Kindes möglichst konkret in spezifischen sprachanregenden Situationen und pädagogischen Aktivitäten erfassen (z. B. im Einzelgespräch, im Gruppengespräch, bei einer Bilderbuchbetrachtung, beim Vorlesen). Damit wird Beobachtung eng verknüpft mit pädagogischen Aktivitäten und sie bietet dann konkrete Anhaltspunkte für eine Differenzierung und Verbesserung des pädagogischen Angebots.

- Eines der Verfahren, das sich für die Begleitung der Sprachentwicklung für Migrantenkinder besonders eignet, ist der **Beobachtungsbogen Sismik** (*Sprachverhalten und das Interesse an Sprache bei Migrantenkindern im*

Kindergarten). Er schärft auch den Blick für die Sprachentwicklung bei den deutschen Kindern.

Sprachanregende Aktivitäten

Die Atmosphäre

Sprache ist Bestandteil von Kommunikation und alltäglichen Handlungen. Sprachförderung erfordert zunächst eine Atmosphäre zu schaffen, in der Kinder Wertschätzung erfahren und in der sie angstfrei, unbeschwert und lustvoll sprechen, zuhören und ihre Sprache weiterentwickeln können – im Kontakt mit anderen Kindern und im Kontakt mit Erwachsenen. Zu einer **sprachfördernden Atmosphäre** gehören auch non-verbale Aspekte von Kommunikation (Augenkontakt, Mimik, Gestik, Körperhaltung, Stimmlage, Ton, Satzmelodie), wobei nicht nur die non-verbalen Signale von Kindern, sondern auch die eigene Körpersprache der ErzieherInnen zu reflektieren sind (z. B. Videoaufzeichnung, kollegiale Beobachtung).

Das Gespräch

Das Gespräch gehört zu den wichtigsten und elementarsten Formen der Sprachförderung, und zwar für alle Altersgruppen. Besonders zu berücksichtigen dabei sind:

Sprachförderliches Gesprächsverhalten der ErzieherInnen

Diese Dimension von Sprachförderung ist sehr subtil und für ErzieherInnen oft nur schwer zu fassen. Im Folgenden einige **Leitfragen**:

- Wird das Kind als Gesprächspartner ernst genommen (aktives Zuhören, neugierig sein auf die Mitteilung des Kindes, offenes Fragen)? Oder: Wird das Kind als unmündiges und hilfloses Wesen gesehen, das die Sprache lernen muss (belehren, verbessern, geschlossene Fragen)?

- Ist die Sprechweise der Bezugsperson authentisch und natürlich? Oder: Hat sie oft einen nicht-authentischen und »didaktisierenden« Sprech- und Kommunikationsstil?

- Wird im Alltag das Prinzip der einfühlsamen Erweiterung (»Expansion«) kindlicher Äußerungen zugrunde gelegt, d. h., werden die kindlichen Äußerungen aufgegriffen und angereichert bzw. weitergeführt? Bei »inkorrekten« Formulierungen von Kindern bedeutet dies z. B.: Wenn ein Kind sagt »mag die Auto«, dann sollte die Fachkraft nicht einfach das Korrekte wiederholen »magst du das Auto?«, sondern nachfragen: »magst du das kleine Auto oder das große Auto? Welches Auto gefällt dir besser?«

Sprachvorbild für Kinder zu sein bedeutet für ErzieherInnen:

- Sie bemühen sich um die sprachliche Begleitung alltäglicher Handlungen, um deutliches, einfühlsames und variationsreiches Sprechen.

- Wichtig bei Gesprächen mit Kindern ist, sich nicht allzu sehr auf das unmittelbar Anstehende und Praktische zu beschränken, sondern möglichst viele erklärende und erzählende Elemente einzubauen.

Vielfältige Gesprächsanlässe im pädagogischen Alltag

Es muss viel **Raum und Zeit für Gespräche geben.** Einige Fragen dazu:
- Wird der Tagesablauf so organisiert, dass die ErzieherInnen Zeit für Einzelgespräche und Kleingruppengespräche mit Kindern haben?
- Werden Gespräche zwischen Kindern angeregt?
- Gibt es genug Rückzugsmöglichkeiten für ein ruhiges Gespräch?
- Ist der Geräuschpegel oft sehr hoch?
- Werden Kinder angeregt zu sprachbezogenen, sozialen Rollenspielen?
- Gibt es regelmäßige Gesprächs- und Diskussionsrunden?

Literacy-Erziehung

Der Bereich der **Literacy-Erziehung** muss stärker betont werden als bisher. Frühe Literacy-Erziehung steht für vielfältige Erfahrungen und Lernchancen rund um Buch-, Erzähl- und Schriftkultur, Erfahrungen, die für die Sprachentwicklung, spätere Lesekompetenz und Bildungschancen von Kindern von großer Bedeutung sind. In Einrichtungen mit einem hohen Anteil von sprachlich und sozial benachteiligten Kindern soll mit Blick auf mehr Chancengleichheit dieser Bereich besonders betont werden. Eine bewusste Literacy-Erziehung muss stets die Eltern und die Familiensprachen der Kinder mit einbeziehen. Zur Literacy-Erziehung in Kindertageseinrichtungen gehören:

Bilder- und Sachbücher, Märchen und Erzählungen

Die Bilderbuch-Betrachtung, das Erzählen und Vorlesen sind die **Kernelemente von Literacy-Erziehung**. Diesen Aktivitäten ist bereits bei unter 3-Jährigen ein hoher Stellenwert einzuräumen:

- Die **Bilderbuch-Betrachtung** soll dialogorientiert sein, in der Kleingruppe oder auch als Einzelfördermaßnahme angeboten werden. Wichtig ist die Aktivierung des Kindes in der Weise, dass es allmählich selbst zum Erzähler der Geschichte wird und auch die Freiheit hat, eigene Kommentare und Erfahrungen beizusteuern.

- Bilderbuch-Betrachtung, Erzählen und Vorlesen müssen einen weit höheren Stellenwert als bisher erhalten und nach Möglichkeit **täglich angeboten** werden. Auch Aktivitäten rund um das Buch (z. B. regelmäßige Buchausleihe nach Hause, Bilderbuchausstellungen in verschiedenen Sprachen) sollen Regelangebot sein.

- Die Lese- und Bilderbuchecke muss klar abgegrenzt und ruhig und für Kinder at-traktiv gestaltet sein

Rollenspiele, szenisches Spiel, Theater

Soziale (sprachbetonte) Rollenspiele, Handpuppenspiel, Theater spielen, Theaterbesuche, szenische Lesungen – all diese Aktivitäten sind regelmäßig und oft anzubieten; sie regen die Sprachentwicklung und das Interesse an Sprache und Literatur an.

Spielerische und »entdeckende« Erfahrungen mit Schreiben und Schrift

Viele Gruppenräume in Kindertageseinrichtungen sind bisher nahezu »schriftfrei«. Die Begegnung mit Schrift und Schriftkultur zählt aber auch im Elementarbereich zur sprachlichen Bildung. Es gilt, das Interesse an Schrift und Schreiben zu wecken oder zu verstärken, und zwar im Sinne eines entdeckenden, spielerischen Zugangs. Für sozial benachteiligte Kinder, die zu Hause wenig Kontakt mit Schrift und Büchern haben, sind diese Lernchancen von besonderer Bedeutung. Beispiele für Aktivitäten sowie Raumgestaltung und Materialen enthält die nachstehende Tabelle.

Schrift und Schreiben	Beispiele
Aktivitäten	• Schilder auf der Straße oder kurze Werbespots entziffern • Stets wechselnde Plakate in der Einrichtung erkennen • Anweisungen beim Computerspiel »entziffern« • Schriftzeichen aus anderen Kulturen kennen lernen • Den eigenen Namen schreiben • Plakate herstellen • »Briefe« an Freunde schicken
Raumgestaltung und Materialien	• Kinder haben eine »Schreibecke« • Buchstaben, attraktiv aufbereitet, sind für Kinder zugänglich • An den Wänden des Gruppenraums sind stets wechselnde Logos • Es gibt Schriftstücke und Plakate, auch in den Familiensprachen der Kinder

Beispiele für Aktivitäten, Raumgestaltung und Materialien

Einbeziehung der Eltern in die Literacy-Erziehung

Die Einbeziehung der Eltern ist für die Sprachentwicklung des Kindes sehr förderlich. Zudem ergeben sich dabei vielfältige Möglichkeiten, den Kontakt und Austausch zwischen Familie und Einrichtung konkret und kreativ zu gestalten. Beispiele sind:
- Familienangehörige kommen regelmäßig zum Vorlesen in die Einrichtung.
- Erzählungen der Kinder werden schriftlich festgehalten und als Büchlein den Kindern nach Hause mitgegeben.
- Es gibt ein »Geschichtenfest« mit (mehrsprachigen) Beiträgen von Eltern und Kindern.
- Eine Eltern-Kind Theatergruppe wird gegründet.
- Bilderbuch-Ausleihe nach Hause: Jede Einrichtung soll einen Bestand von deutsch-, zwei- und auch fremdsprachigen Bilderbüchern und Tonkassetten (bzw. CDs) haben, die regelmäßig nach Hause ausgeliehen werden.

Wertschätzung und Förderung von Zwei- und Mehrsprachigkeit

Kindertageseinrichtungen benötigen ein **Sprachförderungskonzept**, das mehrsprachiges Aufwachsen nicht als Risiko und Ausnahmefall, sondern als Chance und Normalfall betrachtet. Erst dann können auch Kinder eine positive Haltung zur Mehrsprachigkeit entwickeln. Welche Einstellungen Kinder zu ihren Familien- und anderen Sprachen entwickeln, ist heute keine

Frage des Fremdsprachen-Unterrichts, sie gehört in den Alltag von Kindern in Tageseinrichtungen.

Die Familiensprachen der Kinder in der Tageseinrichtung

Bisher sind die Familiensprachen der Kinder meist nur »informell« unter Kindern gegenwärtig, nicht aber im pädagogischen Angebot. Eine »öffentliche«, für die Kindergruppe konkret erfahrbare Wertschätzung von Mehrsprachigkeit durch die Bezugspersonen ist eine wesentliche Aufgabe sprachlicher Bildung. Dazu gehört auch die aktive Einbeziehung von Eltern und Familienangehörigen. Im Folgenden einige **Fragen, die den Stellenwert der Familiensprachen im pädagogischen Alltag konkretisieren:**

- Gibt es originalsprachige Materialien in den Familiensprachen der Kinder bzw. mehrsprachige Materialien?
Gibt es z. B. entsprechende Tonkassetten mit Liedern und Erzählungen, Videokassetten, Bilderbücher, Computerspiele? Wie oft und wie werden diese angeboten? Sind sie für Kinder zugänglich? Werden diese Materialien von Kindern regelmäßig nach Hause ausgeliehen? Werden Kinder (und Eltern) gebeten, entsprechende Materialien von zu Hause mitzubringen?

- Wie werden zweisprachige Fachkräfte eingesetzt?
Werden die zweisprachigen Fachkräfte im Gesamtteam integriert? Fördern sie nur die Kinder derselben Sprachgruppe oder wird auch die sprachliche Neugierde, das Sprachbewusstsein insgesamt mit den fremdsprachigen Fachkräften gefördert?

- Was wissen pädagogische Fachkräfte über Zweitspracherwerb und über das zwei- und mehrsprachige Aufwachsen von Kindern?
Welche Grundkenntnisse sind vorhanden (z. B. über sog. Standardabweichungen von Kindern, die Kinder beim Zweitspracherwerb durchlaufen / sinnvolle Formen des »Feedbacks« bei sog. Fehlern / natürliche Formen der Sprachmischung und des Sprachwechsels oder auch der tatsächlich fehlenden Trennungsfähigkeit)?

- Werden Migranteneltern oder sonstige zwei- und mehrsprachige Angehörige in die Gestaltung des pädagogischen Angebots der Einrichtung aktiv einbezogen?
Werden Eltern, Geschwister oder Freunde aus der jeweiligen Sprachgruppe gebeten, in der Einrichtung ein pädagogisches Angebot mitzugestalten

(z. B. vom Lied über eine Erzählung bis hin zum mehrsprachigen Theaterstück)? Wie häufig passiert so etwas? Werden auch Dialekte respektiert und einbezogen?

All diese Aktivitäten sind so zu gestalten, dass sie für Migrantenkinder eine Wertschätzung ihrer Familiensprache und -kultur bedeuten und gleichzeitig für alle Kinder Lernchancen eröffnen in Sinne einer Förderung von kultureller Aufgeschlossenheit, sprachlicher Neugierde, Sprachbewusstsein.

Zweisprachige Erziehung der Kinder

Voraussetzung für die zweisprachige Erziehung der Kinder in Tageseinrichtungen ist der Einsatz zwei- bzw. mehrsprachiger Kräfte (Fachkräfte, die hauptamtlich in der Gruppe sind; semi-professionelle Honorarkräfte) sowie die Gleichberechtigung und gleichmäßige Gewichtung beider Sprachen.

»Englisch im Kindergarten«: authentische und interkulturelle Begegnungen

- Ein fremdsprachiges Angebot ein- bis zweimal wöchentlich ist kein fundiertes Konzept für den Erwerb einer »Zweitsprache«, dies kann ein solches Angebot nicht leisten. Gleiches gilt für Versprechen im Stil von »20 Wörter in 4 Wochen«, die vor allem Eltern locken sollen. Vokabeln lernen Kinder schnell, aber sie vergessen sie auch sehr schnell. Die Begegnung mit einer Fremdsprache wird hier zu einem eher mechanischen Lernpensum und nicht zu einer interkulturellen und sprachlichen Erfahrung.

- Die Begegnung mit einer Fremdsprache ist so zu gestalten, dass sie die **kindliche Neugierde und Lust an der Sprache** anregt:
  - Da gerade bei jungen Kindern die Fähigkeit zur Lautbildung besonders ausgebildet ist, sollten Fremdsprachen nur von Personen vermittelt werden, die diese Sprache weitgehend »akzentfrei« sprechen, oder auf der Grundlage originalsprachiger Materialien (z. B. Tonkassetten mit Dialogen und Liedern).
  - Beim Einsatz fremdsprachiger Materialien (z. B. Tonkassetten) durch deutschsprachige ErzieherInnen sollte dieser »Respekt« vor der Originalsprache Kindern vermittelt werden. Eine deutsche Erzieherin, die nicht fließend Englisch spricht, sollte beim Vorspielen einer englischsprachigen Tonkassette den Kindern deutlich machen, dass nun auch sie eine Lernende ist (und nicht eine Lehrende und Wissende) – eine Lernende, die z. B. genau »hinhört«, um die korrekte Aussprache zu lernen.

- Langfristigere Lernmotivation und Sprachentwicklung sind bei Kindern in der Regel an authentische Sprechanlässe gebunden: Wenn Kinder das Gefühl haben, dass sie die Sprache für die Kommunikation brauchen, dass sie »was bringt«, um mit einem anderen Kind oder Erwachsenen (z. B. ausländische Erzieherin) zu sprechen oder zu spielen, dann werden sie diese viel schneller lernen. Mit einer deutschen Erzieherin Englisch zu sprechen ist für ein Kind auf Dauer widersinnig. So ist es sinnvoller, zusätzlich englischsprachige Fachkräfte bzw. Eltern für diese Aktivitäten einzusetzen.
- Wenn sich eine Tageseinrichtung für ein fremdsprachiges Angebot entscheidet, dann soll diese Chance allen Kindern angeboten werden – dem öffentlichen Bildungsauftrag von Tageseinrichtungen entsprechend.

(4) Weitere Hilfen zur Vertiefung

Literacy-Erziehung und sprachliche Bildung

Stiftung Lesen. Kinder wollen Bücher: Ideen, Projekte, Erfahrungen zum spielerischen Umgang mit Büchern im Kindergarten. Mainz. (Videokassette).
Eine sehr anschauliche und lebendige Präsentation von verschiedenen Aktivitäten rund ums Buch

Ulich, M. (2003a). Literacy – sprachliche Bildung im Elementarbereich. Kindergarten heute, (3), 6–18.
Hier wird das Konzept der Literacy-Erziehung in der frühen Kindheit aufgefächert. Anhand von verschiedenen Literacy-Aktivitäten wird dargelegt, welche Lernchancen im Einzelnen mit der Aktivität verbunden sind, und wie dieser Lernprozess bei Kindern unterstützt werden können.

Ulich, M. (in Druck, 2003b). Lust auf Sprache. Sprachliche Bildung und Deutsch lernen im Kindergarten. Videokassette mit Begleitheft. *Dieses Produkt ist in Arbeit und wird voraussichtlich Ende 2003 erscheinen.*
Dies ist ein Lehrfilm (für Aus-, Fort- und Weiterbildung von pädagogischen Fachkräften). Er gliedert sich in verschiedenen klar abgegrenzte Einheiten zum Thema Deutsch lernen und Sprachliche Bildung im Kindergarten. Besonders betont werden Aktivitäten rund um Literacy. Im Begleitheft werden gezielte Hinweise für die Beobachtung des Sprachverhaltens und für eine Förderung gegeben.

Whitehead, M. (in Druck, 2003). Literacy: Sprachliche Grundbildung und Schriftsprachkompetenz in der frühen Kindheit. In Fthenakis, W.E. & Oberhuemer (Hrsg.). Frühpädagogik international. Bildungsqualität im Blickpunkt. Opladen: Leske & Buderich.
Eine umfassende Darstellung zur Entwicklung von Literacy in der frühen Kindheit.

Sprachförderung in mehrsprachigen Kindergruppen, Wertschätzung von Mehrsprachigkeit
(➔ auch **II–3.1.3**)

Am Staatsinstitut für Frühpädagogik (IFP) wurde ein Ansatz entwickelt, der versucht, die Präsenz und Wertschätzung unterschiedlicher Sprachen für Kinder konkret erfahrbar zu machen. Dieser Ansatz wurde in verschiedenen Publikationen begründet – mit zahlreichen praktischen Anregungen und Materialien (Artikel in Fachzeitschriften, Praxisbücher, Tonkassetten und Videokassetten mit Begleitheften). Siehe z. B.:

Ulich, M., Oberhuemer, P. & Reidelhuber, A. (Hrsg.) (1995). Der Fuchs geht um... auch anderswo. Ein multikulturelles Spiel- und Arbeitsbuch. Weinheim: Beltz (5. überarb. Aufl.).
Ulich, M., Oberhuemer, P. (Hrsg.) unter Mitarbeit von Reidelhuber, A. (1994). Es war einmal, es war keinmal... Ein multikulturelles Lese- und Arbeitsbuch. Weinheim: Beltz (3. überarb. Aufl.) (Book on Demand).
Ulich, M., Oberhuemer, P. & Soltendieck, M. (2001). Die Welt trifft sich im Kindergarten. Interkulturelle Arbeit und Sprachförderung. Weinheim: Beltz.
Ulich, M, Oberhuemer, P. & Soltendieck, M. (2000). Interkulturelle Arbeit und Sprachförderung in Kindertageseinrichtungen. Bayerisches Staatsministerium für Arbeit und Sozialordnung, Familie, Frauen und Gesundheit (Hrsg.). München: StMAS.
Ulich, M. (2000a). Mehrsprachigkeit in Kindertageseinrichtungen – Leitfragen für die Praxis. *In H. Colberg-Schrader & P. Oberhuemer (Hrsg.). Qualifizieren für Europa (S.106–116). Jahrbuch 5 des Pestalozzi-Fröbel-Verbandes. Baltmannsweiler: Schneider.*
Ulich, M. (2000b). Fremdsprache im Kindergarten? Plädoyer für eine bewusstere Sprachkultur. *Welt des Kindes,. (5) und Unsere Kinder, (5).*
Ulich, M. (1999). Sprachförderung in mehrsprachigen Kindergruppen – Fachkräfte zwischen Anspruch und Wirklichkeit. *Kita aktuell (BY), 11(4), 83–87 und BW. 8(7/8), 157–161*

Kooperation mit Eltern in mehrsprachigen Gruppen, Materialien für Eltern

Arbeitskreis Neue Erziehung e.V. Türkisch-deutsche Elternbriefe. Bezug: ANE – Arbeitskreis Neue Erziehung e.V., Boppstraße 10, 10967 Berlin.
Zweisprachige Elternbriefe zu den unterschiedlichsten Themen (Trotz, Sprache, usw.)
Montanari Burkhardt, E. (2000). Wie Kinder mehrsprachig aufwachsen. Ein Ratgeber. Verband binationaler Familien und Partnerschaften (Hrsg.). Frankfurt a.M.: Brandes und Apsel.
Ein umfassender Ratgeber zum Thema Mehrsprachigkeit in der Familie.
Kühn, S. (2001). Über die Grenzen schauen – Bericht über ein deutsch-niederländisches EU-Projekt zum Thema Mehrsprachigkeit und Elternarbeit im Elementarbereich. *KiTa spezial, Perspektivenvielfalt anerkennen – Interkulturelles Lernen in der Kindertageseinrichtung, (3) 49–51.*
Hier wird ein interessantes Projekt aus den Niederlanden vorgestellt, das die Bereiche Kindergarten-Migranteneltern vernetzt – mit sehr konkreten Anregungen für Eltern; die Schaltstelle sind bilinguale Frauen aus dem Stadtteil, die geschult werden, und die dann in die Familien gehen und gleichzeitig mit der Kindertageseinrichtung zusammenarbeiten.

Beobachtung und Dokumentation des Sprachverhaltens

Ulich, M. & Mayr, T. (2003). Beobachtungsbogen Sismik: Sprachverhalten und Interesse an Sprache bei Migrantenkindern in Kindertageseinrichtungen. 10 Bögen mit Begleitheft. Freiburg: Herder.

Mit diesem **Bogen** können Fachkräfte die Sprachentwicklung von Migrantenkinder von 3½ Jahren bis zum Übergang in die Schule systematisch beobachten und dokumentieren. Der Bogen erfasst verschiedene Dimensionen von Sprache, einschließlich Literacy. Er gibt Auskunft über die Sprachkompetenz und über die Sprachlernmotivation eines Kindes, über seine sprachbezogenen Interessen. Die Beobachtungen beziehen sich auf ganz konkrete Aktivitäten im Kindergarten und sie geben der Fachkraft ein konkretes Feedback zur Qualität des pädagogischen Angebots. Im Manual werden Hinweise zum Einsatz und zur Auswertung der Beobachtungen gegeben.

Verschiedene Aspekte von Sprachförderung

Jampert, K. (2002). Schlüsselsituation Sprache. Spracherwerb im Kindergarten unter besonderer Berücksichtigung des Spracherwerbs mehrsprachiger Kinder. DJI-Reihe. Opladen: Leske & Budrich.
Ein sehr gründliches und umfassendes Buch über Spracherwerb.
Küspert, P. & Schneider, W. (2000). Hören, lauschen, lernen: Sprachspiele für Kinder im Vorschulalter. Göttingen: Vandenhoeck & Ruprecht.
Ein Trainingsprogramm zur Schulung von phonologischer Bewusstheit.

II–3.2.3 Mathematische Bildung

(1) Zielformulierung, Leitgedanken

- Bereits vor dem Schuleintritt muss die **Förderung kognitiver Fähigkeiten** bei Kindern auch Inhalte betreffen, die für die Entwicklung mathematischer Kompetenz bedeutsam sind. Es gilt, bei allen Kindern, Mädchen wie Jungen, die vorhandene Neugier und den natürlichen Entdeckungsdrang auch hinsichtlich des Umgangs mit Zahlen, Mengen und geometrischen Formen für die Aneignung mathematischer Vorläufer-Kenntnisse und -Fähigkeiten zu nutzen.

- Über mathematische Inhalte und Gesetzmäßigkeiten können Kinder die Erfahrung von Beständigkeit, Verlässlichkeit und Wiederholbarkeit machen. Diese Erfahrung von Stabilität ist gerade für **sozial benachteiligte Kinder** wichtig für die eigene psychische Stabilisierung.

- Der Zugang der Kinder zur Mathematik erfordert **differenzierte Lernarrangements** in Tageseinrichtungen. Entscheidend ist dabei nicht das Ausmaß solcher Angebote, sondern der bewusste Umgang mit mathematischen Inhalten; vieles, mit dem Kinder spielen und was sie bearbeiten,

beinhaltet mathematische Vorerfahrungen, die möglicherweise nicht als solche bewusst wahrgenommen werden:
- Bei der Förderung geht es nicht nur um die Entwicklung des Zahlbegriffs, sondern auch um typische mathematische Denkweisen. Dabei sollen Kinder mathematische Inhalte unverfälscht erfahren.
- Die Betrachtung geometrischer Objekte und Beziehungen leistet einen wichtigen Beitrag für die Entwicklung der Fähigkeit, die eigene Lebens- bzw. Erfahrungsumwelt zu erschließen. Ein Kernaspekt der Umwelt ist ihre vorwiegend geometrische Struktur, die ohne die Kompetenz zur Raumvorstellung und zur visuellen Informationsaufnahme und -verarbeitung nur schwer erkannt und durchdrungen werden kann. Diese grundlegenden Fähigkeiten entwickeln sich nicht von selbst, sondern bedürfen der Anregung und Förderung, insbesondere bewusster geometrischer Erfahrungen sowie gezielter Übungen.
- Die Darbietung mathematischer Inhalte muss dem Alter entsprechend und damit praktisch und konkret erfolgen. Die abstrakte und symbolische Welt der Mathematik ist für Kinder in diesem Alter sinnlich erfahrbar zu gestalten. Spiele sollen sie zur aktiven Auseinandersetzung mit mathematischen Gegenständen anregen. Wichtig ist, dass Kinder die Welt der Zahlen mit guten Gefühlen verbinden und dass sie sich dieser Welt gerne und mit Ausdauer zuwenden.
- Grundsätzlich zu beachten ist, dass mathematische Kompetenzen untrennbar mit sprachlichen Kompetenzen verbunden sind.
- Die Förderung von Mädchen und Jungen sollte gemeinsam erfolgen.

(2) Bildungsziele im Einzelnen

Mathematische Aktivitäten in Tageseinrichtungen sind an kein Alter der Kinder gebunden. Bei **Kindern im Alter von 4 bis 6 Jahre** kann hierbei von folgenden Voraussetzungen ausgegangen werden:

- Sie entwickeln die Einsicht in das Gleichbleiben von Mengen (z. B. 1 Liter Wasser: in einem hohen schmalen und in einem niedrigen breiten Gefäß), die Sicherheit bei der Eins-zu-eins-Zuordnung (z. B. 2 Äpfel zu 2 Bauklötzen zu 2 Stühlen) und Fähigkeiten zur Einordnung und Reihenbildung parallel zur Zählkompetenz, da sich diese Fähigkeiten gegenseitig bedingen. Mit diesen Entwicklungsprozessen zugleich eng verknüpft ist die Einsicht in geometrische Sachverhalte und Beziehungen (z. B. Ordnen aller Dreiecke, Quadrate, Rechtecke usw.).

- Sie beziehen sich bei der Verwendung von Vergleichsbegriffen (z. B. mehr, höher, größer) auf bestimmte Erfahrungsbereiche; diese Begriffe sind zunächst an diese Bereiche gebunden und werden nicht automatisch auf andere Bereiche übertragen. Die meisten Kinder können jedoch dieselben Objekte nach verschiedenen Kriterien vergleichen (z. B. ein Geldstück ist kleiner als ein anderes, aber mehr wert); bei symbolischen Darstellungen können viele Kinder schon zwischen Zeichen und Bezeichnetem unterscheiden.

- Ihre Strategien beim elementaren Rechnen, Zerlegen von Zahlen und Erkennen von Mustern (z. B. Zahlbilder auf Würfel, Fortsetzung von Reihen) sind an reale Gegenstände oder Bilder gebunden und noch nicht als abstrakte Operationen zu verstehen. Bei Kindern in diesem Alter dominiert noch der direkte, optische Eindruck.

Altersangemessene Bildungs- und Erziehungsziele im Einzelnen sind:

Ziele für Kinder von 0 bis 3 Jahren

Förderung sinnlicher Erfahrungen mit mathematischen Inhalten

- Sinnliches Erfahren geometrischer Formen durch Spielmaterialien (z. B. Bälle / Bauklötze: Turm bauen, Reihen bilden / Sandkostenformen: mit Sand füllen / Puzzle-Spiele) und Bewegungsspiele (z. B. Kreis-Aufstellungen mit Kindern).
- Benennen geometrischer Formen im Zuge der sprachlichen Bildung.
- Sinnliches Erfahren verschiedener Raum-Lage-Positionen in Bezug auf den eigenen Körper (z. B. Kind hochwerfen) bzw. durch den Umgang mit Objekten (z. B. Ball rollen).
- Sinnliches Erfahren von Zahlen durch Spiele (z. B. Abzählreime, Fingerspiele) und Übungen des täglichen Lebens (z. B. Brotzeit: Kuchen aufteilen entsprechend der Anzahl der anwesenden Kinder).

Ziele für Kinder von 3 bis 6 Jahren

Förderung der Fähigkeit, mathematische Inhalte sprachlich auszudrücken

- Entwicklung der Fähigkeit, Sachverhalte, Zusammenhänge, Gemeinsamkeiten und Unterschiede verbal zu beschreiben.

- Entwicklung der Einsicht in Beziehungen zwischen Objekten, Übertragen der Erkenntnisse auf andere inhaltliche Bereiche, in andere Darstellungsformen (z. B. höher, größer).

Förderung des Interesses an mathematischen Inhalten durch reale Erfahrungen

- Vergleichen, Klassifizieren und Ordnen von Objekten bzw. Materialien.
- Gleichbleiben von Größen und Mengen, Herstellen von Eins-zu-eins-Zuordnungen.
- Erfassen der Anzahl von Objekten in gegenständlichen Mengen, wobei dieses Erfassen »mit allen Sinnen« erfolgt.
- Zusammenfassen und Gliedern von gegenständlichen Mengen in dem Sinne, dass z. B. 3 und 2 Spielkügelchen (Schusser, Murmeln) zusammen 5 Spielkügelchen sind bzw. dass 5 in 2 und 3 Spielkügelchen gegliedert werden können.
- Gebrauch von Zahlwörtern, Ab- und Auszählen von Objekten (z. B. Gegenstände, Töne).
- Zuordnen von Zahlen zum »alltäglichen Erleben«.
- Kennen der geometrischen Grundbegriffe (insbesondere Raum- und Lagebeziehungen), räumlichen Körper und ebenen Figuren, die sie zunehmend auch benennen können.
- Umgang mit Begriffen wie lang, kurz, gerade, schräg, schief, oben, unten, vorn, hinten, dazwischen, daneben, innen, außen, rechts, links.
- Unterscheiden können zwischen Kugeln, Würfeln, Quadern und Säulen bzw. Kreisen, Quadraten, Rechtecken und Dreiecken anhand konkreter Gegenstände und Plättchen.
- Erkennen von Objekten an ihrer äußeren Gestalt, zunehmendes Unterscheiden der Merkmale von Gestalten (z. B. rund, eckig, Anzahl der Ecken und Kanten).
- Erkennen und Herstellen von Figuren und Mustern experimentell und spielerisch (z. B. vorgegebene Muster nachlegen / Reihen fortsetzen oder Fehler in solchen Reihen finden / Figuren, die einer Vorlage gleichen, herausfinden / »Schau genau«-Spiele durchführen / Melodien und Rhythmen wiedererkennen und nachspielen).
- Aufbau mentaler Bilder (z. B. von Situationen, Objekten, die nicht zu sehen sind).
- Zeit erfahren und wahrnehmen.
- Gewichte und Wiegen.
- Längen und Messen.
- Schütten und Gießen.
- Umgang mit Geld.

(3) Beispiele zur pädagogischen Umsetzung

Beispiel 1: »*Erfahrungen im Zahlenland*« – *Ein Konzept zum Aufbau des Zahlbegriffs* nach Preiß (für Kinder von 3–6 Jahren)

Dieses Konzept, das die Kinder mit den Zahlen von 1 bis 20 bekannt macht, setzt sich zusammen aus vier Erfahrungs- und Handlungsfeldern:

- **Zahlenhaus:** Darin hat jede Zahl ihre feste Wohnung. Jede Wohnung ist mit einer Nummer versehen (z. B. Vier) und ist von den Kindern mit einer entsprechenden Anzahl an Bildern und Objekten (z. B. 4 Bilder) auszustatten. Die Ausstattungen der einzelnen Wohnungen werden im Laufe der Zeit immer reichhaltiger; auf diese Weise lernen die Kinder die einzelnen Zahlen »als Freunde« kennen.

- **Zahlenweg:** Auf diesem Weg nähert man sich den Zahlen Schritt für Schritt. Das Zählen ist das wichtigste Hilfsmittel. Als Material können z. B. Teppichfliesen verwendet werden, auf denen die Zahlen von 1 bis 10 bzw. von 1 bis 20 aufgemalt werden; die Zahlen 5, 10, 15 und 20 sind farblich hervorgehoben. Man kann den Weg vorwärts und rückwärts gehen, und man kann an markanten Stellen verweilen.

- **Zahlenland:** Im Einerland wohnt die EINS; die ZWEI wohnt im Zweierland u.s.w. Um jedes Zahlenland ranken viele Geschichten; am Tor zu jedem Zahlenland gibt es einen Wächter, der aufpasst, dass nur solche Dinge und Lebewesen hineinkommen, die zahlenmäßig in das Land passen (z. B. Vogel mit zwei Beinen in das Zweierland). Über dieses Spiel werden die Sinne und Gedanken der Kinder über zahlenbezogene Fragestellungen angeregt (z. B. Was gibt es nur einmal, was kommt immer doppelt vor? Wie viele Beine hat ein Stuhl, eine Katze, ein Vogel, eine Spinne?). Zu den Aktivitäten im Zahlenland gehören ferner auch Abzählreime und Zahlenrätsel.

- **Zahlengarten:** Dieser dient der geometrischen Darstellung von Zahlen und dem ganzheitlichen Lernen in der Natur. Er ist eingebettet in die Umgebung des Kindergartens. In ihm werden Zusammenhänge zwischen Zahlen, geometrischen Formen und der Natur hergestellt; hier »sieht man sich um«. Der Zahlengarten fördert auf diese Weise auch die differenzierte Wahrnehmung.

Beispiel 2: »*Werkstatt*« *zum Thema* »*Ostern*« – *Ein Beispiel zur Reflexion* nach Caluori (für Kinder von 3–6 Jahren)

Diese Werkstatt, die im Kindergarten einzurichten ist, weist verschiedene Arbeits-Stationen zur Vermittlung mathematischer Grundfertigkeiten auf. Darin arbeiten die Kinder Station für Station in Gruppen weitgehend selbstständig zusammen und unterstützen sich gegenseitig. Jedes Kind erhält einen »**Werkstatt-Pass**«, auf dem seine Aktivitäten festgehalten werden (Lernpass – Dauer der Dokumentation für Kindergruppe: ca. 30 Minuten):

- Beispiele für Stationen in der Werkstatt sind:
  – In einer Station sind Eierpaare mit unterschiedlicher Oberflächenstruktur in einer Wanne unter Spreu versteckt. Ein Kind zieht aus der Wanne ein Ei, es selbst oder ein anderes Kind ertastet unter der Spreu das dazu passende Ei. Die Kinder lernen auf diese Weise, Eier mit taktil gleicher Oberflächenstruktur zu klassifizieren.
  – In der Station »Eierfabrik« sind Knet-Masse, Kärtchen mit Bildern verschieden vieler Eier sowie Kärtchen mit Ziffern vorgegeben. Die Kinder haben folgende Möglichkeiten: (a) Sie suchen verschiedene Eier-Kärtchen aus, formen entsprechend viele Eier aus der Knetmasse und legen anschließend die passenden Ziffern-Kärtchen dazu. Oder (b): Sie wählen zwei Eier-Kärtchen und formen die Summe der dort abgebildeten Eier aus dem Knetmaterial. Die Kinder lernen auf diese Weise die Mächtigkeit einer Menge in unterschiedlichen Darstellungsformen kennen und sie dem Zahlzeichen zuzuordnen; außerdem erfahren sie handelnd die Addition.

- Erforderlich ist, diese Aktivitäten der Kinder zu reflektieren. Wenn die Kinder zusammenarbeiten und sich untereinander helfen, können sie sich gegenseitig korrigieren und um Rat bitten. Der »Werkstatt-Pass«, in den die Aktivitäten eingetragen werden, soll auch den Eltern gezeigt und von diesen kommentiert werden. Dadurch ist ein Rückbezug und eine Rückbesinnung auf verschiedenen Ebenen möglich: Die Kinder lernen, über das Erlebte und Erfahrene zu sprechen; auf diese Weise erfolgt der Umgang mit den einzelnen Situationen bewusst. Darüber hinaus ist die Erzieherin gefordert, vorhandene Schwierigkeiten zu klären, die Erfahrungen zu systematisieren und die Tätigkeiten zu strukturieren.

Beispiel 3: *Das »kleine Zahlenbuch« – Material-Kasten mit Begleitheft*
(für Kinder von 3–6 Jahren)

Dieser Kasten ist bewusst so gestaltet, dass bereits Kinder mit geringen Zahlen-Vorkenntnissen mitspielen und dabei von Kindern, die schon weiter sind, lernen können. Ganz kleine oder schüchterne Kinder können vorerst nur zuschauen, wie andere Kinder spielen, und sich dadurch Kenntnisse aneignen, die sie in die Lage versetzen, sich zu einem späteren Zeitpunkt, den sie selbst bestimmen, aktiv zu beteiligen.

- Der Material-Kasten gibt in bildlicher Form Anregungen zum »Spielen und Zählen«:
  – So sind z. B. lineare und flächige Muster aus roten und blauen Plättchen zu sehen, welche die Kinder sinngemäß fortsetzen sollen. Verwenden können sie dabei Streifen bzw. Quadrate aus Pappe sowie Plättchen, die der Kasten zugleich enthält.
  – Die Kinder können die Muster aber auch frei auf den Tisch legen. Dabei sind die vorgegebenen Muster zugleich als Anregungen für sie gedacht, selbst neue Muster zu erfinden. So kann z. B. ein Kind eine Regel zur Erzeugung eines Musters ausdenken und den Anfang legen, die anderen sollen das Muster erraten; dies wird um so einfacher, je weiter das Muster fortgesetzt wird. Dabei sind die Kinder zugleich angehalten, ihre Regel auch sprachlich auszudrücken; spannend wird dies vor allem dann, wenn die begonnenen Muster sich auf unterschiedliche Weisen fortsetzen lassen, so dass neben der handelnden Darstellung der Muster auch sprachliche Begründungen (Argumente) möglich oder sogar erforderlich sind.

Beispiel 4: *Domino-Staffel – Entwicklung des Form-Verständnisses*
(für Kinder unter 3 Jahren)

- **Formen ertasten:** In einer großen, mit einem Tuch abgedeckten Kiste befinden sich unterschiedliche Gegenstände (z. B. Beißring, Ball, Bauklötze, Tafel). Die Kinder haben die Aufgabe, die Gegenstände durch bloßes Ertasten zu erraten. Im Erfolgsfall bekommen sie den Gegenstand ausgehändigt. Nachdem alle Gegenstände erraten sind, werden sie nochmals näher befühlt und auch an die anderen Kinder zum Kennenlernen weitergereicht. Über das Berühren und Befühlen lernen die Kinder, dass Gegenstände unterschiedliche Formen und Strukturen aufweisen; über das Erraten lernen sie, diese auch zu benennen bzw. verbal zu beschreiben.

- **Formen sortieren:** Die Gegenstände werden im Weiteren nach ihrer Gestalt sortiert (z. B. rund, eckig). Mit diesem Wissen begeben sich die Kinder nun auf die Suche nach weiteren Gegenständen im Gruppenraum, die rund oder eckig sind. Die Kinder lernen auf diese Weise ihre Umgebung nach Ordnungsmerkmalen zu erfassen und Gegenstände nach diesen Merkmalen zu unterscheiden

- **Formen zuordnen:** Auf einem Karton wird ein Kreis und ein Rechteck aufgemalt. Aufgabe der Kinder ist es, die Gegenstände der richtigen geometrischen Figur zuzuordnen. Sodann wird mit den Kindern gemeinsam eine Art »Formen-Domino« gespielt; dieses Domino-Spiel können die Kinder nun jederzeit auch ohne Anleitung der Erzieherin immer wieder spielen und dadurch eine wachsende Vertrautheit mit den verschiedenen Formen gewinnen.

Beispiel 5: Erfahren von Raum-Lage-Beziehungen
(für Kinder unter 3 Jahren)

Im Gruppenraum nehmen die Kinder gegensätzliche Raum-Lage-Positionen ein:
- Ein Kind sitzt unter dem Tisch; ein anderes Kind setzt sich auf den Tisch.
- Ein Kind geht in den Garten, ein anderes Kind bleibt im Gruppenraum.
- Ein Kind stellt sich hinter den Schrank; ein anderes stellt sich vor den Schrank hin.

Über diese **räumlichen Gegensatz-Erfahrungen** entwickeln Kinder erste räumliche Vorstellungen. Sie gewinnen dadurch Sicherheit in der Orientierung, lernen ihre räumlichen Bewegungen bewusst wahrzunehmen und zu steuern und erhalten dadurch ein umfassendes Bild von räumlichen Dimensionen und Beziehungen.

Beispiel 6: Erfahrungen mit der Zeit (für Kinder unter 3 Jahren)

Es gibt in Tageseinrichtungen viele Gelegenheiten für Kinder, **Erfahrungen mit der Zeit** zu sammeln:

- Beim täglichen Aufenthalt im Freigelände erkunden die Kinder immer wieder neue Wege; dabei stoßen sie immer wieder auf Orte, die sie bereits kennen. Über diese Gelände-Erkundungen lernen sie Entfernungen und Zeiten einzuschätzen, die sie brauchen, um diese Entfernungen zu überwinden. Sie bekommen ein Gefühl, ob Wege lang oder kurz sind, ob sie viel oder wenig Zeit für den Rückweg in ihre Tageseinrichtung brauchen.

- Den Zeitablauf eines Tages lernen die Kinder über die feste Struktur des Tagesablaufs in der Tageseinrichtung kennen, die sie täglich erleben. Die verschiedenen Tageszeiten prägen sich bei den Kindern ein, wenn sie durch die ErzieherInnen immer wieder benannt und z. B. durch tageszeit-spezifische Aktivitäten begleitet werden.

- Der Einsatz von Sanduhren eignet sich, um Kindern ein Zeitgefühl zu vermitteln. Die Kinder sollen z. B. ihre Zähne nach dem Essen solange putzen, bis die Sanduhr abgelaufen ist.

(4) Weitere Hilfen zur Vertiefung

Dahl, K. (2000). Wollen wir Mathe spielen? Hamburg: Oetinger.
Delvin, K. (2002). Muster der Mathematik. Ordnungsgesetze des Geistes und der Natur. Heidelberg: Spektrum. (2. Aufl.).
Friedrich, G. (2003): Die Zahlen halten Einzug in den Kindergarten. Ein Projekt zur mathematischen Frühförderung. *Kindergarten heute, (1), 34–40.*
Hasemann, K. (2003). Anfangsunterricht in Mathematik. Heidelberg: Spektrum.
Kohl, M.-A. & Gainer, C. (2000). Mathe kreativ. 200 Kunst-Ideen zum Entdecken von Mathematik für Kinder von drei bis acht Jahren. Seelze-Velber: Kallmeyer.
MacKinnon, D. & Sieveking, A. (1992). Ich kenne die Formen ganz genau. Hamburg: Carlsen.
Mlodinow, L. (2001). Das Fenster zum Universum. Eine kleine Geschichte der Geometrie. Frankfurt/M.: Campus.
Sossinsky, A. (2000). Mathematik der Knoten. Wie eine Theorie entsteht. Reinbek: rororo science.
Spiegel, H. & Selter, C. (2003). Kinder & Mathematik. Was Erwachsene wissen sollten. Seelze-Velber: Kallmeyer.
Stewart, I. (2001). Die Zahlen der Natur. Mathematik als Fenster zur Welt. Heidelberg: Spektrum.
Wittmann, E.C. & Müller, G. (2003). Das kleine Zahlenbuch. Band 2: Schauen und Zählen. Seelze-Velber: Kallmeyer.
Wittmann, E.C. & Müller, G. (2002). Das kleine Zahlenbuch. Band 1: Spielen und Zählen Seelze-Velber: Kallmeyer.

Kinderbücher

Schultze, M., Müller, A. & Wacker, U. (2002). Moneten, Kohle, Kies und Schotter. Münster: Ökotopia.

Internet-Adressen / CD-ROMs

www.mathe.de/news/news.html
Adiboo. Das Lese- und Rechenland. Coktel.
Bill Banni Kindergarten. The Learning Company.
Billi Banni Vorschule. The Learning Company.
Millie entdeckt die Zahlenwelt. Edmark.
Trudi entdeckt Ort und Zeit. Edmark.

II-3.2.4 Naturwissenschaftliche und technische Bildung

(1) Zielformulierung, Leitgedanken

Der **Stellenwert naturwissenschaftlich-technischer Bildung** in frühen Jahren lässt sich an folgenden Punkten deutlich machen:

- Kinder, Mädchen wie Jungen, haben ein großes Interesse an Phänomenen der belebten und unbelebten Natur. Dies zeigt allein schon die Resonanz von Kindern an entsprechenden Medienangeboten. Ein weiteres Indiz sind die vielen Warum-Fragen von Kindern, mit denen sie häufig Naturphänomene hinterfragen.

- Sie haben ein natürliches Interesse am Experimentieren und Beobachten. Erfahrungen in Tageseinrichtungen zeigen, dass die meisten Kinder es trotz attraktiver Alternativangebote vorziehen, an naturwissenschaftlichen Versuchsreihen in Tageseinrichtungen teilzunehmen, wobei ihr Interesse bis zum letzten Versuch anhält.

- Befragt man Kinder über Versuchsreihen, die vor einiger Zeit in ihrer Tageseinrichtung durchgeführt worden sind, so ist ihre Erinnerungsfähigkeit an die einzelnen Experimente überraschend hoch, und zwar unabhängig von ihrer sozialen Herkunft. Daher lassen sich Kinder, vor allem auch sozial benachteiligte Kinder, bereits vor ihrem Schuleintritt mit nachhaltiger Wirkung an naturwissenschaftliche Phänomene heranführen. Frühe naturwissenschaftliche Lernerfahrungen üben einen nachhaltigen Einfluss sogar noch auf spätere Interessen aus.

- Naturwissenschaftliche und technische Experimente leisten einen wesentlichen Beitrag, den persönlichen Bezug der Kinder zu ihrer Umwelt zu festigen und zu erhöhen. Bei Kindern, insbesondere bei sozial benachteiligten

Kindern, fördert der Erwerb eines entsprechenden Expertenwissens die Entwicklung eines positiven Selbstkonzepts.

Die positiven Erfahrungen, die in der naturwissenschaftlich-experimentellen Arbeit mit Kindern bislang gemacht worden sind, führen zu dem Schluss, in das Bildungsangebot von Tageseinrichtungen auch die naturwissenschaftliche und technische Bildung mit aufzunehmen. Für eine erfolgreiche Arbeit mit den Kindern auf diesem Gebiet sind bestimmte **Bedingungen und methodische Regeln** zu beachten:

- Charakteristikum dieses Förderschwerpunkts ist die **Durchführung von Experimenten und Versuchsreihen:**
  - Ausgangspunkt für deren Gestaltung sind die Fragen der Kinder und nicht bestimmte Disziplinen. Diese Frageorientierung entspricht der kindlichen Denkweise und sichert die Aufmerksamkeit der Kinder. Kinder, die Phänomene beobachten, leiten aus ihren Beobachtungen Fragen ab. Diese betreffen in der Regel nicht dieselbe naturwissenschaftliche Disziplin. Vielmehr werden innerhalb eines gedanklichen Bogens häufig Aspekte aus den Disziplinen Biologie, Chemie, Physik, Astronomie und Geologie gleichzeitig berührt, häufig aber auch geschichtliche und geographische Aspekte.
  - Die Auswahl der Themen und Experimente muss altersgerecht sein, damit weder Langeweile durch Unterforderung noch Frustration und Desinteresse durch Überforderung die ursprüngliche Begeisterung der Kinder beeinträchtigen. Die einzelnen Experimente und Versuche sind zudem mit altersgerechten Erklärungen zu begleiten, die je nach Erkenntnisstand der Kinder mehr oder weniger in die Tiefe gehen und die wachsende Fähigkeit der Kinder, Komplexität zu begreifen und Abstraktionen zu verstehen, berücksichtigen. Darin liegt die Herausforderung für Fachkräfte in Kindertageseinrichtungen. Aufgrund der Altersmischung in den Kindergruppen sind zu den beobachteten Phänomenen häufig unterschiedliche Experimente und Erklärungsebenen zugleich anzubieten, damit die Kinder je nach Entwicklungsstand größtmöglichen Erkenntnisgewinn daraus ziehen.
  - Zu beachten ist ferner, dass Experimente zur unbelebten Natur jederzeit (unabhängig von der Jahreszeit) durchgeführt und beliebig oft wiederholt werden können (z. B. Lösen eines Zuckerwürfels in Wasser). Experimente zur belebten Natur hingegen sind häufig an bestimmte Jahreszeiten gebunden (z. B. Entwicklung einer Tulpe aus einer Zwiebel).

- Die Angebote zur naturwissenschaftlichen und technischen Bildung lassen sich vielseitig, attraktiv und lebensnah gestalten durch die gezielte und aktive **Einbeziehung** von **Eltern** mit entsprechendem Fachwissen, die **Besichtigung** einschlägiger Einrichtungen und Betriebe (z. B. Chemielabor, Fertigungsbetriebe, Kläranlage, Wasserwerk, Elektrizitätswerk), den **Besuch** von Museen zu Natur und Technik oder das Aufsuchen benachbarter Schulen, um dort zusammen mit Schulkindern Experimente durchzuführen.

- Für die Experimente kommen fast ausschließlich Materialien zum Einsatz, mit denen Kinder ohnehin täglich zu tun haben oder die zu ihrem Alltag gehören (z. B. Gläser, Trinkhalme, Luftballons, Wasser, Sand). Darüber hinaus ist es sinnvoll, bei der Anschaffung der Spiel- und Lehrmaterialien für die Einrichtung auf Gegenstände mit natur- und geowissenschaftlichem Lehrwert zu achten (z. B. Globen, Kompasse, Waagen, Thermometer, Landkarten).

- Die relativ großen Unsicherheiten, die bei Fachkräften in Tageseinrichtungen bei diesem Thema häufiger bestehen, können nicht allein durch Fachbücher beseitigt werden. Als hilfreich erweisen sich Fortbildungen. Sie können Ängste nehmen und Begeisterung für diesen Förderbereich wecken.

(2) Bildungsziele im Einzelnen

Naturwissenschaftliche und technische Lernarrangements dienen folgenden Bildungszielen:

Ziele bei Kindern von 0 bis 3 Jahren

Durch sinnliche Anregungen wie Anfassen, Kneten, Pusten, Riechen, Luftblasen erzeugen oder Spielen mit Kugelbahnen sowie durch Staunen über beobachtetet Ereignisse und Aha-Erlebnisse sollen sie erste **Zugänge zu naturwissenschaftlichen und technischen Vorgängen** erhalten.

Ziele bei Kindern von 3 bis 6 Jahren

Themenübergreifende Ziele

- Bei allen Versuchen lernen die Kinder den **Aufbau einer Versuchsanordnung** kennen, nehmen die Versuche mit allen Sinnen wahr und führen diese vor allem selbst durch.

- Durch **systematisches Beobachten, Vergleichen, Beschreiben und Bewerten** nehmen sie naturwissenschaftliche und technische Vorgänge bewusst wahr. Bei wiederholter und regelmäßiger Durchführung von kindgerechten, wissenschaftlichen Experimenten lässt sich sowohl die Beobachtungsgabe als auch das Artikulationsvermögen beim Beschreiben der Beobachtung erheblich steigern.

- Vom Experiment können sie Antworten auf ihre Fragen ableiten und dabei **eigene Ideen und Hypothesen** erstellen, die sie in Kooperation und im Austausch mit den anderen Kindern und der Erzieherin auf ihre Richtigkeit hin überprüfen. Dieser Erkenntnisgewinn treibt ihre Neugier und Freude an weiteren Experimenten voran.

Ziele im Bereich »Chemie und Physik«

- Die Kinder lernen die Eigenschaften von verschiedenen Stoffen kennen. Dabei geht es um die **Konsistenz und Dichte von Stoffen** (feste Körper, Flüssigkeiten, Gase) sowie um spezifische Erscheinungsformen und deren Entstehung (z. B. Wärme, Verdunstung).

- Die Kinder können dabei Stoffe mischen sowie einfache **Größen-, Längen-, Gewichts-, Temperatur- und Zeitmessungen** durchführen.

- Über verschiedene Versuchanordnungen machen sie erste Erfahrungen mit **physikalischen Gesetzmäßigkeiten** (z. B. Schwerkraft).

Ziele im Bereich »Biologie«

- Durch das Sammeln, Sortieren und Ordnen sowie durch das Benennen und Beschreiben sollen die Kinder die verschiedenen **Naturmaterialien** (z. B. Blätter, Blütenformen, Rinden, Früchte) im Detail kennen lernen.

- Sie sollen einzelne **Naturvorgänge** bewusst erleben, indem diese für sie sichtbar gemacht und die Kinder darin aktiv eingebunden werden (z. B. Säen von Samen, Beobachten, Pflegen und Beschreiben des Pflanzenwachstums / Beobachtung und Umgang mit Tieren).

- Durch das Beobachten, Vergleichen und Beschreiben sollen sie mit den kurz- und längerfristigen Veränderungen in der Natur vertraut werden (z. B. Wetterveränderungen, Jahreszeiten, Naturkreisläufe).

Ziele im Bereich »Technik«

- Kinder sollen Gelegenheiten erhalten, verschiedene **technische Anwendungen**, in denen naturwissenschaftliche Gesetzmäßigkeiten zum Ausdruck kommen, systematisch zu erkunden (z. B. Hebel, Balken, Waage, Magnet, schiefe Ebene, Rad).

(3) Anregungen und Beispiele zur pädagogischen Umsetzung

Beim **naturwissenschaftlichen und technischen Experimentieren mit Kindern in Tageseinrichtungen** müssen folgende Kriterien beachtet werden:

Versuchsreihe

- Die Versuchsreihen sollen einen Bezug zum Lebensalltag der Kinder haben.

- Die Hintergründe zu den Versuchen sollten für Kinder in diesem Alter verständlich sein, um nicht den Eindruck von »Zauberei« zu erwecken.

- Alle Versuche müssen von den Kindern selbst durchgeführt werden können. Die Kinder sollen viele Gelegenheiten zu selbsttätigen Wiederholungen erhalten.

Materialien

- Die für die Durchführung der Experimente erforderlichen Materialien sollen leicht verfügbar bzw. erwerbbar sein.

- Der Umgang mit diesen Materialien muss ungefährlich sein.

Themenbereich	Einzelaspekte, die für Kinder von Interesse sind
Luft und Gase	• Luft entdecken • Notwendigkeit von Luft • Eigenschaften von Luft • Luftwiderstand • Luftbewegung • Luftzusammensetzung • Luft als Gas • Andere wichtige Gase
Wasser und Flüssigkeiten	• Wasser als lebenswichtiges Element für Menschen, Tiere und Pflanzen • Schwimmfähigkeit von Gegenständen und Lebewesen • Wasserwiderstand und Wege ihn zu überwinden • Wasser als Flüssigkeit • Grundlegende Eigenschaften von Flüssigkeiten • Mischen mit und Lösen in Wasser
Heiß und Kalt	• Erwärmung und Abkühlung von Gegenständen • Wirkungen von Wärme und Kälte • Wärmeausbreitung und Wärmeleitung • Einfachste Formen der Temperaturmessung
Licht und Schatten	• Natürliche und künstliche Lichtquellen • Lichtdurchlässigkeit und Schattenwirkung • Lichtbrechung • Lichtreflexion und Spiegelwirkung
Farben	• Funktion der Farben in der Natur • Entstehung von Farben aus Licht • Farbspektrum und Farbzusammensetzung • Farbmischung und Farbaufspaltung • Farblöschung
Schall, Töne und Musik	• Töne in der Natur • Verschiedenste Wege der Tonerzeugung • Funktionen und Auswirkung unterschiedlicher Lautstärken • Ausbreitung, Weiterleitung und Abschirmung von Schall
Magnetismus	• Verständnis magnetischer Kraft • Magnetische Materialien • Nutzen von Magneten • Anziehung und Abstoßung von Magneten • Stärke der magnetischen Kraft • Abschirmung von Magneten • Nord-Süd-Orientierung der Erde • Handhabung des Kompasses (Nutzen von Landkarten)

Themenbereich	Einzelaspekte, die für Kinder von Interesse sind
Elektrizität	• Statische Ladung • Statische Anziehung und Abstoßung • Stromerzeugung, Stromtransport • Speicherung von Elektrizität – Batterien • Formen, Funktion und Arbeitsweise von Batterien • Stromleiter und Isolatoren • Einfache Stromkreise • Elektrische Schaltungen • Umwandlung von Strom in Licht und Wärme
Kräfte und Technik	• Wirkungen von Kräften (Schwerkraft, Fliehkraft, Reibung) • Konstruktionsmerkmale für Bauwerke • Funktionsweise verschiedener Antriebsformen
Bewegung und Gleichgewicht	• Eigene Bewegungen wahrnehmen und beeinflussen • Energie als Notwendigkeit von Bewegungen • Übertragung von Bewegung • Unmögliche Bewegungen • Schiefe Ebenen • Gleichgewicht erkennen und beeinflussen • Funktion und Nutzen von Waagen
Lebewesen (Menschen, Tiere, Pflanzen)	• Merkmale von Lebewesen (Unterscheidung lebende und nicht lebende Dinge) • Unterschiede der Lebewesen • Geburt, Wachstum, Tod • Gemeinsamkeiten und Individualität verschiedener Menschen • Sinnessystem der Menschen • Charakteristik der Lebensräume verschiedener Pflanzen und Tieren • Anpassung der Pflanzen und Tiere an ihre Lebensräume • Charakteristik verschiedener Lebensformen • Fortpflanzung von Pflanzen und Tieren • Erste Klassifizierung von Pflanzen und Tieren • Nahrungskette
Unsere Erde	• Jahreszeiten und Wetter • Wasserkreislauf der Erde • Gestalt der Erdoberfläche (Charakteristika der Meere, Inseln, Gebirge, Wüsten, Regenwälder, Polargebiete) • Unterschiedliche Kontinente, Länder und ihr Klima (Menschen, Tiere und Pflanzen, die dort leben) • Unterschiede zwischen festen, flüssigen und gasförmige Dingen • Natürliche und künstliche Materialien erkennen und verändern • Bedeutung von Sonne und Mond • Tageslauf und Erddrehung • Erde als Teil des Sonnensystems

Themenbereiche, die für Kinder im Alter von 3 bis 6 Jahren von Interesse sind

Einzelne Experimente

- Alle Experimente sollen innerhalb einer überschaubaren Zeit abgeschlossen sein, um der Konzentrationsspanne der Kinder gerecht zu werden. Als Richtwerte kann man für ein einzelnes Experiment etwa 10 Minuten nennen, wobei diese Werte im Einzelfall am Konzentrationsvermögen und der Tagesform der Kinder auszurichten sind. Die Durchführung von Versuchsreihen sollte nach etwa 30 Minuten eine Unterbrechung erfahren.

Die Themenbereiche und die einzelnen Aspekte, die für die Altersgruppe der 3- bis 6-jährigen Kinder von Interesse sind, werden in der Tabelle auf S. 182f. beispielhaft zusammengestellt. Es zeigen sich **Querverbindungen** insbesondere zu folgenden anderen Förderschwerpunkten:

- Umweltbildung und -erziehung
- Ästhetische Bildung und Erziehung
- Musikalische Bildung und Erziehung
- Bewegungserziehung und -förderung

Im Anschluss an die Tabelle wird eine **Versuchsreihe** zum Themenbereich »Luft und Gase« exemplarisch beschrieben.

Versuchsreihe zum Themenbereich: Luft und Gase
(Kinder im Alter von 3 bis 6 Jahren) *nach Science-Lab (www.Science-Lab.de)*

Experiment 1: *Ist Luft wirklich da?* (für Kinder ab 4, auch für interessierte Kinder ab 3 Jahre)

Ziel: Erste Erfahrungen mit der Existenz von Luft. Luft als etwas begreifen, das da ist, auch wenn man sie nicht sieht.

Materialien: Eine große durchsichtige Kunststoffschüssel, zwei Gläser ca. 200 ml, ein Löffel, kaltes Wasser, etwas Lebensmittelfarbe.

Durchführung:
- Zunächst wird ein leeres Glas hochgehalten und die Kinder gefragt, was darin ist. Meist kommt die Antwort: »nichts«. Dieses Glas wird dann zunächst senkrecht mit der Öffnung nach unten in die mit gefärbtem Wasser gefüllte Kunststoffschüssel gedrückt. Was passiert, wenn man das Glas leicht schräg hält? Luftblasen entweichen. Das Glas wird so lange schräg gehalten, bis die gesamte Luft entwichen und durch (gefärbtes) Wasser ersetzt worden ist. Was ist jetzt in diesem Glas?

- Jetzt wird das zweite Glas hochgehalten und erneut gefragt, was da drin ist. Nichts? Nun das bereits vollständig mit Wasser gefüllte Glas mit der Öffnung nach unten in die Schüssel halten. Dann das »leere« Glas mit der Öffnung nach unten in die Schüssel drücken, tiefer als das mit Wasser gefüllte Glas. Jetzt die Luft aus dem einen Glas in das Wasserglas steigen lassen. Die Luft verdrängt das Wasser aus dem Wasserglas, während sich das andere Glas langsam mit Wasser füllt.

Altersgerechte Erklärung: Vermeintlich leere Gläser enthalten unsichtbare Luft. Nur wenn diese Luft entweicht, kann etwas anderes in das Glas hinein. Normalerweise sehen wir nicht, dass die Luft entweicht, wenn wir z. B. Saft in ein Glas füllen, weil die Luft nun einmal unsichtbar ist. In einer Schüssel mit gefärbtem Wasser kann man sehen, dass nur dann Wasser in das Glas gelangt, wenn vorher die Luft aus dem Glas entweicht. Diese Luft kann auch Wasser aus einem anderen Glas verdrängen.

Experiment 2: *Wie viel Luft ist in meiner Lunge?* (für Kinder ab 3 Jahre)

Ziel: Nachdem Luft durch Experiment 1 als existent verstanden ist, wird jetzt ihre Bedeutung für uns klar, ohne Luft könnten wir nicht atmen, deshalb ist sie wichtig, auch wenn man sie nicht sehen kann.

Materialien: Ein großer durchsichtiger Wasserbehälter mindestens 5 l, ein Glas oder durchsichtiger Kunststoffbecher ca. 2 l, ca. 2 m Silikonschlauch, Handtücher, ein Löffel, kaltes Wasser, etwas Lebensmittelfarbe, Desinfektionsmittel und eine Küchenpapierrolle.

Durchführung:
- Das Wasserbehältnis zu ca. zwei Dritteln mit Wasser füllen und mit Lebensmittelfarbe anfärben. Ein Ende des Silikonschlauches in das Glas stecken und das Glas (mit dem Silikonschlauch) mit der Öffnung nach unten in den Wasserbehälter drücken. Dabei die Luft aus dem Glas entweichen lassen, so dass sich das Glas vollständig mit Wasser füllt.

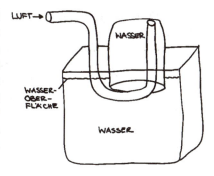

Das mit Wasser gefüllte Glas mit der Öffnung nach unten aus dem Wasser heben, so weit bis sich die Öffnung etwa 1–2 cm unterhalb der Wasseroberfläche befindet (die ganze Zeit den Schlauch festhalten, so dass er am Boden des Glases bleibt). Während die Versuchsleitung das Glas so hält, pustet ein Kind in das andere Ende des Silikonschlauches (nur einmal ansetzen, ohne zwischendurch wieder einzuatmen).
- Bevor das nächste Kind in den Schlauch bläst, das Schlauchende mit Desinfektionsmittel reinigen und das Glas wieder vollständig mit Wasser füllen.

Altersgerechte Erklärung: Luft benötigen wir zum Atmen. Wenn wir sie einatmen, gelangt sie in unsere Lungen. Dann atmen wir wieder aus. Wie viel Luft in unsere Lunge passt, können wir daran sehen, wie viel Wasser wir aus dem Glas verdrängen.

Experiment 3: *Kerze auslöschen* (für Kinder ab 4 Jahre)

Ziel: Nicht nur Menschen und Tiere brauchen Luft zum Atmen, auch andere Dinge benötigen Luft. Was passiert, wenn keine Luft da ist, wird anhand dieses Experiments deutlich. Es liefert ganz nebenbei Strategien zum Löschen kleinerer Brände.

Materialien: Zwei Gläser ca. 200 ml, drei Teller, ein Löffel, ein Geschirrtuch, kaltes Wasser, 6 Teelichter, eine Packung Zündhölzer, etwas Sand.

Durchführung:
- Ein Glas wird mit Wasser gefüllt. Ein Teelicht wird auf einen Teller gestellt und angezündet. Wie kann es gelöscht werden? In der Regel kommt die Antwort »Ausblasen«. Das kann man die Kinder machen lassen. Was passiert aber, wenn ein Lagerfeuer brennt, oder beim Grillen, geht das Feuer auch aus, wenn man da Luft drauf pustet? Was passiert da? Wie kann man denn Feuer noch löschen? Jetzt wird die Kerze wieder angezündet und verschiedene Wege des Feuerlöschens (Wasser, Sand, Branddecke) besprochen und ausprobiert. Warum gehen die Kerzen aus, wenn man Sand oder Wasser oder ein Tuch aus feuerfestem Material darauf bringt? Eventuell kommen die Kinder darauf, dass die Flamme keine Luft mehr bekommt.
- Noch einmal eine Kerze anzünden, dann ein Glas umgedreht darüber stülpen. Was passiert jetzt? Warum geht die Kerze nach einer Weile aus? Man kann den Versuch wiederholen und das Glas, kurz bevor die Kerze ausgeht, noch einmal hochheben, dann bekommt sie wieder Luft und die Kerzenflamme flackert erneut auf.

Altersgerechte Erklärung:
- Eine Kerze benötigt zum Brennen Luft. Hat die Kerze keine Luft mehr, geht sie aus. Die Luft kann man der Kerze auf unterschiedliche Art und Weise wegnehmen, z. B. indem man Wasser, Sand oder eine Löschdecke auf das Feuer wirft. Oder indem man ein Glas über die Kerze stülpt, dann hat die Kerze nur so viel Luft, wie in dem Glas ist, und wenn sie verbraucht ist, dann geht die Kerze aus.
- Beim Kerzeausblasen bläst man die Kerzenflamme von der Kerze weg, dadurch hat sie zwar noch Luft, kommt aber nicht mehr an ihr Brennmaterial (nämlich das Wachs und den Kerzendocht) heran, deshalb geht sie aus. So wird auch verständlich, dass das bei einem großen Feuer nicht funktioniert, da die Luft, die wir ausblasen, nicht ausreicht, um große Flammen von ihrem Brennmaterial wegzupusten.

Experiment 4: *Welche Kerze erlischt schneller?* (für Kinder ab 4 Jahre)

Ziel: Ausgehend vom vorhergehenden Versuch wird jetzt der Luftverbrauch von Kerzen noch genauer untersucht. Dabei kommen Mengen und Zeiträume ins Spiel (mehr Kerzen brauchen mehr Luft, in kleineren Gläsern ist weniger Luft, deshalb gehen die Kerzen darunter schneller aus).

Materialien: Gläser verschiedener Größe, Teelichte, eine Packung Zündhölzer.

Durchführung:
- Jedes Kind bekommt eine Kerze und ein Glas. Die Gläser sind alle unterschiedlich groß. Alle Kerzen werden angezündet und auf Kommando stülpen alle Kinder gleichzeitig ihr Glas über die brennende Kerze. In welcher Reihenfolge verlöschen die Kerzen?
- Im zweiten Teil des Versuches bekommen die Kinder gleich große Gläser (möglichst große) und stellen jeweils eine unterschiedliche Anzahl von Kerzen darunter. Wie ändert sich dann die Reihenfolge und warum?

Altersgerechte Erklärung: Die Kerzen verlöschen in der Reihenfolge der Glasgröße, beim kleinsten Glas zuerst, beim größten zuletzt. Sie verbrauchen die Luft, die sich in den Gläsern befindet, zum Brennen. Ist keine Luft mehr vorhanden, geht die Kerze aus. Mehrere Kerzen brauchen entsprechend mehr Luft zum Brennen, deshalb gehen sie unter einem gleich großen Glas schneller aus, als wenn nur eine Kerze darunter stehen würde.

Experiment 5: *Woraus besteht Luft?* (für Kinder ab 5 Jahre)

Ziel: Nachdem das Verständnis hergestellt ist, dass Kerzen zum Brennen Luft benötigen, kann man dazu übergehen, den Gasbegriff einzuführen. Die Kerzen verbrauchen nicht die gesamte Luft, sondern nur einen ganz bestimmten Teil, den Sauerstoff.

Materialien: Eine Kerze, eine kleine Glasschale (ca. 10 cm Durchmesser), ein hohes Glas mit schmalem Durchmesser (höher, als die Kerze lang ist, und im Durchmesser so, dass es in die Glasschale passt), ein Löffel, kaltes Wasser, etwas Lebensmittelfarbe, Knetmasse, eine Packung Zündhölzer.

Durchführung: Für die Kerze wird aus Knetmasse ein Kerzenständer geformt, so dass sie sicher steht. In die Glasschale wird ca. 2–3 cm hoch Wasser gefüllt und mit etwas Lebensmittelfarbe angefärbt. Dann wird die Kerze mit dem Kerzenständer in die mit Wasser gefüllte Schale gestellt. Die Kerze anzünden und das Glas über die Kerze stülpen und so in das Wasser stellen, dass keine Luft von unten nachströmen kann. Was passiert? – Die Kerze geht aus und das Wasser wird nach oben gesaugt (Die Kerze muss lang genug und der Wasserstand hoch genug sein, so dass der Wassersog irgendwann endet. Wenn die Kerze zu klein ist, wird sie vom Wasser überschwemmt. Ist der Wasserstand zu niedrig, wird das gesamte Wasser aus der Glasschale gesaugt.)

Altersgerechte Erklärung: Die Kerze erlischt, weil sie keine Luft mehr hat. Es ist aber offensichtlich noch Luft im Glas. Das liegt daran, dass die Kerze nicht die gesamte Luft zum Brennen benötigt, sondern nur einen bestimmten Teil. Dieser Teil heißt Sauerstoff. Es ist auch der Teil der Luft, den wir zum Atmen benötigen. Den Teil, den wir nicht benötigen, atmen auch wir wieder aus. Auch Sauerstoff ist unsichtbar. Luft und Sauerstoff nennt man auch Gase. Gase kann man nicht anfassen und oft auch gar nicht sehen. In der Luft sind noch mehr Gase enthalten. Das sind die Gase, die nach dem Erlöschen der Kerze noch im Glas sind. Der verbrauchte Sauerstoff ist durch das hochgezogene Wasser ersetzt worden.

Experiment 6: *Wir machen Sprudelgas* (für Kinder ab 5 Jahre)

Ziel: Im vorhergehenden Versuch wurde der Begriff Gas eingeführt. Jetzt sollen die Kinder erfahren, dass es noch weitere Gase gibt, die sie auch schon kennen. Immer da, wo es blubbert oder sprudelt, entsteht ein Gas. Das Gas im Sprudelwasser heißt Kohlendioxid.

Materialien: Kleine Kunststoffflaschen, Trichter mit engem Hals, kleine Luftballons, Essig, Natron oder Backpulver.

Durchführung: In die Luftballons wird mit Hilfe der Trichter Natron gefüllt bis sie etwa zu 1/3 gefüllt sind. Die Trichter von eventuellen Natronresten befreien und auf die Flaschen stecken. Jetzt etwa ein Viertel der Flasche mit Essig befüllen. Den Luftballon mit der Öffnung fest auf den Flaschenhals ziehen und den mit Natron gefüllten Ballon neben die Flasche hängen. Dann den Ballon hochheben, so dass das Natron in die Flasche zum Essig fällt.

Altersgerechte Erklärung: Das Natronpulver und der Essig reagieren miteinander und bilden dabei ein Gas (es sprudelt). Dieses Gas braucht viel mehr Platz als das Pulver und der flüssige Essig. Es möchte nach oben weg und bläst dabei den Luftballon auf. Das Gas, das dabei entsteht, nennt man Kohlendioxid, es ist genau dasselbe Gas, das entsteht, wenn man eine Brausepulvertablette ins Wasser wirft und diese sprudelt, oder das im Sprudelwasser enthalten ist.

Experiment 7: *Der Kohlendioxid-Feuerlöscher* (für Kinder ab 5 Jahre)

Ziel: Das Gas, welches im vorherigen Versuch hergestellt wurde, soll jetzt noch einmal untersucht werden. Dabei wird der Gasbegriff gestärkt und gezeigt, dass Kerzen nur bestimmte Gase brauchen, und der Bogen zurück zum Feuerlöschen gespannt.

Materialien: Durchsichtige Kunststoffbecher oder Gläser mit einem Fassungsvermögen von ca. 200 ml, Teelichte, kaltes Wasser, Zündhölzer, Brausetabletten.

Durchführung: In die Becher wird etwa 2–3 cm hoch Wasser gefüllt. Dann werden die Teelichte angezündet und brennend auf dem Wasser im Becher zum Schwimmen gebracht. Jetzt lässt man vorsichtig an der Seite eine Brausepulvertablette in das Wasser gleiten. Diese beginnt zu sprudeln, da sie sich auflöst und Kohlendioxid entsteht. Nach einer Weile gehen die Kerzen aus. Jetzt kann man versuchen, die Kerze auf dem Wasser wieder anzuzünden. Gelingt das?

Altersgerechte Erklärung:
- Das beim Auflösen der Brausetabletten im Wasser entstehende Kohlendioxid ist schwerer als Luft und verdrängt die Luft, die sich über der Wasseroberfläche befindet. Dadurch wird die Luft (und damit der Sauerstoff in der Luft) von der Kerze weggedrängt. Ohne Sauerstoff kann die Kerze aber nicht brennen und erlischt. Möchte man die Kerze wieder anzünden, gelingt das nicht, da sich ja das Kohlendioxid über der Wasseroberfläche befindet. Das Zündholz erlischt, sobald man in die Nähe der Wasseroberfläche kommt.
- Manche Feuerlöscher funktionieren nach diesem Prinzip. Sie sprühen einen Schaum, der aus Kohlendioxid und Spülmittel gebildet wird, in die Flammen und nehmen dem Feuer so den Sauerstoff. Diese Feuerlöscher nennt man auch Kohlendioxid- oder Schaumlöscher.

(4) Weitere Hilfen zur Vertiefung

Fachliteratur

Baisch, C. (1998). Der Strom ist weg! In *Informationszentrale der Elektrizitätswirtschaft e.V. (Hrsg.): Schlauer als der Power-Klauer. Ideenheft für Erzieherinnen. Bezug: IZE, Stresemannallee 23, 60596 Frankfurt/M., Tel. / Fax: 069 / 6304–372 / –387.*
Bezdek, U., Bezdek, M. & Bezdek, P. (2001). Frühling. Sommer. Herbst. Winter (4 Bände). München: Don Bosco.
Bezdek, U., Bezdek, M. & Bezdek, P. (2000). Kinder in ihrem Element. Sinnliches Erleben von Feuer und Wasser, Erde und Luft (4 Bände). München: Don Bosco.
Boucher, J. u. a. (1991). Woraus sind die Dinge gemacht. Ravensburg: Ravensburger.
Brandt, P. (1997). Das muss draußen herrlich sein. Wind- und Wetterspiele für Kindergarten und Hort. Freiburg: Lambertus.
Dittmar-Ilgen, H. (2003). Warum platzen Seifenblasen? Physik für Neugierige. Stuttgart: Hirzel. (3. Aufl.).
Heinzelmann, G. (1999). Wasserzauber. Experimente und Spiele rund um das Wasser. Neuwied: Luchterhand.
Klewitz, E. & Mitzkat, H. (Hrsg.). (1978). Umwelt: Vorschläge für den naturwissenschaftlichen Unterricht in der Grundschule. Stuttgart.
Krekeler, H. & Rieper-Bastian, M. (2003). Spannende Experimente. Naturwissenschaft spielerisch erleben. Ravensburg: Ravensburger.
Kuhn, I. & Tödt-Rübel, K. (1992). So funktioniert das. Ravensburg: Otto Maier.
Kuhn, I. & Tödt-Rübel, K. (1991). Unser Planet im Universum. Ravensburg: Otto Maier.
Landa, N. & Co. (1997). Wasser, Feuer, Luft & Erde. Die Elemente erleben und begreifen. Freiburg: Christophorus.
Laux, B. & Kalff, M. (2001). Sonne, Mond und Sternenkinder. Münster: Ökotopia.
Lück, G. (2003a). Handbuch der naturwissenschaftlichen Bildung. Theorie und Praxis für die Arbeit in Kindertageseinrichtungen. Freiburg: Herder.
Lück, G. (2003b). Leichte Experimente für Eltern und Kinder. Freiburg: Herder.

Lück, G. & Demski, C. (2000). Wenn aus Rotkohl Blaukraut wird. Mit Kindern der (unbelebten) Natur auf der Spur. *Bausteine Kindergarten, Sonderheft.* Aachen: Bergmoser und Höller.
Lück, G. & Demski, C. (1999). Warum schwimmt Eis auf Wasser? Mit Kindern der (unbelebten) Natur auf der Spur. *Bausteine Kindergarten, Sonderheft.* Aachen: Bergmoser und Höller.
Reggio Children (Hrsg.) (2002). Alles hat einen Schatten, außer den Ameisen. Weinheim: Beltz.
Sherwood, E., William, R. & Rockwell, R. (2002). Vom Sandkasten zum Experiment. Kinder begreifen die Natur. Lichtenau: AOL-Verlag.
Steininger, G. &, Maier, A. (1993). Mehr wissen über Technik. Ravensburg: Ravensburger.
Taylor, B.(1990). Bewegung Schwerkraft Gleichgewicht. Spielend lernen. München: Südwest.
Walter, G (2002). Die Elemente im Kindergartenalltag. Wasser. Luft. Feuer. Erde. (4 Bände). Freiburg: Herder.
Wiebel, K.-H. (2000). Natur Begreifen. Wasser, Maschinen, Flug?. Schwimmen, Sinken, Schiffe?. Feuer, Körper, Zeit? Im Weltall, Bauwerke?. (4 Bände). Lichtenau: AOL-Verlag.
Wittmann, J. (2003a). Trickkiste 1 – Experimente, wie sie nicht im Physikbuch stehen. München: Bayerischer Schulbuchverlag.
Wittmann, J. (2003b). Trickkiste 2 – Verblüffende Experimente zum Selbermachen. München: Bayerischer Schulbuchverlag.

Zeitschriften

Geolino. Hamburg: Gruer & Jahr (www.geolino.de).
Tu Was! Monats-Umweltzeitschrift für Kinder (1.–3. Klassenstufe). München: Domino (G. Brinek GmbH, Menzinger Str. 13, 80638 München).
W wie Wasser. Zeitschrift Flohkiste. München: Domino (G. Brinek GmbH, Menzinger Str. 13, 80638 München).

Kinderbücher

Experimente mit den vier Elementen (2000). Ravensburg: Ravensburger.
Himmel und Sterne. Unsere Welt entdecken (1997). Bergisch Gladbach: Corvus.
Kinder entdecken Naturereignisse (1988). time-life Kinderbibliothek.
Mein erstes Technikbuch. Von Autos, Schiffen, Flugzeugen und von vielen Maschinen (1973). Ravensburg: Otto Maier.
Neue Enzyklopädie des Wissens. Band 1, die umfassende Nachschlagebibliothek für Zuhause (1988). Hamburg: VP.
Spannende Experimente. Naturwissenschaft spielerisch (2000). Ravensburg: Ravensburger.
Wieso? Warum? Weshalb? (1999). Über 150 Fragen und Antworten aus vielen Wissensgebieten. Nürnberg: Tessloff.
Was ist was? z. B. Band 17: Licht und Farben. Nürnberg: Tessloff.
Wir erforschen die Natur – entdecken – verstehen – experimentieren. Reihe. z. B.: Licht. Laut & leise. Giessen: Brunnenverlag.
Woher kommen Blitz und Donner? Verblüffende Antworten über Himmel und Erde (2002). Oz.
Weitere Kinderbuch-Empfehlungen ab Herbst 2003: www.sciencelab.de.

Kleine Auswahl an CD-ROM's

Die Spürnase. bhv
Es war einmal ... das Leben. Mattel Interactive.
Kosmos Kids. Reihe. z. B. Kosmoskis experimentieren mit Licht, Erde und Schwerkraft. Übungen mit Wasser, Luft und Materie.
Löwenzahn. Reihe. Lernsoftware für Kinder. terzio.
Pyjama Pit. Donner und Blitz macht mir nix. GT Interacitve.
Sammy entdeckt die Wissenschaft. Edmark.

Internet-Adressen

www.deutsches-museum.de
www.kaf.de (Kinder-Akademie Fulda)
www.kindermuseum-muenchen.de
www.blinde-kuh.de
www.wdrmaus.de
www.cipsi-ag.de

II–3.2.5 Umweltbildung und -erziehung

(1) Zielformulierung, Leitgedanken

Umweltbildung und -erziehung berührt viele Lebensbereiche, von der Naturbegegnung über Gesundheit und Werthaltungen bis hin zum Freizeit- und Konsumverhalten:

- Umweltbildung und -erziehung im Elementarbereich nimmt traditionell ihren Ausgang von der **Naturbegegnung**, von Erlebnissen mit Tieren und Pflanzen. Der Umgang mit Naturmaterialien regt Fantasie und Kreativität in hohem Maße an. Es gilt, dieses Potential zu nutzen und den Kindern die Begegnung mit der Natur zu ermöglichen und ihnen darin vielfältige Gestaltungsmöglichkeiten zu eröffnen.

- Umweltbildung und -erziehung hat sich im Zuge der zunehmenden Umweltverschmutzung und der Ausbeutung natürlicher Ressourcen weiterentwickelt. Sie setzt sich nun auch mit dem **Selbstverständnis des Menschen in seinem Verhältnis zur Umwelt** auseinander: Was verstehe ich unter Umwelt? Welchen Wert messe ich ihr zu? Welche Rolle nehme ich ihr gegenüber ein? Mit der Beantwortung dieser Fragen ist Umweltbildung heute mit der **Entwicklung von Werthaltungen** verbunden:

- Kinder (wie Erwachsene) sind von **Umwelteinflüssen** unmittelbar betroffen. Sie erleben, wie sich ungünstige Einflüsse auf ihren Alltag auswirken können (z. B. Vermeiden »belasteter« Lebensmittel, Schutz vor intensiver Sonnenbestrahlung wegen abnehmender Ozonhülle). Für die Gefährdungen tragen Kinder – wenn überhaupt – nur begrenzt Verantwortung und sie beschränkt sich dann in der Regel auf ihren unmittelbaren Handlungsbereich (z. B. Abfälle trennen, Wasser schonen).
- Fachkräfte in Tageseinrichtungen tragen Verantwortung in zweierlei Hinsicht: Soweit es ihnen möglich ist, bewahren sie die Kinder vor Gesundheitsschäden, die auf Umweltbelastungen zurückzuführen sind. Sie vermitteln den Kindern, dass es sich lohnt und Spaß machen kann, sich für eine gesunde Umwelt einzusetzen. Sie sorgen damit im »Hier und Jetzt« für eine gesunde Umwelt und üben zugleich mit den Kindern zukunftsorientiertes Handeln ein. Es sind nicht immer **Umwelt-Projekte** durchzuführen, um dieses Ziel zu erreichen. Anknüpfungspunkt können **Alltagshandlungen** sein, in denen umweltbezogene Haltungen zum Tragen kommen (z. B. sensibler Umgang mit Lebewesen, schonender Umgang mit natürlichen Ressourcen und Materialien, Achtsamkeit für Lebensmittel und andere Konsumgüter). Kernfrage hierbei ist: »Wie können bereits Kinder zum Erhalt einer gesunden Umwelt beitragen?« Selbst die Jüngsten nehmen dadurch wahr, dass sie Verantwortung für sich selbst und Mitverantwortung für Andere und Anderes übernehmen.

- Umweltbildung und -erziehung umfasst heute noch eine dritte Dimension: Sie versteht sich nicht mehr nur als »Reparaturbetrieb« entstandener Schäden (nachsorgender Umweltschutz), sondern versucht, nach vorne weisende Szenarien aufzuzeigen, die sich mit den Wechselwirkungen zwischen Ökologie (Umwelt), Ökonomie (Wirtschaft) und Sozialem auseinandersetzen. Diese Dimension wurde erstmals in der *Agenda 21* (Konferenz der Vereinten Nationen, Rio de Janeiro 1992) unter dem Begriff »*Bildung für eine nachhaltige Entwicklung*« niedergelegt. Heutige Generationen sollen sich wirtschaftliches Wohlergehen durchaus zum Ziel setzen, dabei jedoch den Aspekten sozialer Gerechtigkeit und ökologischer Verträglichkeit Rechnung tragen mit dem Ziel, den nachfolgenden Generationen die natürlichen Lebensgrundlagen zu erhalten:
  - **4- bis 6-jährige Kinder** können mit diesen Denkweisen vertraut werden, wenn sie Gelegenheiten erhalten, ausgewählte Bereiche innerhalb oder außerhalb der Tageseinrichtung zu erkunden. Sie können sich z. B. mit dem Weg des Trinkwassers auseinandersetzen und dabei den Wert sauberen Wassers erkennen sowie Möglichkeiten des sparsamen Wasserverbrauchs erkunden. Sie können ihren Blick hierbei auch auf

andere Länder richten, wenn Kinder aus anderen Nationen der Gruppe angehören. Durch umweltbezogenes Tun und Reden erweitern sie ihre Kenntnisse von der Welt, in der sie leben, und vertiefen ihr Verständnis von Lebenszusammenhängen in dem Sinne: »Was ich als Mensch der Umwelt zumute, wirkt auf mich zurück.«

– **Jüngeren Kindern** soll ein vorwiegend emotionaler Zugang zur Umwelt und ihren Erscheinungsformen (vor allem zur Tier- und Pflanzenwelt) eröffnet werden. Die Kinder sollen die natürliche Umwelt als Quelle der Freude und Entspannung erleben. Sie sollen staunen können über die Schönheit und Vielfalt von Flora und Fauna, wobei Naturmaterialien die individuelle künstlerische Gestaltungskraft der Kinder in besonderer Weise herausfordern. Sie sollen Freude bei der Übernahme von Verantwortung für das Gedeihen der Lebewesen erfahren können und Wissen darüber erwerben, das ihrer Entwicklung angemessen ist (z. B. Warum-Fragen sehr ernst nehmen).

- Auf eine umweltfreundliche Bauweise, Raum- und Gartengestaltung, Sachausstattung und Betriebsführung ist zu achten. Die Fachkräfte übernehmen hierbei im Rahmen ihrer Zuständigkeiten und in Absprache mit dem Träger **Verantwortung für eine gesunde Umwelt**, die den Kindern und ihnen selbst zugute kommt. Zugleich gibt es viele Anknüpfungspunkte für die Beteiligung der Kinder, die ideale Lern- und Übungsfelder für umweltfreundliches Denken und Handeln eröffnen. Bei Gestaltungsprojekten ist die Einbindung der Eltern besonders sinnvoll und hilfreich.

- Umweltbildung und -erziehung ist mit den Werthaltungen konfrontiert, die den Lebensstil in den Familien der Kinder prägen. Die **Zusammenarbeit mit den Eltern** setzt voraus, die unterschiedlichen Lebensstile zu respektieren. Den Eltern sind die Werthaltungen, die der umweltpädagogischen Arbeit mit den Kindern und der Betriebsführung der Tageseinrichtung zugrunde liegen, verständlich zu machen. Die Umsetzung der Leitgedanken zur Umweltbildung erfordert, auf die Einstellungen und Haltungen der Familien einfühlsam einzugehen und »Besserwisserei« zu vermeiden.

- Um Umweltbildung und -erziehung vielseitig und authentisch zu gestalten, empfiehlt sich die **Zusammenarbeit mit Fachinstitutionen,** insbesondere mit der lokalen Agenda 21, mit Umwelt- und Naturschutzverbänden, Verbraucherschutzverbänden, Umweltstationen, Forstämtern, Abfall- und Energieberatungsstellen. Den Fachkräften eröffnen sich damit viele Chancen, mit den Kindern gemeinsam Neues zu erkunden.

- Die Komplexität und die fortschreitende Entwicklung der Umwelteinflüsse erfordern, dass die Fachkräfte laufend neue Kenntnisse erwerben und sich hierfür Experten und andere seriöse Informationsquellen (z. B. auch Internet) zu Nutze machen. Einige der genannten Fachinstitutionen und Fortbildungsträger bieten Fortbildungen zur Umweltbildung und auch zur Teilhabe an der lokalen Agenda 21 an. Die Fachkräfte können ihre Kenntnisse gemeinsam mit Eltern vertiefen (z. B. Kräuterwanderung mit einem Experten eines Naturschutzverbands).

(2) Bildungs- und Erziehungsziele im Einzelnen

Die Umwelt mit allen Sinnen wahrnehmen können

Jeder Sinn – schmecken, riechen, tasten, hören, sehen sowie der Sinn für Bewegungsabläufe – ist von Geburt des Kindes an durch eine Vielfalt kindgemäßer Anreize aus der Umwelt herauszufordern und zu pflegen.

Querverbindungen: → Ästhetische, bildnerische und kulturelle Bildung / Bewegungserziehung und -förderung.

Beobachten und aus den Beobachtungen Fragen ableiten können

Dieses Ziel ist als ein Vertrautwerden mit der Welt zu verstehen. Zusammen mit dem erstgenannten Ziel richtet es sich bereits an die jüngsten Kinder.

Querverbindungen: → Mathematische und naturwissenschaftliche Bildung.

Werthaltungen sich selbst und anderen gegenüber entwickeln können

Hierunter fallen Fürsorglichkeit, Mitempfindungsfähigkeit, Achtsamkeit und Verantwortungsfähigkeit. Im weiteren Verlauf der kindlichen Entwicklung führen diese Werthaltungen dazu, die Rolle des Menschen der Umwelt gegenüber erkennen zu können: Nutznießer, Ausbeuter oder pflegerisch Handelnder? Es geht darum, Beziehungen entwickeln zu können und sich selbst als Teil einer Umwelt, die für alle da ist, zu verstehen.

Querverbindung: → Ethische und religiöse Bildung und Erziehung.

Zuversicht und Hoffnung entwickeln

Die Kinder sollen Erwachsene erleben, die sich aktiv und mit Freude für den Erhalt einer gesunden Umwelt engagieren. Aus dieser Beobachtung heraus können die Kinder Mut und den Glauben an eine lebenswerte Zukunft schöpfen. Zuversicht und Hoffnung zu entwickeln wird für Kinder besonders bedeutsam, wenn sie Befürchtungen über Umweltbelastungen oder entsprechende Ängste äußern. Gerade dann brauchen sie ErzieherInnen, die sensibel auf ihre Befürchtungen eingehen (diese nicht tabuisieren) und ihnen vermitteln, dass sie gemeinsam Ideen zur Verbesserung entwickeln und demgemäß handeln können.

Querverbindung: ➤ Ethische und religiöse Bildung und Erziehung.

Durchhaltevermögen entwickeln

Projekte bzw. Experimente und Untersuchungen sollen über einen längeren Zeitraum hinweg andauern. Kinder brauchen hierbei Fachkräfte, die sie ermutigen und unterstützen, eine Sache zu Ende zu bringen. Wichtig ist, den Kindern zufriedenstellende Ergebnisse und erkennbare Erfolge ihres Handelns aufzuzeigen; andernfalls besteht die Gefahr der Entmutigung und begünstigt die Entwicklung einer gleichgültigen Haltung. Das »Bearbeiten« von Themen über einen längeren Zeitraum hinweg bietet zudem die Chance, den Kindern ein Gefühl für natürliche Rhythmen (Tag und Nacht, Jahreszeiten) und für den Zeitbegriff (Tagesstruktur, Wochenverlauf) zu vermitteln.

Probleme erkennen und Lösungsmöglichkeiten ausprobieren

Der Einsatz für eine gesunde Umwelt befasst sich in der Regel mit der Bewältigung von Problemen und der Beantwortung offener Fragen. Die genannten Fähigkeiten können besonders gut in Projekten eingeübt werden unter der Voraussetzung, dass die auftretenden Probleme thematisiert werden und es gelingt, Lösungswege gemeinsam mit anderen und selbsttätig zu finden.

Querverbindungen: ➤ Beteiligung von Kindern / geschlechtsbewusste Erziehung / gesundheitliche Bildung und Erziehung.

Zusammenhänge und gegenseitige Abhängigkeiten erkennen und daraus Verhaltensweisen ableiten

(auch in dem Sinne: »Wenn ich als Mensch meine Umwelt verändere, verändere ich letztendlich auch meine Lebensbedingungen.«)

Bereits die jüngsten Kinder sollen durch einfaches Ausprobieren auf ihre eigenen Fragen Antworten finden, in dem Sinne »Wenn ich das so (?) mache, dann geschieht wahrscheinlich das (?)«. Ältere Kinder können komplexere Zusammenhänge verstehen lernen, z. B. die Verbindungen einer einfachen Nahrungskette spielerisch nachvollziehen.

Querverbindungen: ➤ Naturwissenschaftliche Bildung / Medienbildung und -erziehung.

Beteiligungsfähigkeit entwickeln und dabei Denken und Handeln im Sinne der Bildung für eine nachhaltige Entwicklung einüben

- Die Teilhabe der Kinder am Geschehen innerhalb und auch außerhalb der Tageseinrichtung kann z. B. durch eine Kinderkonferenz eingeleitet werden, vorausgesetzt es gelingt, auch die Kinder einzubeziehen, die sich sprachlich (noch) nicht gut ausdrücken können. Während sich für die jüngeren Kinder die Beteiligung noch auf das nahe Geschehen in der Einrichtung beschränkt (z. B. Ausstattung einer Ecke mit Naturmaterialien), kann sie sich für die älteren auch auf das nahe Umfeld erstrecken (z. B. Einflussnahme auf Spielplätze im öffentlichen Raum)

  Querverbindungen: ➤ Beteiligung von Kindern / interkulturelle Erziehung / geschlechtsbewusste Erziehung.

- Durch die Mitwirkung an der Betriebsführung oder an Projekten zur Umgestaltung der Einrichtung (handlungsorientierte Beteiligung) lernen die Kinder die verschiedenen Aspekte zur nachhaltigen Entwicklung unmittelbar kennen. Sie praktizieren z. B. selbst sparsamen Energie- und Wasserverbrauch, Abfallvermeidung, Mülltrennung, Kompostierung.

  Querverbindung: ➤ Beteiligung von Kindern.

(3) Anregungen und Beispiele zur pädagogischen Umsetzung

Die **pädagogische Umsetzung der Ziele** erfolgt einrichtungsspezifisch und orientiert sich an der Entwicklung und den Bedürfnissen der Kinder. Wichtig ist, dass zwischen Zielsetzungen und Handlungsweisen ein Zusammenhang erkennbar ist. Nur konsequentes Vorgehen macht das Eintreten für bestimmte Aussagen glaubwürdig, unterstützt das Lernen der Kinder. Für die **Auswahl von Inhalten und Methoden** heißt das:

- Die Kinder erleben sich und andere in konkreten Handlungssituationen. **Sie erleben und begreifen im Kleinen die großen Zusammenhänge.** Einzelne Umweltbereiche können dabei als »Modell« betrachtet werden, aus dem sich Übertragungen auf andere Bereiche ableiten lassen. Wenn Kinder während regelmäßiger Aufenthalte z. B. im Wald erfahren: »Es hat Sinn, auf die dortige Pflanzen- und Tierwelt Rücksicht zu nehmen; es hat Sinn, für mich und andere eine intakte Umwelt zu erhalten«, dann können sie diese Erfahrung auf andere Orte oder Situationen übertragen.

- Lernarrangements sind so zu gestalten, dass die Kinder die gestellten Aufgaben erkennen und an deren Lösung alle (auch die Erwachsenen) beteiligt sind. Die **Prinzipien der Lernmethodik** kommen zur Anwendung (z. B. regelmäßige Rückblicke auf gemeinsame Erlebnisse, Reflexionen darüber, was erfahren und gelernt worden konnte). Die Kinder erleben in diesem Lernprozess auch die ErzieherInnen als Mitlernende.

- Als Lernarrangement eignet sich die **Projektmethode**. Viele **Umweltprojekte** setzen sich ein Ziel, das Kinder und Fachkräfte unterstützt von Kooperationspartnern gemeinsam erreichen wollen. Die Ziele betreffen in der Regel Verhaltensänderungen (z. B. Abfälle trennen) oder konkrete Umgestaltungen (z. B. Gartenumbau nach umweltfreundlichen Merkmalen). Es müssen aber nicht immer Projekte sein:
  – Häufig lassen sich Inhalte aus bestimmten Alltagssituationen ableiten. Dabei handelt es sich weniger um langfristig angelegte Vorhaben, sondern eher um allgemeine Lebenspraxis, die bewusst erlebt und gelebt wird. Dazu zählen Situationen wie Einkäufe (z. B. Auswahl gesunder Lebensmittel, Vermeidung von Verpackungen), Essenszubereitung, Körperpflege, Pflege von Gegenständen (z. B. Auswahl umweltfreundlicher Putz- und Waschmittel), Gartenpflege (z. B. Was nennen wir »Unkraut«?), Lärmreduzierung oder Energieeinsparung.
  – Inhalte lassen sich auch aus aktuellen Erlebnissen ableiten. Gerade durch die Aufenthalte in der Natur werden die Kinder auch mit dem Werden und Vergehen (z. B. Aufzucht eines Kükens, Begräbnis eines toten Vogels) konfrontiert, die zu existenziellen Fragen über Leben und Tod anregen können.

- Die folgenden Beispiele sind für jüngere und ältere Kinder von Belang – wenn auch auf unterschiedliche Weise. So geht z. B. die Projektarbeit mit Kindern unter 3 Jahren von anderen Ansprüchen aus als Projektarbeit mit älteren Kindern. Bei sehr kleinen Kindern handelt es sich um zeitlich eingegrenzte und örtlich nahe liegende Projekte, in die sich die Kinder vorwiegend durch ihr Mitmachen einbringen. So sammeln sie z. B. im Rahmen einer Gartenumgestaltung Bruchholz und schichten es in einer abgelegenen Ecke des Gartens aufeinander. Durch das Spielen, Hantieren und Arbeiten mit natürlichen Materialien begreifen sie ihre Umwelt. Ein solches Teilprojekt »Holzhaufen als Schutzzone für Kleinlebewesen« kann in ein langfristiges Projekt eingebettet werden, in dem die älteren Kinder von der Ideensammlung bis zur Fertigstellung mitwirken (→ Beispiel 3). In allen Beispielen werden die Kinder zu permanenter Bewegung herausgefordert (*Querverbindung:* Bewegungserziehung und -förderung).

Beispiel 1: *Regelmäßige Aufenthalte in der Natur*

Für die Aufenthalte in der Natur bieten sich in erster Linie Gebiete an, die örtlich nahe liegen, keine gravierenden Gefahren in sich bergen und laut Abkommen mit dem Eigentümer ohne Komplikationen genutzt werden können. Das kann ein nahes Brachland sein, ein Wiesengrundstück, ein Bachlauf oder ein möglichst naturbelassener Park. Es ist dabei sorgfältig zu erkunden, welche Risiken und Gefahren für die Kinder damit verbunden sein könnten. Es geht nicht darum, alle Gefahren zu vermeiden, sondern vielmehr sollen Kinder lernen, dass sie mit bestimmten Gefahren eigenverantwortlich umgehen müssen. So können und sollen z. B. nicht alle giftigen Pflanzen oder Pilze entfernt werden, sondern die Kinder müssen erkennen, dass mit Pflanzen, sichtbaren oder unsichtbaren »Spuren« von Tieren (Fuchsbandwurm), Abfällen oder anderem mehr, das sie in der Natur vorfinden, Gefahren verbunden sein können.

Abstimmungen: In Absprache mit dem Träger und den Eltern legen die Fachkräfte einen Wochentag fest, der für die nächste Zeit ihr »Waldtag« wird; es kann auch ein »Wiesentag« oder ein »Bachtag« sein. Sie nehmen Kontakt mit dem zuständigen Forstamt auf und bestimmen das Gebiet, in dem sie sich mit den Kindern regelmäßig aufhalten dürfen. Mit den Eltern und den Kindern besprechen sie, welche Kleidung geeignet erscheint und welche Gegenstände sie unbedingt mitnehmen müssen (z. B. Handy, Erste-Hilfe-Tasche, Getränke, Ersatzkleidung). Zudem sollen die Erwachsenen mit Kinderärzten oder anderen Experten über Gefahren sprechen, die Aufenthalte im Wald bergen (z. B. Zecken, Fuchsbandwurm), und darüber, wie man sich im Gefahrenfall verhält.

Waldtage und Reflexionen: Nach mehreren Waldtagen, die vor allem der systematischen Beobachtung der Kinder dienen (Wie verhalten sich die Einzelnen? Was macht ihnen Freude? Wo zeigen sie Unsicherheiten?), halten die Fachkräfte mit den Kindern einen Rückblick und sprechen mit ihnen über ihre Eindrücke und Meinungen (z. B. Sollen die Waldtage beibehalten werden? Falls ja, ist es sinnvoll, Regeln aufzustellen? Entweder zum eigenen Schutz oder zum Schutz der Tier- und Pflanzenwelt?) Zu diesen Gesprächen kann der zuständige Förster eingeladen werden. Er soll den Kindern kompetent Antworten auf ihre Fragen über das Ökosystem Wald geben.

Die folgenden Waldtage werden zum lustbetonten Spielen und zum Bauen von Kunstwerken genutzt, aber auch zum systematischen Erforschen des Lebensraums Wald.

Feststellungen: Der Wald ist für die Kinder ein Gebiet, in dem sie
- Entspannung und Freude finden,
- zu Bauten und neuartigen Kunstwerken angeregt werden,
- Interessantes und Schönes entdecken, das sie zum Teil mit in die Einrichtung nehmen können (für Ausstellungen, für kreatives Gestalten, für Kim und andere Spiele, zum Hantieren, Sammeln, Vergleichen oder Zuordnen),
- herausgefordert werden, alle ihre Sinne einzusetzen,
- angeregt werden, Vorgänge in der Natur spontan oder systematisch zu beobachten,
- Abhängigkeiten und Zusammenhänge nachvollziehen können (z. B. Wo und mit welchen Materialien bauen Ameisen ihre »Burg«?),
- Fürsorglichkeit und Achtsamkeit einüben können,
- erleben, dass sie als Gruppe mehr aufeinander angewiesen sind als im Schonraum des Kindergartens.

Die Feststellungen befassen sich zugleich mit der **Überprüfung der Ziele** (Sinnesschulung, Förderung der Kreativität, Beobachtungsfähigkeit, Werthaltungen entwickeln, Zusammenhänge erkennen), die durch die Waldtage in die Praxis umgesetzt worden sind.

Nachspiele und Reflexionen im Gruppenraum: Die ErzieherInnen regen die Kinder an, sich mehr Detailwissen über Tiere und Pflanzen des Waldes anzueignen (unter Nutzung verschiedener Wissensquellen), sich über ihre Erlebnisse auszutauschen, Besonderheiten gestalterisch darzustellen oder sie in Rollenspiele umzusetzen, kurz, sie nutzen unterschiedliche Methoden, um mit den Kindern zu reflektieren, und das, was sie Neues gelernt haben, zu benennen oder in anderen Formen kenntlich zu machen (*lernmethodisches Vorgehen*).

Beispiel 2: *Kennenlernen und Erforschen der Elemente*

Die traditionellen vier Elemente Wasser, Erde, Luft und Feuer üben auf jedes Kind Faszination aus und es macht bereits den Jüngsten viel Spaß, die jeweiligen Erscheinungsformen und Eigenschaften näher zu erkunden (selbstverständlich darf dies für die Kinder mit keiner Gefahr verbunden sein). Jedes Element ist zudem als eine Lebensgrundlage für den Menschen zu verstehen. Das Prinzip der inneren Differenzierung verlangt von ErzieherInnen, eine Palette von Anregungen für die Kinder bereitzuhalten bzw. mit ihnen zu entwickeln. Zum **Element Luft** können für Kinder folgende Inhalte und Methoden interessant und anregend sein:

- **Spiele mit der Kraft der Atemluft** im Freien / im Raum bzw. in der Wärme / in der Kälte (z. B. mit den Kindern erkunden: »Warum wird meine Atemluft in der winterlichen Kälte ein weißer Hauch?«)
  Ziele: Sinnesschulung, Beobachtungsfähigkeit, Zusammenhänge erkennen

- **Atemübungen,** auch im Verbund mit Entspannung oder Meditation (erfahren, dass Atemtechniken Auswirkungen auf das Wohlbefinden haben können)
  Ziele: Sinnesschulung, Beobachtungsfähigkeit, Zusammenhänge erkennen

- **Beobachtungen über bewegte Luft** (Wind, Brise, Luftzug, Bö, Sturm) im Freien / im Raum
  Ziele: Sinnesschulung, Beobachtungsfähigkeit, Zusammenhänge erkennen

- **Experimente mit Luft**
  Ziele: Beobachtungsfähigkeit, Durchhaltevermögen, naturwissenschaftliche Zusammenhänge erkennen

- **Tiere in der Luft** (hier können die Kinder auf Fragen stoßen wie: Warum sehen wir Schmetterlinge nur selten? Was brauchen sie, damit sie in unserem Garten leben können? Was können / wollen wir dazu tun?)
  Ziele: Beobachtungsfähigkeit, Werthaltungen entwickeln, Abhängigkeiten erkennen, Zuversicht entwickeln

- **Wahrnehmen unterschiedlicher Qualitäten der Luft** (in Räumen / im Freien), Empfindungen über das eigene Wohlbefinden (evtl. auf Allergien eingehen), Suche nach den Ursachen für Unterschiede (z. B. Luft im Wald, an einer Straßenkreuzung)
  Ziele: Sinnesschulung, Zusammenhänge erkennen, Probleme erkennen und Lösungsmöglichkeiten finden, z. B. effektives Lüften der Räume.

- **Beobachtungen über den Einfluss von Pflanzen auf die Luftqualität** (erstes »Vorwissen« über Photosynthese)

Ziele: Beobachtungsfähigkeit, Zusammenhänge erkennen, Werthaltungen entwickeln, z. B. der Wert eines Baumes

Für die intensive Auseinandersetzung mit einem Element gilt:

- Die Beteiligten handeln nach den **Prinzipien der Fürsorglichkeit** und Achtsamkeit allen Lebewesen gegenüber.
  Ziel: Werthaltungen.

- Die Kinder werden ermuntert, Fragen zu stellen oder sich eine Aufgabe vorzunehmen, bei deren Beantwortung sie aktiv mitwirken. Die Fachkräfte ermutigen sie, bei der Sache zu bleiben, bis sie ein Ergebnis haben, das sie selbst zufrieden stellt. Die Kinder wissen, dass es verschiedene Informationsquellen und andere Personen (Kooperationspartner) gibt, die ihnen weiterhelfen können. Sie nehmen die Hilfen auch in Anspruch. Sie erzählen oder zeigen anderen Kindern oder den Erwachsenen, was sie entdeckt haben, ob etwas dabei schwierig war und wie sie damit umgegangen sind. Sie beschreiben ihre Empfindungen bzw. bringen sie über Malarbeiten zum Ausdruck.
  Ziel: Durchhaltevermögen.

- Aus den Ergebnissen ziehen sie Rückschlüsse über Lebenszusammenhänge und wechselseitige Abhängigkeiten. Daraus kann sich das Engagement der Kinder für eine Umweltschutzmaßnahme entwickeln (z. B. Erhalt von Bäumen). Spätestens dann sind sie auf Erwachsene angewiesen, die ihnen Wege aufzeigen, sie begleiten und durch eigene Aktivitäten unterstützen.
  Ziel: Beteiligung.

- Die Kinder legen gemeinsam mit der Fachkraft für ihre Unternehmungen, auch über ihre Experimente oder längerfristig angelegten Beobachtungen Dokumentationen an. Sie wählen einige Arbeitsergebnisse für Ausstellungen aus und versehen sie mit Kommentaren (»und das (?) haben wir dabei gelernt«). Eine solche Aufbereitung der Ergebnisse lenkt die Aufmerksamkeit auf das eigene Lernen.
  Ziel: lernmethodische Kompetenz.

Beispiel 3: *Beteiligungsprojekt zur umweltfreundlichen Umgestaltung der Einrichtung*

Beschlüsse von Träger, Einrichtungsteam und Elternbeirat, die Einrichtung nach umweltfreundlichen Kriterien umzugestalten, eröffnen den Kindern überaus effektive und nachhaltige Lernmöglichkeiten. Sie lernen nicht anhand simulierter Aufgaben, sondern bringen sich und ihre Interessen in eine reale Situation ein und sammeln Erfahrungen durch konkretes Handeln. Sie erleben gleichzeitig, dass sie mit ihren Meinungen und Interessen das Geschehen in der Einrichtung mitbestimmen können. Sie bereichern damit ihre Erfahrungen, die sie mit der Teilhabe an demokratischen Prozessen gemacht haben. Die Umgestaltung kann zeitlich und räumlich gesehen in kleinen Projekten erfolgen (z. B. Gestaltung einer Ecke mit Naturmaterialien, mit Gegenständen zum Erforschen der Elemente) oder in großen Projekten, die sich über Wochen oder sogar Monate erstrecken und mit **Inhalten** befassen wie z. B.:

- Gartengestaltung (naturnah, sinnesanregend, Bewegungsanreize bietend)
- Energie- und Wassereinsparung,
- gesunde Ernährung unter Bevorzugung ökologischer, saisonaler und regionaler Produkte
- Lärmvermeidung bzw. -eindämmung
- Abfallvermeidung und -trennung
- Reflexion des Konsumverhaltens (Leitbild »Gut leben statt viel haben«).

In der Regel kommen bei Großprojekten alle unter (2) genannten Bildungs- und Erziehungsziele zum Tragen.

Projektverlauf am Beispiel »Gartenumgestaltung«

Projektbeginn: Das Projekt beginnt mit einer Bestandsaufnahme und einer Ideensammlung. Daraus formulieren die Beteiligten ein Ziel. **Fragen**, mit denen sich die Kinder und Erwachsenen hierbei auseinandersetzen, können sein:

- Wer benutzt den Garten?
- Was stört uns (und evtl. andere Nutzer) an der Gestaltung? Was gefällt uns so, dass wir nicht darauf verzichten wollen?
- Welche Lebewesen finden wir bereits jetzt darin vor? Worauf sind diese Lebewesen angewiesen? Welche wollen wir ansiedeln?
- Wie bewerten wir das Lebensrecht von Kleintieren in unserem Garten? Auf welche Nischen sind sie angewiesen und welche wollen wir berücksichtigen?
- Was wünschen sich die Jüngsten in unserer Gruppe, die Ältesten, die Mädchen und die Jungen (Perspektivenwechsel)?
- Was ist den Fachkräften wichtig? Und was den Eltern (Förderziele)?

- Welche neuen Geräte wünschen wir uns? Auf welches Grundmaterial legen wir dabei besonderen Wert (z. B. Holzart)? Was kostet das alles?
- Welche Position bezieht der Träger?
- Wie finden wir Experten, die wir fragen können?

Die Kinder erkennen: Es gibt verschiedene Sichtweisen. Sie erleben, wie sich aus der Wunschliste realisierbare Vorhaben herausschälen. Wichtig ist, dass sie erkennen: Nicht nur ich passe meinen Wunsch an die Realität an, das gilt auch für die anderen, aber jede Teilgruppe (die Kleinen, Mittleren und Großen / Mädchen und Jungen) ist dabei gleichberechtigt.

Weiterer Projektverlauf: Im weiteren Projektverlauf erkennen die Kinder, dass das Projekt in einer bestimmten Art und Weise aufgebaut wird (Struktur des Projekts): Nach Einigung über das Vorhaben folgt die gemeinsame Planung der einzelnen Arbeitsschritte. Die **Fragen** dazu können lauten:

- Wen können oder müssen wir als Kooperationspartner gewinnen? Wen in der Planungsphase als Ratgeber und wen in der Umbauphase als aktive Helfer?
- Welche Umbauten erfordern welche Arbeiten und Kosten? Welche Leistung müssen wir »einkaufen«, welche können wir selbst erbringen?
- Wo und wie können wir Sponsoren oder Spender ausfindig machen? Wo können wir Gelder einnehmen, um sie dann für die Umgestaltung zu verwenden?
- Welcher Zeitrahmen steht uns zur Verfügung?
- Wann wird was gearbeitet? Wer ist daran beteiligt?
- Wie sieht es mit der Pflege der neuen Anlagen aus?
- Wie möchten wir den Abschluss des Projektes gestalten?

Die Kinder erfahren: Beim Realisieren ist Arbeitsteilung erforderlich. Einiges können nur die Erwachsenen unter sich regeln, aber an vielen Dingen können auch sie selbst mitarbeiten. Einige Arbeiten eignen sich besser für die Großen, andere eher für die Kleinen. Alle Arbeitsgänge werden dokumentiert. In bestimmten Abständen halten die Beteiligten Rückschau auf das bereits Geleistete und planen die nächsten Arbeitsschritte.

Letzte Projektphase: Die letzte Projektphase dient der **Gesamtreflexion**, differenziert nach Personengruppen: Team / Eltern und Träger / Kinder. Kinder werden mit verschiedenen Methoden und Hilfsmitteln zur kritischen Rückschau angeregt, einige Beispiele:

- Betrachten von Fotos und Malarbeiten (Arbeitsphasen der Umgestaltung)
- Austausch über wichtige Erfahrungen bei Abwicklung der Arbeitsschritte (»So haben wir diese Schwierigkeit überwunden.«), die auf Wandzeitungen festgehalten wurden
- Erzählen von Anekdoten und anderen Erlebnissen
- Mitarbeit zur Erstellung einer Dokumentation für die Öffentlichkeit
- Dialogorientierte Betrachtung von Bilderbüchern oder CDs, die sich mit dem Thema befassen
- Aussagen oder Nachfragen der Kinder während der Nutzung der neuen Anlagen
- Beteiligung und Erklärungen bei Rundgängen für Besucher (auch Eltern): »Die Stöcke, Äste, Rindenstücke lassen wir hier liegen, weil dort Käfer, Spinnen, Asseln und andere Tiere leben. Vielleicht baut sich ein Igel dort seinen Winterschlafplatz. Die Tiere brauchen das alte Holz, weil ...«

Die Reflexionsphasen sind für den **Lerneffekt der Kinder** außerordentlich wichtig, denn durch Beschreiben der individuellen Erfahrungen und das Nachdenken darüber können sie nachvollziehen, was und wie sie gelernt haben (*lernmethodische Kompetenz*).

(4) Weitere Hilfen zur Vertiefung

Bestle, R. Lohl, S. & Stollenwerk, A. (2002/2003). Fantasiewerkstatt.. Natur. Wald. Natur. (3 Bände). Freiburg: Christophorus.
Bayerisches Staatsministerium für Landesentwicklung und Umweltplanung (Hrsg.). Bayern-Agenda 21. Für eine nachhaltige und zukunftsfähige Entwicklung in Bayern. München: StMLU. (o. J.).
Blessing, K. & Lehmann, I. (2001). Kindergärten ökologisch bauen und gestalten. Tuningen: Ulmer.
Bund-Länder-Kommission für Bildungsplanung und Forschungsförderung (2001a). Bildung für eine nachhaltige Entwicklung. Bericht der BLK an die Regierungschefs von Bund und Ländern zur Umsetzung des Orientierungsrahmens. Heft 94. Bonn: BLK.
Bund-Länder-Kommission für Bildungsplanung und Forschungsförderung (2001b). Zukunft lernen und gestalten – Bildung für eine nachhaltige Entwicklung. BLK-Kongress am 12./13. Juni 2001 in Osnabrück. Heft 97. Bonn: BLK.
Landeshauptstadt München, Schul- und Kultusreferat (2000). Fifty-Fifty-Energieprojekt an Münchner Kindertagesstätten und Schulen. Bekanntgabe im Schulausschuss des Stadtrats vom 24.05.2000.
Landesbund für Vogelschutz in Bayern e.V. (Hrsg.). (1999). Das große LBV-Natur-Kindergarten-Buch. Hilpoltstein: LBV (Bezug: Landesbund für Vogelschutz e.V., Eisvogelweg 1, 91161 Hilpoltstein).
Landesbund für Vogelschutz in Bayern e. V. Natur-Kinder-Garten-Schatzkiste. (Bezug. a. a. O.).

Lutz, E. & Netscher M. (1996). Handbuch Ökologischer Kindergarten. Freiburg: Herder.
Naumann, S. (1998). Natürlich von klein auf! Ökologische Lebensgestaltung in der Kindertagesstätte. Ravensburg: Otto Maier.
Reidelhuber, A. (2000). Umweltbildung. Ein Projektbuch für die sozialpädagogische Praxis mit Kindern von 3–10 Jahren. Staatsinstitut für Frühpädagogik (Hrsg.). Freiburg: Lambertus.
Reidelhuber, A. (1997). Umweltbildung im Kindergarten, Gemeinsam geht es am besten. Bayerisches Staatsministerium für Arbeit und Sozialordnung, Familie und Frauen (Hrsg.). München: StMAS (Bezug: IFP).
Reidelhuber, A. (1993). Umwelterziehung im Kindergartenjahr. Motivation und Anregung für die tägliche Praxis. Donauwörth: Auer.
Schmidbauer, H. & Hederer, J. (1991). Erlebnisraum Wald. Praktische Umwelterziehung in Kindergarten und Grundschule. München: Don Bosco.
Themenbox »Natur und Umwelt«. Aachen: Bergmoser & Höller.
Witt, R. (2003). Mit Kindern in der Natur. Freiburg. Herder.

II–3.2.6 Medienbildung und -erziehung, elementare informationstechnische Bildung

(1) Zielformulierung, Leitgedanken

Kinder wachsen von Geburt an mit Medien auf – Medien verstanden als Objekte zur Vermittlung von Information. Von Anfang an sind Medien in die kindliche Entwicklung mit einbezogen und treiben sie voran:

- **Medienkompetenz**, d.h. der sachgerechte, selbstbestimmte und verantwortliche Umgang mit Medien, hat heute den Stellenwert einer Basiskompetenz erlangt. Der kompetente Umgang mit Medien und den durch sie vermittelten Inhalten gilt als eine neue Kulturtechnik.

- Kindern ist frühzeitig ein kompetenter Umgang mit Medien zu vermitteln, damit sie am kulturellen, sozialen und ökonomischen Leben der Gesellschaft teilhaben und es mitgestalten können. Die Vermittlung von Medienkompetenz zur Erhöhung der Chancengerechtigkeit ist vor allem für jene Kinder von Bedeutung, die zu Hause keinen angemessenen Zugang zu Medien haben.

- Medienkompetenz bezieht sich bereits im frühen Kindesalter auf das gesamte **Medienspektrum**. Dieses wird nach folgenden Kategorien unterteilt:

– In materieller Hinsicht wird zwischen **Druckmedien** (z. B. Bücher, Zeitungen, Zeitschriften, Broschüren) und **technischen Medien** (z. B. Computer, Video, Fernsehen, Hörmedien) unterschieden.
– Im Hinblick auf die jeweils angesprochenen Sinne wird in der Regel nach **auditiven Medien** (*Tonmedien*: z. B. Radio, Kassettenrekorder, CD-Spieler), **visuellen Medien** (*Bildmedien*: z. B. Fotos, Dias, Bildschirmangebote ohne Ton, auch gedruckter Text wird visuell wahrgenommen) und **audiovisuellen Medien** (*Bild-Ton-Medien*: z. B. Fernsehen, Video, Computer) unterschieden. Es gibt aber auch haptische Medien wie z. B. die Braille-Schrift, die durch den Tastsinn Information übermittelt.

Die **Vermittlung von Medienkompetenz** ist ein durchgängiges Prinzip, das in allen Förderschwerpunkten dieses Plans Beachtung findet:

- Die Druck- und Hörmedien spielen eine zentrale Rolle im Rahmen der sprachlichen Bildung und Förderung sowie der musikalischen Bildung und Erziehung. Medien, die bestimmte Sachthemen behandeln (z. B. Kinderbücher, Kinderfilme, Computer-Lernprogramme), können in allen anderen Förderbereichen zum Einsatz kommen.

- Vor diesem Hintergrund konzentriert sich der Förderschwerpunkt »Medienbildung und -erziehung« auf die technischen Medien und dabei insbesondere auf die Geräte der **Informations- und Kommunikationstechnik (IuK)**. Dies sind Geräte mit elektronischen Bauteilen, die Information verarbeiten. Viele der nachstehenden Ausführungen treffen jedoch ebenso auf die Arbeit mit herkömmlichen technischen Medien zu, die vielerorts inzwischen selbstverständlich ist (z. B. Arbeit mit einem Daumenkino, um die Entstehung bewegter Bilder zu veranschaulichen; Verwendung alltäglicher Gegenstände als Geräuschquellen, um den Hörsinn zu schulen).

Die **pädagogische Arbeit mit elektronischen Medien** und anderen Geräten der Informations- und Kommunikationstechnik aus der Lebenswelt von Kindern ist ein wichtiger Bestandteil zeitgemäßer Bildung und Erziehung in Tageseinrichtungen. Dort sollen sich die Kinder in der Regel nicht allein, sondern gemeinsam mit anderen Kindern und pädagogisch begleitet von einem Erwachsenen mit elektronischen Medien bzw. IuK beschäftigen:

- **Kommunikation und Kooperation sind zentrale Aspekte des kindlichen Umgangs mit IuK-Geräten in Tageseinrichtungen.** So finden die Kinder am Computer gemeinsam Antworten auf Fragen, treffen in offenen Situationen gemeinsam Entscheidungen, zeigen sich gegenseitig, wie etwas funktioniert, oder berichten anderen über ihre Entdeckungen zu einem bestimmten Thema.

- **IuK-Geräte sind in die Spiel- und Lernumwelt der Kinder einzubeziehen und in die pädagogische Arbeit insgesamt zu integrieren.** Kinder verstehen die Bedeutung von IuK-Geräten am besten, wenn sie sie als nützliches Werkzeug in Alltagshandlungen erfahren. Einbeziehen heißt auch, dass echte IuK-Geräte oder Spielgeräte in entsprechende Symbol- oder Rollenspiele Eingang finden. Im Spiel lernt das Kind den Umgang mit Symbolen (z. B. ein beliebiger Gegenstand, dem im Spiel die Funktion eines Telefons zugeschrieben wird) und der IuK-Einsatz erweitert die Welt der Symbole. Der Zugang zum Computer oder zu anderen IuK-Geräten sollte über inhaltliche Bezüge geregelt werden, um deren Werkzeug-Charakter herauszustellen; die Kinder sind am Aufstellen der Zugangsregeln zu beteiligen.

- **Der angemessene Umgang mit elektronischen Medien und IuK muss gezielt vermittelt** bzw. aus Sicht der Kinder **gelernt werden.** Wichtig sind Gespräche zwischen Fachkräften und Kindern oder zwischen Kindern über den richtigen und sinnvollen Gebrauch dieser Geräte. Daher konzentriert sich die medienpädagogische Arbeit in Tageseinrichtungen zunächst auf die **älteren Kinder.** Grundsätzlich möglich ist sie aber auch mit **jüngeren Kindern** und in altersübergreifenden Gruppen: So kann bereits bei 3-Jährigen (und im Einzelfall noch jüngeren Kindern) die Aufmerksamkeit auf IuK-Geräte in ihrer Lebenswelt gerichtet werden: im Haushalt (z. B. Telefon / Mobiltelefon, Fernseher, Radio, Kühlschrank, Geschirrspülmaschine, Mikrowellenherd), in der näheren Umgebung (z. B. Straßenlampen, Geldautomaten, Strichcode-Scanner im Supermarkt) und in der Tageseinrichtung (z. B. Kassettenrekorder, CD-Spieler, Video, Fernseher, Computer). In vielen Fällen können bereits sehr kleine Kinder einfache Handlungen an diesen Geräten vornehmen (z. B. Ein- und Ausschalten).

- **Medienbildung und -erziehung sollte an der Beobachtung und den Medienerfahrungen der Kinder ansetzen und kontinuierlich stattfinden;** dazu gehören auch lernziel- oder themenbezogene Projekte. Es eignen sich grundsätzlich alle IuK-Geräte für die pädagogische Arbeit in Tageseinrichtungen unter der Voraussetzung, dass mit ihrem Einsatz pädagogisch begründete Lernziele verfolgt werden. An deren Aufstellung können auch die Kinder beteiligt werden. Die aufgestellten Lernziele sind zugleich bedeutsam für die Begleitung und Beobachtung der Lernprozesse der Kinder sowie für die Reflexion und Weiterentwicklung der medienpädagogischen Lernarrangements. Lernziele und Lernprozesse der einzelnen Kinder sollten dokumentiert werden. Dokumente sind auch die von den Kindern mit IuK erstellten Produkte. Um das Selbstvertrauen der Kinder zu stärken, sollten ihre Medienprodukte im Gruppenraum oder in der Einrichtung für alle Beteiligten gut sichtbar ausgestellt werden.

- Kinder nutzen Medien (z. B. Fernsehen, tragbare oder ans Fernsehgerät anschließbare Videokonsolen, Computerspiele) und IuK zuerst und vor allem im Elternhaus. Die **Zusammenarbeit mit den Eltern** in Fragen der Medienbildung und -erziehung ist daher dringend geboten. Das Gesprächsklima sollte akzeptierend und unvoreingenommen sein. Eltern sind in die Konzeption der medienpädagogischen Arbeit der Tageseinrichtung einzubeziehen. Die Bildungs- und Erziehungspartnerschaft zwischen Tageseinrichtung und Eltern kann auch dazu führen, dass Eltern eigene Ressourcen in die medienpädagogische Arbeit der Tageseinrichtung einbringen, aus denen das Einrichtungsteam vielfach Nutzen ziehen kann (z. B. informationstechnisches Fachwissen, technische Fertigkeiten, finanzielle Mittel, Vermittlung von Kontakten).

- Es empfiehlt sich die **Zusammenarbeit mit medienpädagogischen Fachdiensten,** insbesondere mit den Stadt- und Kreisbildstellen (z. B. Ausleihe von Geräten, Videofilmen) sowie mit einschlägigen Einrichtungen und Angeboten der Kinder- und Jugendarbeit (z. B. Kinderkino, Medienstellen bzw. Medienzentren).

- Eine hochwertige, den Erfordernissen der Zeit entsprechende medienpädagogische Arbeit in Tageseinrichtungen und die Vermittlung elementarer informationstechnischer Bildung setzen eine entsprechende **Qualifikation des Fachpersonals** und die **Ausstattung mit IuK-Geräten** voraus. Wünschenswert ist in den Gruppenräumen auch ein Internet-Zugang, der mit zunehmendem Alter der Kinder an Bedeutung gewinnt. Darüber hinaus ist ausreichend Zeit für die Vorbereitung der pädagogischen Arbeit mit IuK vonnöten.

- IuK verbessert zugleich die Information der Elternöffentlichkeit über Profil und Leistungsangebot der Tageseinrichtung, sei es über die Homepage im Internet oder offline auf Bildträgern.

(2) Bildungs- und Erziehungsziele im Einzelnen

Ziele bei Kindern von 0 bis 3 Jahren

Die Kinder machen erste Kontrollerfahrungen, indem sie z. B. Geräte ein- und ausschalten, auf Knöpfe drücken und sehen, was passiert, die Hand auf berührungsempfindliche Bildschirmoberflächen legen.

Ziele bei Kindern von 3 bis 6 Jahren

- Kinder entwickeln Interesse an Informations- und Kommunikationstechnik (IuK) und spielen mit echten IuK-Geräten oder in dieser Funktion verwendeten Spielgeräten.

- Sie erfahren etwas über die **Verwendungs- und Funktionsweisen von IuK-Geräten** in ihrer Lebenswelt. Dazu gehören z. B. Haushaltsgeräte, Strichcodescanner und Geldautomaten ebenso wie medienspezifische Kenntnisse, etwa über das Entstehen bewegter Bilder oder das Zustandekommen von Fernsehbildern.

- Sie lernen hochwertige **Medienangebote** kennen, insbesondere auch Computerprogramme, und entwickeln Interesse daran. Ein wichtiges Ziel hierbei ist der Aufbau von Wert- und Qualitätsbewusstsein.

- Es wird die Kompetenz angebahnt, **Risiken und Gefährdungen des Mediengebrauchs** zu erfassen. Das medienkompetente Kind kennt Alternativen zur Mediennutzung.

- Kinder lernen, IuK-Geräte (z. B. Fußgängerampel, Kassettenrekorder, ferngesteuertes Auto) und einfache Computerprogramme und -spiele selbstständig zu bedienen und für eigene Zwecke einzusetzen. Sie machen dadurch die Erfahrung von Selbstwirksamkeit, üben Kontrolle aus und erleben sich kompetent. Sie erfahren, wozu man Medien bzw. IuK gebrauchen kann (z. B. zum Lernen, für die Beschaffung von Information, zur Kommunikation, zur Unterhaltung und zur Befriedigung persönlicher Bedürfnisse nach Orientierung, Identifikation und Vorbildern). Das Kind sollte sich über **Sinn und Zweck seines Mediengebrauchs** bewusst sein, weil es dadurch lernt, innerlich Abstand zu gewinnen. Die Fähigkeit zur Distanzierung und die Erfahrung, den eigenen Mediengebrauch selbst zu kontrollieren, wirken der häufig anzutreffenden Sorge entgegen, dass sich beim Mediengebrauch eine unkontrollierte, passive Konsumhaltung einstellt.

- Dass Kinder Medien in Tageseinrichtung gemeinsam nutzen, fördert ihre soziale Kompetenz und stärkt ihre Fähigkeit und Bereitschaft zur Verantwortungsübernahme und demokratischen Teilhabe.

- Kinder erwerben durch den pädagogisch begleiteten Mediengebrauch auch gezielt Wissen (z. B. Einsatz entwicklungsangemessener Lernprogramme: zur Sprachförderung, zum Verständnis elementarer Mathematik, zum Erwerb von Sachwissen) und lernen, Probleme zu lösen. Gleichzeitig soll die Aufmerksamkeit auf den Lernprozess selbst gerichtet und damit die lernmethodische Kompetenz gestärkt werden.

- Ein wichtiges Ziel ist, durch den Einsatz von Medien das Symbolverständnis zu erweitern und zu vertiefen. Das Spiel mit Symbolen soll zu der Einsicht führen, dass sie für etwas anderes stehen und mit ihnen etwas dargestellt werden kann. Durch das Spiel mit Medien soll die Fähigkeit gefördert werden, zwischen Realität und Virtualität zu unterscheiden. Diesem Ziel dient auch, ausreichend Gelegenheit für Real- und Symbolerfahrungen zu schaffen und im Gespräch beides aufeinander zu beziehen. Symbolverständnis ist darüber hinaus für den angemessenen Umgang mit Buchstaben, Schrift und Zahlen von zentraler Bedeutung.

- Medien werden dazu genutzt, Grenzen zu überwinden und Verbindung mit Kindern aus anderen Einrichtungen (z. B. andere Tageseinrichtungen, Grundschulen) und Kindern aus anderen Regionen und Ländern aufzunehmen. Vor allem für ältere Kinder kann es eine interessante Aufgabe sein, Erfahrungen auszutauschen, mit anderen Kindern z. B. per E-Mail an einem gemeinsamen Projekt zu arbeiten (z. B. »Tiere aus unserer Region«) oder auch Kontakte mit Kindern aus der jeweiligen Grundschule zu knüpfen.

(3) Anregungen und Beispiele zur pädagogischen Umsetzung

Bei der **medienpädagogischen Arbeit im Elementarbereich** sind insbesondere folgende Aspekte zu beachten:

- Kinder müssen Gelegenheiten erhalten für die kindgemäße **Verarbeitung ihrer Medienerfahrungen**, die sie außerhalb der Tageseinrichtung machen.

Beispiele für typische Verarbeitungsweisen sind Rollenspiel, Theaterspiel, Verkleidung / Masken, Puppenspiel, Bewegungsspiel, Tanz, musikalische Ausdrucksspiele, Malen / Zeichnen. Wichtig sind auch **Gespräche** darüber mit der Erzieherin und anderen Kindern.

- Ein hoher Stellenwert ist dem **Einsatz elektronischer Medien** und insbesondere von Computern sowie der sich daraus ergebenden Kommunikation und Kooperation zwischen Erwachsenen und Kindern sowie den Kindern selbst einzuräumen. **Dass die Kinder Zugang zu IuK-Geräten haben und diese Technik aktiv nutzen, ist ein Kernaspekt moderner Medienbildung und -erziehung im Elementarbereich.** Der Einsatz dieser Medien im pädagogischen Alltag regt die Fantasie und Kreativität der Kinder an, eröffnet den Kindern vielfältige Möglichkeiten der aktiven Beteiligung. Medien sind eine wesentliche Bereicherung der Lernumgebung der Kinder, sie treiben die kindliche Entwicklung nachhaltig voran. Einige Beispiele hierzu sind:
  – Erstellen von Medienprodukten (z. B. Hörspiele, mit Musik unterlegte Filmsequenzen, farbige Ausdrucke von Bildern, die mit einem Malprogramm geschaffen wurden),
  – Spielen eines Computer-Abenteuerspiels, in dem viele Wege zum Ziel führen, oder
  – Beschaffen von Information (z. B. auf einer CD, aus dem Internet) gemeinsam mit der Erzieherin, weil dies für ein gerade laufendes Projekt von großem Interesse ist.

- **Spielen und Lernen** sind zwei Seiten derselben Medaille. Der altersgemäße IuK-Einsatz fördert das zielgerichtete und entdeckende Spiel; im Vordergrund des pädagogischen Interesses steht jedoch der **Lernprozess selbst**:
  – Gefördert werden beim Umgang mit IuK nicht nur spezifische Fertigkeiten der technischen Handhabung. Er unterstützt zugleich die Entwicklung einer Reihe von Basiskompetenzen (z. B. Kreativität, Diskussionsfähigkeit, Problemlösefähigkeit, kontrolliertes Eingehen von Risiken, flexibles Denken).
  – IuK-Geräte, vor allem Computer, eignen sich als Lernmittel im Elementarbereich auch deswegen so gut, weil sie die Lernmotivation der Kinder positiv beeinflussen. Die Kinder zeigen ein großes Interesse am Umgang mit IuK. Diese Chance gilt es zu nutzen. Bei der Auswahl von Lernprogrammen ist darauf zu achten, dass keine ungeeigneten zum Einsatz kommen (z. B. Lernprogramme, bei denen es immer nur eine richtige Antwort gibt oder die großen Wert auf das Üben legen). Beim

Einsatz von Lernsoftware ist gezielt zu beobachten, ob das Kind den Leistungsanforderungen gewachsen ist.
- Es wird darüber reflektiert, ob die verwendete Technik und die eingesetzten Programme den **Bedürfnissen der Kinder** entsprechen. Ob eine Technikanwendung dem Alter, der Persönlichkeit und der kulturellen Herkunft eines Kindes angemessen ist und ob die Umsetzung eines Ziels geschlechtsneutral oder -spezifisch zu erfolgen hat, wird aus der jeweiligen Situation heraus beurteilt.

- Einsatz bzw. **Bedienung und Anwendung der Technik** sollen übersichtlich und aus sich selbst heraus verständlich sein. So wird es z. B. für Kinder unmittelbar einsichtig, wie die Bilder einer Digitalkamera in den Computer kommen, wenn nach dem Druck auf den Auslöser eine Diskette aus der Kamera herausgenommen und daraufhin in den Computer gesteckt wird, auf dessen Bildschirm dann die Bilder per Doppelklick sofort angeschaut werden können; leicht für Kinder zu verstehen ist auch das Verschieben von Dateien per »drag & drop«.

- Beim Einsatz von IuK-Geräten sind mehrere **Schutz- und Sicherheitsaspekte** zu beachten. Die nachstehenden Ausführungen gehen beispielhaft vor allem auf die Computernutzung ein:
  - **Auswahl der Medieninhalte:** Hierbei ist generell darauf zu achten, dass sie gewaltfrei sind und keine Vorurteile bekräftigen. Seit dem 01.04.2003 gilt das neue **Jugendschutzgesetz**. Beim Einkauf und Einsatz von Computerspielen ist deshalb darauf zu achten, dass sie nach § 14 JuSchG eine Alterskennzeichnung haben, sofern sie nicht als Informationsprogramm oder Lehrprogramm gekennzeichnet sind. Für den Zugang zum Internet kann aus Gründen des Jugendschutzes lizenzierte Filtersoftware verwendet werden.
  - **Bemessung der Nutzungszeit am Stück für Computer:** Sie soll bei kleinen Kindern grundsätzlich kurz ausfallen, mit zunehmendem Alter kann die Nutzungszeit ansteigen. Als Richtwert kann gelten, dass grundsätzlich 20–30 Minuten am Stück nicht überschritten werden sollten. (Hinweis: Zwar unterliegen moderne Computer-Bildschirme strengen Strahlenschutz-Vorschriften; gewisse Strahlengefährdungen, die möglicherweise weiterhin bestehen, lassen sich durch kurze Nutzungszeiten zusätzlich reduzieren). Wenn freilich ein oder mehrere Kinder intensiv mit einer PC-Anwendung beschäftigt sind und der vernünftige Abschluss dieser Anwendung mehr Zeit als angegeben erfordert, dann sollte dies grundsätzlich auch erlaubt sein. Im Elementarbereich einen Computer

so einzusetzen, dass er für alle Kinder zugänglich ist und zugleich ergonomischen Ansprüchen genügt, ist nur schwer zu realisieren. Dafür sind die Kinder nämlich in ihrer körperlichen Entwicklung zu unterschiedlich. Wenn der Computer in andere Aktivitäten integriert ist *(z. B. Rollenspiel, Basteln, Malen mit Stift und Pinsel)* und auf solche Weise als effektives Werkzeug genutzt wird, dann sind die Kinder ohnehin viel in Bewegung und profitieren von weiteren Lernaktivitäten.

Beispiel 1: *IuK im Alltag entdecken*

- Die Kinder berichten, was sie zu Hause, auf Spaziergängen und in der Tageseinrichtung an IuK entdeckt haben (z. B. programmierbare Geschirrspülmaschinen, Waschmaschinen, Mikrowellenherde; Telefonzellen, Ampeln, Geldautomaten; Telefone / Mobiltelefone, CD-Spieler, Videorekorder, Computer).

- Sie machen sich im Weiteren Gedanken darüber, wofür und in welchem Zusammenhang man diese Geräte braucht. Ihnen wird klar, wie sehr der Alltag von dieser Technik geprägt ist.

- Sie erhalten die Gelegenheit, technische (Spiel-)Geräte zu zerlegen und wieder zusammenzubauen. Sie spielen Kaufladen und verwenden dabei ein Spielgerät als Strichcodescanner.

IuK wird auf diese Weise zu einem wichtigen Thema in der Einrichtung, die Kinder erhalten Einblick in die Verwendungs- und Funktionsweisen dieser Technik.

Beispiel 2: *Fernseh-Erziehung in Kindertageseinrichtungen*

Das von Kindern in diesem Alter am häufigsten genutzte elektronische Medium ist das Fernsehen. Während das **Fernsehen** und **Videoanschauen** zu Hause vor allem der Unterhaltung dient, soll es in Tageseinrichtungen vorzugsweise **zu Lernzwecken** erfolgen:

- Über das **gemeinsame Fernsehen** können bestimmte Lerninhalte an die Kinder vermittelt werden (z. B. Verhalten im Straßenverkehr). Im Anschluss wird die Filmgeschichte eingehend besprochen (z. B. Nacherzählen und Weiterspinnen der Geschichte) bzw. anderweitig nachbearbeitet (z. B. szenisch im Rollenspiel). Das Kind lernt auf diese Weise, dass man aus verschiedenen Gründen fernsehen und dass man sich die dabei verfolgten Ziele auch bewusst machen kann. Das Kind lernt sich zu distanzieren.

- **»Wie entsteht und funktioniert das Fernsehen?«** – Fragen, die Kinder brennend interessieren und für deren Beantwortung zwei Projekte für Kindergärten entwickelt und bereits vielfach erprobt worden sind:
  - **»Kinder kriechen durch die Röhre«** *(Medienstelle Augsburg: www.jff.de/msa)*
  In sieben Einheiten à 45 Minuten lernen die 5- und 6-Jährigen in spielerischer Form den Fernseher als Ort für Aktionen kennen, erfahren wie Fernsehbilder entstehen und wie sie in das Fernsehgerät kommen. Die Kinder erfahren, dass Fernsehen ein gestaltetes und gestaltbares Medium ist. Der Symbolcharakter von Fernsehbildern wird deutlich und es wird die Fähigkeit gefördert, virtuelle und reale Geschehnisse zu unterscheiden.
  - **»Flimmerkiste«** *(Aktion Jugendschutz, Landesarbeitsstelle Bayern e.V., München: www.bayern.jugendschutz.de)*
  In elf Einheiten à 30 Minuten verfolgt dieses Projekt vergleichbare Ziele. Zielgruppe sind ebenfalls die 5- und 6-Jährigen. Das Infoset »Alles auf Empfang«, das über die Aktion Jugendschutz zu beziehen ist, enthält eine Broschüre mit detaillierter Beschreibung des Projektablaufs.

Beispiel 3: *Medienbaukasten »Kinder und Werbung«*

Dieser Medienbaukasten, erschienen im *KoPäd-Verlag, München (www.kopaed-verlag.de)*, besteht aus verschiedenen Materialien (Handbuch mit zahlreichen Aktionstipps, Handpuppe, Spielbrett, zwei Bilderbücher, eine Liedtafel, diverse »Wunschfernseher«, Bastelbögen und Kopiervorlagen), die miteinander kombiniert werden können und einen erlebnisorientierten Zugang zum Thema Werbung ermöglichen.

- Er gibt ErzieherInnen Hilfen an die Hand, sich zusammen mit den Kindern, aber auch auf Elternabenden mit dem Thema »Kinder und Werbung« auseinanderzusetzen.

- Vorrangiges Ziel ist, Werbung vorurteilsfrei darzustellen und bei den Kindern die Kompetenz zum Umgang mit Werbung aufzubauen, insbesondere zwischen Werbung und Sendungen unterscheiden zu lernen. Die Kinder sollen auch erkennen, wer Werbung in Auftrag gibt und was damit erreicht werden soll, z. B. indem sie selbst eine Werbekampagne starten.

Beispiel 4: *Computer-Einsatz in Kindertageseinrichtungen*

Erstellen eines Buchs als Ausflugsdokumentation *(www.kidsmartearlylearning.org)*

Auf einem Ausflug machen die ErzieherInnen mit einer Digital- oder normalen Kamera viele Fotos. In der Tageseinrichtung werden mit diesen Fotos folgende Dinge angestellt:

- Im Computer wird zunächst eine **Bilddatei** erstellt. Fotos, die mit einer normalen Kamera erstellt worden sind, müssen hierzu eingescannt werden. Auf Wunsch der Kinder können die digitalen Bilddateien bearbeitet werden. Sodann werden die Fotos (am besten mit einem Farbdrucker) ausgedruckt.

- Zusammen mit den Kindern werden die Fotos nun in die richtige Reihenfolge gebracht für ein Fotobuch. Darin sollen bei jedem Foto auch Kommentare der Kinder stehen. Entsprechend formulieren die Kinder für jedes Bild ein bis zwei Sätze, die von den ErzieherInnen in eine Wordddatei eingegeben werden, ehe sie die jeweiligen Bilder hinzufügen. Schließlich liegt das **kommentierte Fotobuch als Word-Dokument** vor. Außer dem Buch werden auch einzelne Seiten daraus ausgedruckt, die den Kindern mit nach Hause gegeben werden. Das Fotobuch wird an einer zentralen Stelle in der Einrichtung präsentiert, die ErzieherInnen und die Eltern kommen darüber miteinander ins Gespräch.

Die **Kinder** freuen sich, dass sie ein eigenes Buch drucken können. Sie haben sich mit den ErzieherInnen eine Aufgabe gestellt und sie gemeinsam gelöst. Sie haben **erfahren**, dass IuK als Mittel zum Zweck bzw. Werkzeug eingesetzt werden kann.

Basteln eines Windmessers, nachdem zuvor mit Hilfe eines PC-Spiels viel über das Wetter gelernt wurde *(www.kidsmartearlylearning.org)*

- Die Kinder spielen das Spiel »*Die Wetter-Maschine*« auf der CD »Sammy entdeckt die Wissenschaft (Sammy's Science House)«. Sie lernen dabei, dass Temperatur, Luftfeuchtigkeit und Wind **Schlüsselfaktoren des Wetters** sind. Denn auf der »Wettermaschine« stellen sie – jeweils nach Belieben – diese Faktoren ein und sehen dann, was für ein Wetter dabei herauskommt, »wie das Wetter wird«.

- Sie basteln daraufhin nun selbst einen **Windmesser** (z. B. herabhängende Stoffstreifen, die im Freien an einer Wand oder einem Baum befestigt werden) und tragen das Ergebnis in einen Kalender ein. Sie skizzieren dazu den Windmesser und erzeugen auf diese Weise Zeichen für die Windstärke, nämlich herabhängende Streifen: kein Wind / leicht angehoben: leichter Wind / horizontal: starker Wind.

Die Kinder erwerben naturwissenschaftliches Wissen und übertragen das Gelernte kreativ auf ihre reale Situation. Sie lernen den Gebrauch von Symbolen und erweitern ihre lernmethodische Kompetenz, indem ihnen bewusst wird, dass man mit dem Computer bzw. auf CD an wichtige Informationen gelangen kann.

Kinder aus zwei Tageseinrichtungen schreiben und illustrieren gemeinsam eine Geschichte über E-Mail *(www.ioe.ac.uk/cdl/datec/exemplars/drawing/drawing.htm)*

- Die 4- bis 6-jährigen Kinder zweier Tageseinrichtungen schreiben und illustrieren gemeinsam eine Geschichte. Sie gehen wie folgt vor: Die Kinder der einen Einrichtung denken sich einen Anfang aus (2–3 Sätze), die Erzieherin schickt ihn per E-Mail an die andere Einrichtung. Die Erzieherin dort liest den Text vor und die Kinder in der anderen Einrichtung überlegen sich eine Fortsetzung. Die zweite Erzieherin schickt die E-Mail mit einem zusätzlichen kurzen Text (2–3 Sätze) wieder zurück zur ersten Einrichtung, damit die Geschichte dort fortgesetzt wird. Dies geht einige Male hin und her.

- Nachdem die Geschichte abgeschlossen ist, wird sie gemeinsam illustriert. Die ErzieherInnen beider Einrichtungen vereinbaren Tag und Uhrzeit, an dem dies geschehen soll. Die Kinder der einen Einrichtung fertigen zu den ersten Sätzen mit einem Malprogramm ein Bild und fügen es in den Text ein (bzw. die Erzieherin fügt ein). Dies geht wieder per E-Mail an die andere Einrichtung, wo zur nächsten Sinneinheit das zweite Bild eingefügt wird. Dies wird solange fortgesetzt, bis neben jeder kurzen Texteinheit ein Bild steht.

Die Kinder stellen sich einer nur kreativ zu lösenden Aufgabe und lernen mit IuK Grenzen zu überwinden, Verbindung mit anderen Kindern aufzunehmen und zu kooperieren.

Interaktive Online-Hörschule *(www.br-online.de/bayern2/collegeradio/spezial/ beitraege/boerni/index_alt.html):*

- Der Wüstenfuchs Börni unternimmt mit seinem Flugzeug Reisen in den Wald, ans Meer und auf einen Bauernhof. Dort hört er jeweils typische Geräusche. So kann man z. B. im Wald durch Klicken auf bestimmte Tiere hören, welche typischen Laute sie von sich geben, und gleichzeitig erfährt man in einem Textfenster etwas über ihre Lebensgewohnheiten (dies kann die Erzieherin vorlesen). Wenn man glaubt, die Geräusche gut zu kennen, kann man sein Wissen testen.

- In einem »Quiz« wird ein Geräusch vorgespielt und man wählt von vier Tieren eines aus. Oder man hört einen »Klangsalat« aus drei Tierstimmen. Von neun Tieren muss man nun die drei richtigen auswählen. Es gibt auch noch ein »Hör-Memory«: Man muss sich die zwei Karten merken, bei denen das gleiche Geräusch zu hören ist. Bei allen Spielen wird die richtige Antwort durch ein Lob oder ein lustiges Geräusch belohnt.

Ein wichtiges medienpädagogisches Thema ist der Hörsinn. Es macht viel Spaß, im »visuellen« Medium Internet gemeinsam mit anderen das Zuhören zu üben und mit Tönen zu spielen. Die Kinder lernen genau hinzuhören und erwerben nebenbei viel Wissen über die sie umgebende Welt.

Beispiel 5: *Medienpädagogische Zusammenarbeit mit Eltern*

Hilfreiche Materialien und Projekte hinsichtlich einer medienpädagogischen Zusammenarbeit mit Eltern, von denen viele von der Aktion Jugendschutz (aj), Landesarbeitsstelle Bayern e.V., München *(www.bayern.jugendschutz.de)* herausgegeben bzw. angeboten werden, sind:

- **Infoset »Alles auf Empfang – Familie und Fernsehen«**
  Das Infoset der aj Bayern enthält exemplarische Vorschläge zur medienpädagogischen Elternarbeit. Es enthält auch eine *Elternbroschüre*. Es will einen Beitrag dazu leisten, dass sich die medienpädagogische Arbeit in Familie und Tageseinrichtung nicht widerspricht, sondern ergänzt, dass die Beteiligten miteinander kooperieren. Schwerpunktthema des Infosets ist das Fernsehen.

- **Medienpaket »Kinder sehen fern – 5 Bausteine zur Fernsehrezeption von Kindern«**
Dieses Medienpaket, konzipiert vom *Institut für Medienpädagogik in Forschung und Praxis* (JFF) in München, hat die aj Bayern zusammen mit der *Bayerischen Landeszentrale für neue Medien* (BLM) – mit Förderung des *Bundesministeriums für Familie, Senioren, Frauen und Jugend* – herausgegeben *(KoPäd Verlag München, 2000)*. Es enthält eine Videokassette, eine CD-ROM und ein Begleitheft. Es bezieht sich auf Kinder im Alter von 3 bis 13 Jahren. Es eignet sich vor allem für den Einsatz auf Elternabenden zur Fernseherziehung.

- **FLIMMO – Programmberatung für Eltern e.V.**
FLIMMO ist ein bundesweiter »Service für alle Erziehenden«. Es betrachtet das Fernsehprogramm aus Sicht der Kinder im Alter von 3 bis 13 Jahren; die Grundlage liefern Forschungsergebnisse und regelmäßige Befragungen. Berücksichtigt werden Sendungen, die von ARD, ZDF, RTL, SAT 1, RTL 2, Kabel 1 und SuperRTL von Montag bis Sonntag in der Zeit von 6.00 bis 22.00 Uhr ausgestrahlt werden. Herausgeber ist der *Verein Programmberatung für Eltern*, dem insbesondere 14 Landesmedienanstalten und das *Internationale Zentralinstitut für das Jugend- und Bildungsfernsehen* (IZI) beim Bayerischen Rundfunk als Mitglied angehören. Die Redaktion obliegt dem Institut für Medienpädagogik in Forschung und Praxis (JFF). FLIMMO gibt es online und als Broschüre: Online bietet er alle 14 Tage aktuelle Informationen über alle Sendungen, die für Kinder von Interesse sein können *(www.flimmo.de)*. Als Broschüre erscheint er dreimal im Jahr; die Informationen beschränken sich auf jene Sendungen, die regelmäßig, mindestens einmal im Monat, ausgestrahlt werden. Die Broschüre geht u. a. allen Tageseinrichtungen für Kinder ab 3 Jahren kostenlos zu. Für Eltern besteht die Möglichkeit, ein Ansichtsexemplar zu bestellen und den FLIMMO im Abonnement weiter zu beziehen (Bezug: Programmberatung für Eltern e.V., Postfach 80 13 44, 81613 München).

- **Informationsbroschüre »Kinder und Internet – Informationen und Tipps für Eltern«**
Diese Elternbroschüre kann über die aj Bayern bezogen werden (Neuauflage 2003) und im Rahmen der Zusammenarbeit mit Eltern zum Einsatz kommen.

- **Projekt »Elterntalk«** *(www.elterntalk.net)*
In diesem Projekt der aj Bayern sollen sich Eltern in ihrer gewohnten Umgebung »auf Augenhöhe« mit anderen Eltern über ihre Erfahrungen

austauschen. Sie treffen sich in privat gestalteten Gesprächsrunden und besprechen Lösungswege für den Umgang mit Medien in der Familie. Erfahrungsaustausch, gegenseitige Information und Absprachen stehen dabei im Mittelpunkt. »Elterntalks« werden von anderen Vätern oder Müttern moderiert, die auf diese Aufgabe vorbereitet wurden. Sie befassen sich mit einem Thema rund um Medien und Familie, wie z. B. die Bedeutung von Fernsehen und Computer- und Konsolenspielen im Familienalltag. Der bzw. die ModeratorIn bietet den thematischen Einstieg. Tageseinrichtungen können Eltern auf dieses Projekt aufmerksam machen.

(4) Weitere Hilfen zur Vertiefung

Elementare Medienerziehung allgemein

Barthelmes, J., Feil, C. & Furtner-Kallmünzer, M. (199.). Medienerfahrungen von Kindern im Kindergarten. Spiele, Gespräche, Soziale Beziehungen. München: Deutsches Jugendinstitut.
Deutsches Jugendinstitut (Hrsg.) (1995). Handbuch Medienerziehung im Kindergarten. Teil 2: Praktische Handreichungen. Opladen: Leske & Budrich.
Die pädagogische Arbeit mit allen Arten von Medien (mit Ausnahme des Internets), die im Kindergarten Verwendung finden können, wird in diesem Handbuch unter den verschiedensten Perspektiven eingehend dargestellt. Darüber hinaus enthält es einen umfassenden Überblick über Fachdienste und Institutionen, die für die medienpädagogische Arbeit von Nutzen sein können und für eine Zusammenarbeit in Frage kommen.
Deutsches Jugendinstitut (Hrsg.) (1994). Handbuch Medienerziehung im Kindergarten. Teil 1: Pädagogische Grundlagen. Opladen: Leske & Budrich.
Eirich, H. (2002). Kinder und Medien: Aufgaben für eine zeitgemäße Erziehung. In *LBS-Initiative Junge Familie (Hrsg.), Kindheit 2001 – Das LBS-Kinderbarometer (S. 193–210). Opladen: Leske & Budrich.*
Eirich, H. (2000). Medienerziehung in Kindertageseinrichtungen. In *H. Rieder-Aigner (Hrsg.), Praxis-Handbuch Kindertageseinrichtungen (S. 85–99). Regensburg: Walhalla.*
Eirich, H. (1999). Medienerziehung im Kleinkindalter. In *Deutscher Familienverband (Hrsg.), Handbuch Elternbildung, Band 2 (S. 277–289). Opladen: Leske + Budrich.*
KiTa Spezial Nr. 2 (1999). Medienkompetenz in Kindertageseinrichtungen.
Näger, S. (2003). So geht's – Medienpädagogisch arbeiten. *Kindergarten heute spot.* Freiburg: Herder.
Näger, S. (1999). Kreative Medienerziehung im Kindergarten. Freiburg: Herder.
Es werden Ideen, Vorschläge und Beispiele zur pädagogischen Arbeit mit einer breiten Palette von Medien dargestellt und es wird insbesondere Wert auf die aktive, produktive Medienarbeit gelegt.
www.medienpaedagogik-online.de
Hier kann man sich über Medienpädagogik allgemein und über Medienerziehung im Elementarbereich, über die Förderung der Medienkompetenz und über Fragen der Medienforschung aktuell informieren.

(Elementar-)pädagogische Arbeit mit dem Computer und Internet

Die folgende Literatur ist praxisorientiert und informiert über wichtige Aspekte der derzeitigen Diskussion:

Bergmann, W. (2000). Computer machen Kinder schlau. München: Beust.
Braun, D. (2000). Lasst die Kinder an die Maus. Wie Kinder in der Kita mit Computern umgehen. Freiburg: Herder.
Decker, M. (1998). Kinder vor dem Computer: Die Herausforderung von Pädagogen und Eltern durch Bildschirmspiele und Lernsoftware. München: Kopäd.
Feil, C. (2001). Internet für Kinder: Hilfen für Eltern, Erzieher und Lehrer. Opladen: Leske & Budrich.
Auf der Grundlage eines Forschungsprojekts nimmt die Autorin Stellung zu pädagogischen Fragen der Internetnutzung durch Kinder zwischen 4 und 12 Jahren.
Göttlicher, B. & Pilger, M. (1998). Kinder am Computer: Praxisbuch. München: Beust.
Granholm, A., Schumacher, B. & Andersson, K. (1997). Kalle surft im Internet. Ravensburg: Ravensburger.
Müller, A. (2002). Computer-Kids. Anregungen für die Medienarbeit im Kindergarten. Kronach: Carl Link.
Müller, S. (2001). Kind + Computer: ein Ratgeber für Eltern und Erzieher. Nürnberg: BW Bildung und Wissen.
Neuß, N. & Michaelis, C. (2002). Neue Medien im Kindergarten. Spielen und lernen mit dem Computer. Offenbach: GABAL.
Palme, H.-J. (1999). Computern im Kindergarten: Was Kinder am Computer spannend finden und wie Erzieherinnen damit umgehen können. München: Don Bosco.
Wiese-Fiedler, U. (2002). So geht´s – Computer und Internet im Kindergarten. *Kindergarten heute spot. Freiburg: Herder*
www.internet-abc.de
Die Website enthält sowohl Seiten für Kinder als auch für Erwachsene, mit zielgruppenspezifischen Informationen.

Bewertung von Medienangeboten für Kinder

Unter den folgenden Adressen kann man Informationen über das aktuelle Fernsehprogramm und über empfehlenswerte Software und Internetseiten für Kinder abrufen. Wie diese Angebote in die pädagogische Arbeit integriert werden können, muss freilich in jeder Einrichtung individuell geklärt und entschieden werden:

www.flimmo.de
  In dieser (Fernseh-)Programmberatung für Eltern und Erzieher werden die Sichtweisen der Kinder hervorgehoben.
www.i-cd-rom.de
  Lehrkräfte und Experten der Elementarerziehung beurteilen in differenzierter Weise Software für 3- bis 6-Jährige (und Schulkinder).
www.dji.de/www-kinderseiten/default.htm
  Hier kann man sich über geeignete Websites für Kinder informieren.

II-3.2.7 Ästhetische, bildnerische und kulturelle Bildung und Erziehung

(1) Zielformulierung, Leitgedanken

Ausgangspunkt ästhetischer Erziehung sind die fünf Sinne, nämlich Riechen, Schmecken, Hören, Sehen und Tasten:

- **Sinnliche Erfahrungen** werden bei Kindern von Geburt an von ihren Bezugspersonen verstärkt. Lautmalereien, Gestik und Mimik bereichern und intensivieren ihre Sinneseindrücke ebenso wie Handlungen innerhalb des sozialen Kontextes und Bewegungen, die mit der Nahrungsaufnahme und dem Hantieren mit Gegenständen verbunden sind. Aus diesem Wechselspiel entwickelt sich ästhetische Erfahrung, ästhetisches Lernen. Lernen über die Sinne ist die Grundlage und der Ausgangspunkt jedweden Wissens. Insofern kann Erziehung durch die sinnliche Wahrnehmung beim Kind Mündigkeit und Kreativität entfalten und fördern. Wird die Sinneswahrnehmung in der Erziehung nicht gebührend berücksichtigt, besteht die Gefahr, dass die Sensibilität und die Fähigkeit, durch die Sinne zu lernen, verkümmert.

- **Sinnliche Wahrnehmung**, die Sinneseindrücke feststellt, prüft und beurteilt, sowie das Umsetzen dieser Analysen in flächige, plastische und skulpturale Arbeiten fördern das Kind:
  – Fähigkeiten und Fertigkeiten werden dadurch freigesetzt. Beim Tätigsein im sozialen Umfeld und beim Umgang mit Gegenständen, Materialien, Spiel- und Werkzeugen wird das Wahrgenommene in der Vorstellung zunehmend ausdifferenziert und in Bedeutungszusammenhänge gebracht. Es ist die Basis für die eigene gestalterische Tätigkeit.
  – Sinnliche Erfahrung heißt reflektieren und die Reflexion im Kontext ästhetischer Erziehung realisieren. Sinnliche Erfahrung ermöglicht zugleich Lernen. Lernen meint Ursachen erkennen. Dieser Erkenntnisweg nimmt bei gestalterischen Prozessen seinen Ausgang vom Kind aus, wird daher nicht von außen vorgeschrieben und bestimmt. Vielmehr entfaltet er sich – bildlich gesprochen – im Sinne eines sich »Auswickelns« aus dem Kind heraus, von innen nach außen.

- Die Bedeutung und Wirkung des Gestaltens zeigt sich auch in der Fähigkeit des Menschen, intermodale Qualitäten wahrzunehmen, d. h. Eigenschaften, die nicht auf ein einzelnes Sinnesgebiet beschränkt sind; so spricht man z. B. von »warmen Farben« und »runden Bewegungen«. **Mit Leichtigkeit überschreitet ein Kind die Grenzen einzelner Sinnessysteme.**

Das Kind verbindet verschiedene Ausdrucksarten, z. B. Malen unterstützt durch Musik und Rhythmus über Körperbewegungen aller Art bis hin zur tanzähnlichen Bewegung. Die durch Musik ausgelösten Bewegungen können auch zum Bau von Masken und Kostümen anregen, um in eine bestimmte Rolle zu schlüpfen (z. B. Prinz / Prinzessin, Vogel, Maus, Löwe). Ferner können Bewegungsabläufe mit verschiedenen Farben auf großen Formaten ihren Niederschlag finden.

Kinder brauchen für ihr eigenes Lernen ästhetische Erfahrung. **Ästhetische Bildung und Erziehung** *(aisthanomai (altgriech.)* = *ich nehme wahr mit allen Sinnen, ich beurteile)* in Tageseinrichtungen muss deshalb gezielt alle fünf Sinne sensibilisieren:

- Ästhetische Bildung und Erziehung bedeutet, Kinder in ihrer Gesamtpersönlichkeit zu fördern. Sie versucht Kopf (Kognition), Herz (Emotion) und Hand (Motorik) mit ihrem Angebot zu erreichen. Durch das Herstellen und Gestalten (Motorik) im Verbund mit ästhetischer Erfahrung und Wissen kommt das Kind unter Anwendung von Werkzeugen und bei Einsatz von Materialien zu Spuren sichernden Zeichen und Gestaltungen. Auf Papier und ähnlichen Materialien entstehen zweidimensionale, mit Holz, Kunststoff, Kartons etc. meist dreidimensionale Arbeiten.

- Methodischer Ausgangspunkt für gestalterisches Tun im flächigen, plastischen und skulpturalen Bereich ist das Spiel:
  - Das Spiel als Ausgangspunkt ästhetischer Aktionen muss vielschichtig sein, damit die Kreativität der Kinder gefördert wird. Die »spielerische« Aufgabe der ästhetischen Erziehung und zugleich die damit verbundene Chance besteht darin, wie Paul Klee (1879–1940) treffend formuliert, »das Unsichtbare sichtbar zu machen.«
  - Im Spiel besteht die Möglichkeit, Gestalten, Reflexion und Gegenwart in eins zu setzen. Einbildungskraft, Fantasie und Kreativität – deren Stärkung und Förderung sind wichtige pädagogische Ziele – kommen hier zum Tragen. Ein gutes Beispiel zur Verdeutlichung ist der »Stierschädel« von Picasso. Der Künstler lässt einen Fahrradlenker und einen Fahrradsattel zu einem Artefakt werden, indem er beide so verbindet, dass die ursprüngliche Bedeutung, Lenker und Sattel, in der inneren Vorstellung zum Stierkopf mutiert. Lenker und Sattel, spielerisch kombiniert, repräsentieren jetzt einen völlig neuen und qualitativ anderen Bedeutungszusammenhang. Der neu entstandene Stierkopf ist aufgrund der Materialien kein solcher, wie wir ihn als tierischen Stierkopf kennen. Diese Veränderung ereignet sich dadurch, dass unterschiedlichste Ver-

satzstücke aus unserer Vorstellungswelt aktiviert und zu einer neuartigen Wahrnehmung – der eines Stierkopfs – zusammengefügt werden. Die Neugestaltung provoziert darüber hinaus sprachliche Kommentierungen, die Sprache ist als Interpretationsmittel unentbehrlich.
- Bei Mal- und Zeichenaufgaben muss den Kindern Freiraum für den spielerischen und kreativen Umgang mit Vorstellungen, Ideen und Materialien gegeben werden. Nur wenn die Arbeiten der Kinder in einem solchen Rahmen entstehen, sind sie aus pädagogisch-psychologischem Blickwinkel heraus betrachtet von Wert. Für die pädagogische Fachkraft heißt dies, dass sie die Rolle des Mitspielers einnimmt. Der notwendige Spielraum ist dann erreicht, wenn sich zu einem Themenbereich bzw. einer Aufgabenstellung so viele unterschiedliche und verschiedene Ergebnisse einstellen, wie sich Kinder daran beteiligen. Daher dürfen konsequenterweise der »gute Geschmack« und der Schönheitsbegriff der Fachkraft (»Das musst du so machen!«, »So wird es viel schöner«) keine Rolle spielen. Schablonen und Rezepte haben bei gestalterischen Arbeiten keinen Platz. Sie behindern häufig die Entwicklung von Fantasie, Risikobereitschaft, Selbstvertrauen, Identitätsbildung, Toleranz und Sozialkompetenz. Am besten ist es, wenn alle Kinder konzentriert, sich gegenseitig bestärkend, sich gegenseitig helfend an der Aufgabe arbeiten und die Fachkräfte nicht mehr benötigen.
- Ist der ausgewählte Themenbereich längerfristig angelegt, so empfiehlt sich methodisch das Projekt.

- Ästhetische Bildung und Erziehung setzen eine geeignete und ausreichende Raum- und Sachausstattung voraus.

- Ästhetische Bildung und Erziehung werden bereichert durch eine gemeinwesenorientierte Zusammenarbeit mit den am Ort befindlichen kulturellen Einrichtungen und ortsansässigen Kunstschaffenden. In Kooperation mit Museen, Galerien, Künstlern und Kunstvereinen lassen sich gemeinsame Projekte entwickeln und durchführen – innerhalb wie außerhalb der Tageseinrichtung. Derartige Aktivitäten im Rahmen der ästhetischen Bildung und Erziehung können zugleich einen bedeutsamen Beitrag zur Öffentlichkeitsarbeit der Tageseinrichtung leisten.

(2) Bildungs- und Erziehungsziele im Einzelnen

- **Sinnliche Wahrnehmung und die Beurteilung des Wahrgenommenen** ermöglichen dem einzelnen Kind, sich allmählich in seiner jeweiligen Umwelt zurechtzufinden. Dabei gilt es, pädagogisch im Sinne des Forderns und Förderns, die Kinder mit für sie überschaubaren Situationen und Aufgaben aus dem Feld des Ästhetischen zu konfrontieren, um die Gefahr des Verkümmerns der Sinne zu reduzieren.

- Die jeweilige Situation und Aufgabe aus dem Feld der sinnlichen Wahrnehmung sollen das Kind befähigen, sinnliche Wahrnehmungen gezielt vorzunehmen, sie zu prüfen und womöglich in zwei- oder dreidimensionalen Arbeiten zu realisieren. Dem Denken und Lernen, der Sprach- und Sprechentwicklung im Sinne einer permanenten Konferenz mit den anderen Kindern kommt dabei eine große Bedeutung zu. Ebenso werden die Entwicklung des Sozialverhaltens und die Befähigung, sich in einer Gruppe einem Gestaltungsprozess zu unterziehen, hervorragend gefördert. Die soziale, emotionale und kognitive Kompetenz der Kinder wird zugleich gefördert, wenn gemeinsame gestalterische Aktionen in Kleingruppen durchgeführt werden.

- Die Kinder sollen die unterschiedlichsten **Materialien und Werkzeuge** zur gestalterischen Formgebung kennen lernen und damit umgehen können. Der Entwicklung und Förderung der Grob- und Feinmotorik kommt hier besondere Bedeutung zu.

- Die Kinder sollen **Bildergeschichten** erfinden, wobei der erzählerische Aspekt in unmittelbarem Zusammenhang mit dem zeichnerischen bzw. malerischen Aspekt steht.

- Die Kinder erhalten Gelegenheit, **Töne und Musik in Bilder und Farbkompositionen, graphische Zeichen** umzusetzen sowie Klangbilder und Klanggeschichten zu erfinden und zu gestalten.

- Die Kinder sollen **Theaterspiele** (z. B. Sketche, dazugehörige Kostüme, Bühnenbilder) erfinden, gestalten und zur Aufführung bringen.

- Die Kinder sollen die unmittelbare bauliche Umgebung, deren Nutzung und architektonische Eigenschaften kennen lernen. Sie sollen das **nächstgelegene Museum und Theater** besuchen, womöglich das **Atelier von Künstlern** kennen lernen, ebenso die nächstgelegenen **Sakralbauten**. Sie sollen mit Kunstschaffenden vor Ort ins Gespräch kommen, um Einblicke in deren Leben und Arbeiten zu erhalten.

- Die Kinder sollen die natürlich gestaltete Umwelt kennen lernen und sich durch eigene gestalterische Arbeiten mit der Natur auseinandersetzen.

(3) Anregungen und Beispiele zur pädagogischen Umsetzung

Bei der **Umsetzung der ästhetischen Bildung und Erziehung** sind folgende Aspekte zu beachten:

- Aufgaben und Projekte sollen sich von der Einzelarbeit zur **Kleingruppenarbeit** hin entwickeln. Auf diese Weise ergeben sich intensive Fördermöglichkeiten im Bereich der sozialen, emotionalen und kognitiven Kompetenz der Kinder. Oft eignet sich hierfür die Technik der Collage mit all ihren unterschiedlichen Variationen.

- Bei den pädagogischen **Fachkräften** setzt sie fachliche Kompetenz im gestalterischen Bereich voraus und Kenntnisse in Bereichen wie
  - freies Gestalten mit Materialien,
  - Kinderzeichnung,
  - Techniken und Materialien für zwei- und dreidimensionale Arbeiten.

- In der Tageseinrichtung sollte ein ausreichend bemessener **Arbeitsraum** – einer Werkstatt mit Lager vergleichbar – ausgewiesen sein, in dem die Kinder in Gruppen arbeiten können. Die Objekte, die entstehen, sollen über einen längeren Zeitraum stehen bleiben können, damit die Dimension der sozialen Kompetenz beim Prozess der Herstellung im Sinne einer »sozialen Plastik« zum Ausdruck kommen kann. Dies sollte bei der Architektur von Tageseinrichtungen – wobei diese anders gewertet wird – ebenso berücksichtigt werden wie die Belange der Kinder, die die Nutzer des Gebäudes sind.

- Mit Projekten, vor allem im dreidimensionalen Bereich, kann das **Freigelände** zum Skulpturenpark werden. Nicht nur Ausstellungsgelände, sondern eine ästhetisch-ökologische Erlebniswelt soll aus dem Freigelände entstehen. Dies ist dann der Fall, wenn die Kinder das Gelände zumindest teilweise selbst umgestalten bzw. wenn z. B. Naturhäuser gebaut werden.

- Es müssen verschiedene **Materialien, Werkzeuge** und **Verbindungsmaterialien** für die Kinder bereit stehen (→ nachfolgende Tabelle).

Materialien	verschiedene Sorten von • Papier und Pappe • Holz (Bretter, Latten, Äste) • Verpackungsmaterialien • Kunststoffen, Textilien, Ton, Illustrierten, Zeitungen
Werkzeuge	• Pinsel (Rund-, Flachpinsel, verschiedene Größen) • Stifte (Filz-, Blei-, Kohle-, Farbstifte) • Kreiden, Malerquaste, Farbroller (verschiedene Größen) • Sägen (Fuchsschwanz, Puksägen) • Hammer (verschiedene Größen) • Zangen (Rund-, Flach-, Beißzangen) • Raspeln, Feilen, Seitenschneider, Scheren, Akkubohrmaschine
Verbindungs- materialien	• Nägel • Kleber und Leim • Farben (Finger-, Dispersions-, Wasserfarben) und Beizen • Schleif-, Schmirgelpapier

Materialien, Werkzeuge und Verbindungsmaterialien für die praktische Umsetzung ästhetischer Bildung und Erziehung

Die **vielfältigen Umsetzungsmöglichkeiten** einzelner Bildungs- und Erziehungsziele werden in der nachstehenden Tabelle beispielhaft aufgezeigt:

Zieldimensionen	Pädagogische Umsetzungsmöglichkeiten
Farben erkennen und benennen	• Wie farbig sind deine Augen, dein Kleid, unser Kindergarten, das Bild auf dem Plakat, auf der Kunstpostkarte, die Blumen usw. • Was ist meine Lieblingsfarbe?
Mit Farben und Stiften Spuren hinterlassen, um Farbtöne zu vergleichen	• Wir versuchen möglichst viele verschiedene Farbtöne zu malen und zu benennen • Wir erfinden über Farben, Formen und Figuren Geschichten, bringen diese zum Tönen oder entwickeln daraus verschiedene Arten von Rollenspielen (z. B. Sketche, Theaterspiele)
Mit Werkzeugen und Materialien umgehen lernen (z. B. Schachteln, Holz, Ton, Kunststoff)	• Wir planen und realisieren mit den Kindern z. B. eine Ausstellung • Wir bauen eine Litfasssäule, das langsamste Rennauto der Welt, einen Elefanten, ein Hotel »Alle Mann«, einen 1001-Füßler, einen dicken langen Fisch, eine Idee, ein Naturhaus, einen Skulpturenpark ...

Pädagogische Umsetzungsmöglichkeiten verschiedener Zieldimensionen

Beispiel 1: *Aus Dreiecken werden Tiere, Häuser, Flugobjekte etc.*

Planungsphase im Team

Das Einrichtungsteam stellt Überlegungen an, wie es gelingen könnte, mit den Kindern, sobald diese in irgendeiner Form mit Fingerfarben, Wachsmalstiften etc. umgehen können, bzw. mit den älteren Kindern ein gemeinsames Projekt durchzuführen.

- Als **Materialien** werden ausgesucht: Weißes und buntes DIN-A4-Papier, Bildseiten aus Illustrierten, Schere, Fingerfarben, Filz- und Wachsmalstifte.

- Das Team nimmt davon Abstand, ein in sich schlüssiges **Bildthema** vorzugeben. Die Kinder sollen bestimmte, jeweils in sich abgeschlossene Arbeitsschritte durchführen. Offen bleibt, was dadurch bildnerisch entsteht, sichtbar gemacht wird:
  – Die Kinder zerreißen oder schneiden DIN-A4-Blätter in 3 Dreiecke, wobei diese nicht das gleiche Format haben sollen. Die weißen oder bunten Dreiecke werden sodann mit Ornamenten versehen; sie sollen dafür die Fingerfarben, Filz- und Wachsmalstifte benutzen. Sie können auch Bildfragmente aus Illustrierten einer bildnerischen Veränderung unterziehen, indem z. B. das Auge mit einer Brille ergänzt wird. Dies gilt natürlich für alle anderen Abbildungsteile ebenso.
  – Umgekehrt können die DIN-A4-Blätter zunächst als ganze ornamentiert und anschließend zerschnitten werden.

Realisierungsphase 1

Eine Fachkraft setzt sich mit 5–8 Kindern zusammen. Sie hat die genannten Materialien dabei und eröffnet das Gespräch, wobei die Materialien den Ausgangspunkt bilden.

- Die Kinder beteiligen sich am Eingangsgespräch und überlegen: »Was könnten wir wohl mit den Materialien anfangen«. Am meisten reizen die Kinder die weißen Blätter: »Wir können darauf malen oder zeichnen«. Einwurf der Fachkraft: »Ich würde darauf einfach z. B. Linien oder Kreise machen« oder »Ich würde das Blatt in 3 Teile zerreißen oder mit der Schere in drei Teile zerschneiden und dann kritze kratze drauf machen, Kreise, Linien oder Punkte« oder »Ich würde die Blätter einfach anmalen«.

Vorschläge der Kinder: »Wir können die Blätter auch zu zweit anmalen oder zeichnen« oder »Ein Kind fängt an und gibt das Blatt dem nächsten Kind weiter usw. und anschließend machen wir Dreiecke daraus«. Es entsteht nun eine große Menge an verschiedenartig ornamentierten oder angemalten Dreiecken, bisweilen auch recht lustig veränderte Bilder aus den Zeitschriften.

- Die Kindergruppe erweitert sich, weil auch andere Kinder diese »leichte« Arbeit machen können und wollen. Zugleich stellen die Kinder fest, dass die Dreiecke bei genauer Betrachtung alle verschieden sind. »Wie kommt dies zustande?« fragen die Kinder sich und die Fachkraft. Den einzelnen Antworten wird, wie in einem Suchspiel, intensiv nachgegangen, denn Lernen bedeutet Ursachen erkennen (Grob-/Feinmotorik, Sprach- und Sprechdifferenzierung, Diskussionsfähigkeit).

Realisierungsphase 2

- »Ist dies alles gewesen oder gibt es Möglichkeiten mit den vielen Dreiecken noch etwas anderes zu machen?« Diese oder ähnliche Anmerkungen kommen auch von den Kindern. Es werden Vorschläge gesammelt, festgehalten, ergänzt, erweitert und neue gefunden: »Wir können z. B. Teppiche, Bettwäsche, Stoffmuster, Friese, Chamäleons, Vögel, Katzen, Fische, Menschen, Elefanten, Schlangen oder Insekten machen« (kreativer Prozess, Brainstorming).

- Es bilden sich **Interessengruppen** im Sinn von Kleingruppen, Partnerschaften bis hin zum Einzelarbeiter. Bevor jedoch angefangen werden kann, ist eine große Anzahl von Tesakrepp-Röllchen anzufertigen, um die Dreiecke auf dem Boden, der Wand, dem Gehsteig befestigen zu können. Jetzt können die ins Auge gefassten Motive realisiert werden. Die Kinder wundern sich, wie »stark« ihr Teppich, ihr Elefant... wird.

Insgesamt lässt sich **dieses Projekt immer weiterführen** im Sinne einer unendlichen Bildergeschichte. Ein Projekt ist es deshalb, weil entsprechend den Interessen der Kinder kognitive, emotionale und soziale Aspekte zugleich eine wichtige Rolle spielen. Die kreativen Impulse der Fachkraft regen das Denken der Kinder im assoziativen Bereich an; sodann werden die von den Kindern entwickelten Ideen mit den vorgearbeiteten Materialien realisiert. Gestaltetes, Gedachtes und Vorgestelltes gehen dadurch eine Einheit ein.

Beispiel 2: *Beteiligungsprojekt:* »*Eine Wand verfärbt sich*«

Das Team eines Kindergartens hat sich in Abstimmung mit dem Träger entschieden, im Freigelände die Außenwand des Gerätehauses (12 m x 2,5 m) anzumalen. Die Frage ist nun: Wie können wir die Kinder und die Eltern (falls nötig) in das längerfristig angelegte Projekt einbeziehen?

Beratungsphase

- Es wird ein Elternabend durchgeführt, um das geplante Projekt nach pädagogisch-ästhetischen Gesichtspunkten vorzustellen und zu diskutieren.

- Die ErzieherInnen stehen zusammen mit den Kindern vor der grauen Mauer des Gerätehauses und fragen sich, ob Mauern immer so aussehen müssen? Nein ist die allgemeine Feststellung der Kinder, wir könnten sie anstreichen. Auf die positive Resonanz der ErzieherInnen hin (Motivation auslösen) sind die Kinder sofort dabei, Vorschläge zu machen, wie dies vonstatten gehen könnte. Beim Weiterdenken ihrer Vorschläge stoßen sie immer wieder auf Schwierigkeiten, dass es so und so auch nicht geht.

Planungsphase

- Favorisiert wird dann folgende Lösung: Die ErzieherInnen fertigen mit den Kindern mehrere Planskizzen zur Wandgestaltung an, die die Kinder nach ihrem Geschmack ergänzen können (Motivation und kreatives Vermögen auslösen). Die fertigen Planskizzen werden sodann gemeinsam besprochen und man einigt sich, welche drei Skizzen in die engere Wahl kommen. Diese werden anschließend zu einer Planskizze verschmolzen. Auf diese Weise verstehen sich Erwachsene wie Kinder nach und nach als Arbeitsgruppe, die eine vorgenommene Arbeit gemeinsam durchführen will (Ausbau sozialer Kompetenz).

Konzeptionsphase

- Nach der Planungsphase wird ein Termin vereinbart, wozu auch Eltern eingeladen werden und in dem die Realisierung des Plans besprochen werden soll (Elternarbeit). Nachdem es sich um eine sehr große Malfläche handelt, die von den Kindern nicht überschaubar, geschweige denn bearbeitbar ist, wird als Lösung vereinbart: Es erklärt sich eine Mutter bzw. ein Vater bereit, mit einer dicken Kreide die Planungsskizze bei entsprechenden Hinweisen von den Kindern auf die Wand zu übertragen.

Anschließend können die Kinder die Linien mit Kreppband abkleben. Diese Vorgehensweise gibt den Kindern Sicherheit beim Malen.

Realisierungsphase

- Verschiedene Farbtöne und unterschiedliche Pinsel stehen den Kindern zur Auswahl. Es zeigt sich, dass die Kinder teilweise ihre Lieblingsfarbe/n bevorzugen bzw. den jeweiligen Farbton in Opposition zum daneben aufgetragenen Farbton wählen. Konzentriertes Malen, wie an der Akademie, und Ruhe kehren ein und sind für die gesamte Arbeitszeit gesichert (kreatives Arbeiten ist gekennzeichnet durch Konzentration und Ausdauer).

- Während der Arbeit – die Kinder müssen sich bisweilen die Farben neu anmischen – setzt es sich nebenbei als Arbeitsweise durch, dass sie von Weitem ihr entstehendes Bild betrachten. Nur auf diese Weise ist die Komposition der Farben in ihrem Klang und der Form erfahrbar. Dem ästhetischen Erlebnis entsprechen diese zwei ineinander verzahnten Vorgänge optimal, weil die pinselführende Hand, eigentlich das Kind, sich sein Bild – aus sich heraus – malt. Dies ereignet sich prozessual, Stück für Stück wird das Innere nach außen »gekehrt« (ein wichtiges Element des kreativen Prozesses).

- Wie stark dieser Sog der Bildentstehung ist, lässt sich gut am Verhalten der Eltern beobachten. Immer mehr nehmen sie sich als »Besser-Maler« zurück, überlassen die für das Bild wichtigen Entscheidungen den Kindern. Eine nicht bequeme, aber letztlich für die Eltern erfreuliche Erfahrung, den Kindern bei guter Planung Vertrauen zu schenken und sie in ihren kreativen, kognitiven, emotionalen und sozialen Fähigkeiten zu stärken.

(4) Weitere Hilfen zur Vertiefung

Ästhetische Arbeit mit Kindern

Beisl, H. (2001a). Kreativität: Im Kopf die große Freiheit – in der Realität viele Vorschriften – was ist los? *Der Kindergarten-Ratgeber, (2), 25–29.*
Beisl, H. (2001b). Ästhetische Erziehung – warum, wozu? *Der Kindergarten-Ratgeber, (3), 10–13.*
Beisl, H. (2000a). Verbannt die Erwachsenenästhetik – lasst die Kinder Zeichen setzen. *Der Kindergarten-Ratgeber, (3) 10–12.*
Beisl, H. (2000b). Eine Wand verfärbt sich – ein Projekt aus der Ästhetischen Erziehung. *Der Kindergarten-Ratgeber, (4) 25–29*

Beisl, H. (1997). Bretter, Schuhe, Pinsel, Farben .. – ein Beitrag der Ästhetischen Erziehung. *In Kaplan, K. & Becker-Gebhard, B. (Hrsg.): Handbuch der Hortpädagogik (S. 310–325). Freiburg: Lambertus.*
Csikszentmihalyi, M. (1997). Kreativität. Stuttgart: Klett-Cotta.
Daucher, H. (Hrsg.) (1990). Kinder denken in Bildern. München: Piper.
Friedel, H. & Helfenstein, J. (1995). Mit dem Auge des Kindes – Kinderzeichnung und moderne Kunst. Stuttgart: Hatje.
Goleman, D. & Griese, F. (1997). Emotionale Intelligenz. München: dtv.
v. Hentig, H. (1998). Kreativität – Hohe Erwartungen an einen schwachen Begriff. München: Hanser.
Hermann, G & Wunschel, G. (2002). Erfahrungsraum Kita. Anregende Orte für Kinder, Eltern und Erzieherinnen. Weinheim: Beltz.
Holm-Hadulla, R. (Hrsg.). (2000). Kreativität. Heidelberger Jahrbücher. Heidelberg: Springer.
Hundert Sprachen hat das Kind – das Mögliche erzählen (2002). Kinderprojekte der städtischen Krippen und Kindergärten von Reggio Emilia. Weinheim: Beltz.
Kaufmann-Hayoz, R. & Leeuwen, L. van (2003): Entwicklung der Wahrnehmung. *In Keller, H. (Hrsg.), Handbuch der Kleinkindforschung (S. 860–895). Bern: Huber.*
Marquard, O. (1991). Abschied vom Prinzipiellen. Ditzingen: Reclam.
Reichert-Garschhammer, E. (2001a). Qualitätsmanagement im Praxisfeld Kindertageseinrichtung (Bund) – Blickpunkt: Sozialdatenschutz. Staatsinstitut für Frühpädagogik (Hrsg.). Kronach: Carl Link.
Reichert-Garschhammer, E. (2001b). Qualitätsmanagement im Praxisfeld Kindertageseinrichtung (Bayern) – Blickpunkt: Sozialdatenschutz. Staatsinstitut für Frühpädagogik (Hrsg.). Kronach: Carl Link.
Reichert-Garschhammer, E. (2001c). Qualitätsmanagement im Praxisfeld Kindertageseinrichtung (Bayern) – Blickpunkt: Sozialdatenschutz. Bayerisches Staatsministerium für Arbeit und Sozialordnung, Familie und Frauen & Staatsinstitut für Frühpädagogik (Hrsg.). Bezug: IFP.
Reichert-Garschhammer, E. (2000). Datenschutz in Kindertageseinrichtungen: Zwei Praxisfälle. *KiTa aktuell (BY), (11), 229*
In allen vier Publikationen zum Datenschutz finden sich Ausführungen zum Thema »Ausstellung von Kinderbildern in Tageseinrichtungen«.
Schuster, M. (2003). Psychologie der Kinderzeichnung. Göttingen: Hogrefe.
Schuster, M. (2001). Kinderzeichnungen. Wie sie entstehen, was sie bedeuten. München: Ernst Reinhardt. (2. Aufl.)
Schuster, M. (2000). Kunstpsychologie. Baltmannsweiler: Schneider.
Seitz, R. & Beisl, H. (1986). Materialkiste. Anregungen zur Ästhetischen Erziehung im Kindergarten. München: Kösel.
TPS Nr. 9 (2002). Ästhetisch bilden – mehr Sinn(e) in der Kita. Seelze-Velber: Kallmayer.
Watzlawick, P. (1999). Vom Unsinn des Sinns oder vom Sinn des Unsinns. München: Piper.

Gestaltung von Räumen und des Freigeländes

v. d. Beek, A., Buck, M. & Rufenach, A. (2001). Kinderräume bilden. Ein Ideenbuch zur Raumgestaltung in Kitas. Weinheim: Beltz.
Beisl, H. (2003). Planung eines Freigeländes. *Teil 3: Der Kindergarten-Ratgeber, (1), 26–32.*
Beisl, H. (2002a). Das Freigelände im Kindergarten und Hort. *Teil 2: Praktische Annäherungen. Der Kindergarten-Ratgeber, (2) 12–17.*

Beisl, H. (2002b). Eine ästhetisch-pädagogische Herausforderung: Das Freigelände im Kindergarten und Hort. *Teil 1: Grundlagen. Der Kindergarten-Ratgeber, (1) 12–17.*
Beisl, H. (2001). Kinder im Mittelpunkt von Raumgestaltung. *In Dokumentation der Fachtagung des AWO-Bezirksverbands Oberbayern e.V. vom 24.–25.4.2001 (S. 38–40). München: Selbstverlag.*
Beltzig, G. (1990). Kinderspielplätze mit hohem Spielwert – planen, bauen, erhalten. Augsburg: Augustus.

II-3.2.8 Musikalische Bildung und Erziehung

(1) Zielformulierung, Leitgedanken

Kinder müssen nicht musikalisiert werden, sie handeln von Geburt an musikalisch:

- Sie reagieren auf akustische Reize und erzeugen solche mit ihrer Stimme. Sie erforschen aktiv die Klangeigenschaften von Materialien und lauschen aufmerksam den Klängen ihrer Umgebung.

- Die Spiele der Kinder sind voller Musik. Im Kindesalter ist musikalisches Handeln Spielen. Die musikalischen Qualitäten des kindlichen Spiels müssen daher wahrgenommen, zugelassen und begleitet werden. Musikalische Aspekte lassen sich in allen Spielformen der Kinder entdecken und integrieren.

Musik fördert die Freude am Leben und ist Teil der Erlebniswelt des Kindes. Die Vielfalt der Sinneswahrnehmungen durch das »Spiel mit Musik« bietet in den ersten Lebensjahren eines Menschen grundlegende Anregungen. Neben ihrem ästhetischen Selbstwert verfügt Musik über weit reichende Transfereffekte. Der Umgang mit Musik fordert und fördert die gesamte Persönlichkeit des Kindes:

- **Musik fördert die soziale Kompetenz.** Gemeinsames Singen und Musizieren fördern die Kontakt- und Teamfähigkeit und die Bereitschaft, Verantwortung zu übernehmen.

- **Musik stärkt die kulturelle Einbettung** des Kindes in der Weise, dass es die musikalische Tradition seines Kulturkreises kennen lernen und an andere weiter geben kann. Musik leistet somit einem wichtigen Beitrag für die Pflege der eigenen Tradition sowie für die interkulturelle Begegnung und Verständigung; gerade auf musikalischem Gebiet wird das »Fremde« begeistert aufgegriffen.

- **Musik trainiert aktives Hören**, das (neben Sprechen, Lesen, Schreiben, Rechnen und Medienumgang) zu den tragenden Kulturformen unserer Gesellschaft zählt. Hören hat eine funktionelle, ästhetische und sinnliche Qualität mit sozialer, kultureller und gesundheitlicher Bedeutung. Durch das Hören wird die Umgebung wahrgenommen.

- **Musik sensibilisiert alle Sinne und spricht Emotionen an.** Sie fördert Ausgeglichenheit und emotionale Stärke. Musik entspannt.

- **Musik regt Fantasie und Kreativität an.** Sie ist ein ideales Medium für Kinder, sich mitzuteilen, Gefühle zu äußern, aber auch emotionale Belastungen abzureagieren. Musik ermöglicht, eigene Ideen einzubringen und zu gestalten. Dabei entstehen Verbindungen zu anderen Ausdrucksformen wie bildnerische, tänzerische oder szenische Gestaltung. Oft können sich Kinder durch Musik und Bewegung leichter mitteilen als durch Sprache.

- **Musik fördert die motorische Entwicklung und das Körperbewusstsein des Kindes.** Musik entsteht durch Bewegung des Atem- und Stimmapparats (Sprechen, Singen), der Beine, Arme und Hände (Körperklänge) sowie der Arme und Hände (Klänge mit Materialien und Instrumenten). Alle drei Formen hängen von der Gesamtspannung des Körpers und von der Dosierung und Steuerung der Bewegungsenergie ab. Daher sind Wahrnehmung, Differenzierung, Koordination und Synchronisation der Bewegung Voraussetzung des Musizierens und werden umgekehrt durch das Musizieren angeregt, verfeinert, geübt und abgespeichert.

- **Musik fördert die Sprachentwicklung des Kindes.** Stimmbildung ist zugleich Sprachbildung. Die Stimme ist das elementare und persönliche Musikinstrument, auf dem Kinder sich von Geburt an in die Welt hineinspielen. Sie sind mit diesem Instrument vertraut und können sich bei entsprechender Anregung mit der Zeit immer vielfältiger damit ausdrücken. Was sie erleben, was sie bewegt, findet im Sprechen und Singen seinen Ausdruck. Summen, Spielen mit Tönen sowie gemeinsames Singen regen das Kleinkind an, die Möglichkeiten seiner Stimme zu erproben und mit den Bezugspersonen in einen intensiven, lustbetonten Dialog zu treten. Durch spielerisches Nachahmen werden dabei immer mehr stimmliche und sprachliche Fähigkeiten und Fertigkeiten erworben.

- Musik hat maßgeblichen Einfluss auf die Entwicklung eines positiven Selbstkonzepts. Der Umgang mit Musik entfaltet positive Effekte auf das Lernverhalten (Konzentration und Ausdauer) und die **Intelligenzleistungen** des Kindes.

Eine **musikalische Förderung** soll jedes Kind (ungeachtet etwaiger spezifischer Begabung) bereits in frühen Jahren erhalten. Für Kindertageseinrichtungen bedeutet dies:

- Aktivitäten rund um die Musik sind ein durchgängiges Prinzip im pädagogischen Alltag, sie finden sich nahezu täglich im Angebot.

- Musikalische Frühförderung basiert auf einem weit gefassten Musikbegriff und einem spielerischen Ansatz. Sie versteht musikalisches Handeln der Kinder als aktives Erleben und spielerisches Gestalten akustischer Ereignisse. Dabei beziehen sich die Kinder auf alles, was klingen kann und will.

- Die Grundlage dafür, dass die Musik ihre positiven Wirkungen auf die kindliche Entwicklung entfalten kann, ist die angeborene Musikalität der Kinder. Es gilt, eine Atmosphäre zu schaffen, in der sich Kinder unbeschwert äußern und mitteilen können, sei es mit der Stimme, auf Instrumenten oder durch Bewegung und Tanz. Hier können sich Sprache und vor allem körpersprachliche Ausdrucksweisen entwickeln als Kommunikation (verbal oder non-verbal). Der Körper wird zum »Instrument« der Gefühle, die sich in Mimik, Gestik und Bewegungen mitteilen.

- Für die musikalische Bildung und Erziehung entscheidend ist der musikalische Handlungsprozess, bei dem die subjektiven Wirkungen der Musik auf die Kinder und die Bedürfnisse der einzelnen Kinder bzw. der Kindergruppe im Vordergrund stehen. Beim Spielen eines Instruments ist der fließende Übergang von Spielen und Üben zu beachten, wobei »Üben« in diesem Lebensalter »lustvolles Wiederholen« bedeutet.

- Die Kinder sollen die Welt der Musik in ihrer gesamtem Vielfalt erfahren und Gelegenheit erhalten, sich in ihr selbsttätig und gemeinsam zu bewegen. Dabei ist auf die Ausgewogenheit der verschiedenen musikalischen Aktivitäten und Ausdrucksformen zu achten. Der Schwerpunkt ist auf die **Schulung eines guten Gehörs** zu legen. Da aufmerksames Musikhören oft nur in entspannten Situationen möglich ist, können Kinder Musik, Konzentration und Wohlbefinden als Einheit erleben. Die **Begegnung mit Musikinstrumenten** und das **Abbilden von Musik** (traditionelle und graphische Notation, aber auch künstlerische ➻ II–3.2.7) erweitern die Erfahrungswelt der Kinder. Besonderer Beachtung und Pflege bedarf die kindliche Singstimme durch **gemeinsames Singen**. Da Kinder das Hören von Musik häufig spontan in Bewegung umsetzen, können ihre Bewegungsabläufe durch **Tanz- und Bewegungsspiele** unterstützt werden (➻ II–3.2.9).

- Eine **Zusammenarbeit mit Musikschulen** oder mit qualifizierten Musiklehrkräften ist möglich. Von der Regel, wonach Fremdanbieter in Kindertageseinrichtungen nur außerhalb der Kernzeit tätig werden, können jene Musikschulen ausgenommen werden, die dem *Verband Bayerischer Sing- und Musikschulen e.V.* (VBSM) angehören. Diese haben sich Qualitätsstandards verpflichtet, die in der bayerischen »Verordnung über die Führung der Bezeichnung Singschule und Musikschule« festgelegt sind. Fachlicher Aufbau und instrumentelles Angebot werden in den Lehrplänen des Verbands deutscher Musikschulen e.V. konkretisiert; für Kinder im Kindergartenalter gilt der Lehrplan »Musikalische Früherziehung«. Durch Kooperationsvertrag zwischen Träger und Musikschule wird deren Mitwirkung in der Tageseinrichtung vereinbart. Sein Abschluss setzt voraus:
  = Träger und Einrichtungsteam stimmen der Mitarbeit nach Anhörung des Elternbeirats zu. Die Eltern werden über das Vorhaben informiert und beziehen positiv Stellung.
  = Allen Kindern, auch Kindern aus einkommensschwachen Familien, wird die Teilnahme an diesem Angebot ermöglicht (z. B. Gebührenermäßigung durch Musikschule, Gebührenumlegung auf die Elternbeiträge, Gründung einer Fördervereins).
  = Die Mitarbeit wird in der **Einrichtungskonzeption** verankert und in den Zielen, Umsetzungs- und Kooperationsweisen ausgeführt. Nähere Auskünfte erteilt die zuständige Aufsichtsbehörde.

(2) Bildungs- und Erziehungsziele im Einzelnen

Leitziel musikalischer Bildung und Erziehung in Tageseinrichtungen ist, dass Kinder Musik erfahren als Quelle von Freude und Entspannung sowie als Anregung zur Kreativität in einer Reihe von Tätigkeiten, so im Singen und Instrumentalspiel, aber auch im Erzählen, Bewegen und Malen.
Querverbindungen: ➻ Sprachliche Bildung und Förderung, ästhetische Bildung und Erziehung, Bewegungserziehung und -förderung.

Im Einzelnen gilt es, die Ausbildung folgender musikalischer Fähigkeiten und Fertigkeiten zu fördern, wobei nach dem Prinzip der Entwicklungsangemessenheit stets eine Auswahl zu treffen ist:

Ein gutes Gehör entwickeln

- Sensibilisieren, wie faszinierend und wunderbar das Sinnesorgan Ohr ist.
- Programm-Musik und andere Musikarten kennen und darüber reden lernen.
- Auf musikalische Reize konzentriert hinhören, diese differenziert wahrnehmen und orten (Richtungshören) und darauf reagieren können.
- Parameter von Musikstücken (z. B. Dynamik, Tonhöhe, Tempo, Klangfarbe) kennen und unterscheiden sowie Melodiebausteine, Motive, Phrasen und Liedformen erfassen lernen.
- Ein Gespür für gute Musik entwickeln.

Selbst Musik machen

- Die eigene Sprech- und Singstimme entdecken, mit dieser spielen und dabei verschiedene Stimmlaute ausprobieren.
- Spielend mit Klängen und Tönen, mit Sprache und Sprachelementen umgehen.
- Verschiedene Musikinstrumente und ihre Spielweise näher erkunden und eigene Spielversuche unternehmen.
- Beim Musizieren in der Gruppe harmonische Klanggebilde erzeugen, gemeinsamen Rhythmus finden und zusammen etwas Neues kreieren, improvisieren.

Umsetzen von Musik

- Erste Erfahrungen mit dem Notieren von Musik sammeln (traditionelle und graphische Notation).
- Ein Gefühl für das Metrum der Musik (Pulsation, Taktschwerpunkte) entwickeln und dabei Musikrhythmen auch in Tanz und Bewegung umsetzen können (➔ II–3.2.9).
- Lieder, Texte, kleine Spielszenen und Theaterstücke szenisch, vokal und instrumental gestalten.

Das musikalische Spiel ist zugleich ein Handlungs- und Erfahrungsfeld, in dem Kinder sich eine Reihe von **Basiskompetenzen** aneignen können. Sie sollen die Gelegenheit erhalten,

- ihre Fähigkeiten und Fertigkeiten als wahrnehmende, empfindende, verstehende, sich ausdrückende, interagierende und gestaltende Person auszudifferenzieren,
- Hören, Hin- und Zuhören auch als Voraussetzung sozialer Kompetenz zu erfahren,
- ihr subjektives Selbstkonzept, ihr Konzept vom »Anderen« und von ihrer Lebenswelt weiterzuentwickeln,
- ihr Selbstwertgefühl, das Empfinden der Selbstwirksamkeit und -regulation und der Wertschätzung des Anderen auszubilden,
- in der Gemeinschaft zu handeln, Verantwortung zu übernehmen und sich als kreative Mitmenschen zu (be-)achten.

(3) Anregungen und Beispiele zur pädagogischen Umsetzung

Im Hinblick auf die **Gestaltung der musikalischen Beziehung zu den Kindern** sind zu Rolle und Methoden der Fachkräfte folgende Aspekte anzumerken:

- Da musikalische Frühförderung nicht auf das Ergebnis fixiert ist, steht die »Musikalität« der ErzieherInnen nicht im Vordergrund. Musikinstrumente, Materialien, räumliche und zeitliche Bedingungen sind so zu organisieren, dass musikalisches Handeln jederzeit und in unterschiedlichen **Arrangements** stattfinden kann (Einzelkontakt, Groß-, Kleingruppe / spontane oder geplante Aktivität: Freispiel, gelenktes Angebot, Projekt / in der Einrichtung, im Freigelände, auf Exkursionen).

- Für das musikalische Spiel wählen ErzieherInnen **Methoden**, durch die die Kinder
  - in vielen Sinnen angesprochen werden (darin einschlossen sind auch intermodale Quergänge durch die Verbindung von Musik mit Bewegung, Tanz, Sprache, Theater, Figuren, Farbe),
  - sich als Gefühlswesen erleben (Identifikationen und Symbolisierungen ermöglichen und zulassen),
  - selbsttätig aktiv werden und auch in Kommunikation mit anderen treten können,
  - sich selbst, die anderen und ihre Lebenswelt wahrnehmen lernen,
  - Gelegenheiten erhalten, eigene Theorien zu bilden, zu verändern und zu verwerfen,
  - ihre Empfindungen und Ideen zum Ausdruck bringen und sich als Schöpfer von Musik erfahren können.

Zieldimensionen	Pädagogische Umsetzungsmöglichkeiten
Ein gutes Gehör entwickeln	• Kinder an klassische und andere Musikgattungen (z.B. *Volksmusik verschiedener Länder, Jazzmusik*) heranführen und dabei Interesse und Freude am Musikhören wecken – Musikstücke ganz und wiederholt anhören und besprechen – Parameter von Musikstücken (z.B. *laut und leise / hoch und tief / langsam und schnell*) unterscheiden lernen sowie Tonbewegungen und Tondauer mitvollziehen – verschiedene Instrumente an ihrem Klang und einzelne musikalische Elemente (z.B. Phrasen, Motive) erkennen – Konzerte besuchen und mit den Musikern ins Gespräch kommen • Inhalt und Aussage von Musikstücken individuell interpretieren und dazu assoziieren (*Tiere, Naturerscheinungen, Märchen, Filmmusik*) • Gemeinsam über Befindlichkeiten und Gefühle, die das Musikhören bei einem auslöst, reden und sich austauschen
Geräusche erfahren	• »Musik« im Alltag wahrnehmen (z.B. im Elternhaus, an verschiedenen Orten) • Bau einfacher Instrumente aus Alltagsmaterialien (z.B. *Gläser, Flaschen, Rohre, Kokosnussschalen*)
Selbst Musik machen	• Mit den Kindern regelmäßig und gemeinsam singen (unter Beachtung ihrer höheren Stimmlagen) – Körper als klingendes Instrument erfahren, Gehör und Stimme in Einklang bringen – Mit der Stimme erfinderisch umgehen (z.B. *Spiele mit Vokalen und Konsonanten, Atem- und Mundgeräuschen / unterschiedliche Sprech- und Singarten / Imitation von Tierstimmen und Instrumenten*) und improvisieren (z.B. *Töne suchen, hören, finden, singen*) – Von der Sprache zum Singen wechseln (z.B. *Rufe / Sprechgesänge / Abzähl- und Schnellsprechverse / Reime / witzige Gedichte / Scherzlieder / altersgemäße Lieder lernen und selbstständig singen / mit seiner Singstimme improvisieren*) – Singen von Kinderliedern – Musizieren mit allen Körperinstrumenten, d.h. Kopf, Händen und Füßen (*Singen, Klatschen und Schnipsen, Stampfen*) • Verschiedene Musikinstrumente kennen lernen (z.B. Tasten-, Streich-, Blas-, Schlaginstrument) und deren Klangmöglichkeiten erkunden (Spielweise erfahren, eigene Spielversuche) • Musikalische Begleitung von Liedern oder Texten mit Körper- oder Orff-Instrumenten
Umsetzen von Musik	• Erste Erfahrungen mit Notieren von Musik sammeln (z.B. *Gesangs-Gehör-Gestik-Übungen / Notenbücher kennen lernen / spielerische Versuche unternehmen, beim Musikhören Tonhöhen, Tondauer und Rhythmus in irgendeiner Form von graphischer Notation zu erfassen*) • Rhythmus nachklatschen • Lieder szenisch bzw. kleine Theaterstücke mit Kulissen, Musik und Tanz gestalten oder Singspiele durchführen (singen, tanzen, musizieren und darstellen)

Pädagogische Umsetzungsmöglichkeiten im Überblick

- Die genannten Bildungs- und Erziehungsziele können **pädagogisch vielfältig umgesetzt** werden. Dies wird zunächst im Rahmen eines *Überblicks* (→ vorstehende Tabelle) und im Anschluss an vier Beispielen veranschaulicht.

Was die **Ausstattung** von Tageseinrichtungen **mit Musikinstrumenten** anbetrifft, so sind folgende Instrumente in Betracht zu ziehen:

- Tasten-, Streich- und Blasinstrumente
- Orff-Instrumente (kleines Schlagwerk) und Trommeln
- Stabspiele (z. B. Glockenspiele, Xylophone, Klangbausteine)
- Naturtoninstrumente aus aller Welt (z. B. Regenholz, Meerestrommel, Kalimba)
- Obertonreiche Klanginstrumente (z. B. Klangschalen, Gongs, Zimbeln)
- Gruppeninstrumente, die mehrere Kinder gleichzeitig bespielen können und deren spürbare Vibrationen beruhigend wirken (z. B. Trommeltisch, Klangwiege, große Schlitztrommel)
- Selbstbauinstrumente der einfachsten Art (z. B. Klanghölzer, Rasseln, Ratschen, Klappern)

Beispiel 1: *Einführung in die klassische Musik*

Bereits jüngere Kinder sind fasziniert von **klassischer Musik**. Die Klangvielfalt, die Harmonie und der klar strukturierte Aufbau berühren nicht nur Erwachsene:

- Zur Einführung eignet sich z. B. *Prokofieffs »Peter und der Wolf«*, eine sinfonische Erzählung und ein musikalisches Märchen, in dem die einzelnen Soloinstrumente erklärt und kindgerecht vorgestellt werden. Ein weiteres Beispiel ist *»Hänsel und Gretel« von Humperdinck*.

- Aber auch andere klassische Werke wie die *»Moldau« von Smetana* oder *Vivaldis »Vier Jahreszeiten«* lassen beim Anhören innere Bilder entstehen, beeinflussen das emotionale Empfinden und führen das Kind in die Welt der Musik ein.

- Es sollen auch **Kompositionen unserer Zeit** angeboten werden. Die Kinder sind offen und unvoreingenommen gegenüber der Musik des 20. und 21. Jahrhunderts. Gerade diese Musik regt die Fantasie und Interpretationslust der Kinder besonders an – ganz im Gegensatz zu vielen Erwachsenen. Sehr geeignet für diese Altersgruppe sind z. B. Kompositionen von *Penderecki, Ligeti, Cage, Kagel*.

Frühzeitig lernen sie die verschiedenen Instrumente in ihren Klangvariationen kennen, entdecken vielleicht eine Vorliebe für ein Instrument. Unterschiedliche Vorstellungen werden bei der Beschäftigung mit diesen Werken hervorgerufen. Das Kind lernt differenziert zu hören, d. h., es schult sein Gehör. Bewusstes Anhören von Musik fördert das räumlich-zeitliche Vorstellungsvermögen. Frühzeitige musikalische Erziehung besitzt einen stark die Persönlichkeit bildenden Aspekt.

Beispiel 2: *Gemeinsames Singen*

Gemeinsames Singen bietet Kindern die Möglichkeit, sich als Individuum und gleichzeitig als Mitglied der Gruppe zu fühlen und damit schon früh soziale Kompetenz zu entwickeln. Deshalb spielen Lieder in Tageseinrichtungen eine zentrale Rolle. Da sich Musikalität bei Kindern im frühen Alter nicht davon ableitet, ob sie ein Lied korrekt wiedergeben, liegt der Schwerpunkt auf dem Beobachten dessen, was Kinder beim Singen erfahren, erleben und gemeinsam gestalten. Im gemeinsamen musikalischen Handeln lernen Kinder sich gegenseitig wahrzunehmen, sich aufeinander ab- und einzustimmen, Ziele gemeinsam zu vereinbaren und einfache Regeln im spielerischen Ablauf einzuhalten. Dies kann die Integration der Gruppe positiv beeinflussen und ihre motivationalen Kräfte stärken:

- Gemeinsames Singen vermittelt Kindern das Erlebnis, sich gleichzeitig als Individuum und soziales Wesen zu erleben.

- Lieder fordern spontan zu rhythmischer Begleitung heraus (Körperinstrumente / Instrumente), und zwar alleine, im Zusammenspiel mit einem anderen Kind oder gemeinsam in der Gruppe.

- Singen spricht Kinder in ihrer Bewegungslust an. Kreis-, Reigen- und Fingerspiellieder sind zugleich Formen des sozialen Austausches durch Musik.

- Lieder regen zum Sprechen an. Ihre Texte sind Anlässe für sprachliches Kommunizieren und Austauschen von Erlebnissen und Ideen innerhalb der Gruppe.

Beispiel 3: *Bau eines Musikinstruments*

Ein Instrument selbst zu bauen ist für Kinder eine spannende, kreative Beschäftigung. Sie kann zugleich zu einem komplexeren Lernprozess ausgestaltet werden, der ihnen hilft, weiter gefasste Inhalte zu verstehen. Vom **Instrumentenbau** lässt sich die Aufmerksamkeit der Kinder auf einen größeren Zusammenhang lenken, der das Thema »Instrument« von vielen Seiten her begreifbar macht:

- **Fördern von Wahrnehmungsfähigkeit, Neugier und Körperbewusstsein**
  - Wie klinge ich selbst (Körperinstrumente)?
  - Material sammeln und mit allen Sinnen erleben
  - Tast-, Horch-, Kimspiele durchführen

- **Entdecken und Erforschen einfacher akustisch-physikalischer Phänomene**
  - Ein Instrument von innen her begreifen durch akustisch-physikalische Erfahrungen. Wie entstehen die Töne einer Rassel? Was geschieht beim Spannen einer Saite?
  - Bewegungen bringen die Rassel (schütteln, rollen) oder die Saite (zupfen) zum Klingen. Die Schwingungen einer angezupften, gespannten Saite lassen sich mit den Fingerspitzen und anderswo auf der Haut spüren. Was schwingt, das klingt!
  - Wie verändern sich Töne? Was geschieht beim Einfüllen von verschiedenen Materialien in den Rasselkörper? Beim Schieben eines Bauklotzes unter die gespannte Schnur (hohe und tiefe Töne durch Verlängern der Saite)? Wie lassen sich Klangeigenschaften herausfinden (hohe, tiefe, kurze, lange, laute, leise Töne)?

- **Entwickeln kreativer Kompetenzen im Umgang mit Materialien, Erlernen einfacher handwerklicher Techniken**
  - Aus den erkundenden Erfahrungen mit Material entsteht ein einfaches Instrument
  - Das eigene Instrument wird in seinem Aussehen individuell gestaltet
  - Mit dem eigenen Instrument Lieder oder Verse begleiten, sich bewegen und tanzen

- **Soziales Lernen durch gemeinsames Spiel**
  - Instrumente übernehmen »Rollen« in Klanggeschichten, die Kinder gemeinsam erfinden (z. B. Bilderbücher, eigene Geschichten)

- Selbstgebaute Instrumente werden als klingende Objekte aufgehängt, jederzeit spielbereit als Kollektivinstrument, auch für Kinder aus anderen Gruppen

Beispiel 4: *Musikalische Bildung und Erziehung auf interkultureller Ebene*
- Musik ist auch in anderen Kulturen selbstverständlicher Bestandteil von Kinderkultur. Beim Hören von Musik und Liedern aus anderen Kulturen, bei Kreis- und Brückenspielen, bei Liedern zum Mitmachen und beim Tanzen zu Musik können Kinder sowohl Gemeinsamkeiten zwischen Kulturen als auch »Neues« und »Anderes« entdecken. Kinder lernen fremde Musik- und Sprachwelten kennen, die Neugierde wird geweckt. Die Erfahrung zeigt, dass in Verbindung mit Musik, Singen und Tanzen »Fremdes« spielerisch aufgegriffen wird. Musik und Lieder aus anderen Kulturkreisen sind auch Anlässe für die weitere Kommunikation und den Austausch zwischen Kindern über andere Kulturen.

- Wenn Migrantenkinder die deutsche Sprache wenig oder gar nicht sprechen, können Musik und Tanz (z. B. einfaches Spiellied, Kreisspiel) zur verbindenden »Sprache« für alle Kinder werden. In einer Atmosphäre, in der sich Kinder unbeschwert äußern können – ob mit der Stimme und auf Instrumenten oder beim Tanz –, kann sich Sprache entwickeln, auch durch nonverbale Kommunikation: Der Körper wird zum »Instrument«, teilt sich in Mimik, Gestik und Bewegungen mit. So können Brücken zum Verständnis der Kinder aus verschiedenen Kulturen geschlagen, die soziale Integration gefördert und Ausgrenzungen verhindert werden.

Einige Vorschläge für die Praxis sind:

- Eltern und Kinder aus anderen Kulturen sammeln Musik, Kinderlieder und -spiele in ihrer Familiensprache und bringen sie in den Kindergarten ein. Eltern und / oder Geschwister werden in die damit verbundenen musikalischen Aktivitäten einbezogen.

- Bücher mit Liedern, Spielen und Tänzen aus anderen Kulturen und Sprachen oder Tonkassetten mit Musik und Liedern aus anderen Kulturen, zweisprachig oder anderssprachig, werden im pädagogischen Alltag der Kindergruppe eingesetzt – und auch mit der Unterstützung von Eltern umgesetzt.

Eins von mir – eins von dir. Bir benden – bir senden
Deutsch-türkische Tonkassette. Okay, E. (2. Aufl. 2002)

- Der Titel der Kassette ist nicht nur eine Metapher, ein Bild, sondern er ist auch wörtlich gemeint: Hier werden spielerische, selbstverständliche Formen des **Kulturaustausches** unmittelbar hörbar und erfahrbar. Spiele und Lieder aus dem deutschen und türkischen Kulturkreis werden auf einem Kindergeburtstag mit deutschen und türkischen Kindern ausgetauscht, gemeinsam gespielt und gesungen.

- Diese Kassette umfasst traditionelle und neue **Spiele, Lieder, Reime und Rätsel** sowie zwei moderne kurze **Erzählungen:** eine deutsche, eine türkische. Die türkische Erzählung wird in Form eines **zweisprachigen Hörspiels** präsentiert, bei dem auch deutsche Kinder folgen können. Deutsche und türkische Kinder erleben, dass ihre beiden Sprachen miteinander verbunden sind, und werden entdecken, dass es in beiden Sprach- und Kulturkreisen ganz ähnliche Spiele, Lieder, Rätsel und Reime gibt.

- **Erfahrungen aus der Praxis:** Die türkischen Volkslieder mit ihrer orientalischen Melodik lassen die türkischen Kinder besonders aufhorchen. Diese Musik kennen sie von zu Hause und von ihren Festen und Feiern, bei denen Musik und Tanz eine wesentliche Rolle spielen. Oft tanzen türkische Kinder spontan zu diesen Liedern, die deutschen Kinder sind dann erstaunt, dass auch die türkischen Jungen tanzen. Nach einem solchen Erlebnis ist die Neugier der anderen Kinder geweckt – es tauchen viele Fragen auf. Die türkischen Kinder erzählen gerne von ihren Festen und Gebräuchen, von Tänzen und Instrumenten. Ein anderes Mal sind die Kinder aus einer anderen Kultur die Erzähler.

Der Fuchs geht um ... auch anderswo –
Ein multikulturelles Spiel- und Arbeitsbuch
Ulich, M., Oberhuemer, P. & Reidelhuber, A. (Hrsg.) (5. Aufl. 1995)

- Dieses Buch enthält eine Sammlung von **Kinderspielen, Tanz und Spielliedern, Volksliedern und -tänzen,** jahreszeitlichen Liedern, Familien- und Schulgeschichten aus der **Türkei, Griechenland, Italien, Spanien, Portugal** und den **Ländern des ehemaligen Jugoslawien.** Es richtet sich an ErzieherInnen und ist für den Einsatz im pädagogischen Alltag multikultureller Kindergruppen gedacht.

- **Erfahrungen aus der Praxis:** Die Erzieherin führt – unter Berücksichtigung der jüngeren italienischen Kinder in der Gruppe – den Ringelreihen *giro* *girotondo* ein. Sie vermittelt den Kindern, was der Text auf Deutsch bedeutet, und übt mit ihnen die Melodie ein. Eine italienische Mutter singt den Kindern das kleine Lied in der Originalsprache vor und zeigt ihnen den Bewegungsablauf. In den kommenden Tagen wird dieser Ringelreihen jeden morgen mit den Kindern gespielt. Viele Kinder können schon nach kurzer Zeit die einfachen Worte mitsingen. Die Kinder wünschen sich, auch Lieder aus anderen Sprachkreisen einzubringen. Die Erzieherin ermuntert daraufhin die Eltern, Kinder-, Spiel- oder Tanzlieder aus ihrem Sprach- und Kulturkreis zu sammeln und sie bei Gelegenheit mit den Kindern einzuüben. So werden im Laufe der Zeit regelmäßig Musik und Lieder aus anderen Kulturen in den Kindergartenalltag aufgenommen. Bei großen Festen im Kindergarten werden Lieder und Tänze von den Kindern (und Eltern) in der jeweiligen Sprache präsentiert.

(4) Weitere Hilfen zur Vertiefung

Fachbücher

Bastian, H.-G. (2001a). Kinder optimal fördern – mit Musik. Mainz: Schott Musik international.
Bastian, H.-G. (2001b). Kinder brauchen Musik wie die Luft zum Atmen. *Welt des Kindes, (6)*, 8–10.
Bastian, H.-G. (2000). Musik(erziehung) und ihr Wirkung. Mainz: Schott Musik international.
Beck-Neckermann, J. (2003). Die Welt zum Klingen bringen – Das musikalische Spiel als Bildungserfahrung. *In S. Weber (Hrsg.), Die Bildungsbereiche im Kindergarten. Basiswissen für Ausbildung und Praxis. Freiburg: Herder.*
Beck-Neckermann, J. (2002). Handbuch der musikalischen Früherziehung. Theorie und Praxis für die Arbeit in Kindertageseinrichtungen. Freiburg: Herder.
Beck-Neckermann, J. (1999). ... und wie klingen die Sterne? Klanggeschichten in der elementarpädagogischen Arbeit. *Kindergarten heute, 12(11)*.
Beck-Neckermann, J. (1998). Heute sind die Trommeln lauter als gestern. Musikinstrumente im Kindergarten. *Kindergarten heute, 28(10)*.
Hirler, S. (2003). Wahrnehmungsförderung durch Rhythmik und Musik. Freiburg: Herder (2. überarb. Aufl.).
Jacoby, H. (1994). Jenseits von »begabt« und »unbegabt«. Hamburg: Christians.
Kreusch-Jacob, D. (2002a). Musikerziehung – Grundlagen, Inhalte, Methoden (Kindertagesstätte). München: Don Bosco (5. Aufl.).
Kreusch-Jacob, D. (2002b). Musik macht klug – wie Kinder die Welt der Musik entdecken. Kösel (3. Aufl.).
Kreusch-Jacob, D. (2002c). Klangwerkstatt – Mit Kindern Instrumente bauen und spielen. München: Don Bosco.
Quaas, B. (2003). Alles wird Musik. Eine spielerische Entdeckungsreise für Kinder. Freiburg: Christophorus.

Richter, M. (2001). Singen zahlt sich aus. *Welt des Kindes, (6)*, 16–17.
Sauer, S. (2001). Macht aus Nöten Noten. Wie Kindergärten und Musikschulen zusammenarbeiten können. *Welt des Kindes, (6)*, 18–20.
Steffe, S. & Höfele H.H. (2002). Europa in 80 Tönen. Eine multikulturelle Reise mit Liedern, Tänzen, Spielen und Bräuchen (Buch). Münster: Ökotopia – Kinderlieder und Tänze aus ganz Europa (Begleit-CD).

Kinderbücher

Hohberger, F. & Kehr, K. (1997). Das große Tamtam (Bilderbuch für Kinder ab 4 J.). Berlin: Altberliner Verlag.
Prokovjiew, S. (1990). Peter und der Wolf. Eine sinfonische Erzählung für Kinder (Buch, CD, MC). München: Edition Hieber.
Ruggeberg, M. (1993). Hänsel und Gretel (Buch, CD, MC). München: Edition Hieber.

Reihe

Klassische Meisterwerke zum Kennenlernen. z. B. Vivaldi. Die vier Jahreszeiten. / Prokofjiew. Peter und der Wolff. / Saints-Saens. Karneval der Tiere. Mainz: Schott Musik International.

II–3.2.9 Bewegungserziehung und -förderung, Sport

(1) Zielformulierung, Leitgedanken

Zu den grundlegenden Betätigungs- und Ausdrucksformen von Kindern zählt neben dem Spielen das Sichbewegen. Kinder haben einen natürlichen Drang und eine Freude daran, sich zu bewegen. Bewegung ist für sie wie Sprechen, Singen und Tanzen elementares Ausdrucksmittel und zugleich Grundlage ihrer Handlungsfähigkeit. Auch Gestik, Mimik, Malen, Schreiben und Musizieren beruhen auf Bewegung. In der frühen Kindheit ist Bewegung nicht nur für die motorische, sondern auch für die kognitive, emotionale und soziale Entwicklung und damit für die gesamte Entwicklung von herausragender Bedeutung und zugleich von existentiellem Wert:

- **Junge Kinder erschließen und entdecken die Welt wie sich selbst zuallererst über die Bewegung.** Bei ihnen steht die entdeckend-erkundende Bedeutung der Bewegung im Vordergrund. Bewegung ist für sie unerlässlich, wenn es darum geht, grundlegende Einsichten über ihre Person und ihre Umwelt zu gewinnen.

- **Bewegen, Fühlen und Denken sind bei Kindern noch eng miteinander verbunden.** Sie drücken ihre Gefühle in Bewegung aus, reagieren auf äußere Spannungen mit körperlichem Unwohlsein und auf freudige Bewegungserfahrungen mit Wohlbefinden.

- **Bewegungserfahrungen sind Sinneserfahrungen.** Sie sensibilisieren die Wahrnehmung und stärken einzelne Wahrnehmungsbereiche (Tasten und Fühlen, Gleichgewichtsregulation, Bewegungsempfindungen durch Muskeln, Sehnen und Gelenke, Sehen und Hören). Je vielfältiger die Sinnesfunktionen geübt werden, umso größer wird die Bewegungssicherheit. Bewussteres Wahrnehmen führt zu bewussterem Erleben.

- **Bewegung fördert die kognitive Kompetenz.** Voraussetzung hierfür ist die Eigenaktivität des Kindes, das weitgehend freie und kreative Erproben eigener Bewegungsmöglichkeiten. Aufgrund des engen Zusammenhangs von Wahrnehmen und Sichbewegen wird die geistige Entwicklung entscheidend von der Vielfalt der Erfahrungen des Kindes im experimentierenden und erforschenden Umgang mit Dingen und Materialien beeinflusst.

- **Bewegung fördert die soziale Kompetenz.** Gemeinsame Bewegungsspiele eignen sich hervorragend, Grundregeln sozialen Verhaltens zu erproben und einzuüben.

- **Körpererfahrungen haben wesentlichen Einfluss auf das positive Selbstkonzept.** Motorische Fähigkeiten sowie körperliche Leistungsfähigkeit haben für junge Kinder einen hohen Stellenwert. Das Gefühl, etwas zu können, Initiator einer positiven Selbstwirkung zu sein, wird durch die Erfahrung körperlicher Geschicklichkeit und Sicherheit ausgelöst. Dieses Kompetenzgefühl ist grundlegend für den Aufbau von Selbstvertrauen bei Leistungsanforderungen. Körperliches Geschick und Selbstsicherheit beeinflussen zugleich das Ansehen und die Position in der Gruppe.

- **Bewegung fördert die körperliche Gesundheit und Leistungsfähigkeit.** Sie prägt das Körperbewusstsein und trägt somit frühzeitig zum Aufbau gesunden Verhaltens bei. Zur Ausbildung leistungsfähiger Organe brauchen Kinder täglich herausfordernde Bewegungsmöglichkeiten. Viele der heute bei Kindern anzutreffenden gesundheitlichen Beeinträchtigungen hängen eng mit **Bewegungsmangel** zusammen, der die Lebenssituation der Kinder zunehmend prägt. Er vermindert die körperliche Leistungsfähigkeit, führt zu Haltungs- und Organleistungsschwächen und mangelnder Körperkoordination, d. h., das notwendige Zusammenwirken verschiedener Muskeln und Muskelgruppen bei Bewegungsabläufen ist gestört bzw. nicht altersgemäß. Kinder, die ihre Bewegungsbedürfnisse nicht ausleben dürfen, zeigen schwer wiegende Störungen nicht nur in der motorischen, sondern in der gesamten Entwicklung.

Vor diesem Hintergrund ist Bewegungserziehung und -förderung grundlegender Bestandteil frühkindlicher Erziehung und mehr als Vorbereitung auf sportliche Leistung. Für eine gesunde Entwicklung des Kindes sind ausreichende Bewegungsangebote unerlässlich. Kindertageseinrichtungen tragen hierfür eine besondere Verantwortung. Als familienergänzende Einrichtung können sie auf die Lebensgewohnheiten der Kinder nachhaltig einwirken, Grundeinstellungen zum eigenen Körper prägen und das Bewegungsverhalten der Kinder entscheidend beeinflussen. **Bewegungserziehung und -förderung ist** deshalb ein **unentbehrlicher Bereich ganzheitlicher Elementarerziehung:**

- Bewegungsangebote müssen im pädagogischen Tagesangebot einen festen Platz einnehmen. Sie sind nicht austauschbar mit Erfahrungen, die in anderen Förderbereichen (z. B. Musizieren, Werken, bildnerisches Gestalten) gewonnen werden. Den Körper, seine Funktionen und Bedürfnisse zu vernachlässigen heißt, kindliche Entwicklungsprozesse empfindlich zu stören.

- Elementare Bewegungserziehung ist auch **psychomotorische Erziehung.** Sie nimmt die Förderung der Gesamtentwicklung des Kindes in den Blick. Ihre Kernfrage lautet nicht »Wie kann ich die motorische Handlung, den Bewegungsablauf des Kindes verbessern?«, sondern: »Wie wirkt die motorische Handlung auf das Kind zurück, auf sein Selbstbild, seine Motivation zu sich und der Umwelt?«.

- Die Kinder erhalten ausreichend Gelegenheit, ihre motorischen Fähigkeiten selbsttätig zu erproben und zu vertiefen. Das **Bewegungsangebot** lädt sie ein, durch das Erforschen und Experimentieren mit Geräten und Materialien vielfältige Erfahrungen zu machen. Seine Konzeption beruht auf drei Säulen:
  – freies Gestalten von Bewegungsspielen, das den Kindern durch ein differenziertes Raumarrangement jederzeit ermöglicht wird
  – offenes Bewegungsangebot im Sinn einer vorbereiteten Umgebung, die die Kinder im Tagesablauf nach Belieben nutzen können
  – festgelegte und angeleitete Bewegungsstunden für Kinder ab 3 Jahren

- Die **räumliche und sächliche Ausstattung** orientiert sich an den Bewegungs- und Spielbedürfnissen der Kinder und der Fragestellung, wie den Kindern ein ausreichender Spiel- und Bewegungsfreiraum verschafft werden kann. Bei der Auswahl von Geräten und Materialien ist deren Eignung zur Förderung von Neugier, Kreativität und Eigenaktivität entscheidend. Besonderer Wert ist auch auf die **bewegungsfreundliche Gestaltung des Außengeländes** zu legen. Darüber hinaus sollte die Umgebung der Tageseinrichtung als Bewegungsterrain gesehen und genutzt werden (z. B. Bewegungsmöglichkeiten im Wald, auf Wiesen und anderen Freigeländen).

- Wichtig ist die **Beobachtung des Bewegungsverhaltens** des Kindes. Sie ermöglicht Einblicke in seine psychische Befindlichkeit, in Prozesse, die es unter Umständen sprachlich nicht ausdrücken kann, die aber zum Verständnis der beim Kind nach außen sichtbaren Probleme von wesentlicher Bedeutung sind.

- Die **Zusammenarbeit mit den Eltern** ist unter zwei Aspekten wichtig. Die Eltern sind wichtige Partner, wenn es um die Verbesserung der Lebensbedingungen der Kinder geht. Sie sollen deshalb auf die zentrale Bedeutung der Bewegung für die gesamte Entwicklung im frühen Kindesalter aufmerksam gemacht werden. So können z. B. Elternabende zum Thema »Spiel und Bewegung« bei Eltern ein Bewusstsein dafür schaffen und sie ermutigen, zu Hause geeignete Bewegungsaktivitäten zu ermöglichen und zu unterstützen. Ferner ist eine Mitwirkung der Eltern sinnvoll bei Aktionen wie z. B.:
  - Bewegungsfreundliche Umgestaltung des Außengeländes (z. B. Schaffen von Balancier-, Hangel- und Klettergelegenheiten) und der Innenräume (z. B. Anbringen von Klettertauen, Einrichtung einer Kletterwand)
  - Teilnahme an Spielnachmittagen, an denen die Eltern geeignete Bewegungsbeispiele kennen lernen und mit den Kindern ausprobieren können
  - Planung und Ausgestaltung gemeinsamer Bewegungs-, Spiel- und Sportfeste in der Tageseinrichtung
  - Vermitteln von Kontakten und Partnerschaften mit Sportvereinen

- Für die Bewegungsförderung sind partnerschaftliche **Kooperationsmodelle mit Sportvereinen** – möglichst unter Einbeziehung der Eltern – empfehlenswert. Sie eröffnen die Möglichkeit, die Sportstätten des Vereins (z. B. Turn- oder Gymnastikhallen, Lehrschwimmbecken) und ggf. andere Angebote (z. B. Eltern-Kind-Turnen, Schwimmkurse, Kindertanz, Kinderjoga) zu nutzen.

- Die spezifische **Förderung bewegungsauffälliger Kinder** wird durch die Zusammenarbeit mit einschlägigen Fachdiensten sichergestellt.

(2) Bildungs- und Erziehungsziele im Einzelnen

Als elementarer Erfahrungsbereich hat **Bewegungserziehung in Kindertageseinrichtungen** sowohl übergreifende als auch fachspezifische Bedeutung für die Entwicklung des Kindes:

- Sie stärkt die Gesamtentwicklung durch die Förderung von Basiskompetenzen, so insbesondere Selbstkonzept, Selbstwertgefühl, Selbstregulation, Selbstwirksamkeit, emotionale Stabilität, Kreativität, kognitive Kompetenz und selbst gesteuertes Lernen, Verantwortungsübernahme und Kooperationsfähigkeit.

- Das Angebot vielfältiger Bewegungserfahrungen zielt zugleich ab auf die Förderung der motorischen Entwicklung und des Körperbewusstseins des Kindes.

- Nachstehende Tabelle zeigt die Zieldimensionen und die einzelnen Ziele im Überblick auf.

(3) Anregungen und Beispiele zur pädagogischen Umsetzung

Bewegungsanregende Gestaltung von Kindertageseinrichtungen

Kinder unter 3 Jahre

- Kinder brauchen Gelegenheiten zu vielfältigen Bewegungserfahrungen, um Wissen über die Umwelt, über sich selbst, ihren Körper und ihre Fähigkeiten zu erwerben. Sie müssen greifen und krabbeln, Gegenstände und Räume untersuchen, auf Objekte klettern und herumrennen können. Kinder in diesem Alter bedürfen in der Regel keiner Anleitung, um sich zu bewegen. Sie brauchen vielmehr geeignete, **zweckmäßig ausgestattete Bewegungsräume**, Frei- und Spielflächen, Kletter-, Hangel- und Rutschgelegenheiten, Bälle und andere **Kleingeräte**, die sie eigenständig nutzen können. Für sie ist deshalb eine geeignete räumliche und sächliche Ausstattung wichtig.

Zieldimension	Bildungs- und Erziehungsziele im Einzelnen
Personal	• Zuversicht in die eigene Leistungsfähigkeit aufbauen • Durch das Erfahren von Stärken und Schwächen zu einer realistischen Selbsteinschätzung finden • Lernen, Leistungsverbesserungen innerhalb des eigenen Leistungsfortschritts und nicht nur im Vergleich mit anderen zu sehen • Steigerung des Selbstwertgefühls durch Steigerung der Bewegungssicherheit • Erfahren von Selbstwirksamkeit durch selbständiges Lösen von Bewegungsaufgaben • Lernen, mit negativen Gefühlen umzugehen (z. B. Ängstlichkeit, Unsicherheit)
Motorisch und physisch	• Befriedigung der elementaren Bewegungsbedürfnisse • Sammeln vielfältiger Bewegungserfahrungen durch differenziertes Bewegungsangebot • Entwickeln von Körpergefühl und Körperbewusstsein • Erproben und Verbessern motorischer Fähigkeiten und Fertigkeiten (Grob- und Feinmotorik einschließlich der Koordinationsfähigkeiten) • Erleben und erkennen der eigenen körperlichen Grenzen • Erfahren, dass durch Üben Grenzen erweitert und motorische Leistungen gesteigert werden können
Motivational und emotional	• Erhaltung der Bewegungsfreude, Neugierde und Aktivitätsbereitschaft • Freude am Zusammenspiel in einer Gruppe • Befriedigung des Bedürfnisses nach Anerkennung und Leistung durch entwicklungsangemessene Herausforderungen
Sozial	• Förderung von Teamgeist und Kooperation bei gemeinsamen Bewegungsaufgaben • Regeln verstehen und einhalten lernen • Streitkultur und Konfliktfähigkeit ausbauen (miteinander Kompromisse und Regeln aushandeln) • Anerkennung der Leistungen anderer • Misserfolge ertragen und sich zurücknehmen können • Verantwortung für andere oder die gemeinsame Bewegungsaufgabe übernehmen • Üben von Rücksichtnahme und Fairness
Kognitiv	• Förderung sensorischer Fähigkeiten (Tasten, Gleichgewicht, Bewegungsempfinden, Hören, Sehen) durch die Auseinandersetzung mit vielfältigen Sinnes- und Umwelteindrücken • Entwicklung von Phantasie und Kreativität durch die Herausforderung kindlicher Bewegungsideen • Wissen um den sachgerechten Umgang mit Objekten und Gegenständen • Entdecken von Regel- und Gesetzmäßigkeiten in der Auseinandersetzung mit der räumlichen und dinglichen Umwelt • Entdecken von Problemlösestrategien durch den Umgang mit Bewegungsalternativen
Gesundheitlich	• Ausbilden leistungsfähiger Organe durch vielfältige, ausgiebige Körperbeanspruchung • Stärkung des Haltungsapparates • Steigerung von körperlichem und psychischem Wohlbefinden • Ausgleich von Bewegungsmangel

Zieldimensionen im Bereich der Bewegungserziehung und -förderung und ihre Ziele im Einzelnen

- Für eine bewegungsanregende Gestaltung der Tageseinrichtung empfiehlt sich insbesondere folgende **Sachausstattung:**
  - Geländer (auch gespannte Taue) zum Festhalten und Hochziehen
  - Taue zum Festhalten, Hochziehen, Schaukeln, Hangeln
  - Schiefe Ebenen, Treppen und Leitern
  - Attraktive Podeste, erhöhte Ebenen, die zum Hochkrabbeln, Hochsteigen und Klettern anregen
  - Weichböden zum Hüpfen, Rollen, Purzeln.

Kinder von 3 bis 6 Jahren

Um den Kindern täglich Gelegenheit zu ausgiebigen körperlichen Aktivitäten zu bieten, ist zunächst die Raumnutzung und -gestaltung in der Tageseinrichtung zu hinterfragen:

- Stehen den Kindern **ausreichend Bewegungsräume** zur Verfügung (z. B. frei zugängliches, bewegungsattraktiv gestaltetes Außenspielgelände, täglich frei nutzbarer Mehrzweckraum, Nebenräume, Flure und Ecken, die zu weiteren Bewegungszonen umgestaltet wurden)?

- Sind **geeignete Klein- und auch Großgeräte** vorhanden, um motorische Aktivitäten anzuregen (z. B. Schaumstoffelemente, Springseile, Schwungtücher, verschiedene Bälle, Alltagsmaterialien, psychomotorische Geräte, Kletter- und Turngeräte)?

- Sind die Räume und Materialien so arrangiert, dass sie die Kinder zur Nutzung der offenen Bewegungsangebote und zum freien Gestalten von Bewegungsspielen herausfordern?

Rolle der Fachkräfte bei Bewegungsangeboten

Das Bild vom kompetenten Kind steht im Mittelpunkt der Planung und Durchführung von Bewegungsangeboten. Da Bewegungserziehung nicht primär auf den Erwerb von Bewegungsfertigkeiten zielt, steht die Expertenrolle der Fachkraft nicht im Vordergrund. Entscheidend ist vielmehr ihre Beteiligung als **Impulse gebender und unterstützender Mittler** zwischen den gestellten und zu lösenden Bewegungsaufgaben. Um selbsttätiges Lernen in Gang zu bringen, achten Fachkräfte auf folgende Aspekte:

- Sie stellen das »**Lernen durch Einsicht**«, welches entdeckendes, problemlösendes Lernen aktiviert, ins Zentrum der Überlegungen zur Methodenwahl.

- Sie nehmen das »**Lernen am Modell**« in den Blick, da dieses im frühkindlichen Alter von großer Bedeutung ist.

- Beim »**Lernen durch Verstärkung**« setzten sie neben Lob und Anerkennung insbesondere auch auf »innere Verstärker« (Verstärkung durch Freude an der Bewegung und durch erlebten Erfolg).

Allgemeine methodische Anregungen

- **Schaffen einer wertschätzenden Atmosphäre:** Sie ist unabdingbare Voraussetzung, um die natürliche Bewegungsfreude, Neugier, Spontaneität und Kreativität des Kindes zu erhalten. Fachkräfte achten die Entscheidung des Kindes. Ein Kind soll niemals zum Mitmachen gedrängt werden. Besser ist es, auf seine Bereitschaft zu warten. Durch motivierendes Auffordern zeigt die Fachkraft ihr Interesse an der Person des Kindes.

- **Arrangieren der Bewegungsangebote:** Diese sind so zu arrangieren, dass sie die Neugier der Kinder wecken, sie zum Erkunden auffordern, ohne jedoch Angst und Unsicherheit hervorzurufen. Die Aufgabenstellungen sollen dem Entwicklungsstand der Kinder angemessen sein, d.h. keine Überforderung und keine Unterforderung bedeuten. Die einzelnen Übungen bauen auf der natürlichen Bewegungsfreude des Kindes auf und finden möglichst in spielerischer Form statt. Dies schließt Lernprozesse mit ein. Selbst hochkomplexe Bewegungsfertigkeiten (z. B. Umgang mit Kleingeräten, grundlegende Spielformen) können sich Kinder in entdeckend-spielerischer Form aneignen. Entdeckendes Lernen setzt offene Aufgabenstellungen voraus, die die Kinder nicht auf voraus gedachte Lösungen festlegen. Sie sind vielmehr selbst aufgefordert herauszufinden, welche verschiedenen Bewegungslösungen es für eine bestimmte Aufgabe gibt. Lange verbale Erklärungen entfallen bei dieser Methode. Bei Auswahl und Anordnung der Bewegungsaufgaben ist zudem darauf zu achten, dass jedes Kind Erfolgserlebnisse haben kann. So kann eine Aufgabe auch in verschiedenen Schwierigkeitsgraden angeboten werden, aus denen das Kind selbst den ihm angemessenen auswählt.

- **Durchführen von Bewegungsangeboten:** Kinder müssen ausreichend Gelegenheit zum selbstständigen Üben sowie Möglichkeit und Zeit zur

Entwicklung und Erprobung eigener Bewegungseinfälle erhalten. So oft wie möglich und nötig sollte die Fachkraft auf das einzelne Kind eingehen, es beraten und ermuntern. Gerade das »ungeschickte« oder »unbeholfene« Kind bedarf besonderer Förderung und Übung. Es ist daher darauf zu achten, dass alle Kinder (insbesondere auch die »Schwachen«) sich an den Übungen beteiligen. »Wettkämpfe«, bei denen es nur einen Sieger gibt, sollten Fachkräfte nicht selbst anregen.

- **Beobachten und Bewerten:** Sie sollten das Bewegungskönnen der Kinder nicht vergleichend bewerten, sondern die Verbesserungen innerhalb des Bewegungskönnens des einzelnen Kindes herausheben. Positive Verstärkung verdienen individuelle Bewegungsideen, Fortschritte in der Bewegungsqualität und die Anstrengungsleistung. Kritik ist konstruktiv zu leisten, d. h. in Form von Verbesserungsvorschlägen. Tadel und Verbote haben ihren Platz nur dort, wo das Verhalten der Kinder sie selbst oder andere gefährdet bzw. wo Kinder Material absichtlich unsachgemäß gebrauchen.

- **Musik und Bewegung:** Da Kinder das Hören von Musik häufig spontan in Bewegung umsetzen, können ihre Bewegungsabläufe durch Tanz- und Bewegungsspiele unterstützt werden. Gebundene Tänze sind eher zu meiden, weil die Körperkoordination bei den meisten Kindern unter 6 Jahren noch nicht ausreichend entwickelt ist und die große Bewegungsfantasie der Kinder zu kurz kommt. Vielmehr sollen Kinder Gelegenheiten erhalten, sich zu Musik (Bewegungs-, Tanzlieder) und deren Rhythmus zu bewegen (sich wiegen, gehen, laufen, kriechen, hüpfen, schwingen) oder dabei spielerisch einfache Tanzformen zu entwickeln.

Vermeiden von Unfällen

- Damit Kinder ihre natürlichen Bewegungsbedürfnisse verwirklichen können, müssen die Verantwortlichen zulassen, dass sie die vorhandenen Bewegungsmöglichkeiten nutzen und die bereitstehenden Freiräume möglichst eigenständig »erobern« können. Die Räume und Freiflächen sowie Kletter- und Spielgeräte müssen dementsprechend unfallsicher sein, Kinder müssen mit möglichen Gefahren vertraut gemacht werden.

- Befürchtungen, wonach ein vermehrtes Bewegungsangebot in Kindertageseinrichtungen zu einer Zunahme von Unfällen führt, sind unbegründet. Bewegungsgeschickte Kinder sind offensichtlich weniger unfallgefährdet.

Allerdings sind gewisse **Sicherheitsüberlegungen** unerlässlich. Diese betreffen folgende Punkte:
- Das Vertrautmachen der Kinder mit möglichen Gefahrenquellen und Hinweise darauf
- Vermeiden von Unfallschwerpunkten durch zweckmäßige Gestaltung der Innen- und Außenräume (Trennung von Bewegungs- und Ruhezonen / Auswahl geeigneter Möbel, Spiel- und Sportgeräte / zweckmäßige Anordnung von Möbeln, aber auch Spielgeräten / Absicherung von Geräten mit Absturzgefahren durch Geländer)
- Wahl geeigneter Kleidung und Schuhe, mit Eltern absprechen, ob Schmuck und Brillen getragen werden können
- Sichern beim Klettern oder an Turngeräten (mit Matten)
- Anbieten von Hilfestellung bei schwierigen Übungen.

Beispiel für offene Bewegungsangebote: *Geräte-Parcours bzw. Bewegungslandschaft*

In den für die Bewegung freigestellten Räumen werden Groß- und Kleingeräte dergestalt miteinander kombiniert, dass sich für Kinder **attraktive Bewegungsgelegenheiten** ergeben, die sie frei nutzen können. Die Kinder üben dabei die Grundformen der Bewegung wie z. B. Gehen, Laufen, Springen, Steigen, Rollen, Klettern, Kriechen, Krabbeln, Schieben, Ziehen, Werfen, Hängen, Schwingen, Drehen, Balancieren. Wie Geräte für bestimmte Bewegungsaktivitäten der Kinder vorbereitet werden können, zeigt nachstehende Tabelle beispielhaft auf.

In einer solchen Bewegungslandschaft können **Bewegungsspiele** sehr schnell entstehen, wenn der Aufbau unter ein Thema gestellt wird oder die Kinder sich selbst ein Spielmotiv (z. B. Piratenschiff, Reise durch den Dschungel, Unterwasserexpedition) ausdenken. Die Aufstellung der Geräte kann dann auch an die Spielidee der Kinder angepasst werden.

Arrangement von Geräten	Bewegungsaktivitäten
• Standleitern • Aufeinander gestapelte Autoreifen, Kästen und Matten, Holzpflöcke und Schaumstoffelemente	Steigen, Klettern und Herabspringen
• Schiefe Ebenen aus einer Bank, die in einen Kasten oder eine Sprossenwand eingehängt wurde • Kletterwand	Hochkriechen, Hochziehen, Steigen und Herabrutschen
• Kombination aus Trampolin, Kasten und Weichbodenmatte	Hinauf- und Hinabspringen
• Taue mit dickem Endknoten • Strickleitern	Hochziehen, Schaukeln, Hangeln
• Brett, das über einen Kasten oder über einen halben Baumstumpf gelegt wurde • Brett, das durch einen an der Decke mit Seilen befestigten Autoschlauch gelegt wurde	Wippen
• Plastikrohre, mit Matten ausgelegte Kastenzwischenteile • Tische	Durchkriechen
• Rollbretter oder LKW-Schläuche, die mit Bändern auf Rollbrettern befestigt wurden • Quer gelegte Baumstümpfe	Rollen und Fahren
• Putzlappen, die als Schlittschuhe dienen • Mit der Weichseite nach unten gelegte Teppichfliesen, die als Schlitten oder z. B. bei Reiter- und Pferdspielen eingesetzt werden können	Rutschen
• Brett, das zwischen zwei Standleitern gelegt wurde • Bretter, die Getränkekisten miteinander verbinden • Umgedrehte Turnbänke	Balancieren
• Höhlen aus Tischen, Matten und Decken • Mit Polstern ausgelegte Hängematten	Entspannen

Beispiele für Bewegungsaktivitäten an Geräten

Generelle Anregungen zu angeleiteten Bewegungsstunden

Für **Kinder ab 3 Jahren** ist wichtig, dass mit ihnen regelmäßig auch inhaltlich und zeitlich geplante Bewegungs- bzw. Turnstunden durchgeführt werden. Angeleitete Bewegungsangebote erweitern das Bewegungsrepertoire der Kinder, fördern ihre Bewegungssicherheit und ermöglichen den Kindern, motorische Fertigkeiten gezielt zu üben und »kleine Sportspiele« kennen zu lernen. Bei deren Planung sind folgende Aspekte zu beachten:

- **Angeleitete Bewegungsstunden sind offen zu planen.** Die Vorbereitung der Stunde besteht nicht darin, ein detailliertes Stundenprotokoll zu entwerfen. Vielmehr ist in einem *Verlaufsplan* festzuhalten, wie die »Turnstunde« durch Gerätevorgaben und inhaltliche Schwerpunkte und Impulse strukturiert wird. Der Freiraum für eigene Bewegungsideen und -vorschläge der Kinder darf nicht verloren gehen.

- Bei der Durchführung dieser Stunden steht die **Integration der situativen Gegebenheiten** im Vordergrund, d. h. das flexible Eingehen auf die momentanen Interessen der Kinder. Handlungsleitend ist deshalb nicht die Einteilung der Turnstunde in Einleitung, Hauptteil, Schluss, sondern der Wechsel zwischen Phasen der Anleitung und Übung und Phasen der Eigenaktivität.

- **Angeleitete Bewegungsstunden bedürfen der Reflexion.** Für die gezielte Planung der folgenden Stunden ist es wichtig, dass über jede Bewegungs- bzw. Turnstunde rückblickende Aufzeichnungen gemacht werden. Diese sind unentbehrlich dafür, die Fortschritte der Kinder festzuhalten und eventuellen Förderbedarf zu erkennen.

Beispiel für eine angeleitete Bewegungsstunde: *Spiel, z. B. »Zauberwaldspiel«*

Einstiegsimpuls

- Die Fachkraft bespricht mit den Kindern, welche Gestalten es in einem »Zauberwald« geben kann (z. B. Hexen, Feen, Kobolde, Zauberer). Die Kinder suchen sich aus, welche Gestalt sie darstellen wollen und probieren diese im freien Spiel aus

Impuls durch Bewegungsvorgaben

- Die Kinder bekommen die Aufgabe, in ihre Rolle verschiedene Grundbewegungsarten einzubauen (z. B. »Wie geht, springt, läuft, hüpft, dreht etc. eine Hexe, ein Wichtel, eine Fee etc.?«). Die Fachkraft hält als Zauberin auf ihrem Zauberstab farbige Tücher hoch und verzaubert dadurch die Kinder in verschiedene Gestalten. Zusammen mit den Kindern werden den 4 Tüchern 4 verschiedene Gestalten zugeordnet (z. B. rotes Tuch für die Hexe, weißes Tuch für die Fee). Wird z. B. das weiße Tuch gezeigt, »schweben« alle kreuz und quer durch den Raum. Die Kinder werden angeregt, auch ihre Stimme einzusetzen oder Geräusche zu erzeugen; so schwebt die Fee z. B. mit einem lang gezogenen »sch............« durch den Raum.

Impuls durch ein Kleingerät

- Verschieden farbige Chiffontücher (für jedes Kind eines) werden in die Raummitte gelegt. Jedes Kind nimmt sich eines und probiert frei Verwendungsmöglichkeiten aus (z. B. Fahnen, Schleier, Zaubertücher, Verbindungsstücke).

Impuls durch eine Spielidee

- Die Kinder bewegen sich nach eigenen Spielideen. Singt die Fachkraft »Im Kuckucksland, im Kuckucksland, da ist die Welt verhext« (FidulaFon 1229 – Cassette FC 15) und ruft den Kindern anschließend die Bezeichnung eines bestimmten Körperteils zu, so berühren sie mit diesem den Boden, sind mit ihm untrennbar verbunden. Sie bleiben solange verzaubert, bis sie durch das Zauberwort »Dideldext« erlöst werden. Erst dann können sie sich wieder frei bewegen. Ganz verrückte Zauberfiguren entstehen, wenn die »Zauberin« die Kinder mit mehreren Körperteilen an den Boden »anwachsen« lässt.

Beispiel für eine angeleitete Bewegungsstunde: *Geräte-Parcours, z. B. »Verrückter Zauberwald«*

Ausgewählte Großgeräte werden mit den Kindern zu einem »Zauberwaldgelände« aufgebaut (➔ nachstehende Tabelle).

Abschluss der angeleiteten Bewegungsstunde

Impuls durch Spielidee

- Die Kinder gehen paarweise zusammen. Ein Kind spielt den Zauberer, das andere den gefangenen Prinzen bzw. die gefangene Prinzessin. Jeder Gefangene sitzt in einem Reifen (Schloss des Zauberers) und befestigt als Zeichen seiner »Hoheit« ein Chiffontuch an seinem Hosenbund. Die Zauberer stehen jeweils hinter ihrem Gefangenen und halten ihn mit ihrem Zauberstab (Klangstab) in Bann.

- Auf ein Signal (z. B. Schlag auf eine Triangel) fallen dem Zauberer die Stäbe aus den Händen und die Gefangenen können flüchten. Der Zauberer, der seinen Stab aufgehoben hat, verfolgt seinen Gefangenen und versucht ihm sein »Hoheitszeichen« zu entreißen. Ist dies gelungen, werden die Rollen getauscht.

»Das Tor zum Zauberwald« 4 Kästen, 2 Matten, 1 Rollbrett	• 2 Kästen werden als Tor mit einer Matte überdacht. Im Abstand von ca. 3 Metern wird das zweite Tor errichtet. Auf dem Rollbrett kann man sitzend oder liegend, je nach Höhe des Tores, in den Zauberwald gelangen.
»Labyrinth« Bänke, Autoschläuche, Teppichfliesen, Kästen, Sandsäckchen, Reifen	*Damit die Kinder nicht weiter in den Zauberwald eindringen können, versucht der Zauberer sie nicht nur auf einem Labyrinthweg zu verwirren, sondern lässt die »Eindringlinge« auch noch von einem Kobold verfolgen.* • Die Kinder bauen aus den verschiedenen Materialien ein Balancierlabyrinth, in dem sie fangen spielen.
»Überwindung des Eisberges« Weichbodenmatte, 2 Seile, Sprossenwand, 2 Langbänke, 2 Teppichfliesen	*Aus Zorn über das Fortkommen der Kinder lässt der Zauberer einen „Eisberg" entstehen, den es nun zu erklimmen gilt.* • Eine Weichbodenmatte wird senkrecht an der Sprossenwand befestigt. Die Seile werden als Kletterhilfe über dem oberen Ende der Matte an einer Sprosse verknotet. Oben angekommen gilt es nun den Gletscher hinabzurutschen. Jeweils eine Bank wird links und rechts neben der Matte schräg in die Sprossenwand eingehängt. Die Kinder können im Sitzen, Hocken und Knien auf einer umgedrehten Teppichfliese herunterrutschen. Die Kinder helfen sich gegenseitig beim Absichern.
»Hängebrücke« Langbank, 2 Taue, Kasten, Bodenturnmatten, Weichbodenmatte	*Nun gilt es eine unwegsame Schlucht zu überwinden.* • Zwei nebeneinander hängende Taue werden fest miteinander verknotet. In die entstandene Schlinge wird ein Ende der Langbank eingehängt, so dass eine »schräge Hängebrücke« entsteht. Darunter liegen Matten als »reißender Fluss« (Absicherung). Hinter dem oberen Ende der »Hängebrücke« steht ein Kasten, von dem aus dann in einen »kleinen See« (Weichbodenmatte) gesprungen werden kann.
»Die Verwünschung in Panzertiere« Mehrere Airex-Matten, je ein Seil	*Da es allen Kindern gelingt, auch dieses Hindernis zu überwinden, wird es dem Zauberer zu bunt. Er verwandelt sie in Furcht erregende Panzertiere.* • Die Kinder rollen sich in Airex-Matten ein, die dann mit dem Seil als Gürtel an ihnen befestigt werden. Die »Panzertiere« bewegen sich kriechend, gehend, rollend durch den Raum.
»Riesengebirge« Große Kästen, langer Bodenturnläufer bzw. Bodenturnmatten	*Nachdem ein Zwerg die Kinder an das Zauberwort »Dideldext« erinnert hat, verliert der Zauberbann seine Kraft. Doch schon kommt die nächste Herausforderung auf sie zu. Vor ihnen tut sich ein riesiges Gebirge auf.* • Die Kästen werden mit einer unterschiedlichen Anzahl von Mittelteilen aufgebaut und mit Abstand hintereinander aufgestellt. Mit dem Bodenturnläufer bzw. den Bodenturnmatten werden die »Berge« miteinander verbunden. Wie die Kinder das »Riesengebirge« bezwingen, steht ihnen frei.

Möglicher Einsatz von Geräten in der angeleiteten Bewegungsstunde »Verrückter Zauberwald«

Impuls durch Entspannungsaufgabe

- Mit einem lauten Schlag auf ein hängendes Becken verliert der Zauberwald seine Zauberkraft. Alle sind erlöst und laufen davon. Erst wenn der Klang des hängenden Beckens vollständig verklungen ist, bleiben die Kinder stehen.

- Erschöpft von den Erlebnissen im Zauberwald suchen die Kinder sich einen Platz zum Ausruhen. Sie schließen die Augen, träumen von ihren Erlebnissen, spüren, wie müde und schwer ihre Beine und Füße werden, wie ihr Atem ruhig wird.

(4) Weitere Hilfen zur Vertiefung

Berzheim, N. & Meier, U. (1989). Aus der Praxis der elementaren Musik- und Bewegungserziehung. Donauwörth: Auer (6.Aufl.).
Denk, B. (2001). Tanz der Kinder. Improvisierte Bewegungsspiele als Lebenskunst. Neuwied: Luchterhand.
Eggert, D. (1995). Theorie und Praxis der psychomotorischen Förderung. Dortmund: Verlag modernes Lernen (2. Aufl.).
Herm, S. (2001). Psychomotorische Spiele für Kinder in Krippen und Kindergärten. Weinheim: Beltz.
Frostig, M. (1992). Bewegungs-Erziehung. Neue Wege der Heilpädagogik. München: Reinhardt (5. Aufl.).
Grüger, C. (2002). Bewegungsspiele für eine gesunde Entwicklung. Psychomotorische Aktivitäten für Drinnen und Draußen zur Förderung kindlicher Fähigkeiten und Fertigkeiten. Münster: Ökotopia.
Kiphard, E.J. (1994). Psychomotorik in Praxis und Theorie. Gütersloh: Flöttmann (2. Aufl.).
Kiphard, E.J. & Leger, A. (1975). Psychomotorische Elementarerziehung. Gütersloh: Flöttmann.
KiTa Spezial Nr. 1 (2002). Bewegungs-Kita: Trends – Projekte – Perspektiven.
Krombholz, H. (1996). Spaß an Bewegung: Spiele mit Anleitungen für Kinder von 3 bis 8. München: Don Bosco.
Murphy-Witt, M. (2002). Spielerisch im Gleichgewicht. Wie unruhige Kinder ein gutes Körpergefühl finden. Praxisbuch Wahrnhmungsförderung. Freibrug: Christophorus. (4. Aufl.).
Pickler, E. (1997). Lasst mir Zeit. Die selbständige Bewegungsentwicklung des Kindes bis zum freien Gehen. München: Pflaum.
Schaffner, K. (1996). Die Welt ist schön. Neue Kreisspiele, Spiellieder und Tänze für drei bis achtjährige Kinder. Celle: Pohl-Verlag.
Schaffner, K. (1992). Bewegen, Spielen und Tanzen für Kinder von drei bis acht Jahren. Celle: Pohl-Verlag.
Zimmer, R. (2003a). Es kommt das ganze Kind. Bewegung ist Bildung. *Kindergarten heute*, (3), 26–33.
Zimmer, R. (2003b). Bewegung und Entspannung. Anregungen für die praktische Arbeit mit Kindern. Freiburg: Herder.

Zimmer, R. (2002a). Handbuch der Psychomotorik. Theorie und Praxis der psychomotorischen Förderung von Kindern. Freiburg: Herder.
Zimmer, R. (2002b). Schafft die Stühle ab. Fähigkeiten wecken – Entwicklung fördern. Freiburg: Herder.
Zimmer, R. (2001a). Handbuch der Bewegungserziehung. Freiburg: Herder (11. Aufl.).
Zimmer, R. (2001b). Alles über den Bewegungskindergarten. Freiburg: Herder.
Zimmer, R. (2000a). Handbuch der Sinneswahrnehmung. Grundlagen einer ganzheitlichen Entwicklung. Freiburg: Herder.
Zimmer, R. (2000b). Kreative Bewegungsspiele. Psychomotorische Förderung im Kindergarten. Freiburg: Herder.
Zimmer, R. (Hrsg.) (1997). Bewegte Kindheit. Schorndorf: Karl Hofmann.
Zimmer, R. (1996): Motorik und Persönlichkeitsentwicklung. Schorndorf: Karl Hofmann.
Zimmer, R. (1995). Sport und Spiel im Kindergarten. Aachen: Meyer & Meyer (2. Aufl.).

Weitere Angaben über Medien (Bücher, Videos, Tonträger) zum Thema finden sich in:

Zimmer, R. (2002). Bewegungsförderung im Kindergarten. Kommentierte Medienübersicht. Köln: Bundeszentrale für gesundheitliche Aufklärung (kostenloser Bezug über die BZgA).

II–3.2.10 Gesundheitliche Bildung und Erziehung

(1) Zielformulierung, Leitgedanken

Gesundheit wird hier in einem umfassenden Sinn als **körperliche Gesundheit und Wohlbefinden** verstanden, nicht mehr nur als Abwesenheit von Krankheit. Sie beinhaltet bei Kindern immer auch eine altersgemäße, gelingende Entwicklung:

- Mit dieser Ausweitung des Gesundheitsbegriffs rücken (neben den Ursachen von Krankheit und kindlichen Entwicklungsproblemen) die **Bedingungen für Gesundheit** bzw. für eine gelingende Entwicklung von Kindern ins Blickfeld. Von Bedeutung sind neben gesundheitsspezifischen Kompetenzen (z. B. gesunde Lebensweisen, Krankheitsvorbeugung) auch jene Basiskompetenzen, die den angemessenen Umgang mit Mitmenschen, Leistungserwartungen, Stress und Belastung, Misserfolgen und Frustrationen im Alltag betreffen.

- Die gesundheitliche Situation von Kindern hängt maßgeblich von der sozialen Lage ihrer Familie ab. Sie ist besonders prekär bei Kindern aus sozial benachteiligten Familien. Diese werden auch von Angeboten der

Krankheitsvorsorge (U-Untersuchungen, Impfungen) weniger erreicht, angesichts der großen Distanz ihrer Eltern zu diesem Angebot. In Kindertageseinrichtungen in sozialen Brennpunkten ist daher eine Häufung von Gesundheits- und Entwicklungsproblemen bei den Kindern festzustellen.

Im Gesundheitsbereich haben die **Primärprävention** (➤ II–2.1) und die **Gesundheitsförderung** einen hohen Stellenwert. Ihre Chancen sind besonders groß, wenn sie im Kindesalter frühzeitig einsetzen und die Entwicklung des Kindes ganzheitlich berücksichtigen. Kindertageseinrichtungen sind ein idealer Ort der Primärprävention und der Gesundheitsförderung, weil sie viele Kinder erreichen und Zugang zu den Eltern haben. **Gesundheitliche Bildung und Erziehung** in Tageseinrichtungen hat folgenden Aspekten Rechnung zu tragen:

- Die Sorge um die Gesundheit der einzelnen Kinder und der Gemeinschaft verlangt, Eltern ausführliche Informationen zu geben und mit ihnen mehrere Abfragen und Absprachen in Bezug auf ihr Kind während seines Einrichtungsbesuchs zu treffen. Im Bildungs- und Erziehungsvertrag gilt es deshalb, diesem Bereich einen eigenen Abschnitt zu widmen. Informationen und Absprachen betreffen folgende Aspekte:
  – Die **gesetzliche Unfallversicherung** des Kindes, die auch Wegeunfälle umfasst.
  – **Krankheit** des Kindes und die **Verabreichung von Medikamenten**, die bei Kindern, die nicht an einer schwereren bzw. chronischen Erkrankung (z. B. Allergie, Diabetes, Hämophilie) leiden, im Einzelfall durch gesonderte Ermächtigung mit den Eltern zu vereinbaren ist.
  – Das Verhalten der Tageseinrichtung in **Notfällen** und die Konsultation von und die Zusammenarbeit mit Ärzten.
  – **Schutzmaßnahmen** beim **Auftreten übertragbarer Infektionen** (Infektionsschutzgesetz – IfSG), wobei Eltern über ihre gesetzlichen Pflichtaufgaben nach § 34 IfSG durch ein Informationsblatt zu informieren sind
  – **Vorsichtsmaßnahmen** bei **Speisen und Lebensmitteln** (Lebensmittelhygieneverordnung – LMHV), wobei Eltern auf ihre Mitwirkung bei der Einhaltung des LMHV hinzuweisen sind, wenn sie Speisen und Lebensmittel in die Tageseinrichtung (z. B. Kindergeburtstage, Feste) mitbringen
  – **Gesundheitspflege** der Kinder, insbesondere die Durchführung von **Vorsorgeuntersuchungen des Gesundheitsamtes** in der Tageseinrichtung, wobei die Teilnahme der Kinder mit Ausnahme der Schuleingangsuntersuchung vom Einverständnis der Eltern abhängig ist.

- Der **Schutz des Kindes vor Gefährdungen auf dem Weg zwischen Elternhaus und Tageseinrichtung** erfordert weitere Absprachen mit den Eltern. Kinder unter 6 Jahren bedürfen grundsätzlich einer Begleitung auf diesen Wegen. Als Begleitperson in der Regel ausgeschlossen sind Geschwister- bzw. Nachbarskinder unter 13 Jahren, damit diese (in Anlehnung an die Kinderarbeitschutzverordnung) nicht mit Tätigkeiten überfordert werden, bei denen sie eine größere Verantwortung übernehmen müssten. Besondere Umstände im Einzelfall können jedoch in Bezug auf Begleitung und Begleitperson Ausnahmevereinbarungen rechtfertigen (z. B. kurze und gefahrlose Wegstrecke).

- Wichtige Inhalte der gesundheitlichen Bildungs- und Erziehungsarbeit mit den Kindern sind Bewegung (→ II–3.2.9), Ernährung, Hygiene, Unfallprävention, Sicherheit und Verkehr, Stressbewältigung und Entspannung, Sexualität, Suchtprävention sowie verantwortlicher Umgang mit Krankheit. Die Kinder sollen vom »Versorgtwerden« zum »Sichselbstversorgenkönnen« hingeführt werden.

- Gesundheitliche Bildung und Erziehung sind im Alltag der Kindertageseinrichtungen ein durchgängiges Prinzip und breit angelegt. Ihre Ziele und Inhalte lassen sich weitgehend in die alltäglichen Situationen und Abläufe integrieren. In Kindertageseinrichtungen in sozialen Brennpunkten ist dieser Förderbereich stärker zu gewichten.

- Das Gelingen der Lern- und Entwicklungsprozesse der Kinder hängt maßgeblich davon ab, ob es den Kindern gut geht, ob sie sich in der Tageseinrichtung wohl fühlen. Der Beobachtung und Dokumentation des Wohlbefindens und der seelischen Gesundheit der Kinder kommt daher eine große Bedeutung zu.

- Die **Zusammenarbeit mit den Eltern** als den vorrangig verantwortlichen Personen für die Gesundheit des Kindes ist wesentlich. Der Zugang zu den Eltern wird gelingen, wenn die unterschiedlichen Vorstellungen und Konzepte der Familien zum Thema Gesundheit und Prävention aufgegriffen werden. Darauf aufbauend gilt es, ihre Kompetenz zu stärken, mit ihnen über angemessene Konzepte des Umgangs mit Gesundheit und Krankheit ihres Kindes ins Gespräch zu kommen und hierfür Beispiele zu geben. Individuelle Gesundheitsinteressen der Eltern in Bezug auf ihr Kind (z. B. vegetarische Ernährung auch in der Tageseinrichtung) können nur insoweit Beachtung finden, als sich diese mit dem Betrieb einer Gemeinschaftseinrichtung vereinbaren lassen.

- Erfolgreiche **Gesundheitsförderung im Kindesalter** ist eine **gemeinsame Querschnittsaufgabe**, die ein Zusammenwirken vieler Berufs- und gesellschaftlicher Gruppen erfordert. Wichtige Kooperationspartner für Tageseinrichtungen sind hierbei insbesondere Kinderärzte, Gesundheits-, Jugend- und Sportämter, Sportvereine, Krankenkassen, Verbraucherzentralen, Einrichtungen der Frühförderung, Beratungsstellen und der Gemeinde-Unfallversicherungsverband. In Elternabenden über Gesundheitsthemen sollen Kindertageseinrichtungen externe ReferentInnen einbeziehen, um Eltern umfassende und fachkundige Informationen anzubieten.

- Auf eine gesundheitsförderliche Bauweise, Raumgestaltung, Sachausstattung und Betriebsführung ist zu achten.

- Die gesundheitsförderliche Ernährung und die damit zusammenhängende Ernährungspädagogik gehören zum Leistungskatalog jeder Kindertageseinrichtung.

(2) Bildungs- und Erziehungsziele im Einzelnen

Gesundheitliche Bildung und Erziehung umfassen eine Vielzahl von Zielen:

Zur Gesunderhaltung des Körpers beitragen

- Die Kinder erfahren, wie wichtig regelmäßige und abwechslungsreiche **Bewegung** dafür ist, in guter körperlicher Verfassung zu sein, und wie wichtig es ist, Muskulatur und Kreislauf zu trainieren, damit man sich im eigenen Körper wohlfühlt.

- Die Kinder erleben Essen als Genuss mit allen Sinnen. Sie werden an Produktion, Beschaffung, Zusammenstellung und Verarbeitung von Lebensmitteln beteiligt und erfahren im Rahmen einer gesunden Ernährung auch Esskultur und die Pflege sozialer Beziehungen. Sie sollen gesunde **Ernährung** theoretisch wie praktisch erfahren und den Zusammenhang zwischen ausgewogener Ernährung und körperlichem Wohlbefinden kennen und verstehen lernen. Sie sind an naturbelassene Lebensmittel heranzuführen.

- Kinder erfahren, was Stille und was Lärm ist und welche unterschiedliche Auswirkungen Stille und Lärm auf ihren Körper und ihre Gesundheit haben. Sie lernen erkennen, an welchen Geräuschen sie Gefährdungen für sich und ihr Leben erkennen können, z. B. im Straßenverkehr. **Gehörschulung** ist daher ein wichtiger Aspekt auch der Gesundheitserziehung.

Grundkenntnisse über den eigenen Körper und Hygiene vermitteln

- Die Kinder lernen Bezeichnung und Funktion der Gliedmaßen, Sinnesorgane und inneren Organe kennen. Ihr Verständnis von einfachen **körperlichen Zusammenhängen** (z. B. Auge und Sehen / Nahrungsaufnahme und Verdauung / Herz, Lunge und Blutkreislauf / Ermüdung und Schlaf) ist zu fördern.

- Die Kinder lernen, wie wichtig **Hygiene** und **Körperpflege** zur Vermeidung von Krankheiten und für das eigene Wohlbefinden sind.

- Die Kinder kennen **Aufbau und Funktion des Gebisses**, wissen über den Zahnwechsel Bescheid sowie sind informiert über die Paradontose- und Kariesentstehung. Sie wissen, dass sie durch eine richtige **Zahnpflege** und Ernährung einen wichtigen Beitrag zur Zahngesundheit leisten. Die haben für die Zahn- und Mundpflege nötigen Fertigkeiten.

Wohlbefinden stärken

Nach der *Konzeption der WHO zur »Förderung von Lebenskompetenzen«* sollen bei den Kindern insbesondere folgende Kompetenzbereiche vertieft bearbeitet werden:

- **Selbstwahrnehmung:** Erarbeiten eines differenzierten Bilds von der eigenen Person; Kennenlernen eigener Stärken und Schwächen; Vertrauen in die eigenen Fähigkeiten; Stärkung des Gefühls von Individualität.

- **Einfühlungsvermögen:** Erkennen und Nachempfinden innerer Vorgänge – Gedanken, Gefühle – bei anderen Personen; Empfinden und Zeigen von Mitgefühl; empathisches, prosoziales Verhalten gegenüber Kindern und Erwachsenen.

- **Umgang mit Stress und »negativen« Emotionen:** Kennenlernen von Möglichkeiten, wirksam mit Belastungen und »negativen Emotionen« (z. B. Angst, Ärger, Frustration) umzugehen (→ **II–3.1.7**).

- **Kommunikation:** Förderung der Fähigkeit zur verbalen und nonverbalen Kommunikation; Erarbeitung eines breiten Repertoires von Ausdrucksmöglichkeiten; Stärkung der Fähigkeit, eigene Gefühle differenziert zu verbalisieren und Missverständnisse im Umgang mit andern zu vermeiden.

- **Kritisches, kreatives Denken:** Förderung von Individualität und Kreativität im Denken; Infragestellung der Tendenz, Ideen und Meinungen anderer einfach unkritisch zu übernehmen; Lernen, sich selbst realistische Ziele zu setzen.

- **Problemlösen:** Förderung der Fähigkeit, Probleme zu analysieren; Benennen und Abwägen von Alternativen; Herausarbeiten von Vor- und Nachteilen; Einholen von Informationen; Entscheidungen treffen und begründen; Entscheidungen überprüfen und ggf. modifizieren.

Mit der eigenen Sexualität unbelastet umgehen

- Die Kinder lernen, mit der eigenen **Sexualität** unbelastet umzugehen. Im Kleinkindalter entdecken Kinder den eigenen Körper und die Unterschiede zwischen Mädchen und Jungen. Sie sollen in der Tageseinrichtung Gelegenheit erhalten, offen darüber zu reden.

- Die Kinder sollen auch ihre Bedürfnisse nach **Zärtlichkeit** angemessen befriedigen können. Auf Fragen nach Zärtlichkeit, Zeugung, Schwangerschaft, Geburt usw. sollen sie altersgemäße Antworten (Aufklärung) erhalten, wobei auf den korrekten, nicht verniedlichenden Gebrauch der Bezeichnungen für die Geschlechtsorgane zu achten ist.

Unfälle verhüten

- Die Kinder müssen lernen, mit altersgemäßen **Gefahren** (z. B. Scheren oder brennende Kerzen) umzugehen und bei Angst gefahrenträchtige Aktivitäten (z. B. Klettern) abzubrechen.

- Die Kinder sollen durch Übungen lernen, wie sie sich im **Straßenverkehr** richtig verhalten.

- Kinder sollen erfahren und einüben, wie sie sich bei eventuellen **Unfällen** oder bei **Feuer** zu verhalten haben.

Mit Krankheit verantwortungsvoll umgehen

- Die Kinder sollen Gelegenheit erhalten, über ihre Erfahrungen mit Krankheiten oder Krankenhausaufenthalten zu sprechen. Hierbei können ErzieherInnen der Kindergruppe verdeutlichen, wie man sich bei Erkrankungen richtig verhält (z. B. »Was tut mir gut, wenn ich krank bin?«) und was bei einem Arztbesuch oder im Krankenhaus passiert.

- Bei Besuchen in einer Arzt- bzw. Zahnarztpraxis oder bei der Besichtigung eines Krankenhauses können Kinder diese Einrichtungen und die dort üblichen Abläufe kennen lernen. Ferner wird die Angst vor Ärzten gemindert.

(3) Anregungen zur pädagogischen Umsetzung

Soweit im Rahmen der gesundheitlichen Bildung und Erziehung **primärpräventive Projekte und Programme** durchgeführt werden, sind die fachlichen Standards hierzu zu beachten (➤ II–2.1).

Beachtung gesundheitsspezifischer Aspekte

Allgemeine gesundheitspezfische Aspekte

Die Weitläufigkeit des Bereichs der gesundheitlichen Bildung und Erziehung erfordert umfangreiche Fachkenntnisse, die von Kindertageseinrichtungen nicht allesamt abgedeckt werden können:

- Durch die Kooperation mit den oben genannten Fachleuten und Fachdiensten aus dem Gesundheits- und Jugendhilfebereich lassen sich fachliche Ressourcen bündeln.

- Zur eigenen und zur Information der Eltern sollen Kindertageseinrichtungen das große Angebot an Informationsmaterialien von (lokalen) Einrichtungen, Diensten und Vereinen zum Thema »Kinder und Gesundheit« (z. B. Gesundheitsvorsorge, Unfallverhütung, Ernährungsberatung) nutzen und in ihren Räumen auslegen. Zu erwähnen ist auch die *Online-Datenbank »Projekte in der Suchtprävention«* der Aktion Jugendschutz, Landesarbeitsstelle Bayern e.V. (*www.bayern.jugendschutz.de*), die auch mehrere Projekte aus dem Bereich Kindertageseinrichtungen enthält.

Gesundheitsvorsorge – Gesundheitsförderung

- Zum Schutz der Kinder und der Anlieger ist ein ausreichender **Schall- und Lärmschutz** bei der baulichen Gestaltung und der räumlichen Ausstattung von Tageseinrichtungen sicherzustellen. Die ErzieherInnen sollen durch ein qualitativ gutes, pädagogisches Angebot dafür sorgen, dass der Geräuschpegel in den Gruppenräumen nicht zu hoch ansteigt.

- In den Räumen, in denen die Kinder sich tagsüber aufhalten, ist das Rauchen zu verbieten. Auch sollte das Rauchen in Anwesenheit von Kindern nicht gestattet sein.

- Die **Räume** der Kindertageseinrichtung, insbesondere die Küche, Toiletten und Waschräume, sollten hygienisch sauber sein. Für eine ausreichende **Belüftung** der Räume ist zu sorgen. **Hygienepläne** sollen erstellt und umgesetzt werden.

- Die Alltagsabläufe sollen bewegungsorientiert ausgestaltet sein. Körperliche und kognitive Tätigkeiten der Kinder sollen einander abwechseln und zueinander in einem ausgewogenen Verhältnis stehen, ebenso **Aufenthalte im Freien und in Räumen.**

Ernährungserziehung

- Die Ernährungserziehung hat in Tageseinrichtungen mit ganztägiger Öffnung und in Tageseinrichtungen für Kinder bis zu 3 Jahren einen hohen Stellenwert. Aber auch in anderen Tageseinrichtungen kommt sie z.B. durch das Angebot »Gesundes Frühstück« zum Tragen. An der Verköstigung der Kinder lässt sich (Kindern und Eltern) der Zusammenhang zwischen Ernährung und Gesundheit vor Augen führen.

- Bei den **Mahlzeiten** in der Tageseinrichtung ist auf eine gesunde Ernährung zu achten. Dies erfordert eine alters- und bedürfnisorientierte, ausgewogene und abwechslungsreiche Speisen- und Getränke-Zusammenstellung. So sollen z.B. bei der Planung und Zubereitung von Mittagessen Fertigprodukte mit naturbelassenen Lebensmitteln kombiniert und die zur Versorgung der Kinder benötigten Lebensmittel besonders kritisch auf ihre Qualität und Inhaltsstoffe hin ausgewählt werden. Die Lebensmittelhygiene-Verordnung ist einzuhalten. Dies gilt auch dann, wenn gemeinsam mit den Kindern (in Kleingruppen) einzelne Mahlzeiten aus frischen Zutaten zubereitet werden. Die Beteiligung der Kinder an der Speiseplanung und das gemeinsame Kochen mit Kindern sind wichtige Lernfelder der Ernährungserziehung.

- Was die **Raum- und Personalausstattung** anbelangt, sind für die Ernährungserziehung das Vorhandensein einer Küche und der Einsatz weiterer Fachkräfte für die Planung und Herstellung der Speisen (z. B. KöchInnen, ausgebildete und angelernte Küchenkräfte) optimal. Eine Kochgelegenheit sollte jede Tageseinrichtung aufweisen.

Unfallverhütung – Verhalten bei Unfällen

- Die Fachkräfte haben ihre **Aufsichtspflicht** mit Sorgfalt auszuüben.

- Im Rahmen der **Verkehrserziehung** ist die Zusammenarbeit nicht nur mit der Verkehrswacht, sondern vor allem auch mit den Eltern wesentlich. Bei Abschluss des Bildungs- und Erziehungsvertrages ist mit den Eltern das Bringen und Abholen des Kindes zu klären.

- Die Fachkräfte müssen wissen, wie sie sich bei **Unfällen** oder im **Brandfall** zu verhalten haben.

- Die Kinder sind auf den Wegen zwischen Elternhaus und Tageseinrichtung sowie während ihres Aufenthalts in der Tageseinrichtung kraft Gesetzes **unfallversichert** (§ 2 Abs. 1 Nr. 8a, §§ 7, 8 SGB VII). Die Leitung der Tageseinrichtung ist verpflichtet, Unfälle, die einzelne Kinder erleiden, dem *Gemeinde-Unfallversicherungsverband* anzuzeigen (§ 193 Abs. 1 SGB VII, § 69 Abs. 1 Nr. 1 SGB X), damit dieser die Kosten für die medizinische Versorgung des Kindes übernimmt (§§ 26, 27 SGB VII). Hierfür steht ein einheitlicher Vordruck für alle Tageseinrichtungen zur Verfügung.

Krankheitsvorsorge – Umgang mit Krankheiten der Kinder

- Eltern sind bei Abschluss des Bildungs- und Erziehungsvertrages zu ersuchen, das Fachpersonal über schwerwiegendere **Krankheiten und Allergien** ihres Kindes zu informieren. Bei Bedarf sind spezielle Behandlungsweisen, die das Kind während des Aufenthaltes in der Tageseinrichtung benötigt, mit den Eltern zu klären (z. B. Meiden bestimmter Lebensmittel, Verabreichen von Medikamenten, Arztbesuch bei Auftreten bestimmter Symptome). Im Übrigen sind **Medikamente** an Kinder insbesondere dann zu verabreichen, wenn dies ärztlich verordnet worden ist.

- Eltern werden auf die Bedeutung von **Vorsorgeuntersuchungen** und **Impfungen** bei ihren Kindern hingewiesen (vgl. § 34 Abs. 10 IfSG). Es empfehlen sich entsprechende Informationsveranstaltungen zusammen mit dem Gesundheitsamt.

- Die Fachkräfte müssen über **medizinische Grundkenntnisse** verfügen, damit sie Krankheiten der Kinder frühzeitig erkennen können. Sie müssen wissen, was sie bei plötzlicher Erkrankung eines Kindes tun müssen (z. B. Konsultation eines Arztes). Eltern sind unverzüglich zu informieren, wenn bei ihrem Kind eine Erkrankung auftritt.

- Der **Infektionsschutz** ist eine gemeinsame Aufgabe der Fachkräfte und der Eltern. Das Infektionsschutzgesetz erlegt im Infektionsfall beiden Seiten bestimmte Verpflichtungen auf (vgl. § 34 IfSG). Die Eltern sind bei Abschluss des Bildungs- und Erziehungsvertrages schriftlich darüber zu belehren, dass ihr Kind die Tageseinrichtung nicht besuchen darf, wenn ein meldepflichtiger Infektionsfall in der Familie auftritt, und dass sie es der Einrichtung melden müssen, wenn ein solcher Fall eingetreten ist. Die Leitung benachrichtigt das Gesundheitsamt über meldepflichtige Infektionsfälle in der Tageseinrichtung. In diesem Zusammenhang ist darauf hinzuweisen, dass es in Bayern in Bezug auf Form und Inhalte der **Infektionsmeldung** bislang noch keine einheitliche Vollzugspraxis der Gesundheitsämter gibt. Vordrucke werden nur von manchen Ämtern ausgegeben, die wiederum unterschiedlich in der Gestaltung sind. Darüber hinaus ist die Elterngemeinschaft über die Infektionsfälle zu informieren, ohne dabei die Namen der betroffenen Personen zu nennen. Bei Bedarf werden weitere Schutzvorkehrungen in Absprache mit dem Gesundheitsamt getroffen (z. B. zeitweilige Schließung der Einrichtung).

Zusammenarbeit mit sozial benachteiligten Familien

- Sozial und gesundheitlich benachteiligte Familien sind über die herkömmlichen Wege der Zusammenarbeit mit Eltern oft kaum zu erreichen. Die Fachkräfte dürfen in der Regel nicht warten, bis diese Eltern von sich aus auf sie zukommen. Vielmehr ist der Zugang zu diesen gezielt zu suchen. Hierbei sind neue Zugangswege zu entwickeln, vor allem auch solche aufsuchender Art. Ein sinnvoller Weg kann der Aufbau von Kontakten zu Nachbarn, Landsleuten und Vereinen sein. Durch die Zusammenarbeit mit Vertrauenspersonen lassen sich möglicherweise Brücken schlagen und wichtige gesundheitsbezogene Informationen und Themen, die die Kinder betreffen, an die betroffenen Familien weiter tragen. In dieser Hinsicht sind Kindertageseinrichtungen ein niederschwelliges Angebot für Eltern.

(4) Weitere Hilfen zur Vertiefung

Gesundheit

Burow, F., Aßhauer, M. & Hanewinkel, R. (2002). Fit und stark fürs Leben. Leipzig, Stuttgart, Düsseldorf: Klett.
BZgA – Bundeszentrale für gesundheitliche Aufklärung (2002). »Früh übt sich ...« Gesundheitsförderung im Kindergarten – Impulse, Aspekte und Praxismodelle (Tagungsdokumentation). Reihe: Forschung und Praxis der Gesundheitsförderung. Band 16. Köln. (Bezug über BZgA: *www.bzga.de*).
BZgA – Bundeszentrale für gesundheitliche Aufklärung (1998). Gesundheit von Kindern – Epidemiologische Grundlagen (Tagungsdokumentation). Reihe: Forschung und Praxis der Gesundheitsförderung. Band 3. Köln (Bezug über BZgA: *www.bzga.de*).
Lipp-Peetz, Chr., Hinze, K. & Krahl, K.-P. (1996). Die Kindertageseinrichtung als Ort der Förderung von Gesundheit I und II – 2 *Bände*: (1) Materialien I bis III des Projekts Gesundheitserziehung in Tageseinrichtungen für Kinder bis 6 Jahre (2) Materialien IV desselben Projekts. Reihe: Materialien für die sozialpädagogische Praxis (MPS) 27. Frankfurt/M.: Deutscher Verein für öffentliche und private Fürsorge.
Hurrelmann K. (1990). Familienstress, Schulstress, Freizeitstress – Gesundheitsförderung für Kinder und Jugendliche. Weinheim, Basel: Beltz.
Hurrelmann, K. & Klaubert, K. (1998). Wie Kinder gesund bleiben. Kleines Gesundheitslexikon für Kindergarten und Grundschule. Weinheim: Beltz.
Hurrelmann, K. & Laaser, U. (1997). Handbuch Gesundheitswissenschaften. Weinheim: Juventa.
Mayr, T. & Ulich, M. (2003). Seelische Gesundheit bei Kindergartenkindern. *In* W.E. Fthenakis (Hrsg.) (2003), Elementarpädagogik nach PISA (S. 190–205). Freiburg: Herder.
Reichert-Garschhammer, E. (2001a). Qualitätsmanagement im Praxisfeld Kindertageseinrichtung (Bund) – Blickpunkt: Sozialdatenschutz. Staatsinstitut für Frühpädagogik (Hrsg.). Kronach: Carl Link.
Reichert-Garschhammer, E. (2001b). Qualitätsmanagement im Praxisfeld Kindertageseinrichtung (Bayern) – Blickpunkt: Sozialdatenschutz. Staatsinstitut für Frühpädagogik (Hrsg.). Kronach: Carl Link.
Reichert-Garschhammer, E. (2001c). Qualitätsmanagement im Praxisfeld Kindertageseinrichtung (Bayern) – Blickpunkt: Sozialdatenschutz. Bayerisches Staatsministerium für Arbeit und Sozialordnung, Familie und Frauen & Staatsinstitut für Frühpädagogik (Hrsg.). Bezug: IFP. *Die Gesundheitssorge, wenn einzelne Kinder in der Tageseinrichtung erkranken oder einen Unfall erleiden, wird ein Schwerpunkt gewidmet (5.3). Wie sich bei diesen Aufgaben die Zusammenarbeit mit Eltern, Ärzten, Gesundheitsamt, Unfallversicherungsträger, Polizei und Justiz darstellt und welche Aspekte hierbei sozialdatenschutzrechtlich zu beachten sind, wird im Einzelnen beschrieben. Es ist darauf hinzuweisen, dass die Darlegungen zum neuen Infektionsschutzgesetz leider einen* **Fehler** *enthalten. Die Meldepflicht der Einrichtungsleitung ist im Zuge dieser Rechtsreform nicht (wie fälschlicherweise behauptet) entfallen. In den Qualifizierungsveranstaltungen zu diesem Buch hat sich die Gesundheitssorge als ein*

Bereich herausgestellt, der in der Praxis erhebliche Vollzugsunterschiede und Regelungslücken aufweist. Im Zuge der internen Fortschreibung des Mustervordrucks für den Bildungs- und Erziehungsvertrag wurde deshalb ein eigener Abschnitt zu diesem Bereich aufgenommen; seine Konzeption ist in den Leitgedanken dieses Förderbereichs dargelegt. Die weiterentwickelte Fassung des Vertrages wird zu gegebener Zeit veröffentlicht.

Reichert-Garschhammer, E. (2000). Datenschutz in Kindertageseinrichtungen: Zwei Praxisfälle. In: KiTa aktuell (BY), (11), 229.

Ein Praxisfall betrifft den Umgang mit HIV-infizierten bzw. an Aids erkrankten Kindern in Tageseinrichtungen.

Körper

Schneider, S. & Rieger, B. (1996). Das große Buch vom Körper. Ravensburg: Otto Maier.
Sternehäll, B. & Zetterlund, M. (2002). Der kleine Professor erforscht den Körper (CD-ROM). Hamburg: Oetinger Interaktiv.

Ernährung

Deutscher Caritas Verband (1999). Wenn in Tageseinrichtungen gekocht wird – Anforderungen der Lebensmittelhygiene-Verordnung. Freiburg: Lambertus.
KiTa spezial Nr. 2 (2002). Ernährung in Kindertageseinrichtungen.
Klindworth, U. (1999). Milch kommt aus der Tüte ... Ein Buch über die Dinge, die wir essen. Luzern: Kinderbuchverlag.
Meier-Ploeger, A. (1999). Fühlen wie's schmeckt: Sinnesschulung von Kinder (3–6 Jahre) – Ein Handbuch für Erzieherinnen und alle Interessierte. Fulda: food media.

Gesetzliche Unfallversicherung

Bayerisches Staatsministerium für Arbeit und Sozialordnung, Familie und Frauen (1998). Sicherheit für Ihr Kind – (k)ein Kinderspiel. Ein Ratgeber für Eltern und Erzieher (Broschüre). Bezug: StMAS.
Bayer. Staatsministerien für Arbeit und Sozialordnung, Familie und Frauen & Staatsministerium der Justiz. Sicherheit der Kinder auf dem Weg zum und vom Kindergarten (Merkblatt). Bezug: StMAS.
Bundesverband der Unfallversicherungsträger (2001/1999). Gesetzlicher Unfallversicherungsschutz für Kinder in Tageseinrichtungen (Faltblatt und Broschüre).
BAGUV – Bundesverband der Unfallversicherungsträger der öffentlichen Hand (1989). Voraussetzungen und Möglichkeiten der Sicherheitserziehung im Kindergarten. Schriftenreihe. (Bezug in Bayern: z. B. GUV in München).
BAGUV. Merkblätter für Kindertageseinrichtungen wie z. B.: Erste Hilfe in Kindertageseinrichtungen. Spielgeräte in Kindergärten (Bezug in Bayern: z. B. GUV in München).
GUV – Bayerischer Gemeindeunfallversicherungsverband (1994). Sicherheitsregeln in Kindergärten. Broschüre (Bezug: GUV in München).
GUV. Vorschulbriefe zur Unfallverhütung und Sicherheitserziehung.

II–4 Beobachtung, Kooperation, Vernetzung und Kindeswohl

II–4.1 Beobachtung und Dokumentation der Lern- und Entwicklungsprozesse von Kindern

(1) Sinn und Zweck von Beobachtung und Dokumentation

Beobachtung und Dokumentation der Entwicklung, des Lernens und des Verhaltens von Kindern bilden eine wesentliche Grundlage für die Arbeit von pädagogischen Fachkräften in Kindertageseinrichtungen. Sie geben Einblick in Lern- und Entwicklungsprozesse und sind hilfreich, um die Qualität von pädagogischen Angeboten festzustellen und weiterzuentwickeln.

Es soll eine enge Verknüpfung von Beobachtung und Dokumentation einerseits und pädagogischem Handeln andererseits hergestellt werden: **Beobachtung und Dokumentation** sind einerseits Ausgangspunkt für pädagogische Planungen, sie geben andererseits Rückmeldung über die Ergebnisse pädagogischen Handelns. Im Einzelnen sind folgende konkrete Bezüge zu beachten.

Beobachtung und Dokumentation

- sollen es Fachkräften erleichtern, die Perspektive des Kindes, sein Verhalten und Erleben besser zu verstehen;

- sollen Einblick geben in die Entwicklung und das Lernen des Kindes, sollen über seine Fähigkeiten und Neigungen und den Verlauf von Entwicklungs- und Bildungsprozessen informieren;

- sollen eine fundierte Grundlage bilden, um Eltern kompetent zu informieren und zu beraten;

- sollen die gezielte Reflexion und Ausgestaltung pädagogischer Angebote und pädagogischer Interaktionen und Beziehungen unterstützen – bezogen auf das einzelne Kind und bezogen auf die Gruppe;

- sollen Basis sein für den fachlichen Austausch und die Zusammenarbeit zwischen den Fachkräften in der Einrichtung und die Kooperation mit dem Einrichtungsträger;

- sollen eine am Befinden und der Entwicklung von Kindern orientierte Qualitätsentwicklung innerhalb der Einrichtung ermöglichen;

- sollen die Kooperation mit Fachdiensten und Schulen erleichtern;

- sollen Qualität und Professionalität der pädagogischen Arbeit nach außen darstellen und sichtbar machen.

(2) Grundsätze der Beobachtung und Dokumentation

Die Fachkräfte sollen erfassen und dokumentieren, wie sich das einzelne Kind in der Einrichtung entwickelt und wie es auf pädagogische Angebote reagiert. Bei der Beobachtung und Dokumentation sind folgende Grundsätze zu beachten:

- Sie sollen für alle Kinder durchgeführt werden.

- Sie sollen gezielt und regelmäßig erfolgen, d. h. nicht nur anlässlich bestimmter Ereignisse (z. B. anstehende Elterngespräche, bevorstehende Einschulung eines Kindes).

- Sie sollen inhaltlich breit angelegt sein, d. h. Einblick geben in die wesentlichen Lern- und Entwicklungsprozesse eines Kindes – bezogen auf die verschiedenen im Bildungs- und Erziehungsplan aufgeführten Kompetenz- und Lernbereiche. Wichtige inhaltliche Bezugspunkte sind:
  - die Lernbereitschaft, d. h. die Bereitschaft, sich in verschiedenen Lernfeldern und bei Aktivitäten zu engagieren.
  - Lern- und Entwicklungsfortschritte in einzelnen Förderbereichen (z. B. sprachliche, mathematischen Bildung).
  - das Wohlbefinden in der Tageseinrichtung.
  - die sozialen Bezüge zu anderen Kindern und zu pädagogischen Bezugspersonen.

- **Weiterführende inhaltliche Hinweise** werden in den einzelnen Abschnitten über die Förderschwerpunkte in Kindertageseinrichtungen gegeben. Sie betreffen die vertiefte Beobachtung von entwicklungsgefährdeten Kindern

(→ II–3.1.5) sowie die systematische Begleitung der Sprachentwicklung (→ II–3.2.2) und das Wohlbefinden der Kinder in der Tageseinrichtung (→ II–3.2.10).

- Sie sollen innerhalb einer Einrichtung nach einem einheitlichem Grundschema durchgeführt werden.

(3) Methoden der Beobachtung und Dokumentation

Um der Vielschichtigkeit der Persönlichkeit und der Entwicklung von Kindern einerseits und der Vielfalt pädagogischer Maßnahmen und Angebote andererseits gerecht zu werden, sollen bei der Beobachtung und Dokumentation **unterschiedliche Methoden** der Beobachtung, Einschätzung und Dokumentation zum Einsatz kommen:

- **Sammlung von »Produkten«**, d. h. von Ergebnissen kindlicher Aktivitäten (z. B. Zeichnungen, Fotos, Videos, Computerausdrucke, Tonbandaufnahmen, Geschichten von Kindern und über Kinder).

- **Freie Beobachtungen und Aufzeichnungen** (z. B. in Form von Tagebüchern oder laufenden Notizen).

- **Strukturierte Formen der Beobachtung und Aufzeichnung**, d. h. standardisierte Beobachtungs- und Einschätzbögen (z. B. Sprachentwicklung: Sismik, → II–3.2.2 / Früherkennung von Entwicklungsproblemen: BEK, → II–3.1.5 / Engagiertheit bei verschiedenen Aktivitäten / Entwicklungstabelle von Beller).

Beim **Einsatz dieser Methoden** in der pädagogischen Praxis ist zu beachten:

- Die drei Methoden der Beobachtung und Dokumentation sollen bei jedem Kind zum Einsatz kommen.

- Strukturierte Formen der Beobachtung und Dokumentation haben ein besonderes Gewicht. Sie haben gegenüber freien Beobachtungen den Vorzug einer besseren Übersichtlichkeit, Vergleichbarkeit und Darstellbarkeit, sind weniger aufwendig durchzuführen und einfacher auszuwerten.

- Beobachtung und Dokumentation sollen, wo dies sinnvoll ist, die Perspektiven der Kinder, Eltern und ggf. von Kooperationspartnern (z. B. Fachdienst) mit einbeziehen.

- Beobachtung und Dokumentation sollen dem aktuellen Forschungsstand bei der Entwicklung einschlägiger Methoden Rechnung tragen sowie das Gebot der Verfahrensökonomie berücksichtigen, d. h. nicht zu aufwändig in der Durchführung sein.

(4) Beachtung des Sozialdatenschutzes im Umgang mit »Beobachtungsdaten«

Durch die Beobachtung und Dokumentation der Lern- und Entwicklungsprozesse der Kinder wird eine große Menge an Sozialdaten intern erhoben und gespeichert sowie durch anschließende Auswertungen genutzt:

- Beobachtungsdaten sind überwiegend Daten, die im Rahmen der Bildungs- und Erziehungsarbeit anvertraut worden sind und damit dem besonderen Vertrauensschutz unterliegen (§ 65 SGB VIII). Eltern vertrauen ihr Kind dem Fachpersonal der ausgewählten Tageseinrichtung an und erwarten, dass die Erkenntnisse über die Lern- und Entwicklungsprozesse ihres Kindes, die die Fachkräfte im Rahmen der gezielten, fachkundigen Beobachtung gewinnen, höchst vertraulich behandelt werden. Hinzu kommt, dass die Fachkräfte über diese Beobachtungen verhältnismäßig tiefe Einblicke in die Person des Kindes erlangen und dadurch in die Intimsphäre des Kindes eindringen.

- »Vertrauensperson« im Sinn des Gesetzes ist hier nicht nur die jeweilige Fachkraft, die das Kind beobachtet und die Beobachtungen dokumentiert, sondern sind alle Fachkräfte des Einrichtungsteams. Beobachtung und Dokumentation sind Aufgaben, in die alle Fachkräfte eingebunden sind (z. B. Reflexion der Beobachtungen im Team). Aufgrund der gemeinsamen Aufgabenverantwortung ist es zulässig, die Beobachtungsdaten der Kinder zwischen den Fachkräften der Tageseinrichtung auszutauschen und gemeinsam zu reflektieren (vgl. § 64 Abs. 1 SGB VIII).

- An außenstehende Dritte, zu denen neben Fachdiensten, Schulen und anderen Stellen auch der Träger zählt, dürfen anvertraute Beobachtungsdaten über ein bestimmtes Kind grundsätzlich nur mit Einwilligung der Eltern übermittelt werden (§ 65 Abs. 1 Satz 1 Nr. 1 SGB VIII). Jederzeit zulässig sind anonymisierte Fallbesprechungen, in denen die Beobachtungen erörtert werden. Wenn Anzeichen für eine Gefährdung des Kindeswohls beobachtet worden sind, kann als letztes Mittel die Datenübermittlung an das Jugendamt zulässig und geboten sein (➙ II–4.4)

Als nicht anvertraut hingegen sind jene Beobachtungsdaten zu bewerten, die jedermann auch ohne besondere Fachkunde bei entsprechender Gelegenheit gewinnen kann. Fachkräfte in Kindertageseinrichtungen unterliegen insoweit nur dem Sozialgeheimnis. Sie dürfen diese Sozialdaten über das Kind an Dritte übermitteln, wenn die Voraussetzungen der jeweils einschlägigen Übermittlungsbefugnis vorliegen:

- Hierunter fallen Beobachtungsdaten, die Unfälle und (Infektions-)Erkrankungen der Kinder in der Tageseinrichtung betreffen. Die Fachkräfte bringen hier keine spezifische Sachkunde ein: Unfallzeuge kann jedermann sein; sie sind auf medizinischem Gebiet eher Laien. Die Übermittlung dieser Kinderdaten (auf der Grundlage einer gesetzlichen Übermittlungsbefugnis) ist insbesondere bedeutsam im Rahmen der *Unfallanzeige* an den zuständigen Unfallversicherungsträger und im Rahmen der *Infektionsmeldung* an das Gesundheitsamt (➙ **II–3.2.10**).

- Gleiche Rechtslage gilt für die Übermittlung solcher beobachteter Anzeichen, die für jedermann offensichtlich auf eine Kindeswohlgefährdung im sozialen Nahraum schließen lassen, wie z. B. Vernachlässigung oder körperliche Misshandlung des Kindes (➙ **II–4.4**).

(5) Weitere Hilfen zur Vertiefung

Andres, B. (2002). Studieret eure Kinder, wohl wissend, dass ihr sie nie kennen werdet. *TPS – Theorie und Praxis der Sozialpädagogik, (2)*, 30–35.
Beller, K. & Beller, S. (2003). Beobachtung in den ersten drei Lebensjahren. *KiTa spezial, (1)*, 14–17.
Kazemi-Veisari, E. (2003). Hinsehen allein genügt nicht. Was man über Beobachtung und Wahrnehmung wissen muss. *Kindergarten heute, 33(2)*, 6–14.
Kazemi-Veisari, E. (1999). Die Grundhaltung ist entscheidend. Differenzierte Beobachtung von Kindern. *Kindergarten heute, 29(7/8)*, 6–13.
KiTa spezial Nr. 1 (2003). Beobachtung in Kindertageseinrichtungen.
Kobelt Neuhaus, D. (1999). Kinder im Alltag beobachten und verstehen. *In H. Colberg-Schrader, u. a. (Hrsg.), Kinder in Tageseinrichtungen. Ein Handbuch für Erzieherinnen (2.10). Seelze-Velber: Kallmeyer.*

Mayr, T. (2003). Professionalität sichtbar machen. Bildungsprozesse von Kindern beobachten und dokumentieren. *Blätter der Wohlfahrtspflege, Nr. 6*
Mayr, T. & Ulich, M. (2003). Kinder gezielt beobachten – die Engagiertheit von Kindern in Kindertageseinrichtungen. *KiTa spezial, (1), 18–23.*
Mayr, T. & Ulich, M. (1999). Beobachtung und Professionalität. In H. Colberg-Schrader, u. a. (Hrsg.), *Kinder in Tageseinrichtungen. Ein Handbuch für Erzieherinnen (2.14).* Seelze-Velber: Kallmeyer.
Mayr, T. & Ulich, M. (1998). Kinder gezielt beobachten (1). Der Stellenwert von Beobachtungen im Alltag. *KiTa aktuell (BY), 10(10), 205–209.*
Pascal, Ch. & Bertram, T. (2003). Erfassung des Erzieherverhaltens in pädagogischen Situationen. – eine Skala für die kollegiale Beobachtung. *KiTa spezial, (1), 4–8.*
Reichert-Garschhammer, E. (2002). Qualitätsmanagement im Praxisfeld Kindertageseinrichtung (Bayern) – Blickpunkt: Sozialdatenschutz. Teil 1: Einführung in die Thematik. *KiTa aktuell (BY), 14(10), 209–214.*
Das Fallbeispiel 4 in diesem Aufsatz behandelt die Beobachtung von Kindern aus der Sicht des Sozialdatenschutzes.
Reichert-Garschhammer, E. (2001a). Qualitätsmanagement im Praxisfeld Kindertageseinrichtung (Bund) – Blickpunkt: Sozialdatenschutz. Staatsinstitut für Frühpädagogik (Hrsg.). Kronach: Carl Link.
Reichert-Garschhammer, E. (2001b). Qualitätsmanagement im Praxisfeld Kindertageseinrichtung (Bayern) – Blickpunkt: Sozialdatenschutz. Staatsinstitut für Frühpädagogik (Hrsg.). Kronach: Carl Link.
Reichert-Garschhammer, E. (2001c). Qualitätsmanagement im Praxisfeld Kindertageseinrichtung (Bayern) – Blickpunkt: Sozialdatenschutz. Bayerisches Staatsministerium für Arbeit und Sozialordnung, Familie und Frauen & Staatsinstitut für Frühpädagogik (Hrsg.). Bezug: IFP.
In dieser Handreichung finden sich Ausführungen zur Dokumentation gezielter Beobachtung von Kindern (5.1.1), da Beobachtung und Dokumentation gerade auch unter dem Blickwinkel des Sozialdatenschutzes von hohem Interesse sind. Soweit als Beobachtungsinstrument Video eingesetzt wird, finden sich dazu Ausführungen unter 5.1.3.
Schlömer, K. & Kellermann, M. (2003). Videointeraktions-Begleitung in Ausbildung und Praxis. *KiTa spezial, (1), 9–13.*
Schneider, K. (2003). Beobachtung von Konflikten unter Kindern. Entdeckungsreisen mit der Videokamera. *KiTa spezial, (1), S. 28–31.*
Ulich, M. & Mayr, T. (1999). Kinder gezielt beobachten. (2) Was macht das Beobachten so schwer. *KiTa aktuell (BY), 11(1), 4 –7.*

II–4.2 Bildungs- und Erziehungspartnerschaft mit den Eltern

(1) Zielformulierung, Leitgedanken

Kinder erwerben in ihrer Familie Kompetenzen und Einstellungen, die für das ganze weitere Leben wichtig sind (z. B. Sprachfertigkeiten, Lernmotivation, Neugier, Leistungsbereitschaft, Interessen, Werte, Selbstkontrolle,

Selbstbewusstsein, soziale Fertigkeiten). Inwieweit solche Kompetenzen in der Familie ausgebildet werden, bestimmt zu einem erheblichen Teil den späteren Erfolg im Leben. Kindertageseinrichtungen sollen daher die Eltern bei den in der Familie stattfindenden Lernprozessen unterstützen:

- **Eltern sind die »natürlichen« Erzieher.** Pflege und Erziehung des Kindes sind das natürliche Recht der Eltern und die zuvörderst ihnen obliegende Pflicht (Art. 6 Abs. 2 GG).

- Eltern sind **vorrangige Bezugspersonen,** wobei die damit verbundenen Gefühle Modell-Lernen bzw. Nachahmung fördern.

- Eltern sind **»Spezialisten« für ihr Kind:** Sie kennen es länger und aus unterschiedlicheren Situationen als ErzieherInnen – und Kinder können sich dort ganz anders als in der Kindertageseinrichtung verhalten.

Bei der Wahrnehmung ihrer Bildungs- und Erziehungsaufgaben sind Kindertageseinrichtungen verpflichtet, mit den Eltern zusammenzuarbeiten und diese an Entscheidungen in wesentlichen Angelegenheiten der Tageseinrichtung zu beteiligen (vgl. § 22 Abs. 3 SGB VIII):

- Im Rahmen dieser Zusammenarbeit gilt es eine **Erziehungspartnerschaft** anzustreben: Hier öffnen sich Familie und Kindertageseinrichtung füreinander, tauschen ihre Erziehungsvorstellungen aus und kooperieren zum Wohl der ihnen anvertrauten Kinder. Sie erkennen die Bedeutung der jeweils anderen Lebenswelt für das Kind an und teilen ihre gemeinsame Verantwortung für die Förderung des Kindes. Bei einer partnerschaftlichen Zusammenarbeit von Fachkräften und Eltern findet das Kind ideale Entwicklungsbedingungen vor: Es erlebt, dass Familie und Tageseinrichtung eine positive Einstellung zueinander haben und (viel) voneinander wissen, dass beide Seiten gleichermaßen an seinem Wohl interessiert sind, sich ergänzen und einander wechselseitig bereichern.

- Diese Erziehungspartnerschaft ist zu einer **Bildungspartnerschaft** auszubauen. Wie die Erziehung soll auch die Bildung zur gemeinsamen Aufgabe werden, die von beiden Seiten verantwortet wird. Wenn Eltern eingeladen werden, ihr Wissen, ihre Kompetenzen oder ihre Interessen in die Kindertageseinrichtung einzubringen, erweitert sich das Bildungsangebot. Wenn Eltern mit Kindern diskutieren, in Kleingruppen oder Einzelgesprächen, bringen sie andere Sichtweisen und Förderperspektiven ein. Wenn Eltern Lerninhalte zu Hause aufgreifen und vertiefen, wird sich dies auf die kognitive Entwicklung des Kindes positiv und nachhaltig auswirken, denn sie ziehen an einem Strang.

- Voraussetzung für eine **gute Kooperation** sind seitens der Fachkräfte die Reflexion der eigenen Grundhaltung Eltern gegenüber, Wertschätzung ihrer Kompetenzen und Anerkennung eines Familienbildes, das den unterschiedlichen Lebensentwürfen von Familien entspricht. Um Angebote und Handlungskonzepte bedürfnisgerecht und zielgruppenorientiert zu gestalten, sind die unterschiedlichen Interessen und Bedürfnisse von Eltern gründlich zu analysieren. Zugleich ist abzuwägen und auszuhandeln, inwieweit Eltern mit ihren spezifischen Kompetenzen in die pädagogische Arbeit eingebunden werden.

- Das Bildungs- und Erziehungsrecht der Tageseinrichtung in Bezug auf das einzelne Kind ist ein Recht, das ihnen nicht (wie bei der Schule) kraft Gesetzes eingeräumt ist, sondern von den Eltern übertragen wird (vgl. § 1 Abs. 1, 2 SGB VIII). Dies, **das Verständnis von Erziehungs- und Bildungspartnerschaft als ein auf Gleichberechtigung hin angelegtes Kooperationsverhältnis**, und die Tatsache, dass auch bei der Nutzung von Tageseinrichtungen als Gemeinschaftseinrichtung ein größerer individueller Gestaltungsspielraum besteht, erfordern den Abschluss eines Bildungs- und Erziehungsvertrages. Dies gilt für Tageseinrichtungen in freier wie in kommunaler Trägerschaft:
  − Das **Aufnahmegespräch** erhält den Charakter von Vertragsverhandlungen. Sein Leitfaden ist der Vertragsvordruck. Mit den Eltern sind Gestaltung, Abläufe und Beendigung des Vertragsverhältnisses auszuhandeln, soweit hierfür Informationen, Bestimmungen und Einwilligungen der Eltern bezogen auf sich und ihr Kind nötig sind. Beide Parteien vereinbaren, jeweils bestimmte Rechte und Pflichten, die sich am Wohl des Kindes und der Gemeinschaft orientieren, gegenseitig anzuerkennen und einzuhalten. Sie verpflichten sich insbesondere, bei der Wahrnehmung der gemeinsamen Verantwortung für das Kind partnerschaftlich und in verschiedenen Formen miteinander zu kooperieren. Da sich das pädagogische Angebot in Tageseinrichtungen auch an den Bedürfnissen der Kinder- und Elterngemeinschaft ausrichten muss (vgl. § 22 Abs. 2 Satz 2 SGB VIII), ist das Einverständnis der Eltern mit der Einrichtungskonzeption Voraussetzung für den Vertragsabschluss. Die Eltern erhalten eine Einrichtungskonzeption (ggf. gegen Gebühr) und eine Vertragsabschrift.
  − Der Bildungs- und Erziehungsvertrag wird auf Seiten des Trägers von der Leitung der Tageseinrichtung abgeschlossen und unterschrieben. Das

Aushandeln und Erbringen der pädagogischen Arbeit sollten in einer Hand liegen. Dieses Vorgehen verlangt auch die Eigenständigkeit der Tageseinrichtung als verantwortliche Stelle im Sinn des Sozialdatenschutzrechts im Verhältnis zum Träger, um den besonderen Vertrauensschutz im Rahmen der Bildungs- und Erziehungsarbeit wahren zu können (vgl. § 67 Abs. 9 SGB X, § 65 SGB VIII).

– Die Tageseinrichtung behält sich den Abbruch der Vertragsverhandlungen und die Rücknahme des Platzangebotes vor, wenn sich Eltern wenig mitwirkungsbereit verhalten, insbesondere die Einwilligung in jene Kooperationsverhältnisse nicht erteilen, die für die Förderung des Kindes von grundlegender Bedeutung sind.
– Mit den Eltern ist darüber hinaus eine **Kostenbeitragsvereinbarung** zu treffen. Diese Abkopplung vom Bildungs- und Erziehungsvertrag ist datenschutzrechtlich erforderlich, weil im Trägerbereich nicht dieselben Personen für die pädagogische Arbeit mit den Kindern und die Kostenbeteiligung der Eltern zugleich zuständig sind.
– Mit Rücksicht auf jene Eltern, die der deutschen Sprache nicht oder unzureichend mächtig sind, sollten der Vertragsvordruck, andere Vordrucke, die Vereinbarungen mit den Eltern betreffen (z. B. Vormerkung, Kostenbeitragsvereinbarung, Einwilligungen, die nach der Aufnahme benötigt werden), und idealerweise auch die Einrichtungskonzeption in mehreren Sprachen vorhanden sein (z. B. Türkisch, Russisch und Englisch).

- **Elterninformationen** und **elternbezogene Öffentlichkeitsarbeit über das Geschehen in der Tageseinrichtung** durch Druckerzeugnisse (z. B. Einrichtungskonzeption, Jahresberichte, Chroniken, Elternbriefe), Fotowände, Film- und Internetpräsentationen oder durch Pressearbeit werden immer wichtiger. Soweit hierbei Fotos und Filme verbreitet werden, auf denen Kinder, Eltern und Fachkräfte zu sehen sind, ist das Recht am eigenen Bild zu beachten. Danach dürfen Bilder grundsätzlich nur mit Einwilligung der abgebildeten Personen öffentlich verbreitet und zur Schau gestellt werden (vgl. § 22 Kunsturhebergesetz). Diese Rechtslage haben auch Eltern zu beachten, wenn sie Foto- und immer häufiger auch Filmaufnahmen in Tageseinrichtungen erstellen; dies sollte ohnehin nur noch auf Festen und Ausflügen zugelassen werden. Sinnvoll ist es, das Herstellen und Verbreiten von Foto- und Filmaufnahmen in Kindertageseinrichtungen für beide Seiten im Bildungs- und Erziehungsvertrag umfassend zu regeln.

(2) Ziele der Zusammenarbeit mit Eltern im Einzelnen

Bildungs- und Erziehungspartnerschaft umfassen die nachstehend genannten Zieldimensionen und Ziele, wobei Fachkräfte und Eltern gemeinsam für die Umsetzung verantwortlich sind.

Begleitung von Übergängen

- Eingehen auf den großen Bedarf von Eltern an Information, Beratung, Kooperation usw. während des Übergangs von der Familie in die Kindertageseinrichtung.

- Angebote für Familien vor der Aufnahme des Kindes in die Tageseinrichtung. Dadurch werden sie an die Institution Kindertageseinrichtung herangeführt. Die Angebote haben entweder einen eher elternbildenden Charakter (z. B. Veranstaltungen zu Themen wie »Was eine Kindertageseinrichtung leistet«, »Die Bedeutung von Übergängen im Leben eines Kindes«) oder sie führen das Kind an das Gruppenleben heran (z. B. Eltern-Kind-Gruppen, Schnuppertage).

- Gemeinsame Gestaltung der Eingewöhnungszeit durch Fachkräfte und Eltern, so dass eine Vertrauensbeziehung zwischen Fachkräften, Eltern und Kindern entstehen kann.

- Eingehen auf das Interesse der Eltern an der Frage, ob ihr Kind »schulfähig« ist, um sie über den anstehenden Übergang in die Schule zu informieren und ihnen Hilfestellung zu geben (vgl. II–3.1.7).

Information und Austausch

- Regelmäßige Elterngespräche über Entwicklung, Verhalten und (besondere) Bedürfnisse des Kindes in Familie und Tageseinrichtung.

- Regelmäßige Information der Eltern über die pädagogische Arbeit in der Kindertageseinrichtung und die ihr zugrunde liegende Konzeption, über den verwendeten pädagogischen Ansatz und besondere Förderangebote.

- Erfassen von Wünschen, Bedürfnissen, Einschätzungen und Rückmeldungen der Eltern durch eine regelmäßige Befragung (z. B. Öffnungszeiten, Angebote für Eltern, größere Projekte mit den Kindern).

- Gesprächsaustausch mit den Eltern über Erziehungsziele und -stile, die in Familie und Kindertageseinrichtung vertreten bzw. praktiziert werden.

- Konstruktive Äußerung von Kritik und angemessener Umgang mit Beschwerden (»Beschwerde-Kultur« in der Tageseinrichtung).

- Verstärkte Einbindung von Vätern, da bisher überwiegend Mütter in Tageseinrichtungen präsent sind.

Stärkung der Erziehungskompetenz

- Vermitteln der Einsicht, dass Eltern bei der Erziehung und Bildung von Kindern bis sechs Jahre die entscheidende Rolle spielen, dass Spielen und Lernen im Kleinkindalter sowohl in der Familie als auch in der Kindertageseinrichtung zusammengehören und dass die Eltern in Konsultation mit den Fachkräften ihren Beitrag zur Entwicklung des jeweiligen Kindes optimieren können.

- Bereitstellen der professionellen Kompetenz von Fachkräften in Erziehungsfragen für die Eltern.

- Elternbildung durch Gespräche über die kindliche Entwicklung und Erziehung, ein entwicklungsförderndes Verhalten seitens der Eltern, Informationen über altersgemäße Beschäftigungsmöglichkeiten, Spiele, Bücher, Bildungsangebote etc..

- Sensibilisieren der Eltern für die große Bedeutung der Qualität ihrer Partnerschaft und des Familienlebens für eine positive Entwicklung ihres Kindes.

- Gemeinsames Bemühen um eine Verbesserung der Entwicklungsbedingungen für Kinder in Kindertageseinrichtungen, Familie und Gesellschaft.

Gespräche in schwierigen Situationen, Fachdienste

- Gespräche mit den Eltern bei Erziehungsschwierigkeiten, bei Verhaltensauffälligkeiten, Entwicklungsverzögerungen und (drohenden) Behinderungen des Kindes sowie – in begrenztem Rahmen – bei allgemeinen Familienproblemen und -belastungen.

- Bei Bedarf einer längeren Beratung, bei Notwendigkeit besonderer therapeutischer Maßnahmen für das Kind, bei Ehe- und Familienproblemen etc. Information der Eltern über einschlägige Fachdienste (→ II–4.3 und II–4.4) und Motivierung zur Nutzung von deren Hilfs- und Beratungsangeboten; eventuell Vermittlung von Fachdiensten.

Mitarbeit

- Ermöglichen des aktiven Miterlebens des Alltags in der Kindertageseinrichtung und des Kennenlernens der pädagogischen Arbeit durch Hospitationen, bei denen einzelne Eltern mit Kindern spielen und an Gruppenaktivitäten teilnehmen.

- Anbieten von Aktivitäten für Eltern und Kinder (z. B. Spielnachmittage, bei denen Eltern etwas gemeinsam mit ihren Kindern tun und durch die auch der Erziehungsalltag in der Familie bereichert wird).

- Einbinden interessierter Eltern in die pädagogische Arbeit; diese können z. B. kleine Gruppen von Kindern am Computer anleiten, mit ihnen werken, mit ihnen in einer Fremdsprache sprechen.

- Mitarbeit von Eltern bei Festen und Feiern, bei der Gestaltung der Außenanlagen, der Reparatur von Spielsachen und vergleichbaren Aufgaben.

Beteiligung, Mitverantwortung und Mitbestimmung

- Abstimmen von Erziehungszielen auf der individuellen Ebene unter Berücksichtigung der einzigartigen Bedürfnisse des jeweiligen Kindes sowie auf der Gruppenebene durch Gespräche zwischen den GruppenerzieherInnen und den jeweiligen Eltern.

- Einbinden von interessierten Eltern in die Konzepterstellung, die Jahres- bzw. Rahmenplanung, die Projektarbeit oder die Öffentlichkeitsarbeit.

- Motivieren von Eltern, sich zusammen mit Fachkräften für eine Verbesserung der Lebensbedingungen für Kinder und Familien zu engagieren (§ 1 Abs. 3 Nr. 4 SGB VIII).

- Beteiligen der Elternschaft auf der institutionellen Ebene an wesentlichen Angelegenheiten der Kindertageseinrichtung (vgl. § 22 Abs. 3 Satz 2 SGB VIII).

- Motivieren der ElternvertreterInnen, Elterninteressen auszuloten, sich als Sprachrohr der Eltern einzubringen und Verbesserungen des Leistungsangebots zu unterbreiten.

Ausbau von Kindertageseinrichtungen zu Familienzentren

- Fördern des Gesprächs- und Erfahrungsaustausches zwischen Eltern sowie von Beziehungen und gemeinsamen Aktivitäten von Familien durch die Entwicklung der Tageseinrichtung zu einem »**Kommunikationszentrum**«, in dem wechselseitige Unterstützung und Vernetzung möglich sind (Nachbarschafts-/Familienselbsthilfe, Aufbau sozialer Netze).

- Einbinden von sozial benachteiligten Familien und Migrantenfamilien in der Kindertageseinrichtung durch gezielte Ansprache und Angebote (➔ auch II–3.2.10).

- **Integration von familienrelevanten Angeboten** anderer Institutionen in die Kindertageseinrichtung, z. B. von Familienbildungsstätten oder Erziehungsberatungsstellen.

(3) Anregungen und Beispiele zur pädagogischen Umsetzung

Zum Erreichen der genannten Ziele sind viele Formen der Erziehungs- und Bildungspartnerschaft entwickelt worden (➔ nachstehende Tabelle). Hervorzuheben sind jene Kooperationsformen, die sich durch offene Kommunikation zwischen Eltern sowie zwischen Eltern und Fachkräften, durch partnerschaftliche Kooperation, aktive Mitwirkung der Eltern und einen unmittelbaren, inhaltlichen Bezug zur Arbeit in der Kindergruppe auszeichnen. Unentbehrlich ist eine auf Gegenseitigkeit beruhende Grundhaltung, die die gemeinsame Verantwortung für das Wohl des Kindes und die Förderung seiner Entwicklung als Handlungsmaxime versteht. Wichtig ist zudem, dass sich in der Praxis die Zusammenarbeit von Eltern, Fachkräften und Träger auf allen Ebenen der vorgenannten Zieldimensionen vollzieht.

Beispiele für Kooperationsformen mit Eltern

Zieldimension	Mögliche Kooperationsformen mit Eltern
Erleichterung von Übergängen	• Relevante elternbildende Angebote vor der Aufnahme eines Kindes bzw. vor und während der Übergangsphase • Eltern-Kind-Gruppen, andere Angebote für Familien vor Aufnahme des Kindes in eine Regelgruppe • Schnuppertage, Vorbesuche in der Gruppe • Gemeinsame Gestaltung der Eingewöhnungsphase • Einführungselternabend • Einzelgespräche
Information und Austausch	• Anmeldegespräch • Tür-und-Angel-Gespräche • Termingespräche • Elternabende • Elternbefragung • Schriftliche Konzeption des Kindergartens • Homepage • Elternbriefe/-zeitschrift • Schwarzes Brett, Rahmenplanaushang, Fotowand • Buch- und Spielausstellung • Auslegen von Informationsbroschüren
Stärkung der Erziehungskompetenz	• Familienbildende Angebote gemeinsam mit den Eltern festlegen • Themenspezifische Gesprächskreise • Elterngruppen, z. B. unter Leitung eines Erziehungsberaters • Einzelgespräche
Gespräche, Fachdienste	• Gespräche auf Wunsch der Eltern • Vermittlung von Hilfen durch psychosoziale Dienste • Beratungsführer für Eltern
Mitarbeit	• Hospitation • Bastel-/Spielnachmittage • Mitwirkung von Eltern bei Gruppenaktivitäten, Beschäftigungen und Spielen • Einbeziehung der Eltern in die Planung und Durchführung von Projekten • Begleitung der Gruppe bei Exkursionen • Kochen mit Kindern • Spielplatzgestaltung, Gartenarbeit, Renovieren/Reparieren • Feste und Feiern
Beteiligung, Mitverantwortung und Mitbestimmung	• Mitverantwortung als Mitglied des Elternbeirats • Beteiligung an Grundsatzfragen der Kindertageseinrichtung • Mitbestimmung bei der Entwicklung von Konzeptionen, Jahres- und Rahmenplänen • Besprechung der pädagogischen Arbeit • Gemeinsame Planung von Veranstaltungen und besonderen Aktivitäten • Mitbestimmung bei der Gestaltung von Spielecken usw. • Eltern als Fürsprecher der Kindertageseinrichtung in der Kommune/auf Landesebene

Zieldimension	Mögliche Kooperationsformen mit Eltern
Ausbau der Kita zum Familienzentrum	• Elternstammtisch, Elterncafé • Bazare, Märkte etc. • Mittagstisch für Eltern/Nachbarn • Freizeitangebote für Familien (z. B. Wanderungen, Ausflüge) • Elterngruppen (mit/ohne Kinderbetreuung) • Spezielle Angebote für besondere Gruppen von Eltern (z. B. Alleinerziehende, Migrationsfamilien) • Elternselbsthilfe (z. B. wechselseitige Kinderbetreuung) • Babysitterdienst

Mögliche Kooperationsformen, die zu einer Bildungs-und Erziehungspartnerschaft mit den Eltern beitragen

Elterngespräche (nach erfolgter Aufnahme)

Kernpunkt der Erziehungs- und Bildungspartnerschaft sind **regelmäßige Elterngespräche**, die mindestens zweimal jährlich stattfinden sollen. Nur hier sind der Austausch über die Entwicklung und das Verhalten des Kindes sowie die Abstimmung von Erziehungszielen und -stilen zwischen ErzieherInnen und Eltern möglich. Je jünger das Kind ist, desto mehr Elterngespräche sollten im Jahr stattfinden, um den in den ersten Lebensjahren beschleunigten Entwicklungsverlauf gemeinsam zu reflektieren. Weitere bedeutsame Phasen bzw. Anlässe für **Elterngespräche** sind

- die Eingewöhnungszeit, um ein Vertrauensverhältnis aufzubauen und den Eltern die Gelegenheit zu geben, den erhöhten Gesprächsbedarf in der Anfangsphase zu befriedigen,

- die Zeit vor dem Übergang in die Schule (→ II–3.1.7),

- das Wahrnehmen von Anzeichen, die bei einzelnen Kindern auf Entwicklungsrisiken schließen lassen und nach Auffassung des Einrichtungsteams oder der Eltern der weiteren Abklärung durch einen Fachdienst bedürfen (→ II–3.1.5 und II–4.4).

Elterngespräche müssen vor- und nachbereitet werden; die Ergebnisse wichtiger Gespräche sollen in Protokollen festgehalten werden. Gesprächsdaten sind überwiegend anvertraute Sozialdaten (§ 65 SGB VIII), wobei Vertrauensperson nur jene Fachkraft ist, die das Zwiegespräch mit den Eltern jeweils geführt hat. Die interne Weitergabe wichtiger Gesprächsdaten im Kollegenkreis (z. B. Ablage des Gesprächsprotokolls in der Betreuungsakte) bedarf der elterlichen Einwilligung, die im Bildungs- und Erziehungsvertrag für alle Elterngespräche eingeholt werden kann (§ 65 Abs. 1 Satz 1 Nr. 1, Abs. 2 SGB VIII).

Mitbestimmung und Mitverantwortung der Eltern

Fachkräfte und Eltern erörtern z. B. den Bayerischen Bildungs- und Erziehungsplan und planen dessen Umsetzung. Hierbei wird es notwendig sein, die Konzeption der Kindertageseinrichtung zu überarbeiten und – falls bereits Qualitätsmanagement betrieben wird – die bisherigen Qualitätskriterien zu überprüfen; auch dies kann gemeinsam geschehen. Eltern und ErzieherInnen können andere Einrichtungen besuchen, um Anregungen für die eigene zu erhalten.

Gemeinsames pädagogisches Handeln

Die **Bildungspartnerschaft** zeigt sich auch im gemeinsamen pädagogischen Handeln:

- So können z. B. bei **Elternveranstaltungen** bzw. in einer Arbeitsgruppe aus Fachkräften und (interessierten) Eltern Wochen- und Monatspläne besprochen werden. Hierbei können beide Seiten ihre Vorstellungen und Ideen einbringen:
  – Es lässt sich abklären, inwieweit sich Eltern an den geplanten Aktivitäten in der Kindertageseinrichtung beteiligen können und wollen.
  – Es kann diskutiert werden, wie Eltern zu Hause die Wochenthemen aufgreifen, ergänzen und vertiefen können. So können Eltern z. B. zum Thema passende Bilderbücher aus der Stadtbibliothek ausleihen und mit den Kindern anschauen, mit ihnen über neue Begriffe sprechen oder mit ihnen bestimmte Aktivitäten (z. B. Experiment, Bastelarbeit, Interview) durchführen; auf diese Weise werden die Lernerfahrungen des Kindes verstärkt und ausgeweitet, wird die Bildung in der Familie intensiviert.

- Die **Projektarbeit** bietet viele Ansatzpunkte, (neben den Kindern) auch die Eltern in bildende Aktivitäten einzubinden.
  – Eltern und Fachkräfte können Projektthemen vorschlagen und Projekte gemeinsam planen, wobei Aktivitäten von einzelnen Eltern wie auch von Fachkräften übernommen werden können (z. B. Bücher, Materialien und Werkzeuge besorgen; Besuchstermine bei Handwerksbetrieben, Firmen oder kulturellen Einrichtungen vereinbaren).
  – Interessierte Eltern werden auch im Verlauf eines Projekts in der Tageseinrichtung tätig, indem sie z. B. Kleingruppen bei bestimmten Ak-

tivitäten anleiten, sich als Interviewpartner zur Verfügung stellen oder bestimmte Kompetenzen einbringen.
- Eltern können z.B. bei Projekten wie »Berufe« oder »Wohnen« die Kindergruppe zu sich an ihren Arbeitsplatz bzw. in ihre Wohnung einladen.
- Schließlich können durchgeführte Projekte gemeinsam evaluiert werden.

Verstärkte Einbindung von Vätern

- Die **Elterngespräche** beim Aufnahmeverfahren und alle Elterngespräche, die die Entwicklung und Förderung des jeweiligen Kindes betreffen, sind grundsätzlich mit beiden Elternteilen zu führen.

- Jede Gelegenheit, bei der ein Vater in die Kindertageseinrichtung kommt (z.B. beim Bringen oder Abholen von Kindern), sollte genutzt werden, um ihn anzusprechen, mit ihm kurz über sein Kind zu reden oder ihn direkt zur Hospitation oder Teilnahme an Elternveranstaltungen einzuladen. Dieses **aktive Auf-Väter-Zugehen** ist oft sehr erfolgreich.

- **Väter sind gezielt anzuwerben**, an Projekten und anderen Aktivitäten mit den Kindern mitzuwirken. Auch spezielle Angebote nur für Väter und Kinder wie z.B. ein Samstagvormittag mit Spiel- und Bastelaktivitäten, ein Projekt »Werken mit Holz« (Väter stellen das Werkzeug zur Verfügung und leiten die Kinder an), ein gemeinsamer Ausflug, ein Turnier, ein Frühstück oder Abendessen an einem Werktag sind Möglichkeiten, Väter aktiv einzubinden.

(4) Weitere Hilfen zur Vertiefung

Fachliteratur

Blank, B. & Eder, E. (2002). Zusammenarbeit mit Eltern in Kindertageseinrichtungen. Arbeitshilfen für die Praxis. Kronach: Carl Link (2. Aufl.).
Dieses Praxisbuch entstand im Kontext des Modellversuchs »Intensivierung der Elternarbeit«. Es wurde von den beiden Projektmitarbeiterinnen B. Blank und E. Eder verfasst, die rund 70 Kindergärten hinsichtlich der Verbesserung ihrer Elternarbeit beraten und viele einschlägige Fortbildungen durchgeführt haben. So fließen die Praxiserfahrungen von mehreren Hundert ErzieherInnen in dieses Buch ein.
Eppel, H., Hittmeyer, S. & Ludwig, I. (2001). Mit Eltern partnerschaftlich arbeiten. Elternarbeit neu betrachtet. Freiburg: Herder (4. Aufl.).

Die Autorinnen setzen bei dieser Frage an und zeigen Möglichkeiten und Chancen einer partnerschaftlichen Zusammenarbeit auf. Die im Rahmen einer Projektarbeit erprobten Tipps und Erkenntnisse stellen eine praxisnahe Materialsammlung und Hilfe für alle dar, die Elternarbeit neu entdecken wollen.

Hense, M. (2001). Eltern engagieren sich. Zusammenarbeit mit Elternbeiräten, Elternräten und Elternvertretungen. München: Don Bosco.

Jansen, F., & Wenzel, P. (2003). Von der Elternarbeit zur Kundenpflege. München: Don Bosco (2. Aufl.).

Kindergarten heute. basiswissen kita (2003). Erfolgreiche Methoden für die Team- und Elternarbeit. Freiburg: Herder.

Kindergarten heute. basiswissen kita. Neue Elternarbeit. Freiburg. Herder.

Leupold, E.M. (2002). Handbuch der Gesprächsführung. Problem- und Konfliktlösung im Kindergarten. Freiburg: Herder (7. Aufl.).

Gute und kompetente Gesprächsführung ist der Schlüssel zur erfolgreichen Problem- und Konfliktlösung in der Kindergartenarbeit. Dies erfahren ErzieherInnen täglich im Gespräch mit Eltern, Trägern und mit ihrem Team. Das vorliegende Buch bietet fundiertes theoretisches Wissen zur Gesprächsführung, immer eng angebunden an den konkreten Arbeitsalltag.

Textor, M.R. (2003). Projektarbeit im Kindergarten. Planung, Durchführung, Nachbereitung. Freiburg, Basel, Wien: Herder (8. Aufl.).

Der Autor zeigt, wie durch Projekte Selbsttätigkeit, entdeckendes Lernen und Lebensnähe wieder in die Kindertageseinrichtungen zurückgeholt werden können. Ausführliche Praxisberichte geben nützliche Hinweise und Tipps für die spontane oder geplante Gestaltung von Projekten – auch unter Einbeziehung von Eltern.

Textor, M.R. (2000). Kooperation mit den Eltern. Erziehungspartnerschaft von Familie und Kindertagesstätte. München: Don Bosco.

Wenn ErzieherInnen und Eltern sich als Partner verstehen, ergeben sich daraus die besten Entwicklungschancen für Kinder. Gemeinsam können beide Seiten ihr spezifisches Wissen und ihre besonderen Stärken zum Wohl der Kinder einbringen. Wie Erziehungspartnerschaft gelingen kann, zeigt der Autor anhand vielfältiger Möglichkeiten erfolgreicher Elternarbeit.

Reichert-Garschhammer, E. (2001a). Qualitätsmanagement im Praxisfeld Kindertageseinrichtung (Bund) – Blickpunkt: Sozialdatenschutz. Staatsinstitut für Frühpädagogik (Hrsg.). Kronach: Carl Link.

Reichert-Garschhammer, E. (2001b). Qualitätsmanagement im Praxisfeld Kindertageseinrichtung (Bayern) – Blickpunkt: Sozialdatenschutz. Staatsinstitut für Frühpädagogik (Hrsg.). Kronach: Carl Link.

Reichert-Garschhammer, E. (2001c). Qualitätsmanagement im Praxisfeld Kindertageseinrichtung (Bayern) – Blickpunkt: Sozialdatenschutz. Bayerisches Staatsministerium für Arbeit und Sozialordnung, Familie und Frauen & Staatsinstitut für Frühpädagogik (Hrsg.). Bezug: IFP.

Gestaltung und Abschluss eines Bildungs- und Erziehungsvertrages werden darin im Detail beschrieben. Der Anhang enthält einen Mustervordruck für diesen Vertrag. In den Qualifizierungsveranstaltungen zur Umsetzung der Handreichungen (alle Aufsichtsbehörden und Trägerverbände in Bayern, mehrere Fortbildungen für Einrichtungsleitungen und Fachberatungskräfte) wurden zu diesem Vertrag viele Ergänzungs- und Verbesserungsvorschläge von der Praxis eingebracht. Ihre Einarbeitung hat zu einer internen Weiterentwicklung des Vertrags geführt, die noch nicht abgeschlossen ist. Er wird zu gegebener Zeit veröffentlicht. Im Kapitel 5 werden das Protokollieren von Elterngesprächen (5.1.2), die Zusammenarbeit mit Eltern (5.2) und das Erstellen und Verbreiten von Foto- und Videoaufnahmen zu Zwecken der Eltern- und Öffentlichkeitsarbeit (5.1.3) unter verschiedenen Aspekten beschrieben und sozialdatenschutzrechtlich gewürdigt.

Websites

Textor, M.R. (Hrsg.). Kindergartenpädagogik – Online-Handbuch, Rubrik »Elternarbeit«.
www.kindergartenpaedagogik.de
Hier können rund 40 Fachartikel zu Themen rund um die Elternarbeit abgerufen werden.

II-4.3 Gemeinwesenorientierung – Kooperation und Vernetzung

(1) Zielformulierung, Leitgedanken

Kindheit spielt sich heute vielfach in isolierten und »kindgemäß« gestalteten Erfahrungsräumen ab. Gefahr dabei ist, dass Kinder immer weniger Natur- oder andere Primärerfahrungen machen, dass sie die Welt immer häufiger als undurchschaubar und unverständlich erleben:

- Für Fachkräfte in Tageseinrichtungen wird es daher immer wichtiger, mit den Kindern viele Lebensfelder (z. B. Gemeinde, Natur, Arbeitswelt, Landwirtschaft, Religion, Politik) zu erschließen, in die die Kinder früher hineinwuchsen bzw. die sie selbstständig und unmittelbar erkunden konnten. Die **Gemeinwesenorientierung** der Tageseinrichtung garantiert eine lebensweltnahe Bildung und Erziehung des Kindes.

- Das **Erkunden des Umfeldes** und das **Unternehmen von Ausflügen** mit den Kindern bedürfen einer gemeinschaftlichen Regelung in der Einrichtungskonzeption. Durch diese Regelungsweise (anstelle individueller Ausflugs- und Badeerklärungen der Eltern) wird verhindert, solche Exkursionen für alle Kinder dadurch zu beeinträchtigen oder zu gefährden, dass einzelne Eltern ihren Kindern die Teilnahme generell verbieten. Für kostenpflichtige Exkursionen sind geeignete Regelungen insbesondere auch für Kinder aus einkommensschwachen Familien zu treffen.

Kooperation und Vernetzung mit anderen Stellen zählen heute zu den Kernaufgaben von Kindertageseinrichtungen. Durch eine solche **Bündelung der Ressourcen** vor Ort lässt sich eine ganzheitliche Förderung der kindlichen Lern- und Entwicklungsprozesse effektiv und nachhaltig sicherstellen. Bedeutsam sind insbesondere folgende **Netzwerke**:

- Generell sollten sich (**benachbarte**) **Kindertageseinrichtungen** vernetzen
  – Kinderkrippen mit Kinderkrippen, Kindergärten mit Kindergärten,

Kinderhorte mit Kinderhorten, Krippen mit Kindergärten und Kindergärten mit Horten –, um z. B. Konzeptionen auszutauschen, voneinander zu lernen und zu besprechen, wie Kindern Übergänge erleichtert werden können.

- Eine Vernetzung von Kindertageseinrichtungen mit **kulturellen, sozialen und medizinischen Einrichtungen und Diensten, der Gemeinde und ihren Ämtern, den Pfarr- und Kirchengemeinden** ist generell sinnvoll, da es immer wieder Kontakte gibt und diese Institutionen einen Beitrag z. B. zur Planung und Durchführung von Projekten leisten können.

- Kindertageseinrichtungen sind **familienunterstützende Einrichtungen** der Jugendhilfe (vgl. § 22, § 1 Abs. 3 SGB VIII). Kindertageseinrichtungen haben in Fällen von deutlich erhöhtem Förderbedarf des Kindes und familiären Problemen die Aufgabe, Hilfsangebote einschlägiger **psychosozialer Fachdienste** zu vermitteln. Durch eine intensive Zusammenarbeit insbesondere mit Frühförder-, Erziehungs- und Familienberatungsstellen, dem Jugendamt und dem Allgemeinen Sozialdienst sollen eine bessere Prävention, eine frühzeitige Intervention bei Entwicklungsrisiken oder anderen Problemen sowie die Erschließung von Ressourcen und Beratungsangeboten für Familien erreicht werden. Fachdienste, die mit der spezifischen Förderung von Kindern mit Entwicklungsrisiken oder Behinderung befasst sind, sollen möglichst in der Tageseinrichtung tätig sein (➤ II–3.1.5 und II–4.4).

- Eine Kooperation mit **Arztpraxen** und dem **Gesundheitsamt** sowie vielen anderen Stellen im Gesundheits- und Sportbereich ist im Rahmen der gesundheitlichen Bildung und Erziehung geboten. Sie bezieht sich auf den Infektions- und Impfschutz und auf Vorsorgeuntersuchungen, aber auch auf die Gesundheitsprävention (➤ II–3.2.10).

- Zentrale Bedeutung kommt der Kooperation mit der **Grundschule** zu. Die künftigen Schulkinder und ihre Familien sind auf den Übergang in die Schule vorzubereiten. Der Übergang ist von allen daran beteiligten Eltern gemeinsam zu gestalten (➤ II–3.1.7).

- Kindertageseinrichtungen sollen sich anhand von sozialraumorientierten Konzepten zu »**Nachbarschaftszentren**« bzw. »**Begegnungsstätten**« weiterentwickeln, in denen es – soweit räumlich möglich – z. B. Eltern-Kind-Gruppen, Spielgruppen, Kurse zur Geburtsvorbereitung, Angebote der Familienbildung, Erziehungsberatung, Babysittervermittlung und Kleider- oder Spielzeugbörse geben kann. Hierbei empfiehlt sich, die Zusammenarbeit mit Einrichtungen, die **Familienbildung und Familienberatung** in der Weise anzubieten, dass sie entsprechende Leistungen in der Tageseinrichtung erbringen. Die Arbeit mit Kindern und Familien nimmt damit einen präventiven und flexiblen Charakter an, angemessene und problemorientierte Hilfen werden bereitgestellt.

- Für viele Kooperationsverhältnisse empfehlen sich (schriftliche) **Kooperationsvereinbarungen.** Darin verständigen sich die Kooperationspartner, in welcher Art und Weise sie ihre Zusammenarbeit gestalten und praktizieren werden. Bei Kooperationsverhältnissen im Sinne des Plans, die in allen Tageseinrichtungen Standard sein sollten, weil sie für die ganzheitliche Förderung von Kindern grundlegend sind, sollte auf lokaler Ebene das Jugendamt im Rahmen seiner Gesamt- und Planungsverantwortung als Koordinator tätig werden (z. B. Initiieren von Rahmenkooperationsvereinbarungen).

- Die Öffnung der Tageseinrichtung nach außen und auch die Öffnung des Kernteams durch weitere Personen (z. B. Fachkräfte anderer Stellen, Honorarkräfte, mitarbeitende Eltern), die regelmäßig bzw. zeitweise in die Arbeit mit den Kindern eingebunden sind, sind in der Einrichtungskonzeption darzulegen. Welche Personen über das Kernteam hinaus Zugang zu den Kindern haben, ist den Eltern (auch aus Datenschutzgründen) offen zu legen.

- Die Zusammenarbeit mit anderen Stellen, die sich auf die Förderung einzelner Kinder bezieht, ist grundsätzlich nur mit Einwilligung der Eltern zulässig, wenn anonymisierte Fallbesprechungen nicht ausreichen (§ 65 Abs. 1 Satz 1 Nr. 1 SGB VIII). Die Daten, die hierbei über das Kind ausgetauscht werden, sind der Tageseinrichtung überwiegend im Rahmen persönlicher und erzieherischer Hilfe anvertraut. Dies gilt insbesondere für jene Daten, die ab der Aufnahme durch gezielte Beobachtungen des Kindes (➙ II-4.1) und Einzelgespräche mit den Eltern (➙ II-4.2) bekannt geworden sind. Einwilligungen lassen sich nicht aus dem Stegreif einholen. Sie bedürfen sorgfältiger Planung und Vorbereitung, weil das **Sozialdatenschutzrecht** an sie viele Vorgaben knüpft (§ 67b Abs. 2 SGB X), so insbesondere:
  - Die Eltern sind darauf hinzuweisen, mit wem die Tageseinrichtung zu welchem Zweck und in welcher Art und Weise zu kooperieren beabsichtigt, welche Daten hierbei über das Kind ausgetauscht werden und welche Folgen für das Kind zu erwarten sind, wenn die Eltern nicht einwilligen.

Verboten sind pauschale bzw. unbestimmte Einwilligungen, bei denen die Eltern über die Tragweite ihrer Entscheidung nicht informiert werden.
- Die Einwilligung einschließlich der Hinweise bedürfen der Schriftform (§ 67b Abs. 2 Satz 3 SGB X). Es empfehlen sich Einwilligungsvordrucke für alle Kooperationsbeziehungen, die Tageseinrichtungen typischerweise im Sinne des Bayerischen Bildungs- und Erziehungsplans pflegen.
- Einwilligungsvordrucke sind auf ein Mindestmaß zu beschränken und, soweit möglich, in umfassendere Vordrucke zu integrieren (vgl. § 67b Abs. 2 Satz 4 SGB X), um Eltern nicht mit Formularen zu überfrachten und die Verfahren einfach zu gestalten (Regelungs- und Verfahrensökonomie). Einwilligungen in Kooperationsbeziehungen, die längerfristig angelegt sind bzw. eine Fülle verschiedener, einwilligungsbedürftiger Kooperationsformen umfassen (z. B. Zusammenarbeit mit Fachdienst(en) bei der Früherkennung und Frühförderung einzelner Kinder mit Entwicklungsrisiken oder Behinderung), können in einem Vordruck zusammengefasst werden (➙ II–3.1.5, II–3.1.7). Die meisten Einwilligungen lassen sich bereits bei Abschluss des Bildungs- und Erziehungsvertrags einholen und somit in den Vertragsvordruck integrieren. Einwilligungen, die erst nach der Aufnahme zum Tragen kommen, sind zum jeweils geeigneten Zeitpunkt durch gesonderten Vordruck einzuholen (so: Einschulung, Erkennen von Entwicklungsrisiken); sie sind Nebenabsprachen des Bildungs- und Erziehungsvertrags.
- Einwilligungen einzuholen steht nicht im Belieben der Fachkräfte. Bei fachlich gebotener Kooperation darf der Datenschutz nicht als Blockadeinstrument missbraucht werden. Daher sind Fachkräfte angehalten, all ihre Kräfte aufzubringen, Eltern von der Sinnhaftigkeit ihrer Einwilligung für das Kind zu überzeugen. Dies stellt hohe Anforderungen an die Gesprächsführung.

Weitere bedeutsame Kooperationsbeziehungen sind:

- Kindertageseinrichtungen kooperieren mit **Fachberatung** (soweit vorhanden) und **Jugendämtern**, um fachliche Beratung zu erhalten bzw. im Rahmen der Rechtsaufsicht. Sie arbeiten mit den **Ausbildungsstätten** zusammen, soweit sie PraktikantInnen begleiten oder um Einfluss auf die Ausbildung zu nehmen.

- Fachkräfte müssen sich mit den Auswirkungen von **Politik** befassen: Erstens nehmen schon Kleinkinder durch das Fernsehen und die Anwesenheit bei entsprechenden Gesprächen ihrer Eltern mit anderen Erwachsener am politischen Geschehen teil. Zweitens bestimmen (kommunal-)politische

Entscheidungen die Situation von Kindertageseinrichtungen und damit auch von Fachkräften. Kindertageseinrichtungen sollen als Einrichtungen der Jugendhilfe »dazu beitragen, positive Lebensbedingungen für junge Menschen und ihre Familien sowie eine kinder- und familienfreundliche Umwelt zu erhalten oder zu schaffen« (vgl. § 1 Abs. 3 Nr. 4 SGB VIII).

(2) Bildungs- und Erziehungsziele im Einzelnen

Die Kindertageseinrichtung bezieht das örtliche **Gemeinwesen** als Ort für lebensnahes Lernen in die Gestaltung des Alltags ein. Die Öffnung hin zu dem natürlichen, sozialen und kulturellen Umfeld, die auch im Rahmen von Projekten erfolgen kann, soll den Kindern Folgendes ermöglichen:

- **Naturerfahrungen** in Wald und Flur, auf dem Bauernhof, durch Gartenarbeit, beim Halten von Tieren, beim Anlegen von Sammlungen usw.

- Erkunden der **Umgebung der Kindertageseinrichtung**, also der Wohnumgebung der Kinder einschließlich der Verkehrssituation.

- Kennenlernen der **Arbeitswelt** durch Besuche von Geschäften, Handwerksbetrieben, Behörden und kommunalen Einrichtungen, den Eltern an ihrem Arbeitsplatz sowie durch Erkunden und Nachspielen wirtschaftlicher Abläufe.

- Erkunden **kultureller Einrichtungen** wie Theater, Museen, Orchester, Zeitungsredaktionen, Kirchen, Büchereien sowie entsprechende Aktivitäten in der Einrichtung.

- Kennenlernen von **sozialen Einrichtungen** wie Krankenhäusern, Altenheimen, Seniorenclubs, Behinderteneinrichtungen.

- Kontakte zu **Menschen anderer Kulturen** durch Aktivitäten mit Eltern ausländischer Kinder, durch Treffen mit Freundschaftsvereinen, Tätigkeiten im Rahmen von Gemeinde- und Städtepartnerschaften.

- Einblick in die **Geschichte** durch Gespräche mit Zeitzeugen, Sammeln alter Bilder und Gegenstände, Besuche im Heimatmuseum, durch Beschäftigung mit früheren Zeiten in Projekten wie »Leben in der Steinzeit«.

Ein wichtiges Ziel bei der Vernetzung ist, das Wohl der Kinder und ihrer Familien sicherzustellen. Verhaltensauffällige, entwicklungsverzögerte, sprachgestörte, behinderte oder von Behinderung bedrohte Kinder und deren Eltern sowie Familien mit besonderen Belastungen sollen frühzeitig geeignete Hilfe erhalten. Das bedeutet:

- ErzieherInnen sollten wissen, für welche Problemlagen welche psychosozialen Fachdienste zuständig sind und wie sie Kinder bzw. Familien an diese Einrichtungen weitervermitteln können. Diese Informationen können sie direkt beim Jugendamt einholen oder sich durch Beratungsführer, auf (z. B. von Jugendämtern organisierten) Veranstaltungen oder in Arbeitskreisen aneignen.

- Durch **Informations- und Erfahrungsaustausch** sollen ErzieherInnen und MitarbeiterInnen **psychosozialer Dienste** die Lebens- und Arbeitswelt der jeweils anderen Seite kennen lernen. Sind sie über die Arbeitsweise, Probleme, Bedürfnisse und Wünsche der anderen informiert, können sie diese bei einer Zusammenarbeit berücksichtigen.

- Lernen sich die Fachkräfte der Kindertageseinrichtung und Fachkräfte psychosozialer Dienste persönlich kennen, ist in der Regel mehr Vertrauen gegeben, fällt es leichter, bei Problemen Kontakt aufzunehmen oder Hilfsbedürftige zu überweisen.

- Die Kenntnisse von Eltern über Hilfsangebote sollen indirekt durch die Weitergabe entsprechender Informationen erweitert werden. Beratungsangebote und andere Hilfen sollten von Eltern als alltägliche Dienstleistungen wahrgenommen werden.

- Schwellenängste bei Eltern werden reduziert, wenn Fachkräfte über psychosoziale Dienste aufklären und ihnen persönlich bekannte Ansprechpartner benennen können.

- Fachkräfte der Kindertageseinrichtung und Fachkräfte psychosozialer Dienste **kooperieren im Einzelfall** auf der Grundlage der von den Eltern erteilten Einwilligung oder auch im Rahmen anonymisierter Fallbesprechungen. Sie tauschen ihre Beobachtungen aus, definieren gemeinsam die Probleme des Kindes bzw. der Eltern und wählen geeignete Maßnahmen aus, planen sie und führen sie durch.

- Fachkräfte sollten das **Angebot mobiler Dienste** – sofern vorhanden – nutzen. Diese Dienste sollen direkt in die Kindertageseinrichtung kommen, um Maßnahmen der Früherkennung und spezifischen Förderung bei Kindern zu erbringen sowie um Fachkräfte und Eltern zu beraten.

- Fachkräfte können in Problemsituationen auch für sich selbst Hilfe durch psychosoziale Dienste erfahren. Die benötigte Unterstützung kann fallbezogen sein (beim Umgang mit einem bestimmten Kind bzw. einer Familie), allgemein (z. B. eine heilpädagogische Weiterqualifizierung), einrichtungsbezogen (z. B. eine Teamfortbildung) oder persönlich (z. B. Einzelsupervision).

Kindertageseinrichtungen streben nach einer guten **Zusammenarbeit mit dem Gesundheits- und Jugendamt** und anderen Ämtern. Bei Bedarf werden fachliche Beratung und besondere Angebote der Ämter (z. B. Maßnahmen zur Medienerziehung, Suchtprävention) genutzt bzw. – wenn nicht vorhanden – eingefordert.

Eine gute **Kooperation mit der Grundschule** umfasst verschiedene Aufgaben (➜ auch II–3.1.7):

- Funktionierende Beziehungen zwischen ErzieherInnen und Lehrkräften sind auf- und auszubauen. Hierzu sollen in allen Kindertageseinrichtungen und Grundschulen AnsprechpartnerInnen benannt werden.

- Mit Einwilligung und ggf. unter Beteiligung der Eltern können ErzieherInnen und Lehrkräfte über die »Schulfähigkeit« einzelner Kinder, deren besonderen Bedürfnisse und Förderbedarfe sprechen, aber auch über die spätere Entwicklung der Kinder in der Schule.

- »Schulanfänger« sollten die Möglichkeit haben, vor der Einschulung die Schule und die Lehrkräfte kennen zu lernen.

- Kontakte zu Schulkindern – z. B. im Rahmen einer weiten Altersmischung oder durch Einladung »Ehemaliger« – können ebenfalls den Übergang erleichtern.

- Durch Veranstaltungen (z. B. zum Thema »Einschulung«) oder in Einzelgesprächen kann den Eltern Gelegenheit gegeben werden, die LehrerInnen kennen zu lernen und sich mit ihnen über das einzuschulende Kind und die Gestaltung des Übergangs auszutauschen.

Fachkräfte in Kindertageseinrichtungen kooperieren mit Lehrkräften der nächstgelegenen **Ausbildungsstätten**, um z. B. die Betreuung von PraktikantInnen zu verbessern.

Öffnung der Kindertageseinrichtung **für die Politik** bedeutet, dass ErzieherInnen relevante politische Fragen thematisieren und sich für eine qualitativ hochwertige, kindgemäße und entwicklungsfördernde Kindertageseinrichtung sowie für eine Verbesserung ihrer Situation einsetzen:

- ErzieherInnen fördern demokratische Verhaltensweisen, indem sie **Kinder an Entscheidungen beteiligen**, Kinderkonferenzen durchführen und bei bestimmten Fragen abstimmen lassen (→ II–3.1.2). Von Kindern angesprochene politische Themen werden aufgegriffen und in der Gruppe diskutiert. Grundkenntnisse über Staat und Gesellschaft werden in diesem Kontext vermittelt.

- Durch **Maßnahmen der Öffentlichkeitsarbeit** machen ErzieherInnen ihre pädagogische Arbeit, ihre Leistungen, die Vielseitigkeit ihrer Tätigkeit und ihre Professionalität den Bürgern in ihrer Gemeinde und im weiteren Umkreis bekannt oder weisen auf aus dem üblichen Rahmen herausfallende Aktivitäten und Projekte hin. Sie wecken Interesse an der Kindertageseinrichtung und versuchen, eine positive Grundhaltung ihr gegenüber in der Gemeinde hervorzurufen.

- Fachkräfte erarbeiten in Gruppen von Einrichtungsleitungen und **Arbeitskreisen**, in Berufs- und Fachverbänden notwendige Rahmenbedingungen und Anforderungen an ihre Aus- und Fortbildung. Sie machen diese öffentlich, indem sie sie z. B. gegenüber PolitikerInnen und anderen Entscheidungsträgern äußern.

(3) Anregungen und Beispiele zur pädagogischen Umsetzung

Erkunden der Gemeinde bzw. des Stadtteils mit den Kindern

- Auf **Spaziergängen** entdecken Kinder das Umfeld der Kindertageseinrichtung, z. B. Grünanlagen, Parks, Waldstücke, Friedhöfe und landwirtschaftlich genutzte Flächen, Geschäfte, Bank, Post. Oft gibt es für Spaziergänge aktuelle Anlässe wie eine neue Baustelle, Sturmschäden im Wald, Aussaat oder Ernte, das Aufstellen eines Maibaums oder den Einkauf von Materialien.

- Dem Kennenlernen der Erwachsenenwelt dienen ferner geplante und angemeldete **Besuche** bei Handwerkern, Ärzten oder Fabriken bzw. **Exkursionen** zum Rathaus, Theater, Museum, Krankenhaus, Supermarkt, Klärwerk, zur Feuerwehr usw.

- Bei Exkursionen und Besuchen ist es wichtig, dass die Kinder mitplanen und mitbestimmen können, dass ihnen Raum für Entdeckerfreude, Neugier und Kontaktbereitschaft gegeben wird, dass sie selbsttätig und eigenverantwortlich handeln können. So sollten die Kinder bei Erkundungen im Umfeld der Kindertageseinrichtung genau beobachtet werden: Was interessiert sie? Wo verweilen sie? Wonach fragen sie? Mit wem wollen sie sprechen? Auch ist wichtig, Ausflüge mit den Kindern vor- und vor allem nachzubereiten (im Gespräch, durch Malen und Bastelarbeiten etc.): Ein fortwährender Wechsel zwischen Beobachten, Erfahren und Erleben im Umfeld auf der einen Seite und dem Reflektieren und Verarbeiten des Neuen in der Kindertageseinrichtung auf der anderen Seite ist besonders entwicklungsfördernd. Daher sollten Erkundungsgänge und Exkursionen so weit wie möglich in Projekte eingebunden werden.

Aufgreifen politisch relevanter Themen in der pädagogischen Arbeit mit Kindern

- Die jeweiligen Inhalte müssen so aufbereitet werden, dass sie auf das Interesse der Kinder stoßen, in Bezug zu deren Lebenswelt stehen, leicht verständlich und handlungsorientiert sind. Dies gelingt besonders gut bei Themen wie »Umweltschutz«, »Probleme der Einen Welt« oder »Geschlechtsrollen«.

- Die Kinder dürfen dabei nicht politisch manipuliert, verängstigt oder mit Schuldgefühlen belastet werden. Vielmehr kommt es auf eine vorurteilsfreie und lebensnahe Darstellung an, verbunden mit der Einladung von Fachleuten und praktischen Aktivitäten (z. B. Recycling, Übernahme der Patenschaft für ein »Stück« Natur, Gestaltung des Speiseplans unter ökologischen Gesichtspunkten, Unterstützung eines Kindergartens oder Waisenhauses in einem anderen Land mit Austausch von Bildern und Kassetten).

Mitarbeit von Tageseinrichtungen in kommunalen Gremien

- Fachkräfte von Kindertageseinrichtungen können im Jugendhilfeausschuss, in einer psychosozialen Arbeitsgemeinschaft (*PsAG*), Stadtteilkonferenz oder Agenda 21-Gruppe mitwirken. Sie bringen dort die

Interessen von Kindertageseinrichtungen ein, treiben die Vernetzung mit psychosozialen Diensten voran, beteiligen sich an der Jugendhilfeplanung oder knüpfen Kontakte zur Weiterentwicklung der eigenen Einrichtung. Durch die Mitarbeit im Jugendhilfeausschuss oder in anderen Gremien kann ein Beitrag zur Verbesserung der Lebensbedingungen von Kindern und Familien geleistet werden.

- Andere Wege sind Lobbyarbeit, die Kooperation mit Wohlfahrtsverbänden oder die Mitarbeit in Bürgerinitiativen und Vereinen. Oft ist es sinnvoll, BürgermeisterInnen, Stadt- bzw. GemeinderätInnen oder Abgeordnete in die Tageseinrichtung einzuladen, um über besondere Probleme vor Ort zu informieren. Ferner können Kontakte zu örtlichen oder überregionalen Medien genutzt werden.

Eine Zusammenfassung aller Ausführungen, die zur Gemeinwesenorientierung sowie zur Kooperation und Vernetzung der Kindertageseinrichtungen in den einzelnen Förderbereichen und in den anderen Punkten im Teil II gemacht worden sind, enthält die nachstehende Tabelle.

Förderbereiche	Gemeinwesenorientierung	Kooperation und Vernetzung
Förderung von Kindern mit Entwicklungsrisiken	Mitarbeit in psychosozialer Arbeitsgemeinschaft (PsAG) auf lokaler Ebene	**Fachdienst** (interdisziplinär arbeitend, sozialintegrativ orientiert) • Fester Fachdienst für jede Kindertageseinrichtung, der seine **Leistungen vor Ort in der Tageseinrichtung regelmäßig** (und nicht nur anlassbezogen) **anbietet** • Leistungen von Fachdienst: Früherkennung, Beratung und Anleitung, zusätzliche Fördermaßnahmen für Kinder, Weitervermittlung • Gleichberechtigte Kooperation
Förderung von Kindern mit Behinderung	**Gemeinwesen über Ziele integrativer Erziehung und nötige Rahmenbedingungen informieren und sensibilisieren** • Teilnahme an regionalen Arbeitskreisen • Kontaktaufnahme zu Ärzten, Beratungseinrichtungen, Schulen, Behörden, Gremien, Vereinigungen • Präsentation der eigenen Arbeit in Veranstaltungen, Medienpräsenz	**Einschlägige Fachdienste** • Einbettung der therapeutischen Förderung in das pädagogische Angebot der Kindertageseinrichtung • Modell des transdisziplinären Teams: Fachkräfte der Kindertageseinrichtung, Eltern und Spezialisten der Fachdienste planen Förderung des Kindes in allen Schritten, um parallele und fragmentierte Angebote zu vermeiden

Förderbereiche	Gemeinwesenorientierung	Kooperation und Vernetzung
Förderung von Kindern mit Hochbegabung		**Einschlägig qualifizierte Fachleute** (PsychologenInnen, ÄrztInnen) **oder Fachdienst:** Beratung und Diagnosestellung, wenn Anzeichen für Hochbegabung erkannt werden
Vorbereitung und Begleitung des Übergangs in die Schule	**Kennenlernen des Lebensraums Schule, der künftigen Lehrkräfte = Einstiegshilfen für die Kinder** • Schulbesuche mit den Kindern • Besuch der Kindertageseinrichtung durch Lehrkräfte • Teilnahme an Unterrichtsstunden, Planung gemeinsamer Unterrichtsstunde • Begleitung schulpflichtiger Kinder durch Schulkinder (Peer-to-peer-Ansatz)	**Schule** • Gegenseitige Bestellung Kooperationsbeauftragten • Herstellen der gegenseitigen Anschlussfähigkeit der Bildungs- und Erziehungskonzeptionen • Planung und Durchführung der Einstiegshilfen • Dialog über einzelne Kinder vor und nach der Einschulung bis zum Ende des 1. Schuljahres
Ethische und religiöse Bildung und Erziehung	**Exkursionen / Aktionen mit den Kindern** • Suche nach Spuren von Religion, Glauben und Religiosität in der näheren Umgebung • Besuch von Kirchen, Moscheen, Synagogen, Tempel • Solidaritätsaktionen für mittellose Kinder im näheren Lebensumfeld • Einladung von Kindern aus sozial benachteiligten Familien	
Sprachliche Bildung und Förderung	**Rekrutieren ehrenamtlicher Kräfte** in den Familien, an Schulen als Vorlese-Paten für die Kinder **Exkursionen mit den Kindern** • Besuch von Büchereien, Buchhandlungen, Zeitungsredaktionen • Straßenschilder und Werbeplakate bei Exkursionen in der näheren Umgebung entziffern	**Öffnung der Tageseinrichtung für weitere Fachkräfte** • Unterstützung bei der intensiveren Sprachförderung von Kindergruppen mit hohem Anteil von sprachlich und sozial benachteiligten Kinder sowie von nicht deutsch sprechenden Migrantenkindern (Kleingruppenarbeit, Einzelförderung) • Englisch-Angebot: originalsprachige Kräfte
Mathematische Bildung	Kennenlernen von Entfernungen und Zeiteinschätzungen bei Geländeerkundungen	

Förderbereiche	Gemeinwesenorientierung	Kooperation und Vernetzung
Naturwissenschaftliche und technische Bildung	**Exkursionen mit den Kindern** • Besichtigung einschlägiger Einrichtungen und Betriebe (z.B. Chemielabor, Fertigungsbetriebe, Kläranlage, Wasserwerk, Elektrizitätswerk) • Besuch von Museen zu Natur und Technik • Schulbesuche, um mit Schulkindern gemeinsam Experimente durchzuführen	**Kooperationspartner:** Einschlägige Einrichtungen und Betriebe, Museen und Schule
Umweltbildung und -erziehung	**Regelmäßige Aufenthalte in der Natur mit den Kindern** • Wald-, Bach-, Wiesentage • Geländeerkundungen	**Einschlägige Fachinstitutionen** Kooperationspartner: Lokale Agenda 21, Umwelt-, Naturschutz-, Verbraucherschutzverbände, Umweltstationen, Forstämter, Abfall-, Energieberatungsstellen Kooperationsweisen: Beschaffen einschlägiger, aktueller Informationen, Nutzen von Fortbildungsangeboten ggf. gemeinsam mit Eltern, Einbeziehung in umweltpädagogische Arbeit mit Kindern
Medienbildung und -erziehung, elementare informationstechnische Bildung	**Exkursionen / Aktionen mit den Kindern** • Besuch von Kinderkino, Medienzentrum bzw. -stelle, lokale Rundfunksendestation, Fernsehsender, Filmgelände • Medienprojekte mit Kindern außerhalb der Tageseinrichtung • Filmen und Fotografieren auf Ausflügen • Email-Kontakte mit Kindern aus anderen Tageseinrichtungen **Internet-Homepage der Tageseinrichtung**	**Medienpädagogische Fachdienste** • Bildstelle / Bibliothek von Stadt(teil) bzw. Landkreis (z.B. Geräte-, Medienausleihe; Beratung) • Medienpädagogische Angebote / Einrichtungen der Kinder- und Jugendarbeit (z.B. Entwicklung und Durchführung gemeinsamer Projekte für Kinder in und außerhalb der Kindertageseinrichtung)

Förderbereiche	Gemeinwesenorientierung	Kooperation und Vernetzung
Ästhetische, bildnerische und kulturelle Bildung und Erziehung	**Exkursionen / Aktionen mit den Kindern** • Kennenlernen der unmittelbaren baulichen Umgebung, Besuch der nächstgelegenen Museen, Galerien, Theater und Sakralbauten, von Künstlerateliers • Kunstprojekte mit Kindern außerhalb der Tageseinrichtung = Öffentlichkeitsarbeit	**Lokale Kultureinrichtungen und ortsansässige Kunstschaffende** • Entwicklung und Durchführung gemeinsamer Projekte für Kinder in Kooperation mit Museen, Galerien, Kunstvereinen und Künstlern (in und außerhalb der Tageseinrichtung)
Musikalische Bildung und Erziehung	**Exkursionen mit den Kindern** • Besuche von Musikschule, Musikschaffenden, Konzerten, Opern, Musikalienhandlung, Werkstatt von Instrumentenbauer	**Musikschulen, qualifizierte Musiklehrkräfte Musikschaffende** • (Regelmäßiges) musikalisches Angebot durch Fremdanbieter in Tageseinrichtung
Bewegungserziehung und -förderung, Sport	**Exkursionen mit den Kindern** • Besuche der Sportstätten des Sportvereins • Nutzen der näheren Umgebung als Bewegungsterrain	• **Sportverein, -amt:** Nutzen der Sportstätten und Angebote des Vereins (unter Einbezug der Eltern), Einbezug für Referententätigkeit auf Elternabenden • **Einschlägige Fachdienste:** spezifische Förderung bewegungsauffälliger Kinder
Gesundheitliche Bildung und Erziehung	**Exkursionen mit den Kindern** • Viele Aufenthalte im Freien • Lebensmitteleinkäufe • Übungen zur Verkehrserziehung auf Straßen und Plätzen der näheren Umgebung • Besuch von Arzt- und Zahnarztpraxen, Besichtigung eines Krankenhauses • Besuch der Feuerwehr, Verkehrswacht **Aufsuchende Zugangswege zu sozial benachteiligten Familien** (z.B. Brücken schlagen durch Kontaktaufnahme zu Vertrauensleuten aus Nachbarschaft, Landsmannschaft, Vereinen)	**Kooperationspartner:** Kinderärzte, Gesundheits-, Jugendamt, Krankenkassen, Verbraucherzentralen, Einrichtungen der Frühförderung, einschlägige Beratungsstellen, Verkehrswacht der Polizei • **Alle:** Einbezug für Referententätigkeit auf Elternabenden für umfassende Information • **Gesundheitsamt:** Vollzug des Infektionsschutzgesetzes, Elterninformation (Impfungen, Vorsorgeuntersuchungen) • **Ärzte:** Konsultation in Notfällen (Unfall und Erkrankung von Kindern)

Förderbereiche	Gemeinwesenorientierung	Kooperation und Vernetzung
Bildungs- und Erziehungspartnerschaft mit den Eltern	Ausbau der Kindertageseinrichtungen zu Familien-, Kommunikations-, Nachbarschaftszentren bzw. sozialraumorientierten Begegnungsstätten • Förderung Gesprächs- und Erfahrungsaustausch unter den Eltern • Einbezug sozial benachteiligter Familien und Migrantenfamilien durch gezielte Ansprache und Angebote • Ausbau sozialer Netzwerke, Kontakte zu Nachbarschafts- und Familienselbsthilfe • Räumliche Anbindung v. a. des Angebots der Familienbildung und Erziehungsberatung, aber auch von Geburtsvorbereitungskursen, Eltern-Kind-Gruppen, Babysittervermittlung, Kleider- und Spielzeugbörse	**Alle Kooperationspartner:** Referententätigkeit auf Elternabenden **Fachdienste:** Vermittlung bei Erziehungs- und Familienproblemen durch die Kindertageseinrichtung **Familienrelevante Angebote anderer Institutionen** (Familienbildungsstätten, Erziehungsberatungsstellen): Integration in das Angebot der Kindertageseinrichtung, um möglichst viele Eltern zu erreichen
Gemeinwesenorientierung	**Exkursionen / Aktionen mit den Kindern,** um sonstige Aspekte des Gemeinwesens und politisch bedeutsame Themen kennen zu lernen **Öffentlichkeits- und Medienarbeit, Mitwirkung in kommunalen Gremien**	**Fachberatung und Ausbildungsstätten** **Medien und kommunale Gremien**
Abwendung von Gefährdungen des Kindeswohls		**Feste, einschlägig qualifizierte Ansprechpartner** für Tageseinrichtungen, die bei Gefährdungsverdacht Beratung und Unterstützung leisten, in Akutfällen sofort (Clearingfunktion)

Gemeinwesenorientierung, Kooperation und Vernetzung von Kindertageseinrichtungen im Überblick

(4) Weitere Hilfen zur Vertiefung

Fachbücher

Becker-Textor, I. & Textor, M.R. Der offene Kindergarten – Vielfalt der Formen. Online-Buch.
http://people.freenet.de/Textor/Offen.html
Die Autoren verdeutlichen in ihrem Buch die Vielschichtigkeit des Begriffs »offener Kindergarten«. In neun Kapiteln behandeln sie Aspekte wie Integration behinderter und kranker Kinder, von Ausländerkindern und neuen MitarbeiterInnen; Öffnung von Gruppen; weite Altersmischung; Öffnung zur Familie hin; Gemeinwesenorientierung, Projektarbeit, Zusam-

menarbeit mit Institutionen, Fördervereine; Vernetzung mit Schulen und sozialen Diensten; Zusammenarbeit mit Aus- und Fortbildung; Öffentlichkeitsarbeit; Kindergarten und Politik. Gerade in einer sich wandelnden Gesellschaft können diese Formen der Öffnung neue Möglichkeiten für das Zusammenleben von Erwachsenen und Kindern bieten. Die Autoren zeigen auf, welche Freiräume in der täglichen Kindergartenarbeit und darüber hinaus eröffnet werden können.

Reichert-Garschhammer, E. (2002). Qualitätsmanagement im Praxisfeld Kindertageseinrichtung (Bayern) – Blickpunkt: Sozialdatenschutz. Teil 1: Einführung in die Thematik. *KiTa aktuell (BY), 14(10), 209–214.*
Das Fallbeispiel 4 in diesem Aufsatz behandelt die Verwendung von Kinderfotos für Druckerzeugnisse (z.B. Einrichtungskonzeptionen, Jahresberichte, Chroniken) und Internet-Präsentationen von Kindertageseinrichtungen.

Reichert-Garschhammer, E. (2001a). Qualitätsmanagement im Praxisfeld Kindertageseinrichtung (Bund) – Blickpunkt: Sozialdatenschutz. Staatsinstitut für Frühpädagogik (Hrsg.). Kronach: Carl Link.

Reichert-Garschhammer, E. (2001b). Qualitätsmanagement im Praxisfeld Kindertageseinrichtung (Bayern) – Blickpunkt: Sozialdatenschutz. Staatsinstitut für Frühpädagogik (Hrsg.). Kronach: Carl Link.

Reichert-Garschhammer, E. (2001c). Qualitätsmanagement im Praxisfeld Kindertageseinrichtung (Bayern) – Blickpunkt: Sozialdatenschutz. Bayerisches Staatsministerium für Arbeit und Sozialordnung, Familie und Frauen & Staatsinstitut für Frühpädagogik (Hrsg.). Bezug: IFP.
Im Kapitel 5 werden die wesentlichen Kooperationsbeziehungen, die Tageseinrichtungen mit anderen Stellen in Bezug auf die Förderung einzelner Kinder pflegen, beschrieben und sozialdatenschutzrechtlich gewürdigt. Sie betreffen die Zusammenarbeit im Rahmen der Gesundheitssorge (5.3), schulischer Angelegenheiten (5.4) und des Umgangs mit Risikokindern (5.5). Soweit hierfür Einwilligungen benötigt werden, sind im Anhang Mustervordrucke enthalten (Einwilligungen, die im Bildungs- und Erziehungsvertrag integriert sind, Einwilligung in die Zusammenarbeit mit der Schule bei der Einschulung, Einwilligung in die Zusammenarbeit mit anderen Stellen bei der Früherkennung und Frühförderung von Kindern mit Entwicklungsrisiken). Die Ergänzungs- und Verbesserungsvorschläge, die hierzu in den Qualifizierungsveranstaltungen zum Buch von der Praxis eingebracht wurden, haben zu einer internen Weiterentwicklung aller Einwilligungsvordrucke geführt, die noch nicht abgeschlossen ist. Sie werden zu gegebener Zeit veröffentlicht.

Artikel

Textor, M.R. Der offene Kindergarten: Naturerfahrungen, Zusammenarbeit mit Institutionen, Öffentlichkeitsarbeit. *http://www.kindergartenpaedagogik.de/371.html*

Websites

Textor, M.R. (Hrsg.). Kindergartenpädagogik – Online-Handbuch: mehrere Artikel zur Vernetzung von Kindertageseinrichtungen mit psychosozialen Diensten, *http://www.kindergartenpaedagogik.de/auf.html*

II-4.4 Abwendung von Gefährdungen des Kindeswohls

Der Bildungs-, Erziehungs- und Betreuungsauftrag von Kindertageseinrichtungen beschränkt sich nicht auf die Förderung von Kindern. Zu den Betreuungsaufgaben zählen auch die Sorge um jene Kinder, deren Wohlergehen und Entwicklung gefährdet sind, und deren Schutz vor weiteren Gefährdungen. Diese **Sorge- und Schutzaufgabe** ist Bestandteil der Erziehungsverantwortung, die Kindertageseinrichtungen für jedes Kind durch den Abschluss eines Bildungs- und Erziehungsvertrages mit den Eltern übernehmen – denn Wohlergehen und Wohlbefinden des Kindes sind maßgebliche Voraussetzung dafür, dass kindliche Lern- und Entwicklungsprozesse gelingen.

Eine **Gefährdung des Kindeswohls**, die weitere Hilfe (zur Selbsthilfe) erfordert, ist anzunehmen, wenn hinreichend konkrete Anhaltspunkte schließen lassen auf

- schwerwiegendere Entwicklungsprobleme oder eine Behinderung des Kindes,

- Gefährdungssituationen in der Familie oder im weiteren sozialen Nahraum: dazu zählen insbesondere *Vernachlässigung, körperliche Misshandlung* und *sexueller Missbrauch* des Kindes, aber auch Familiensituationen, die das Wohl des Kindes indirekt gefährden (z. B. Erleben von Gewalt in der Familie, die sich nur gegen einen Elternteil, in der Regel die Mutter, richtet; Suchtprobleme, psychische Erkrankung eines Elternteils).

(1) Möglichkeiten und Grenzen von Kindertageseinrichtungen – Sicherstellung von Beratung und Unterstützung

Das **Erkennen und Abwenden akuter Kindeswohlgefährdungen** ist ein komplexer Aufgabenbereich:

- Vorrangig ist, zum Wohl des Kindes eine einvernehmliche, die Gefährdung abwendende Lösung gemeinsam mit den Eltern herbeizuführen.

- Spezielle Fachkenntnisse und methodisches Erfahrungswissen im Umgang mit den betroffenen Kindern und deren Familien sind unentbehrlich. Die meisten Aufgaben können nur Fachkräften übertragen werden, die dafür besonders qualifiziert sind (z. B. diagnostische Abklärung erkannter Gefährdungsanzeichen, Entscheidungsfindung über Hilfebedarf und geeignete Hilfeart, Erbringen spezifischer Hilfen).

- Es sind viele verschiedene Stellen beteiligt, so insbesondere Kindertageseinrichtungen, Schulen, Ärzte, einschlägige Fachdienste, Jugendämter, aber auch Polizei und Gerichte. Je nach Ausbildungs- und Erfahrungshintergrund des dort beschäftigten Fachpersonals nehmen diese Stellen teils gleiche, teils verschiedene Aufgaben wahr. Erforderlich ist daher, dass diese Stellen zusammenarbeiten, um mit vereinten Kräften den betroffenen Kindern und Familien Hilfe und Schutz zu geben.

Vor diesem Hintergrund werden die **Möglichkeiten und Grenzen von Fachkräften in Kindertageseinrichtungen** (wie auch von Lehrkräften in Schulen) in diesem schwierigen Aufgabenfeld deutlich. Die Rolle als Kontakt- und Vertrauensperson, ihr Erfahrungsschatz mit Kindern und ihre Beziehung zu den Eltern eröffnen viele Chancen zur frühzeitigen Hilfe. Allerdings werden sie in ihrer Ausbildung nicht dafür qualifiziert, akute Kindeswohlgefährdungen zu erkennen und zu diagnostizieren und über die notwendigen und geeigneten Hilfen zu entscheiden und diese zu erbringen. Ihre Möglichkeiten der Hilfe bestehen somit darin,

- frühzeitig erste Gefährdungsanzeichen zu erkennen,

- den betroffenen Kindern und deren Familien den Zugang zu weiterführenden Diagnose- und Hilfeangeboten zu eröffnen und zu erleichtern und

- als Ansprech- und Kooperationspartner für alle Beteiligten (Eltern, Kind, Fachdienst, Jugendamt) zur Verfügung zu stehen.

Damit sich das Hilfepotenzial von Kindertageseinrichtungen entfalten kann, ist es notwendig, **Beratung und Unterstützung durch fachkundige Stellen** und Personen vor Ort bereit zu stellen. Es gilt, Hilfestellung zu bieten beim Erkennen und Deuten von Gefährdungsanzeichen, bei Gesprächen mit den Eltern und weiteren Hilfeinstanzen. Der Kontakt mit den Eltern darf nicht verloren gehen. Wer im Ernstfall zu Rate zu ziehen ist, muss im Vorfeld entschieden werden, nicht erst in der akuten Notsituation:

- Dem **Jugendamt** kommt hierbei eine Koordinierungsfunktion zu. Im Rahmen seiner örtlichen Planungs- und Gewährleistungsverantwortung trägt es dafür Sorge, dass für den Aufgabenbereich Kindeswohlgefährdung qualifizierte Fachdienste bzw. Fachkräfte rechtzeitig und ausreichend zur

Verfügung stehen. Den Kindertageseinrichtungen seines Zuständigkeitsbereichs stellt es vor Ort Ansprechpartner zur Seite, die sie in Gefährdungsfällen zu Rate ziehen können, die in Eilfällen Sofortberatung leisten. Dies können spezielle Fachdienste sein, aber auch einschlägig qualifizierte Fachkräfte des Jugendamtes oder Allgemeinen Sozialdienstes. Je nach Gefährdungssachverhalt können mehrere Ansprechpartner benannt werden; angesichts ihrer »Clearing-Funktion«, diffuse Sachverhalte zu erhellen, sollten es nicht mehr als zwei Partner sein. Beratung und Unterstützung erfolgen in Form anonymisierter Fallbesprechungen, solange dies ohne Wissen bzw. ohne Einwilligung der Eltern geschieht.

- Auch die **Fachberatung** kann die Kindertageseinrichtung in Gefährdungsfällen mit Rat und Tat begleiten. Soweit sie in die »Fallbearbeitung« mit eingebunden wird, ist die Einwilligung der Eltern erforderlich.

(2) Ansprache von Entwicklungsproblemen / Behinderungen im Aufnahmeverfahren

Dass eine Behinderung oder Entwicklungsprobleme, die den Eltern bereits bei der Aufnahme des Kindes bekannt sind, in der Kindertageseinrichtung erst danach aufgedeckt werden, ist eine Situation, die es durch entsprechende **Vorkehrungen im Aufnahmeverfahren** zu vermeiden gilt:

- Eltern sollten bereits bei der Vormerkung für einen Platz in der Kindertageseinrichtung über die besonderen Bedürfnisse ihres Kindes (z. B. Entwicklungsprobleme, Behinderung) befragt werden. Diese Angaben sind wichtig für die Entscheidung, ob bereits unter den gegebenen Bedingungen eine optimale Förderung des Kindes gewährleistet werden kann, ob für dessen Aufnahme erst noch besondere Rahmenbedingungen zu schaffen sind oder ob den Eltern ausnahmsweise eine besser geeignete Tageseinrichtung in der näheren Umgebung empfohlen wird, die noch über freie Plätze verfügt. Während Eltern eine behördlich festgestellte Behinderung ihres Kindes in der Regel offen legen, machen sie eher selten Angaben über (etwaige) Entwicklungsprobleme – hierbei ist vielfach die Angst im Spiel, keinen Platz für ihr Kind zu erhalten. Eltern sollten deshalb ausdrücklich darüber informiert werden, dass besondere Bedürfnisse ihres Kindes der Aufnahme nicht entgegenstehen.

- Wenn Eltern Entwicklungsprobleme oder eine Behinderung des Kindes offen legen, ist häufig bereits ein Fachdienst mit der spezifischen Förderung des Kindes befasst. Bei Abschluss des Bildungs- und Erziehungsvertrages ist mit den Eltern zu klären, ob sie einwilligen, dass die Tageseinrichtung mit diesem Fachdienst zusammenarbeitet und sich mit ihm über das Kind und die Förderung fachlich austauscht.

(3) Erkennen von Gefährdungsanzeichen nach Aufnahme des Kindes

Anzeichen, die auf eine Gefährdung des Kindeswohls hindeuten, können jederzeit wahrgenommen werden, z. B. auch in Bring- und Abholzeiten. Wenn eine Fachkraft solche Anzeichen bei einem Kind erstmals wahrnimmt, dann empfiehlt sich wie folgt zu **verfahren:**

- Diese Beobachtungen sollen durch weitere Beobachtungen, in die auch KollegInnen eingebunden werden, vertieft und sodann im Team gemeinsam reflektiert werden.

- Bei Bedarf ist in diese Reflexion der für Gefährdungsfälle vor Ort vorhandene Ansprechpartner im Rahmen einer anonymisierten Fallbesprechung einzubeziehen. Fragestellungen hierbei können z. B. sein:
  - Ist nach den vorliegenden Informationen das Kindeswohl gefährdet? Wie sind die beobachteten Anzeichen zu bewerten? Bleiben erkannte Störungsbilder in der Entwicklung des Kindes stabil, wenn weitere Hilfen ausbleiben, oder verschwinden sie erfahrungsgemäß wieder von selbst? Legen die Beobachtungen eine Behinderung des Kindes nahe? Reichen die Hinweise aus, auf eine bestimmte Gefährdungssituation in der Familie zu schließen? Sind weitere Erkenntnisse zur Beurteilung dieser Fragen erforderlich? Wie und durch wen können diese nötigenfalls erlangt werden?
  - Ist es zum Wohl des Kindes und mit Einwilligung der Eltern angezeigt, andere Stellen einzubeziehen, um den weiteren spezifischen Hilfe- und Förderbedarf abzuklären? Kann damit noch gewartet werden oder muss das Gespräch mit den Eltern sofort gesucht werden? Welche Stelle soll als erstes in den weiteren Hilfeprozess eingebunden werden?

Vereinzelt kommt es vor, dass ein betroffenes Kind oder ein Elternteil einer Fachkraft z. B. Gewalt- oder Suchtprobleme in der Familie im Zwiegespräch anvertraut. Hier sollte das Gespräch zunächst mit der Einrichtungsleitung gesucht werden, um das weitere Vorgehen zu besprechen. Diese interne

Datenweitergabe ist angesichts der Gefährdungssituation auch dann zulässig und geboten, wenn die betroffene Person hierzu keine Einwilligung erteilt (vgl. § 65 Abs. 1 Satz 1 Nr. 3 SGB VIII, § 203 Abs. 1, § 34 StGB). Im Weiteren kann die Inanspruchnahme von fachkundiger Beratung im Rahmen einer anonymisierten Fallbesprechung mit dem vor Ort zur Verfügung stehenden Ansprechpartner angezeigt sein.

(4) Gefahrenabwendung durch Stärkung der Selbsthilfe-Kompetenz der Eltern

Das weitere Vorgehen hängt vom Ergebnis der Beratungen (Team / Ansprechpartner) ab. Falls zum Wohl des Kindes die Einbindung eines Fachdienstes angezeigt ist, um weitere diagnostische Abklärungen vornehmen und den Bedarf an spezifischen Fördermaßnahmen ermitteln zu können, sind **eingehende Gespräche mit den Eltern** zu führen, die hohe Anforderungen an die Gesprächsführung stellen. Die vorrangige Erziehungsverantwortung von Eltern bezieht sich auch auf die Abwendung von Gefährdungen von ihrem Kind, ungeachtet dessen, ob sie hierzu durch eigenes Verhalten (z. B. Vernachlässigung) beigetragen haben. Es empfiehlt sich (im Rahmen einer anonymisierten Fallbesprechung), diese schwierigen Gespräche, vor allem das Erstgespräch, zusammen mit dem Ansprechpartner, der vor Ort für Gefährdungsfälle zur Verfügung steht, sorgfältig vorzubereiten (z. B. Wie sollte das Gespräch strukturiert werden? Was ist bei der Gesprächsführung zu beachten? Wie spreche ich Eltern an, ohne Verletzungen hervorzurufen, ohne sogleich Abwehr und Blockade, Rückzug oder gar Fluchtverhalten durch Wechsel der Kindertageseinrichtung zu erzeugen? Wie kann es gelingen, eine offene und vertrauensvolle Gesprächsatmosphäre herzustellen? Wie schaffe ich es, Vertrauen auch dann zu gewinnen, wenn die Gefährdungsursachen in der Familie zu suchen sind? Wie schaffe ich es, Eltern zu motivieren und zu überzeugen, weitere Hilfen für sich und ihr Kind in Anspruch zu nehmen und die dafür erforderliche Einwilligung zu erteilen?).

Zu **Ziel, Inhalt und Ablauf dieser Gespräche** mit den Eltern ist allgemein zu bemerken:

- Alle diese Gespräche zielen darauf ab, die Eltern (immer wieder) zu motivieren und zu überzeugen, zum Wohl ihres Kindes weitere Hilfe in Anspruch zu nehmen und zu diesem Zweck – mit Einwilligung der Eltern – einen oder im Hilfeprozess-Ablauf mehrere Fachdienst(e) einzubinden, die diese Hilfeleistungen (möglichst in der Tageseinrichtung) erbringen. Falls die beobachteten Anzeichen auf eine Behinderung des Kindes schließen lassen, sind Kindertageseinrichtungen in diesen Gesprächen zudem gesetzlich verpflichtet, die Eltern auf deren gesetzliche Pflicht hinzuweisen, ihr Kind einem Arzt oder einem Fachdienst vorzustellen (§ 61 Abs. 2, § 60 SGB IX).

- Wenn es den Fachkräften in Tageseinrichtungen gelingt, zu den Eltern von Anfang an ein **gutes Vertrauensverhältnis** aufzubauen und mit ihnen **regelmäßig im Gespräch** zu sein (➤ II–4.2), erleichtert dies die Ansprache schwieriger Themen und erhöht die Chancen, sie für weitere Hilfen zum Wohl des Kindes zu gewinnen. Durch eine behutsame Gesprächsführung kann es selbst in Fällen, in denen Gefährdungssituationen im sozialen Nahraum des Kindes zu vermuten sind, gelingen, die Zugänglichkeit der Eltern zu erhöhen. Gerade der körperlichen Misshandlung von Kindern liegt häufig eine Überforderung von Eltern zugrunde, der Vernachlässigung von Kindern eine Fülle unbewältigter Sorgen und Probleme zumeist auch finanzieller Art, sodass der eigene Problemdruck die Sorge um die Kinder in den Hintergrund treten lässt. Anknüpfungspunkt für das Gespräch mit den Eltern sind die beim Kind beobachteten Auffälligkeiten. Die Kindertageseinrichtung ist bei ihren Unterstützungsmaßnahmen auf die elterliche Mithilfe angewiesen.

- Wenn Eltern in diesen Gesprächen aufgeschlossen reagieren, sich öffnen und konstruktiv bei der Suche nach Strategien zur Bewältigung der Probleme mitwirken, so bestehen gute Chancen, dass die Familie selbst oder mit fremder Hilfe in der Lage ist, die Gefährdung ihres Kindes abzuwenden.

(5) Gefahrenabwendung, wenn Eltern Hilfe ablehnen

Wenn Eltern weitere Hilfe ablehnen, so stellt sich das für Fachkräfte in Kindertageseinrichtungen vordergründig als ein Problem dar, das auf der Beziehungs- und Kommunikationsebene zu lösen ist. Daher ist es sinnvoll, sich erneut an den für Gefährdungsfälle zur Verfügung stehenden Ansprechpartner (im Rahmen einer anonymisierten Fallbesprechung) zu wenden. Fragestellungen sein könnten z. B.:

- Was ist falsch gelaufen in den bisherigen Gesprächen mit den Eltern? Wie kann ich diese Fehler in den weiteren Gesprächen korrigieren? Welche Argumente können Eltern doch noch zu einem Umdenken bewegen?

- Soll den Eltern ein Gespräch vorgeschlagen werden, bei dem auch der Ansprechpartner zugegen ist? Ist es sinnvoll, die Fachberatungskraft, die der Kindertageseinrichtung zur Verfügung steht, mit Einwilligung der Eltern in den weiteren Hilfeprozess mit einzubinden?

- Welche weiteren Schritte soll die Kindertageseinrichtung in die Wege leiten, wenn auch die folgenden Gespräche mit den Eltern scheitern?

Als letzter Schritt bleibt, das **Jugendamt** über den Gefährdungsfall in der Tageseinrichtung namentlich zu informieren (Datenübermittlung). Gelingt es auch dem Jugendamt nicht, mit den Eltern eine einvernehmliche, kindeswohlgerechte Lösung herbeizuführen, so ist es im Rahmen seines staatlichen Wächteramtes zu Eingriffen in das Elternrecht befugt und verpflichtet, soweit das Kindeswohl dies erfordert (z. B. Inobhutnahme des Kindes, Anrufung des Vormundschaftsgerichts, um erforderliche Hilfen für das Kind auch gegen den Willen der Eltern einzuleiten). Ungeachtet dessen, ob die Daten als anvertraut gelten (wenn sie z. B. durch gezielte fachkundige Beobachtung des Kindes oder im vertraulichen Gespräch mit einem Elternteil gewonnen werden) oder als »normale« Sozialdaten zu werten sind (wenn es sich z. B. um Anzeichen handelt, die für jedermann deutlich erkennbar sind und offensichtlich auf eine Vernachlässigung oder körperliche Misshandlung des Kindes hindeuten), wird sich die Befugnis zur Datenübermittlung an das Jugendamt in der Regel auf den sog. *rechtfertigenden Notstand* stützen (§ 65 Abs. 1 Satz 1 Nr. 3 SGB VIII, § 203 Abs. 1, § 34 StGB). Es ist davon auszugehen, dass die Datenübermittlung an das Jugendamt ohne Einwilligung der Eltern die Fortsetzung des Betreuungsverhältnisses zwischen dem Einrichtungsteam und den Eltern ernsthaft gefährdet (vgl. § 64 Abs. 2 SGB VIII, § 69 Abs. 1 Nr. 1 SGB X).

Die **Anwendung des rechtfertigenden Notstands** setzt eine sorgfältige Interessenabwägung voraus mit dem Ergebnis, dass der Schutz des Kindes vor weiteren Gefährdungen seines Wohls erheblich überwiegt. In einem solchen Fall ist die (namentliche) Einbindung des Jugendamtes auch gegen den Willen der Eltern zulässig und geboten. Interessenabwägung heißt, alle Interessen und Umstände, die im Einzelfall bekannt und von Bedeutung sind, zusammenzutragen, zu gewichten und gegeneinander abzuwägen.

- Interessen, die hierbei eine Rolle spielen und (möglicherweise) in einem Konflikt miteinander stehen, sind insbesondere das vorrangige Erziehungsrecht der Eltern und deren Interesse an der Geheimhaltung ihrer Familiendaten gegenüber außenstehenden Dritten sowie der Hilfebedarf und das Schutzinteresse des Kindes vor (weiteren) Gefährdungen seiner Entwicklung. Zugleich haben Kindertageseinrichtung und Träger das Interesse, das Elternrecht und das Sozialgeheimnis nicht unbefugt zu durchbrechen, aber andererseits die Pflicht, dem Kind in Notsituationen beizustehen und zu helfen.

- Umstände, die bei der Suche nach einer sachgerechten Lösung des Interessenkonflikts im Eltern-Kind-Verhältnis bedeutsam sind, sind insbesondere:
  - **Art, Schwere, Ausmaß und Dauer der beobachteten kindlichen Auffälligkeiten:** Bei Entwicklungsproblemen ist vor allem die *Prognoseentscheidung* zu treffen, ob das Störungsbild stabil bleibt und sich verfestigt, wenn dem nicht durch spezifische Hilfe entgegengewirkt wird.
  - **Elterliches Fehlverhalten als Ursache der kindlichen Auffälligkeiten** (z. B. Vernachlässigung, körperliche Misshandlung des Kindes)
  - **Risikofaktoren im sozialen Umfeld des Kindes,** die die kindliche Auffälligkeit begünstigen bzw. stabilisieren oder die bei kindlichen Gewalterfahrungen für eine Wiederholungsgefahr sprechen (z. B. Suchtprobleme oder psychische Erkrankung eines Elternteils, Gewalt in der Familie)
  - **Konkretheit des Gefährdungsverdachts,** d. h. Offensichtlichkeit bzw. Nachweisbarkeit der einzelnen Verdachtsmomente (z. B. äußere Anzeichen, die eindeutig auf eine Vernachlässigung, Misshandlung, Behinderung des Kindes hinweisen). In Zweifelsfällen kann – vor einer namentlichen Information und Einbindung des Jugendamtes – als milderes Eingriffsmittel in das Elternrecht geboten sein, einen Fachdienst einzuschalten, der das Kind in der Tageseinrichtung gezielt beobachtet bzw. näher untersucht (z. B. um den Verdacht auf eine Behinderung zu erhärten).
  - **Eilbedürftigkeit der Gefahrenabwehr:** Das Zeitmoment ist wichtig für die weitere Überzeugungs- und Motivationsarbeit mit den Eltern. Die Frage, wie lange das Kindeswohl ein Abwarten zulässt, mit den Eltern eine einvernehmliche, kindeswohlgerechte Lösung zu erreichen, ist eine schwierige Gratwanderung.

Verfahren

- Beim **Verfahren** ist darauf zu achten, in diese (schwierige) Interessenabwägung auch den Ansprechpartner mit einzubeziehen, der die Kindertageseinrichtungen im jeweiligen Fall beratend begleitet hat. Dies erfolgt solange anonymisiert, wie keine »Helferkonferenz« mit Einwilligung der Eltern stattgefunden hat, an der der Ansprechpartner zugegen war. Mit ihm zusammen sollte ein Entscheidungsvorschlag erarbeitet werden, der dann auch mit dem Träger beraten wird.

- Ergibt die Interessenabwägung, dass zum Schutz des Kindes das Jugendamt über den Gefährdungsfall zu unterrichten ist, sollte den Eltern vorab eine letzte Chance gegeben werden, ihre Ablehnungshaltung noch einmal zu überdenken.

- Führt auch dieses Gespräch mit den Eltern nicht zum entsprechenden Erfolg, so ist nun – nach Benachrichtigung des Trägers – das Jugendamt über den Gefährdungsfall namentlich zu informieren. Es besteht in diesen Fällen eine namentliche Informationspflicht der Einrichtungsleitung. Kommt sie dieser Pflicht nicht nach, so kann sie wegen unterlassener Hilfeleistung für das gefährdete Kind strafrechtlich belangt werden (§ 323c StGB).

Weiteres Vorgehen nach der Information des Jugendamts

- Falls es dem Jugendamt gelingt, die Eltern zu motivieren, in eine **Hilfeplanung** einzutreten, dann sollte es zugleich darauf hinwirken, dass die Eltern einwilligen, zum Wohl des Kindes auch die Kindertageseinrichtung an diesem Planungsprozess zu beteiligen.

- Wenn alle Abhilfe-Bemühungen an der fehlenden Mitwirkungsbereitschaft der Eltern scheitern, so kann in Fällen massiver Selbst- und Fremdgefährdung des Kindes für die Kindertageseinrichtung als allerletzter Schritt die fristlose Kündigung des Vertragsverhältnisses mit den Eltern geboten sein.

(6) Sorgfältige Falldokumentation

- Wichtig ist, alle Vorgänge bzw. Verfahrenschritte und den Prozess der Interessenabwägung sorgfältig und umfassend zu dokumentieren (z. B. Elterngespräche; Beratungsgespräche mit Ansprechpartner und Träger; Auflistung und Gewichtung aller Umstände, die für die Interessenabwägung bedeutsam sind; Abwägungsvorgang im Team und dessen Ergebnis; namentliche Information des Jugendamtes über den Gefährdungsfall). Zur

Entlastung des Einrichtungsteams kann die Fachberatung (mit Einwilligung der Eltern) mit diesen Dokumentationsaufgaben betraut werden.

- Diese Dokumente sind wichtige Beweisstücke, falls die Eltern im Einzelfall aufsichtliche und gerichtliche Überprüfungen anstrengen. Über die Dokumente lassen sich alle Entscheidungs- und Handlungsprozesse auch für Außenstehende Schritt für Schritt nachvollziehen – sie werden transparent gemacht. Sie belegen zugleich die Glaubwürdigkeit der Aussagen, die einzelne Fachkräfte ggf. als Zeugen tätigen.

(7) Weitere Hilfen zur Vertiefung

Bayerisches Staatsministerium für Arbeit und Sozialordnung, Familie und Frauen (2001). Handeln statt Schweigen. Hilfe bei sexueller Gewalt gegen Kinder und Jugendliche. Bezug: StMAS.

Reichert-Garschhammer, E. (2001a). Qualitätsmanagement im Praxisfeld Kindertageseinrichtung (Bund) – Blickpunkt: Sozialdatenschutz. Staatsinstitut für Frühpädagogik (Hrsg.). Kronach: Carl Link.

Reichert-Garschhammer, E. (2001b). Qualitätsmanagement im Praxisfeld Kindertageseinrichtung (Bayern) – Blickpunkt: Sozialdatenschutz. Staatsinstitut für Frühpädagogik (Hrsg.). Kronach: Carl Link.

Reichert-Garschhammer, E. (2001c). Qualitätsmanagement im Praxisfeld Kindertageseinrichtung (Bayern) – Blickpunkt: Sozialdatenschutz. Bayerisches Staatsministerium für Arbeit und Sozialordnung, Familie und Frauen & Staatsinstitut für Frühpädagogik (Hrsg.). Bezug: IFP.

Die Aufklärung und Abwendung von Gefährdungen des Kindeswohls im sozialen Nahraum wird in diesem Buch unter 5.5.2 umfassend dargelegt und dabei die Kooperation von Tageseinrichtungen mit Ärzten, Fachdiensten, Jugend- und Sozialamt sowie mit Polizei und Justiz ausgezeigt, soweit ein Verfahren vor dem Familiengericht bzw. ein Strafverfahren eingeleitet wird. Die Ausführungen im Bildungs- und Erziehungsplan hierzu stellen zum Teil eine Weiterentwicklung der in der Handreichung entwickelten Lösungsansätze für Tageseinrichtungen dar. Dies betrifft insbesondere den Aufbau eines Systems von Ansprechpartnern für Kindertageseinrichtungen auf lokaler Ebene.

Anhang

1　Mitglieder der Fachkommission　　　　　　　318

2　Verzeichnis der Autoren und Experten　　　　320

III-1 Mitglieder der Fachkommission

	Bereich Kindertageseinrichtungen	
Forschung	Staatsinstitut für Frühpädagogik, München	Prof. Dr. Dr. Dr. Wassilios Fthenakis, Leitung der Fachkommission
		Dr. Horst Beisl
		Dr. Hans Eirich (**Koordination FK**)
		Wilfried Griebel
		Dr. Heinz Krombholz
		Toni Mayr
		Dr. Beate Minsel
		Dr. Bernhard Nagel
		Renate Niesel
		Pamela Oberhuemer
		Eva Reichert-Garschhammer
		Dr. Martin Textor
		Dr. Michaela Ulich
		Dagmar Winterhalter-Salvatore
	Externe Autoren einzelner Beiträge des Bayerischen Bildungs- und Erziehungsplans (➤ auch **III-2**)	Prof. Dr. Peter Beer
		Prof. Dr. Frieder Harz
		Prof. Dr. Klaus Hasemann
		Dorothee Kreusch-Jakob
		Prof. Dr. Gisela Lück
		Almut Reidelhuber
	Institut für soziale und kulturelle Arbeit (ISKA), Nürnberg	Günther Krauss
Ministerien	Bayer. Staatsministerium für Arbeit und Sozialordnung, Familie und Frauen, München	MR Hans-Jürgen Dunkl
	Hessisches Sozialministerium, Wiesbaden	Christine Jäger
	Ministerium für Bildung, Frauen und Jugend in Rheinland-Pfalz, Mainz	Xenia Roth
Kommunale Spitzenverbände	Bayerischer Städtetag, München	Bernd Buckenhofer
	Bayerischer Gemeindetag, München	Gerhard Dix
	Bayerischer Landkreistag, München	Dieter Hertlein
Kommunale Träger	Landeshauptstadt München, Sozialreferat, Stadtjugendamt, Bereich Kinderkrippen	Angelika Simeth
Aufsicht, Fachberatung	Landeshauptstadt München, Sozialreferat, Stadtjugendamt, Bereich Kinderkrippen	Angelika Berchtold
	Landeshauptstadt München, Schul- und Kultusreferat, Bereich Kindergärten	Dr. Eleonore Hartl-Grötsch
	Stadt Rosenheim, Jugendamt	Karin Rechmann
	Landkreis Miesbach, Amt für Jugend und Familie	Helga Böhme

Spitzenverbände der freien Wohlfahrtspflege	Bayer. Landesverband Kath. Tageseinrichtungen für Kinder e. V., München	Gabriele Stengel
	Bayer. Landesverband Ev. Tageseinrichtungen und Tagespflege für Kinder e. V., Nürnberg	Pfarrer Klaus Kuhn
Fachberatung der freien Träger	Arbeiterwohlfahrt LV Bayern e. V., München	Joachim Feichtl
	Landesgeschäftsstelle des BRK, München	Ulla Obermayer
	Der Paritätische LV Bayern e. V., München	Andreas Görres, Lilo Baumann
	Kath. Caritasverband der Erzdiözese München und Freising, München	Jutta Lehmann
	Fachberatung evang. Kindertagesstätten, Taufkirchen	Margret Schulke
	Bremische Evangelische Kirche – Landesverband Evang. Tageseinrichtungen für Kinder, Bremen	Ilse Wehrmann
Kindertageseinrichtungen	Städtische Kindertagesstätte, München	Angelika Nuber
	Städtische Kindertageseinrichtung, München	Monika Dörsch
Fachpersonal	Kooperationseinrichtung, München	Claudia Kleeberg
	AWO Kindertageseinrichtung, Oberasbach	Sigrun Hübner-Möbus
	Arbeitsgemeinschaft sozialpädagogischer Berufsverbände und Gewerkschaften in Bayern, München	Hildegard Rieder-Aigner
Eltern	Arbeitsgemeinschaft der Elternverbände Bayerischer Kindertageseinrichtungen e. V., Ottobrunn	Horst Fleck
Bereich Grundschule und Ausbildung		
Ministerium	Bayer. Staatsministerium für Unterricht und Kultus, München	Mdgt. Dr. Helmut Wittmann
	Bayer. Staatsministerium für Unterricht und Kultus, München	SRin Anne Blank, Konrektor Dr. Michael Hoderlein-Rein
Forschung	Staatsinstitut für Schulpädagogik und Bildungsforschung, München (Grundschule)	Sigrid Binder
	Staatsinstitut für Schulpädagogik und Bildungsforschung, München (Fachakademien für Sozialpädagogik)	Claudia Romer
Grundschule	Volksschule Garching West	Konrektorin Frauke Schubel
Ausbildungseinrichtungen	Landesarbeitsgemeinschaft der Bayerischen Fachakademien, Caritas-Fachakademie für Sozialpädagogik, München	Dr. Margret Langenmayr
Wirtschaft		
	Vereinigung der Bayerischen Wirtschaft e. V., München	Dr. Christof Prechtl

III-2 Verzeichnis der Autoren und Experten

Aus der Tabelle wird ersichtlich,
- wer die (Mit-)Autoren der einzelnen Beiträge sind,
- welche Beiträge in der Fachkommission (FK) diskutiert worden sind,
- in welche Beiträge die Stellungnahmen von Expertinnen und Experten eingegangen und eingeflossen sind.

Beitrag	(Mit-)Autoren	Experten	FK
Konzeption des Plans	Prof. Dr. Dr. Dr. Wassilios Fthenakis, **IFP** Eva Reichert-Garschhammer, **IFP** (Mitarbeit)		X
Gesamtredaktion des Plans im IFP	*Gesamtverantwortung und Impulsgebung:* Prof. Dr. Dr. Dr. Wassilios Fthenakis *Federführung, Redaktion aller Texte, soweit nicht selbst erstellt:* Eva Reichert-Garschhammer *Endredaktion der Texte, Koordination der Fachkommission und der externen Autoren:* Dr. Hans Eirich		
I. Allgemeiner Teil	Prof. Dr. Dr. Dr. Wassilios Fthenakis Dr. Martin Textor, **IFP** Eva Reichert-Garschhammer, **IFP** (Federführung)		
II-1.1 + II-1.2 Basiskompetenten	Dr. Beate Minsel, **IFP**		
II-1.3 Lernmethodische Kompetenz	Dr. Hans Eirich, **IFP** *(nach Vorlagen Dr. Kristin Gisbert, ehemals IFP)*		
II-2.1 Förderung Widerstandsfähigkeit	Eva Reichert-Garschhammer, **IFP** *(nach Vorlagen Corina Wustmann, ehemals IFP, Toni Mayr, IFP)*		
II-2.2 Begleitung der Bewältigung von Übergängen	Eva Reichert-Garschhammer, **IFP** *(nach Vorlagen von und in Abstimmung mit Wilfried Griebel, Toni Mayr und Renate Niesel, IFP)*		
II-2.3 Förderung lernmethodischer Kompetenz	Dr. Eirich, **IFP** *(nach Vorlagen Dr. Kristin Gisbert, ehemals IFP)*		X
II-3.1.1 Übergang Familie in Tageseinrichtung	Eva Reichert-Garschhammer, **IFP** *(nach Teilbeiträgen und anderen Vorlagen von und in Abstimmung mit Wilfried Griebel und Renate Niesel, IFP)*		(x)

Beitrag	(Mit-)Autoren	Experten	FK
II-3.1.2 Beteiligung von Kindern	Eva Reichert-Garschhammer, **IFP**	Prof. Dr. Raingard Knauer *(Fachhochschule Kiel, Fachbereich Soziales, Arbeit und Gesundheit)* Marita Dobrick *(Dipl.-Pädagogin, Braunschweig)*	X
II-3.1.3 Interkulturelle Erziehung	Dr. Michaela Ulich, **IFP**	Maria Dietzel-Papakyriakou *(Universität Gesamthochschule Essen, Erziehungswissenschaft)* Dr. Alois Müller *(Universität Bayreuth, Lehrstuhl für Didaktik der Geographie)*	X
II-3.1.4 Geschlechtsbewusste Erziehung	Renate Niesel, **IFP**	Tim Rohrmann *(Dipl.-Psychologe, Denkte)*	X
II-3.1.5 Kinder mit Entwicklungsrisiken, Behinderung	Toni Mayr, **IFP** Eva Reichert-Garschhammer, **IFP** (rechtliche Ausführungen)	Dr. Martin Thurmair und Monika Naggl *(Arbeitsstelle Frühförderung Bayern)*	
II-3.1.6 Kinder mit Hochbegabung	Dr. Martin Textor, **IFP**	Prof. Dr. E. Elbing *(Universität München, LMU, Begabungspsychologische Beratungsstelle)* Dorothee Gerhard *(Deutsche Gesellschaft für das hochbegabte Kind, Regionalverein München/ Bayern)* Sabine Meier *(Leiterin des Kindergartens St. Achaz, München)*	X
II-3.1.7 Übergang in Schule	Wilfried Griebel, **IFP** Renate Niesel, **IFP** Eva Reichert-Garschhammer, **IFP**	Prof. Dr. Hans-Günther Roßbach *(Universität Bamberg, Lehrstuhl für Elementar- und Familienpädagogik)*	X
II-3.2.1 Sprache	Dr. Michaela Ulich, **IFP**		X
II-3.2.2 Ethik und Religion	Prof. Dr. Peter Beer, *Philosophisch-theologische Hochschule Benediktbeuern* Prof. Dr. Frieder Harz, *Evangelische Fachhochschule Nürnberg*		X
II-3.2.3 Mathematik	Prof. Dr. Klaus Hasemann, *Universität Hannover, Institut für Didaktik der Mathematik und Informatik* (Erstentwurf) Eva Reichert-Garschhammer, **IFP** (Bearbeitung Erstentwurf und weitere Federführung) Dagmar Winterhalter-Salvatore, **IFP** (einige Beispiele)		X

Beitrag	(Mit-)Autoren	Experten	FK
II–3.2.4 Naturwissenschaft	Dr. Heike Schettler, *Sciencelab München* (Teilbeitrag) Prof. Dr. Gisela Lück, *Universität Kiel, Fakultät für Chemie* (Teilbeitrag) Dagmar Winterhalter-Salvatore, **IFP** (Teilbeitrag) Eva Reichert-Garschhammer, **IFP** (Federführung)		X
II–3.2.5 Umwelt	Almut Reidelhuber, *Bayerisches Staatsministerium für Arbeit und Sozialordnung, Familie und Frauen*	Klaus Hübner *(Landesbund für Vogelschutz, Hilpoltstein, Referat Freizeit und Umweltbildung)*	X
II–3.2.6 Medien, Informationstechnik	Dr. Hans Eirich, **IFP** Eva Reichert-Garschhammer, **IFP** (einige Impulse und Ergänzungen)	Irmgard Hainz *(Aktion Jugendschutz, Landesarbeitsstelle Bayern, Referat Medienpädagogik)*	X
II–3.2.7 Ästhetik	Dr. Horst Beisl, **IFP**	Prof. Dr. Barbara Wichelhaus *(Universität Köln)* Franz-Ferdinand Wörle *(Bildhauer, Straussdorf)*	X
II–3.2.8 Musik	Dorothee Kreusch-Jakob, *Pianistin und Autorin* (Erstentwurf) Eva Reichert-Garschhammer, **IFP** (Bearbeitung Erstentwurf und weitere Federführung) Monika Soltendieck, **IFP** (interkulturelles Musik-Beispiel)	Johannes Beck-Neckermann *(Musik- und Bewegungspädagoge, Estenfeld)* Prof. Dr. Barbara Metzger *(Universität Würzburg, Hochschule für Musik)* Prof. Anne-Sophie Mutter *(München)* Michael Salb *(Hochschule für Musik, Nürnberg)* Heinz-Dieter Scheid *(Landesmusikbeirat Rheinland-Pfalz)* Dr. Ute Welscher *(Bertelsmann Stiftung)*	X
II–3.2.9 Bewegung	Dr. Heinz Krombholz, **IFP** Dr. Bernhard Nagel, **IFP** (Ergänzungen) Magdalena Hellfritsch, **IFP** Eva Reichert-Garschhammer, **IFP** (Ergänzungen)	Prof. Dr. Ulrike Ungerer-Röhrich *(Universität Bayreuth, Institut für Sportwissenschaft)* Prof. Dr. Renate Zimmer *(Universität Osnabrück, FB Erziehungswissenschaft, Sport und Sportwissenschaft)*	X
II–3.2.10 Gesundheit	Eva Reichert-Garschhammer, **IFP** (unter Verwendung eines Teilbeitrags von Dr. Bernhard Nagel und Dr. Martin Textor, IFP)	Elisabeth Seifert *(Aktion Jugendschutz, Landesarbeitsstelle Bayern, Referat für Suchtprävention)*	X
II–4.1 Beobachtung	Toni Mayr, **IFP** Eva Reichert-Garschhammer, **IFP** (rechtliche Ausführungen)	PD Dr. Jutta Kienbaum *(Universität Augsburg)*	X

Beitrag	(Mit-)Autoren	Experten	FK
II–4.2 Partnerschaft mit Eltern	Dr. Martin Textor, **IFP** Eva Reichert-Garschhammer, **IFP** (rechtliche Ausführungen)	Margarita Hense *(Kreisjugendamt Paderborn)*	X
II–4.3 Zusammenarbeit mit anderen Stellen	Dr. Martin Textor, **IFP** Eva Reichert-Garschhammer, **IFP** (rechtliche Ausführungen, Tabelle)		X
II–4.4 Kindeswohl	Eva Reichert-Garschhammer, **IFP**	Dr. Thomas Meysen *(Deutsches Institut für Jugendhilfe und Familienrecht, Heidelberg)*	X

Begleitbücher zum Bayerischen Bildungs- und Erziehungsplan ab Mai 2004

Kinder wachsen heute in einer Gesellschaft auf, die ständigen Veränderungen unterworfen ist. Sie müssen sich auf ein Leben einstellen, das vom Einzelnen ein hohes Maß an Selbstvertrauen, Selbstsicherheit, Entscheidungsfreude und Flexibilität verlangt und in dem es gilt, die vielen Übergänge erfolgreich zu bewältigen.
Dies gilt insbesondere auch für die Übergänge von der Familie in den Kindergarten und vom Kindergarten in die Grundschule. Sie stellen eine pädagogische Herausforderung und eine bisher wenig befriedigend gelöste Aufgabe im Bildungsverlauf dar. In diesem Begleitbuch zum Bayerischen Bildungs- und Erziehungsplan werden die bisherigen Ansätze der Ausgestaltung solcher Übergänge kritisch beleuchtet. Zudem weist es auf der Grundlage eines neuen Konzeptes Wege auf, wie Eltern, ErzieherInnen und GrundschullehrerInnen solche Übergänge unter Berücksichtigung der kindlichen Bedürfnisse aktiv gestalten können.

Wassilios E. Fthenakis (Hrsg.),
Wilfried Griebel, Ute Meiser, Renate Niesel,
Thomas Wörz
Transitionen
Fähigkeit von Kindern in Tageseinrichtungen fördern, Veränderungen erfolgreich zu bewältigen
ca. 144 Seiten, ca. 15 Abb.
ISBN 3-407-56244-6

Kinder lernen von Geburt an. Moderne Bildungs- und Erziehungspläne für Kinder unter sechs Jahren betonen deshalb die Bedeutung früher Lernprozesse und stellen die Vermittlung lernmethodischer Kompetenz in den Mittelpunkt frühkindlicher Bildung.
Doch was ist unter lernmethodischer Kompetenz zu verstehen? Der Autor definiert sie zum einen als Grundlage für den Erwerb von Wissen, das sich das Kind persönlich aneignet und zur Problemlösung einsetzen kann, zum anderen als Grundlage nicht nur schulischen, sondern lebenslangen, selbst gesteuerten Lernens.
In diesem Buch werden die entwicklungspsychologischen Grundlagen für diese Kompetenz des Kindes ausführlich dargelegt, die Forschungsergebnisse bezüglich der Entwicklung frühkindlichen Lernens leicht verständlich referiert und an vielen Beispielen gezeigt, wie Eltern und ErzieherInnen kindliche Lernprozesse organisieren und begleiten können. Damit stellt es eine unverzichtbare Hilfe z.B. bei der Umsetzung des Bayerischen Bildungs- und Erziehungsplanes in die Praxis dar, ist jedoch auch unabhängig davon eine spannende und hochinteressante Lektüre für alle, die Kindern einen guten Start ins Leben ermöglichen möchten.

Wassilios E. Fthenakis (Hrsg.),
Kristin Gisbert
Lernen lernen
Lernmethodische Kompetenzen von Kindern in Tageseinrichtungen fördern
ca. 296 Seiten, ca. 25 Abb.
ISBN 3-407-56242-X

Nicht selten wachsen Kinder unter Bedingungen auf, die sie in besonderer Weise herausfordern. Elterliche Trennung, Scheidung und Wiederheirat führen zu strukturellen Veränderungen im Familiensystem und stellen ebenso wie Armut, Arbeitslosigkeit der Eltern oder Migration eine große Belastung für die Kinder dar.
Das Bildungskonzept hat heute darauf zu reagieren und die Kinder zu stärken, damit sie nicht daran zerbrechen.
Wie kindliche Stärken gefördert und Kinder in Tageseinrichtungen Widerstandsfähigkeit entwickeln können, wird erstmalig mit einer fachlich fundierten Arbeit erläutert. Zudem enthält das Buch viele Hinweise für die praktische Umsetzung im Alltag.

Wassilios E. Fthenakis (Hrsg.),
Corina Wustmann
Resilienz
Widerstandsfähigkeit von Kindern in Tageseinrichtungen fördern
ca. 200 Seiten, ca. 20 Abb.
ISBN 3-407-56243-8

www.beltz.de

BELTZ